秦始皇帝陵博物院

EMPERORQINSHIHUANG'SMAUSOLEUMSITEMUSEUM

秦始皇帝陵博物院/编

陕西师范大学出版总社

2016年
总陆辑

图书代号：ZH16N1189

图书在版编目（CIP）数据

秦始皇帝陵博物院.2016/秦始皇帝陵博物院编.—西安：
陕西师范大学出版总社有限公司，2016.10
ISBN 978-7-5613-8682-8

Ⅰ.①秦…　Ⅱ.①秦…　Ⅲ.①秦始皇陵—考古发掘—文集
Ⅳ.①K878.84-53

中国版本图书馆CIP数据核字（2016）第241277号

秦始皇帝陵博物院　2016

Qinshihuang Diling Bowuyuan 2016

秦始皇帝陵博物院　编

责任编辑	刘　定　张　佩　杨　珂
出版发行	陕西师范大学出版总社
	（西安市长安南路199号　邮编 710062）
网　　址	http://www.snupg.com
印　　刷	中煤地西安地图制印有限公司
开　　本	787mm×1092mm　1/16
印　　张	18.5
插　　页	4
字　　数	350千
版　　次	2016年10月第1版
印　　次	2016年10月第1次印刷
书　　号	ISBN 978-7-5613-8682-8
定　　价	168.00元

本刊重要声明

　　本文集《秦始皇帝陵博物院》已被《中国学术期刊网络出版总库》及 CNKI 数据库收录。凡投稿本刊的文章,其文章著作权使用费以本刊稿酬方式一次性给付。如作者不同意文章收录,请与编辑部联系。

《秦始皇帝陵博物院》编辑部

目　录

2014 年秦陵地区山形水系调查简报

（秦始皇帝陵博物院）

内容提要 2014 年 2 月至 6 月，秦始皇帝陵博物院考古部和中国科学院植物研究所对秦始皇帝陵所在的"骊山之阿"进行了全方位的考古野外调查。调查借助聚落考古学和景观考古学的概念，把骊山北麓的山梁分为 24 个，着重调查离秦始皇帝陵最近的 18 个山梁和 9 条河流，并利用当地俗称标注了各山梁之间沟、渎的名称，依靠步行大致测算出各山梁和各河道的长度，以及各山梁的大致海拔高度，最终绘制秦始皇帝陵地区的山形水系图。

关 键 词 秦陵地区 野外调查 山形水系

一、前沿

（一）调查缘起

秦始皇帝陵选址"骊山之阿"是秦始皇选择此处的重要原因，但秦始皇帝陵周围的自然环境之前并没有做过详细的野外调查。秦始皇帝陵博物院考古部借与中国科学院植物研究所实施"基于考古资料的秦始皇帝陵地区自然环境的重构研究"课题之机，利用考古野外调查的方法，对秦始皇帝陵地区的山形水系做了一次完整详细的野外调查。

（二）调查背景

对秦始皇陵的实地考察始于明代的都穆，他所著的《骊山记》中有记录；其后 1906 年，也就是光绪三十二年，日本人足立喜六的《长安史迹考》中也对秦始皇帝陵有论述；1917 年法国人维克多·萨加林[1]曾对秦始皇帝陵进行过实地考察；其后 20 世纪 20 至 40 年代国内外的学者也多次对秦始皇帝陵地区做过考察。

新中国成立以后对秦始皇帝陵地区的系统调查始于 20 世纪 50 年代。1962 年，陕西省文物管理委员会的王玉清、雒忠如、临潼县文化馆的彭子健先生，对秦始皇陵的封土、内外城垣、门阙及一些附属建筑基址做了调查和钻探，并对历年来农民在陵区内发现的文物做了访查和征集，最后整理发表了《秦始皇陵调查简报》，绘制了第一份陵园内外城垣的平面图。[2] 2002 年 3 月初，始皇陵考古队对东至戏水河，南界骊山北麓，北及渭河，西越临潼区的区域进行了一次地面文物调查。这次调查共发现、复查古代遗址 34 处、墓葬 39 处、窑址 12 处、井 4 眼及陪葬坑，并对保存较好的遗址做了粗略的勘探。[3] 1981 年和 1989 年第二次全国文物普查和 2007 年第三次全国文物普查，都对临潼地区特别是秦始皇帝陵区域做了科学地、系统地调查，但对秦始皇帝陵周围的山形水系之前并没有做过相应的调查。

图一　上个世纪 60 年代航拍片

（三）调查方法

我们的调查是利用上个世纪 60 年代的航拍片（图一）和现代临潼地区自然行政村的地图，实地调查秦陵地区的山形水系走向和流经区域，把所在的山梁、沟、渎用当地人的俗称标注在航拍片上。利用各山梁名称和花瓣状山脊走向的实地调查，结合谷歌地图（图二）测算山梁的大致高度、各山梁的走向，估算出山梁与山脚现地表的落差，推算出山洪的冲积范围和破坏力；并且调查各山梁之间的冲刷沟道，借用当地俗称对各沟道命名，然后沿着沟道的走向寻

图二　谷歌地图

找相对应的河流源头；最终结合各村庄的分布，对河流的走向的变化进行详细的描述，最后形成秦陵地区山形水系的系统资料。

（四）调查目的

此次调查借助与中国科学院植物研究所的合作，利用双方各自学科优势，采用考古调查和物理钻探的方法，用两到三年的时间完成秦陵地区的古环境重构；并把秦陵周围秦汉时期古遗址的分布纳入到自然环境重构中来，通过对自然山脉、河流走势的调查，分析秦汉时期遗迹的分布特点，最终确定这些遗迹单位与秦始皇帝陵的关系。

本次调查借鉴了聚落考古中"活动面"和景观考古学中"视域"的概念。在调查中利用"活动面"的概念尽可能多的寻找共时性的规律，把骊山周围的山形水系和秦始皇帝陵的选址联系起来；同时，借助"视域"的概念把自然环境与秦汉时期人类遗存有机地纳入到"地理区域的综合体[4]"中。

（五）调查人员

参加调查人员有张卫星、李承森、陈治国、张立莹、付建、李莹、和小友、王生茂、张丰超、和利宁和仵刚，王煊和李季真参加个别区域的调查。

（六）调查时间和区域

2014年2月至5月，秦陵博物院对秦陵地区进行了全面的山形水系调查，调查范围为骊山山脊、骊山北麓各山梁、山梁之间的沟、渎，以及山下现有河流与沟道的走向。行政区域为临潼区仁宗街道办、铁炉街道办、马额街道办、代王街道办、秦陵街道办、骊山街道办、零口街道办、新丰街道办和行者街道办。

（七）体例

文中数据的采集依靠田野步数、GPS 定位系统的距离测算、谷歌地图资料的测量和村民的口头数据，单位为米；文中的村名称均为自然村，行政级别只到街道办，不采用行政村是因为村组合并，很多行政村范围过大，不能确保相对数据的准确性。

整个骊山的山脉称为山系，其次连接各山梁的花瓣状脉络称为山脊，再其次各山、原的不规则走势称为山梁，山峰特指骊山主峰仁宗庙。

二、山形调查

临潼区位于渭河盆地的中部偏东，渭河两岸，其中，本次调查主要集中在渭河南岸，骊山的山前冲积洪扇的三级台原地带上。骊山浅山丘陵和山前洪扇冲积区是秦陵地区调查的主要地形地貌。

骊山为秦岭余脉，位于临潼区以南，蓝田山以北，东西绵延 25 千米，由于山形似黑马，故名骊山（秦汉时又名丽山），其最高峰为仁宗庙，海拔 1302 米，山脊、山梁基本都是底部为第三、第四纪的砾石堆积，上层覆盖黄土堆积。[5] 本次调查发现，以主峰仁宗庙和大水沟为中心，利用山梁、河流、沟道将骊山山系分割成三个层面的花瓣状的山脊，这些花瓣状山脊和各山梁逐渐外扩，形成了骊山山系。

以仁宗庙和大水沟为中心，向两边统计，骊山山系的第一和第二道花瓣状山脊上总共有山梁 24 座。从大水沟向东到戏水上游的河沟地带共有 16 座，向西到三里河的河沟上游地带共有 8 座。第一道花瓣状山脊从仁宗庙和大水沟向东到玉川河的上游，向西到临河的上游。这道花瓣状山脊共连接山梁 15 座，东边 12 座，西边 3 座；第二道花瓣状山脊在第一道的外侧，也以仁宗庙和大水沟为中心，东边从玉川河到戏水河上游，西边从临河到三里河，共有山梁 9 座，东边 4 座，西边 5 座。第三道花瓣状山脊向外扩张就更大了，向东从戏水河至零河上游地带，向西从三里河到灞河中上游地带。

以下是第一道山脊连接的 15 座山梁和西边第二道山脊连接的 3 座山梁的介绍：

（一）第一道花瓣状山脊连接的15座山梁

1. 东一山梁

位于临潼区秦陵街道办杨家村的南侧，山梁海拔高度约640米，与山脚地表落差约100米，为东南西北走向。距骊山第一道花瓣状山脊3000米，先西北向1500米后向东北转折，东南高西北低，山梁的两侧有雨水冲刷沟，西南侧沟道较垂直，有人开挖居住的平台，现在有人居住，向阳的地方有石榴树。北侧背阳的地方，无人居住，生长了小柏树和酸枣树。

东一当地人俗称击鼓坪，上有一平台，长约30米，宽20米的古遗址，其周边散落秦汉时期的板瓦和筒瓦。在东一和西一之间，夹着顺山势而下的大水沟，现在是沙河的主要源头；山梁东侧和东二之间，有冲刷形成的季节性河道玉沟（又称尚家沟）。

2. 东二山梁

位于临潼区秦陵街道办尚家村西侧，山梁海拔高度约600米，与山脚地表落差约90米，为东南西北走向。距骊山第一道花瓣状山脊约1500米，山梁较直，两侧有雨水冲刷沟，西侧沟道较垂直，东侧较倾斜，已经种上石榴树，山头下有人居住。

由于山梁较缓，夹在东一和东二之间的玉沟（尚家沟）已经干枯；但东侧的石榴树较多，种植的树木破坏了原来的地貌，东侧的韩家沟靠近骊山土原部分几乎被破坏殆尽。

3. 东三山梁

位于临潼区秦陵街道办韩家西侧与杜家东侧，山梁海拔高度约550米，与山脚地表落差约50米，为西南东北走向。距骊山第一道花瓣状山脊约1200米，山梁较直，两侧有雨水冲刷沟，西侧较陡直，东侧较缓。

由于山头较缓，夹在东二和东三之间的韩家沟原头被破坏，已经种上石榴树；东侧的杜家沟较深，且沟的西侧有垂直壁。

4. 东四山梁

位于临潼区秦陵街道办上张村西侧，山梁海拔高度约620米，与山脚地表落差约70米，为西南东北走向。距骊山第一道花瓣状山脊约2400米，山梁有弯曲，山梁的两侧较陡，几乎见不到冲刷沟的痕迹。

东三和东四之间形成两条较大的沟，韩家村人俗称杜家沟；而靠近东四山梁的沟俗称无名沟，上张西沟与无名沟在上张村的西北处交汇，经过快速干道在李家村南入五岭大堤南侧的沟。五岭大堤被冲毁后，上杜西沟的水在王俭村西分两支，一支从王俭西和上焦东向北流，过西孙东侧西北流，在华乐学校入沙河，现已经干枯；另一支从王俭向北过兵马俑办公区，从二号坑西侧过下和村向北直流，在暗桥孙家东入陈王沟，现已经干枯。

5. 东五山梁

位于临潼区秦陵街道办上张村东侧，山梁海拔高度约610米，与山脚地表落差约60米，为西南东北走向。距骊山第一道花瓣状山脊约2000米，山梁较直，两侧较缓，大部分被上张村村民改造成石榴园。

东四和东五之间形成两条较大的沟，上张村人俗称西沟；而靠近东五山头沟俗称烂沟，上张东沟与烂沟在上张村的东北处交汇，经过快速干道在下和村王俭组西入五岭大堤南侧的沟。

6. 东六山梁

位于临潼区秦陵街道办庞家村西南，山梁海拔高度约600米，与山脚地表落差约70米，为西南东北走向。距骊山第一道花瓣状山脊约1800米，山梁有弯曲，两侧较缓，大部分被庞家村民改造成石榴园。

东五和东六之间的半截沟先西北向汇入上张东沟，在王俭村南侧汇入五岭南沟，但这一带破坏特别严重，沟道已经无法判断。

7. 东七山梁

位于临潼区代王街道办山和村西侧，山梁海拔高度约590米，与地表地表落差约50米，为西南东北走向。距骊山第一道花瓣状山脊1800米，山梁较直，两侧较缓，大部分被山和村民改造成石榴园。

东六和东七之间的庞家沟，先西北再东北向，在庞家沟西（兵马俑A区南），东北流在小任村汇山任沟入玉川河，但由于兵马俑停车场和秦陵新村的原因这一带已经看不到河道的情况。

8. 东八山梁

位于临潼区代王街道办山韦村西侧，山梁海拔高度约590米，与山脚地表落差约60米，为西南东北走向。距骊山第一道花瓣状山脊约2500米，先东北方向后向西转折，山梁较直，两侧较缓，大部分被山韦村村民改造成石榴园。

东七和东八之间的山韦沟向西入庞家沟，而山孙沟先东北向，在山任村东侧汇入柳树西沟，继续东北向，入陕鼓厂东侧的沟。

9. 东九山梁

位于临潼区代王街道办张贾村西南侧，山梁海拔高度约530米，与山脚地表落差约40米，为西南东北走向。距骊山第一道花瓣状山脊约2300米，在山梁的缓坡台地上发现一处秦汉时期的古城[6]，城墙保存完好。山梁的两侧较缓，大部分被张贾村村民改造成石榴园，但城址内种植的松树较多。

在东八与东九之间的沟畔旁，分布着七八处窑洞，窑洞距沟道底部落差在

20米左右，沟内有流水，水很少，当地人俗称柳树西沟（又名螃蟹沟），该沟先西北向，在城的西北侧又向东北转折，沿陕鼓厂南围墙入山孙沟。

10. 东十山梁

位于临潼区代王街道办张贾村南侧，山梁海拔高度约550米，与山脚地表落差约50米，为西南东北走向。距骊山第一道花瓣状山脊约3200米。山梁的两侧较缓，大部分被张贾村村民改造成石榴园。

在东九与东十之间的水泉沟，先东北向，后西北向转弯在古城的东北角，再东北向汇入陕鼓厂东沟；水泉沟和柳树东沟靠古城北侧的人工沟连接，这条人工沟东西向，长约300米，宽度约4—5米，从现地表到沟底落差约20米；柳树东沟有点西北向，弯曲盘转汇入陕鼓厂东沟。

11. 东十一山梁

位于临潼区代王街道办赵家西南侧，山梁海拔高度约540米，与山脚地表落差约40米，为西南东北走向。距骊山第一道花瓣状山脊约4200米。山梁的两侧较缓，大部分被赵家村民改造成石榴园。

在东十与东十一之间的，先洞子沟北向，沟的下半部分被耕地破坏；而另一条半截沟牛浪沟上半部分被沙石厂破坏，下半部分汇入陕鼓厂东沟。

12. 东十二山梁

位于临潼区代王街道办赵家东侧，山梁海拔约高度540米，与山脚地表落差约40米，为西南东北走向。距骊山第一道花瓣状山脊约4500米。山梁的两侧较缓，和东十三山梁之间的沟道上修筑了水库。

在东十一与东十二之间的有赵家沟和螃蟹沟，两者残存不多，均被耕地破坏。东十二山梁被当地人俗称龙骨堆，其东侧的玉川河道常年有水。东十三山梁的东侧就是戏水河的源头，也就进入第二道花瓣状山脊，该山脊、山梁与秦陵水系关系不大，没有做详细的调查。

13. 西一山梁

位于临潼区秦陵街道办刘堡村的东侧，山梁海拔高度约690米，与山脚地表落差约120米，为西南东北走向。距骊山第一道花瓣状山脊约5000米，先东北向3500米后折西北，西南高东北低，山梁的两侧有雨水冲刷沟，东南侧沟道较垂直，有人开挖居住的小路，可以借助小型拖拉机等盘转到仁宗庙，向阳的地方有石榴树。北侧背阳的地方，无人居住，生长了小柏树和酸枣树。

由于山梁较缓，夹在东一和西一之间的大水西沟、陈家窑东沟和陈家窑西沟水量较少，大水西沟已经被陈家窑村破坏，残存断断续续。大水西沟东南西北向，在刘堡新村西南侧汇入刘堡新村西侧大沟；陈家窑东沟东南西北走向，常年无水，仅存残沟道，较浅，宽度约2—3米，弯弯曲曲在刘堡新村南汇入大水西沟；陈家窑西沟为季节性冲刷沟，残存沟道，宽度1—2米，弯弯曲曲东北向入大水西沟，后入刘堡新村西侧沟。

14.西二山梁

位于临潼区秦陵街道办刘堡村的南侧，山梁海拔高度约720米，与山脚地表落差约140米，为西南东北走向。距骊山第一道花瓣状山脊约8000米，先东北向5000米后折西北，西南高东北低，山梁的两侧有雨水冲刷沟，东南侧沟道较垂直，中间有C点，也就是俗称"望峰"的山头。

由于山头较缓，夹在西一和西二之间的刘堡东沟和刘堡西沟水量较少，沟体大致围绕刘堡村，沟道在山体上明显，但从刘堡村北侧开始，沟道被石榴园破坏，仅能从山上看到地势低洼的走向，初步判断沟道东南西北走向，在刘堡新村南侧和大水西沟的水汇合，直接向北流，在董家村西侧分两支，一支向北过秦陵街道办赵背户，西北流过三十三医院东侧，汇入砖房新村南侧的水池；另一支走刘堡新村北，从董家村西北流，在姚池头东南侧汇入五里沟河。

15.西三山梁

位于临潼区秦陵街道办坡房村南侧，山梁海拔高度约780米，与山脚地表落差约160米，为西南东北走向。距骊山第一道花瓣状山脊约8000米，山梁较直，西南高东北低，山梁的两侧有雨水冲刷沟，东南侧沟道较垂直。

由于山梁较缓，夹在西二和西三之间的无名群沟水量较少，仅能从山上看到地势低洼的走向，初步判断沟道围绕西三山头，后直接向北，汇入姚池头村西南的长虫沟。长虫沟宽3—4米，深3—4米，从快速干道北侧开始，几乎笔直向北到姚池头西侧，汇入东南西北向的长庆污水沟，大致也从汇合处向北，被俗称为五里沟河。

（二）第二道花瓣状山脊连接的西侧3座山梁

西四山梁、西五山梁、西六山梁的海拔较其他都高，海拔高度均在700米以上，且西六的海拔高度最高达900多米。

西四山梁和西五山梁之间夹着风王沟，下游俗称潼河，现已干枯。沟东南西北走向，受季节性降雨量的影响，平常干枯下雨则有水；沟从骊山电子公司西向西北流，过临潼东三岔在兵马俑十八楼处汇临河水西北流。

西五山梁和西六山梁之间夹着临河，走华清池东向西北流，过骊山街道办东关村到兵马俑十八楼汇潼河水向西北流，在临潼火车站东下原转东北流，在行者街道办白庙村东北入渭河。而西六山头也就是俗称的西秀岭。

骊山山系以次生林为主，多为退耕还林以后种植的小树，没有乔木大树。在骊山山系靠近秦陵的击鼓坪和望峰都种植着灌木类的酸枣和小柏木。山谷、河道也以小的灌木为主，植被保存情况较好。在第一道花瓣状山脊连接的山梁上有现代的村落，这些村落形成的年代不早于明清时期。第二道花瓣状山脊连接的山梁也以灌木为主，但较大灌木早于第一道，现代村落不完全在山梁，而多处于山梁的半山腰或沟边的台地上，这些村落也不早于明清时期。第三道花瓣状山脊连接的山梁植被较前两者更好，但现代村落的分布更加分散，时代也不早于明清时期。

三、水系调查

骊山各山梁、沟道形成的渭河支流较多，以常年性河流和季节性河流为主。而以骊山三层线花瓣状山脊所形成的河流，其发源地基本都在临潼区仁宗街道办的仁宗庙附近，零河、韩峪河和灞河除外。河流是调查的重点，以其主流河道为中心，寻找其上游的各对应山梁，划出河流的具体流经区域，结合现代的村落分布，确定现代这些河道方向发生改变的位置。

以仁宗庙和大水沟为中心，分成东西两个区域，分别调查这些河流与山梁的对应关系；了解各河流上游河道、山谷、原头与主河道的关系。东区有沙河、玉川河、戏水河和零河；西区有三里河、临河、五里沟河、韩峪河和灞河。零河、临河基本都是点状调查；三里河、韩峪河和灞河也是简单的调查，没有形成系统的调查结果；以秦陵为核心的沙河、玉川河、戏水河、五里沟河都做了现状调查。

（一）东区河流调查

1. 沙河

主河道全长约 12780 米，为常年河流。沙河发源于仁宗街道办北陈村，顺大水沟而下，在秦陵街道办杨家村陈家窑组出骊山山前丘陵，这段河流长约 3040 米，其东侧山峰为击鼓坪，西侧山峰为望峰。沙河东北向流经秦陵街道办陈家村陈西组东侧，过杨家村杨家组西侧，在陕缝厂东围墙北流，这段河道长 2700 米（沙河原来的河道不在东围墙下，由于陕缝厂的建设曾经拉直河道）；过临潼华乐学校向北流，在陈王村西转西北流，在鱼池村南入鱼池，这段河道长约 2040 米；在该处又称鱼池水，东北流过新丰街道办刘寨村李坡组西，向北到严上村沙河组西，西北流过陇海线，经长条组东东北流，在三育村朱家组西入渭河，这段长约 5000 米。河流上游对应的是骊山山系的东一和西一两个山梁之间，为大水沟。

沙河的河道有两个阶段：第一阶段是修陵之前，第二是五岭防洪大堤被冲毁以后。修陵之前的河道大致从大水沟出来，在秦陵街道办陈家村陈西组向北流，过 K9901 坑的东侧向西北流，经毛家村东转东北向，在陈王村西有两条河床，在鱼池村东南入鱼池水。鱼池严格讲为一个古河道，并非秦陵封土取土形成的，在鱼池西南有仰韶时期的陶片。

古沙河水把马厩坑和秦陵分割开，后期沙河冲毁部分马厩坑；古沙河河道被 K9901 的东斜坡道打破，而秦陵街道办毛家东侧和陈王西侧均钻探出两条 7—8 米的古河床遗迹，河床之间有陪葬坑，该陪葬坑被毛家东侧河流冲毁。K0007 修筑在古沙河和古鱼池交汇的东侧偏南的台地上，古沙河的西侧在 2014 年为秦汉大道钻探的过程中发现两个陪葬坑。

五岭被山洪冲毁后，分别形成了两条季节性河流：一支是从秦陵街道办李家组向西北流，经过上焦村东侧，过下和村西孙组中间，过华乐学校东围墙入沙河；一支是从秦陵街道办李家组向北流，经过王俭村西侧，走秦俑馆一号坑后边，过下和村东侧向北流，经陈王村西入陈王沟，经陈王沟南侧的 0007 坑，入沙河（或者鱼池水）。

在秦陵街道办西孙和陕缝厂之间的台原地带钻探，该处的遗迹单位较少。

2. 玉川河

主河道全长约 15530 米，水源复杂。玉川河的主干道改变多次，现在的河道为原山任沟的河道。玉川河现河流发源于仁宗街道办张底村，在代王街道办李家村周赵村南出骊山，西北流向，该段河道长度约 4500 米；经过地质六公司东侧，过代王蔬菜市场西北流，在桥王村孟家组西汇入一条小河流向西北流，过黄南村东北，在安沟村冯家村汇入山任沟季节性河流又西北流，经过新丰街道办张家村西，该段河流长度约 6030 米；在炮团东侧西北流，经过新丰缉毒处，在王庄村入渭河，该段长约 5000 米。

玉川河的上游沟道复杂，在秦代修成五岭大堤以后，原来的大水沟、韩家沟、上杜沟、上张西沟、上张东沟的水"东转北注"，经过王俭村南，入山任沟的河，在桥王村东晏北、小任北侧。该处呈鼻梁状分成两支，一支从东晏西北流，在暗桥孙家东南，流入"张开口"的陈王沟，向西流入鱼池水；另一支从东晏东北流，在胡家寨西侧，向东流入山任河沟。

张贾村西沟的水以及陕鼓厂东侧的季节性河流，西北向走陕鼓厂南围墙，过西围墙入山和沟，西北向流在桥王村西侧，在胡家寨入山任沟，北流在安沟汇入原玉川河道，现在陕鼓厂、雷达厂的污水也借这条河道排出。其余的山韦沟、山和沟、柳树西沟、柳树东沟、张贾西沟以及玉川河沟的水都流到桥王东晏小任这一带，汇入原山任沟的河道，其中上杜沟、上张东沟、山任沟以及玉川河沟为常年河流，其余为季节性河流，对应的骊山山脊为东一至东十二。

3. 戏水河

主河道全长 32230 米, 水源复杂。戏水河发源于仁宗街道办仁宗村, 东北流在庞岩村马岩村出骊山山前洪扇区, 该段长度约 12000 米; 在岩王村南汇入骆南沟的水向北流, 在陈东村西侧, 岩王村东侧北流, 过北李村在加黄村的北侧下新丰原, 该段长约 8230 米; 下原后东北流在新丰街道办胡家窑村入渭河, 该段长约 12000 米。其主流是西北流的仁宗庙这支, 常年河流, 但其山前台地上多有季节性沟道。河流上游对应的骊山山脊为东十二至东十六。

戏水河的西侧河岸上有代王街道办北李村仰韶文化时期的遗址, 该遗址文化层较厚, 在灰层中采集到淡水贝壳和纺轮等遗物。该处遗址在第三次全国文物普查中有记录, 通过对该遗址位置的分析可以判断戏水河道在仰韶文化之后并没有发生大规模改道现象。

4. 零河

主河道全长约 49400 米, 为常年河流。零河发源于西安蓝田县秦岭北麓的韩家岭北, 经过临潼区与渭南临渭区的边界西北流, 在铁炉街道办邓家村西北流, 向西北从在代王街道办权家村北转折北流, 经过零口街道办西北流, 在零口街道办寇家村入渭河。

零河在铁炉街道办邓家庄东, 有一处仰韶时期、商周时期的遗址; 在代王街道办权家村北的河道有商周时期遗址; 在零口街道办西段村东分布商周时期的遗址, 西周著名青铜器 "利簋" 出土于此处。

（二）西区河流调查

1. 五里沟

主河道全长 9050 米, 为季节性河流。五里沟河发源于仁宗街道办张坪村, 在骊山街道办坡房村北出骊山山前丘陵, 该段长约 1500 米; 经过姚池头村西北流, 在新义村北折, 在砖房村南汇入董家沟的水北流, 过临潼殡仪馆南向西北流, 在骊山街道办上陈村西下新丰原, 该处长约 4000 米; 从骊山街道办宋台村东北流, 入行者街道办东蔺村入渭河, 该段长约 3550 米。上游河流对应的骊山山脊为西一至西三, 这段沟道较多, 山前冲刷沟较多, 但沟道不深, 如大水西沟、陈家窑东沟、陈家窑西沟、刘堡东沟、刘堡西沟, 大多为污水沟。

五里沟上游沟道复杂, 大水沟的一部分水向西北流, 汇入秦陵街道办刘坡村沟道的季节性河流在刘堡新村的西侧, 在秦代修成的防洪大堤刘堡北、董家村南向西北向流, 在姚池头西北角汇入五里沟河的水北流。

2. 临河和潼河

曾为常年河流, 由于受临潼区建设的影响, 已经干枯。河流发源于仁宗街道办仁宗庙西侧和老母殿的东侧，潼河从骊山街道办坡房村西出骊山丘陵区，经过东三岔、十八楼西北，与潼河汇合，在行者街道办船王村入渭河。河流上游对应的骊山山脊为西四至西八。受临潼城区的扩张，以上两条河道根据低洼走向判断。

3. 三里河

发源于仁宗街道办张河沟村，流经骊山街道办，在西安科技大学西西北流，过斜口街道办姜寨遗址西侧西北流，再经行者街道办小寨村附近东传东北流、流经西泉街道办白庙村西向东北流，在西泉街道办王庄村西入渭河。

4. 韩峪河

发源于灞桥区洪庆街道办老湾吴村，经过仁宗、斜口、韩峪、西泉等街道办，在西泉街道办魏庄村入渭河。

5. 灞河

渭河右岸支流，位于西安市东南部，源出蓝田县东北隅，渭南、华县交界处的箭峪岭南侧九道沟，南流至灞源镇急转西北，经九间房至玉山村折向西南，隔岸即公王岭蓝田猿人遗址，再经马楼、普化到蓝田县城，纳辋峪河又转西北，过三里镇、泄湖、华胥进入西安市区，穿灞桥、纳浐河北流，于贾家滩北入渭。

（三）自然、人工沟

1. 岳沟

位于秦始皇帝陵的西南角，传说是西楚霸王盗掘秦陵所挖的沟，俗称"霸王沟"。沟的走向基本是东南西北走向，沟的北侧剖面上有秦陵内城南墙的夯土层；南侧剖面垂直，剖面上有两到三层的淤沙层，东西向沟宽度20—200米不等，深度5—8米，转南北向，西侧较宽是明清民国时期岳沟人居住破坏的结果。

秦始皇内城西南角的夯土打破早期岳沟的北侧河道的淤积原生土；K0006在岳沟东北侧，距沟约200米，岳沟的东北侧拐角处发现有陪葬坑，初步判断岳沟原为自然沟，在秦陵修建时可能有人工改造的痕迹，但其南北向较宽处，也是岳沟的主体为后期人为破坏。

2. 董家沟

位于秦始皇帝陵外城墙西南角，为东西向沟，宽度和深度不详，现在残长约2000米，已经被大量种植石榴树。董家沟东起秦陵街道办上陈村西，到秦陵街道办董家村南结束，破坏严重。从沟的笔直走向和秦陵自然冲积沟为南北向等因素判断，应为人工改造过的自然沟，其后期人为破坏更大。

3. 长虫沟

位于秦陵街道办姚池头西，沟长度约1000米，宽度约3—4米，深度约3—4米，沟壁垂直，是五里沟河的一部分。该沟和姚池头西沟在姚池头西南交汇，呈不规则的三角形，这种地形构造不符合骊山北麓河流自然冲击的走向，且秦汉时期的建筑灰坑打破沟壁，初步判断是自然沟经过秦汉时期人工改造，后期也有人为破坏。

4. 姚池头西沟

位于秦陵街道办姚池头西沟，现为长庆污水沟，沟壁打破很多秦汉时期的灰坑，该沟与长虫沟形成不规则三角形，初步判断为人工沟，但后期人为破坏更大。

5. 陈王北沟

位于秦陵街道办陈王村北，沟长度约1500米，宽度约10—12米，深度1—2米不等，沟壁较缓。该沟东西向，东起秦陵街道办暗桥孙家西，过秦陵街道办陈王村北，在秦陵街道办鱼池堡西南汇入鱼池水库，初步判断为人工沟，但后期人为破坏更大。

6. 郑庄东沟

位于秦始皇帝陵外城西北角，被砖厂破坏一部分。沟长约1500米，宽度约3—10米不等，东南西北走向，从秦陵街道办郑庄东北西北向，在至王村北西北处北转下新丰原，在沟内钻探出7—8米宽，0.4米厚的踩踏面；而秦陵距离新丰街道办长条村的沙河秦汉时期遗址距离不超过2000米，该遗址有可能是秦汉时期的丽邑遗址，那么踩踏面有可能为连接丽邑与秦陵的道路。

7. 五岭沟

五岭沟为西南东北向，从秦陵街道办陈家窑村开始到秦陵街道办李家村东南结束，残长约2500米，沟身约20余米，沟口宽25米左右。五岭沟沟北侧的防洪大堤就是人工把沟内的自然堆积运到沟的北侧再夯筑成0.2—0.4不等，期间分布很有规律的细沙堆积层、石头堆积层；且大堤的存在把原来东一到东五山头的季节性沟渎的水拦截，并把这些水疏导到庞家沟和山任沟，最终排到玉川河中，保证了鱼池水"东转北注"[7]的可能性。

8. 鸿门南沟

鸿门南沟东接姜垣南沟，为东西向，沟宽约5—7米，沟两侧均有厚约0.07米，高约2米的夯层，北侧较长约300米，沟的北侧有秦汉时期的砖瓦陶窑；沟的南侧张寨村有秦汉时期的板瓦、筒瓦堆积。鸿门南沟与玉川河下新丰原的河道，形成一个天然的门洞。

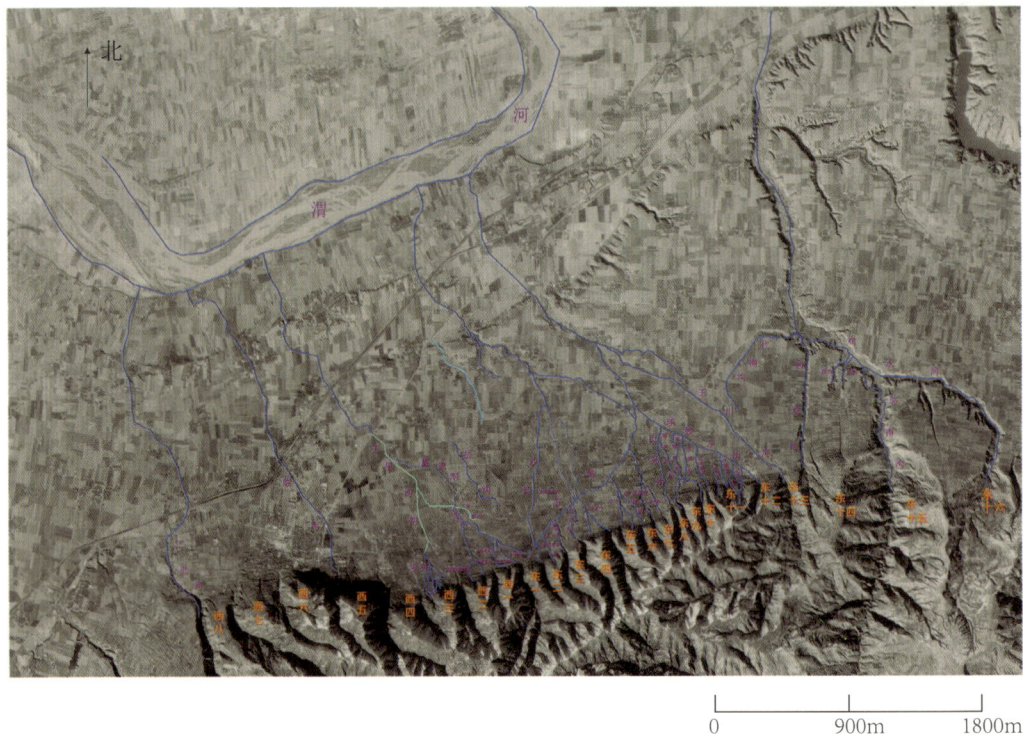

北

渭 河

0   900m   1800m

图三　调查区域及山水

四、小结

秦始皇帝陵周围骊山的山形水系，是秦始皇帝陵选址在"骊山之阿"的最主要原因，它比其他理论更能直接说明地理自然环境对人类选择居住地和埋葬地的影响。通过对骊山山形水系的调查，绘制了一份秦始皇陵周围的山形水系图（图三），为"秦陵地区自然环境的重构研究"做了基础工作，可以修证大家以下几点认识。

第一，摸清了骊山山系与渭河南线支流的关系。依靠实地调查，确定骊山山系的三个花瓣状山脊，主要的渭河支流都发源于骊山主峰仁宗庙附近，如第一道山脊面中有沙河、玉川河和临河，而五里沟河也是第一道山脊状面上的一个主要河流，五里沟河与临河只仅隔一个山梁；第二道线花瓣状山脊的有戏水河和三里河，均发源于仁宗庙附近，只是河道较深，河流较长。

第二，早期遗址与河流的关系。本次调查早期遗址的目的在于确定骊山北麓河流的时代与流向问题。在骊山山系的三级原头上，分布着陈家窑、尚家、上杜、山孙等新时期仰韶文化遗址，也就确定了这些河沟中有缓慢的水流，供早期遗址中人类生活；而沟道旁边的遗址也确定了河流的上段没有发生大规模的改道现象。

14

第三，骊山山形水系对秦陵选址的影响。骊山山形对各山头之间水系的形成起了决定作用，季节性河流和非季节性河流对骊山山体的冲刷、冲刷的山洪对水系河道的改变，水系之间的冲刷与分割对秦始皇帝陵所处的地理地貌的影响，这在秦陵修建之时就已经被关注。

第四，骊山山形水系在秦陵修建过程中的作用。骊山山系的第一道线状面河流流经的山前洪积面，河道分割的秦陵原有地貌可作为秦陵的外围标志。骊山的山头、沟道、原头，塑造了渭河支流的河道与流向，而秦陵的修建是借助骊山山系、河流相间的独特的地理地貌环境来完成的，秦陵的修建不是大规模的改变原有的地理地貌，而是对原有地貌进行合理的利用，对河流进行人工的疏导，从而形成现有的秦陵的地理地貌。

第五，聚落考古和景观考古概念在秦陵野外调查的应用。秦始皇帝陵范围内很多礼制建筑和为修建礼制建筑而产生的附属遗存，怎么判断其时代早晚和用何种方式来判断其是秦始皇帝陵的一部分都是秦陵考古需要解决的问题，这完全可以借助修建秦始皇帝陵治理水患的迫切程度，利用骊山的山形、自然沟、人工沟等水系来完成"活动面"的构建，最终完成秦陵修建的早晚关系的课题。

"视域"是指一个人视力所及的范围，以秦始皇帝陵封土为观察点，视力所及的范围极有可能是秦始皇帝陵的范围。在秦陵封土南侧，向东可以观察到东十二山梁，该山梁北俗称"龙骨堆"，在其东侧就是玉川河出骊山山口的地方，沿玉川河河道调查，在玉川河西侧的代王街道办黄南村和胡家寨发现秦汉时期的建筑材料板瓦、筒瓦堆积；向西可以观察西六山梁，该山梁俗称"西秀岭"，在其东侧是潼河出骊山山口的地方，沿潼河河道调查，在距潼河不远的临潼第五砂轮厂发现了刑徒墓地。在这个区域出现的秦汉时期的遗存，通过"活动面"来界定分析，也可以解决秦始皇帝陵范围的问题。

第六，通过对骊山山形水系走势的调查，标注秦汉时期遗存的分布，完成秦汉时期遗存与骊山山形水系的"地理区域综合体"结合图（图四）。结合原有秦陵地区的考古调查资料，以及这次调查中新发现的考古资料，并利用骊山山形水系的走势标出它们的分布范围，这样就可以绘制出秦陵地区的"地理区域综合体"的分布图（图五）。

本文是国家文物局"文化遗产保护领域科学和技术研究课题《基于考古资料的秦始皇帝陵地区自然环境的重构研究》（课题合同号 2013-YB-HT-026）"的阶段性成果之一。

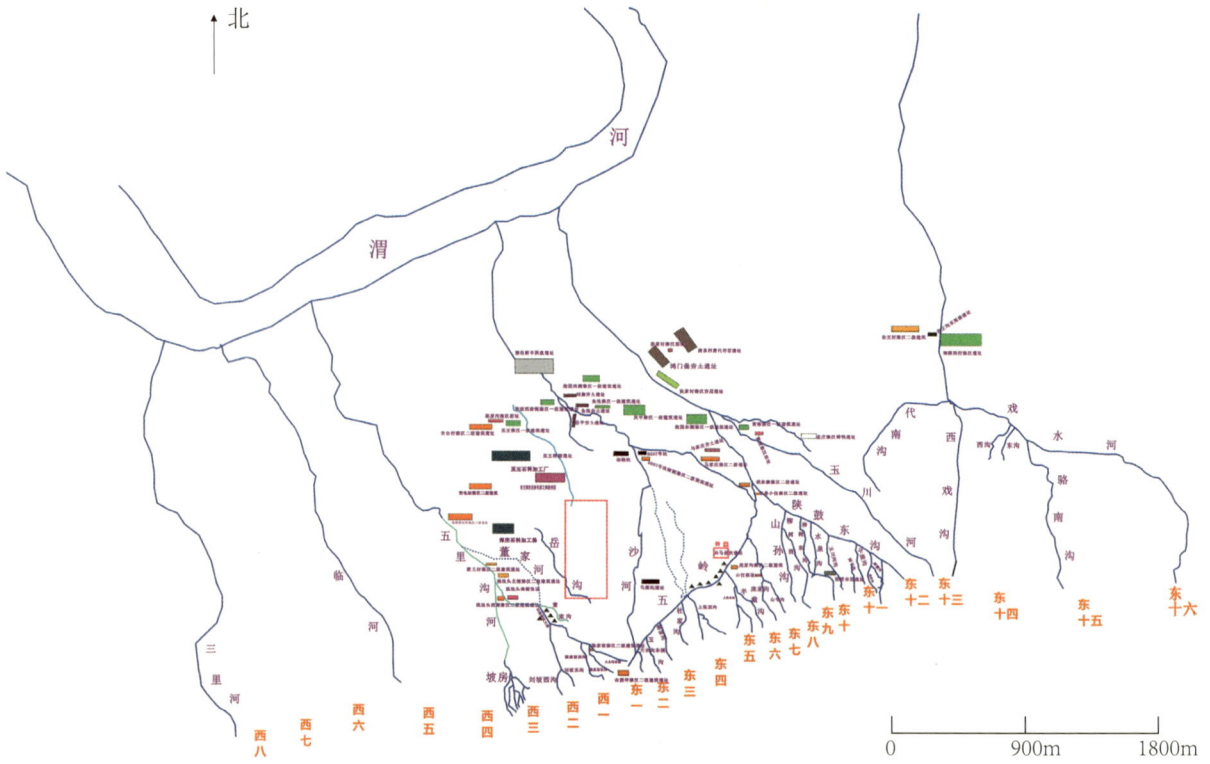

図四 秦汉时期遗址的地理综合体图

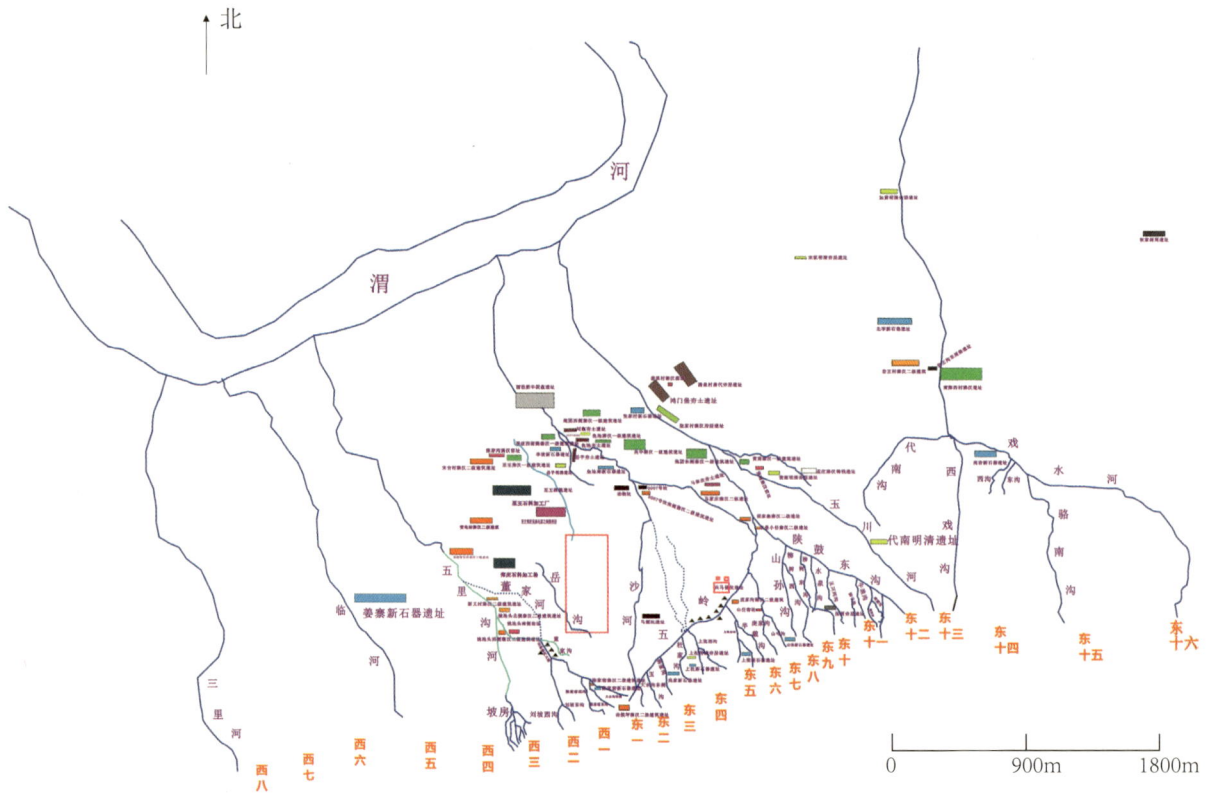

图五 秦陵地区地理区域综合体图

16

注释

[1] 袁仲一：《秦始皇陵的考古发现与研究》，陕西人民出版社，2002年，第2页。

[2] 陕西省文物管理委员会：《秦始皇陵调查简报》，《考古》1962年第8期。

[3] 陕西省考古研究所、秦始皇兵马俑博物馆编著：《2002年陵园考古勘探》，《秦始皇帝陵园考古报告（2001—2003）》，文物出版社，2007年，第47页。

[4] 张海：《景观考古学——理论、方法与实践》，《南方文物》2010年第4期。

[5] 陕西省临潼县志编纂委员会：《临潼县志》，上海人民出版社，1991年，第86—87页。

[6] 陕西省文物局：《陕西第三次全国文物普查丛书·西安卷·临潼文物》，陕西出版集团陕西旅游出版社，2012年。

[7] 郦道元：《水经注校证·渭水》陈桥驿校证，中华书局，2007年，第461页。

照相：付　建　和利宁
绘图：仵　刚　李西民　付　建
钻探：和小友　王生茂　张必超
执笔：付　建　张卫星

（责任编辑：朱学文　陈　洪）

秦始皇帝陵陵区 K1401 陪葬坑勘探简报

（秦始皇帝陵博物院）

内容提要 2014年8月，秦陵考古二队在对秦始皇陵区钻探时，在陵园外城北侧发现一座新的陪葬坑K1401，为中字形的地下坑道式土木结构建筑。从位置、形制结构及内涵分析，应是秦始皇帝陵的一座陪葬坑。

关键词 秦始皇帝陵 陵区 陪葬坑 K1401

2014年8月，秦陵博物院秦陵考古二队在对秦始皇帝陵陵区钻探时，在陵园外城北侧毛家村地界新发现了一座陪葬坑，暂编号为K1401。随后，对该坑的形制及内涵进行了全面钻探，简况如下：

一、位置

K1401陪葬坑位于秦始皇陵陵园外城北侧的毛家村，南距陵园外城北墙约190米，西距外城北门一线约150米。（图一、图二）

二、地貌

K1401陪葬坑所处位置的原始地貌呈南高北低的缓坡状，经近年平整，形成二级台地，地势比较开阔、平坦，多种玉米和小麦等。一条宽约4米的水泥道路东西纵向从坑的南半部穿过，导致坑的南半部稍高于北半部。

三、土层关系

经钻探得知，K1401位于自陵园内流出的一条较宽泛的冲沟之下。坑内土层堆积为：

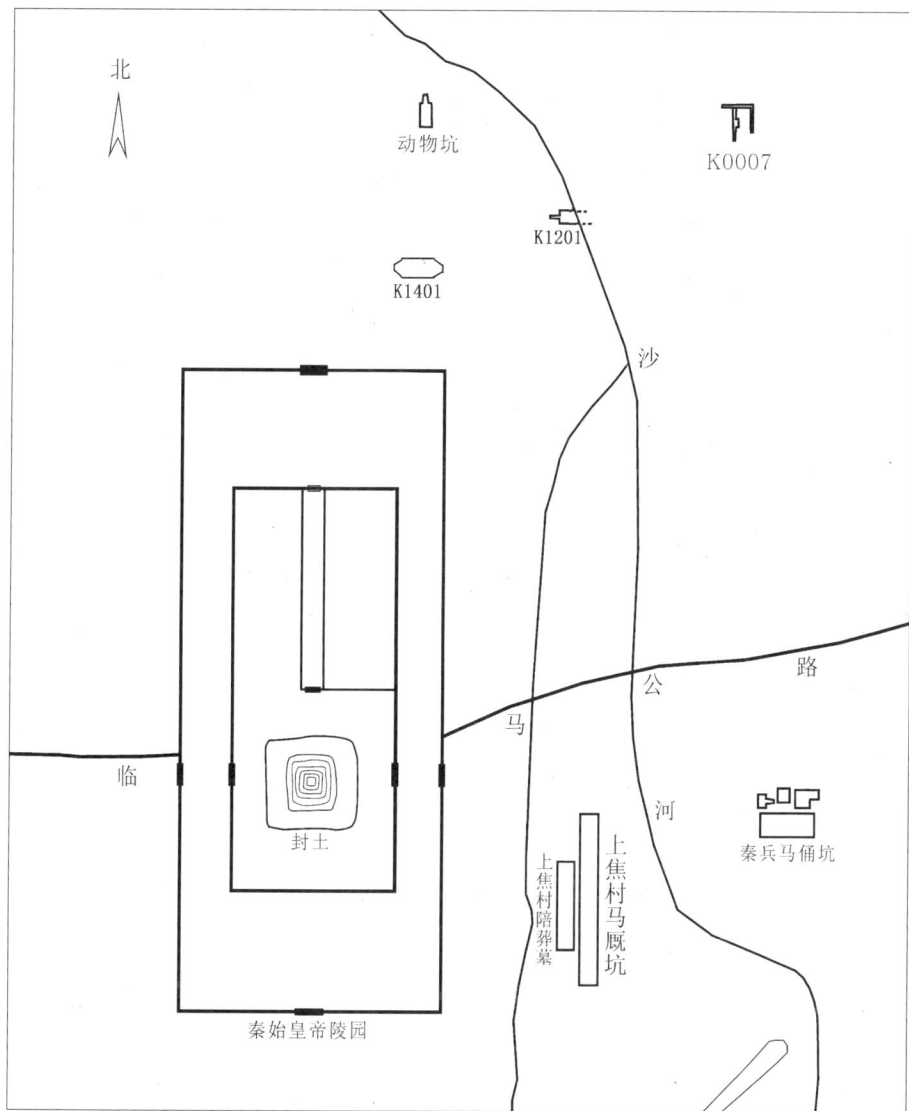

图一　秦始皇帝陵陵区 K1401 陪葬坑位置示意图

北

动物坑

K0007

K1201

K1401

沙

临

公

马

路

河

封土

上焦村陪葬墓

上焦村马厩坑

秦兵马俑坑

秦始皇帝陵园

图二　K1401陪葬坑地貌

第1层：耕土，厚0.3米，浅褐色，土质疏松，含少量植物根系。

第2层：夹砂冲积土，厚0.7—1.1米，黄褐色，土质较密，含较多砂石。

第3层：粗夯五花土，厚约1.7—4米，为坑内填土，黄色，夯筑，土质较硬，未见包含物。

第4层：细夯五花土，厚约1米，为坑底填土，细夯而成，土质坚硬，未见包含物。

以下为生土。

四、形制与结构

K1401平面略呈中字形，东西向，全长108.5米，南北宽21—29.5米。由两个斜坡道、一个主室和两个开间组成。总面积3045.1平方米。（图三）

斜坡道位于主室的东西两端，东端斜坡道平面呈梯形，东西长23.5米，宽自东向西为21—29.5米，深1.4—6米。西端斜坡道东西长18.6米，宽自西向东为23.5—29.5米，深1—6米。

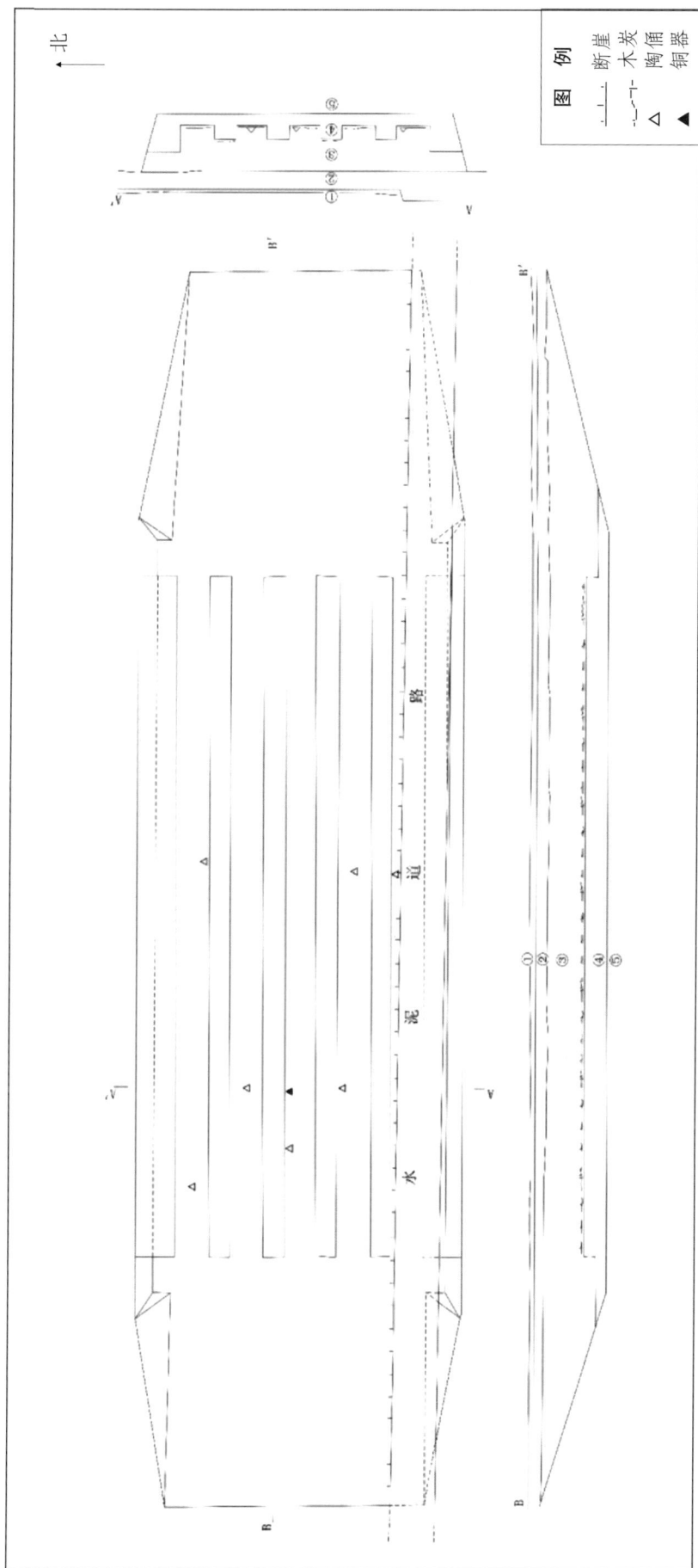

①耕土 ②夹砂冲积土 ③粗夯五花 ④细夯五花 ⑤生土

图三 K1401 陪葬坑钻探平剖面图

21

主室平面呈长方形，东西长 64.5 米，南北宽 29.5 米，深 6 米。主室南北壁距地表深 3.7 米，筑有夯土二层台，台面宽 3.5 米，高 2.3 米，中间为东西向 5 条过洞和 4 条夯土隔墙，过洞均宽 3 米，深 6 米，隔墙均宽 2 米，高 1.2 米，隔墙顶部分布有木炭、朽木和青膏泥，应系棚木等遗迹，整个主室底层筑有厚 1 米的细夯土，作为底夯，夯层厚约 0.1 米，层面平整清晰，二层台与隔墙均修筑于底夯之上。

两个开间分别位于主室东西两端的斜坡道与隔墙之间，南北均长 29.5 米，东西宽 3 米，深 6 米。钻探未发现建筑遗存。

五、内涵

在主室中部及略偏西位置的 5 条过洞中，7 个探孔内探有陶片，其中 4 条过洞距地表深 5.5—5.8 米钻探标本可确认为陶俑残片，2 个探孔内陶片上有朱红色和粉绿色彩绘遗迹。南边第 1 条过洞距地表深 5.8 米处钻探发现的陶器面饰粗绳纹。北起第 1 过洞距地表深 5.2 米处探有铁器残片。北起第 3 条过洞的北部，在距主室西边 18 米，距地表深 5.5 米处探到器壁较厚的铜器，铜器高于坑底 0.6 米，可能为一较大的铜器。为不使器物受损，钻探随即停止。在主室的东部，则少见器物。

在坑西部底层探有朽木及木炭遗迹，木炭遗迹之上偶见少量红烧土，说明该坑焚烧并不严重。

六、结语

根据钻探资料分析，该坑的修建步骤应是：先开挖一个平面略呈中字形的土坑，距现地表深 7 米，然后修整四壁，使其平整，坑口至坑底有较大的收分，东西两端留有斜坡道，直通坑底，进入开间，之后通向坑内的过洞。坑底用细夯土回填 1 米左右，作为坑的建筑基础，在其上修筑夯土二层台及隔墙，中间放置陶俑及器物，再铺设棚木，棚木之上回填粗夯土，从而形成一座完整的地下斜坡道式土木结构的建筑。

这种建筑方法与结构，与秦始皇帝陵周围已发现的其他陪葬坑的建筑方法与结构大同小异。从内涵上来看，在坑底探出的陶片与秦俑陶片相似，因此，判断其时代和性质应与其他陪葬坑大约一致，同为秦始皇帝陵园的陪葬坑。

从其所处位置来看，该坑是秦始皇帝陵园北侧所发现的距陵园最近的一座陪葬坑。它的发现，对我们认识秦始皇帝陵园外侧陪葬坑的布置提供了新的资料。

钻探：蒋文孝、武丽娜、邵文斌、张军、丁保乾、陈军、赵崇权、岳武功、董选利、陈康美、陈建国、吴建荣、程鑫、陈忠娃、和保军等

绘图：丁保乾

执笔：蒋文孝、邵文斌、武丽娜、张军

（责任编辑：朱学文　陈　洪）

秦始皇陵的空间建制

（张卫星　秦始皇帝陵博物院）

内容提要　本文首先讨论了秦始皇陵的空间与空间建制的概念。秦始皇陵的平面空间分为三个层次：内层为茔地，有着明确的空间规模；中层为堳地；外层为环境关联区。结合之前的研究成果，本文重点讨论内层（茔地）空间的相关问题，中层的堳地、外层的环境关联区作为体系内的概念仅做粗略梳理。秦始皇陵的三个空间区域具有不同的礼仪功能与意义。秦始皇陵的空间建制是秦始皇陵陵墓功能与礼仪结构的组成要素，是陵墓礼仪系统的载体与空间舞台。秦始皇陵多层环绕中心的空间格局，体现了以皇权为中心的天下秩序，秦始皇陵的这种空间形制也是王朝或者帝国新架构下理想的天下模式的再现。

关 键 词　秦始皇陵　空间　建制

一、考古学的空间概念与秦始皇陵的空间研究

空间的概念来自地理学，空间的定义在各个学科领域中的诠释有所不同。法国地理学家 J. Gottman 认为地理空间的范围应包括人类为了生存所利用的空间，即人类可达到的空间。空间组织是一个庞大且复杂的概念体系，包含空间结构（spatialstructure）与空间过程（spatialprocess）。[1]考古学研究很早就引入了空间的概念。简单的说，考古学就是一门研究古代遗存的形式、时间及空间分布规律的科学。[2]空间观念从 20 世纪初期出现于考古学的研究中，至今还不到一个世纪，而且发展也是相当缓慢。也正是因为出现较晚、发展较慢，目前有关空间研究分析的一些概念和方法，大都是借自其他的学科，如生态学、民族学和地理学等。此外，由于空间对于考古学研究最重要的意义在于考古遗存的分布与模式可以反映古代的社会和文化。因此，空间经常是被作为一种研究的手段（如各种型式的聚落形态研究），而不是被当作研究的目的。

考古学家在探讨空间的时候，基本上都是从生态的、经济的或功能的等实际的观点来加以思考。但是，最近的若干民族考古学研究显示，人类所使用的空间，除了与人类文化中的一些较为实际的层面相关联之外，有时（如某些城市的形式和布局）也是理念或象征的一种表现。[3]

空间结构可分为两大类型结构：一为水平空间，另一为垂直空间。空间结构会随政治、经济、交通、科技及自然环境有所改变。考古发掘的地层叠压关系，自上至下就是垂直空间，有时间早晚的层递从属关系。从同一地层面的情形来看，就是水平空间，可了解空间分布、类型及彼此间的关系等等。

目前关于秦始皇陵空间的研究成果较少。作为一个大型的墓葬遗迹，秦始皇陵有一个实体性的空间结构。文献记载中的秦始皇陵墓室部分就是一个如下天状的结构，"上具天文、下具地理"。学界一般认为，这实际上是一个象征性的宇宙结构，这种空间形式极具象征意义，甚至应该成为始皇陵理念的主要内容。不仅墓室，近年的考古工作也证明整个秦始皇陵在整体上也具有空间结构的特征，不仅表现在具有上下关系，而且还有水平分布特征。而形式必然与其内容、理念有关，因而讨论其设置的空间特征非常有必要。

秦始皇陵是丧葬礼仪进程的物质遗存，也是仪式的物化形式。它不仅是丧葬仪式的载体、场所，具有空间性、时间性；还是具有内在机制的结构整体。我们看到的具有物质属性的遗存，包括墓上建筑、墓道墓室与正藏、外藏、祔葬、祭祀、墙垣、门观、道路、陵邑等九个方面的内容，从礼仪功能上看，可视作子系统，它们共同构成了礼仪意义上的"丽山"陵墓。（图一）近年来我们不仅从物质材料层面对九个子系统的形制、结构、内涵进行了工作，还对各子系统的内在功能与外部联系以及与整体的互动影响进行系统分析。此前我们讨论过秦始皇陵的这种礼仪结构可称作"礼仪建制"。[4]之前的研究实际上重新定义了秦始皇陵的建制这一概念。基于同样的思路，秦始皇陵的空间组成以及空间结构也是建制的组成层面。首先，秦始皇陵的空间结构与空间组成部分是经过系统规划过的结果，实际上是陵墓的组成；其次，陵墓的空间组成是礼仪系统的载体，与礼仪的系统的物质遗存具有地理附着的二重结构。因此，秦始皇陵的空间也是其建制的内容，本文将其界定为空间建制。

一方面，目前关于秦始皇陵空间方面的主要研究仅集中在遗存的水平空间分布上，但是由于材料的不充分，这样的讨论依据并不充分；另一方面，对于遗存所体现出的空间概念的上下结构还没有进行充分讨论。关于秦始皇陵以及其他相关陵墓空间，很多考古学者曾经进行过讨论，但是系统的、上升到概念方面的研究较少；本文重点讨论秦始皇陵的空间建制的组成部分以及功能、意义。

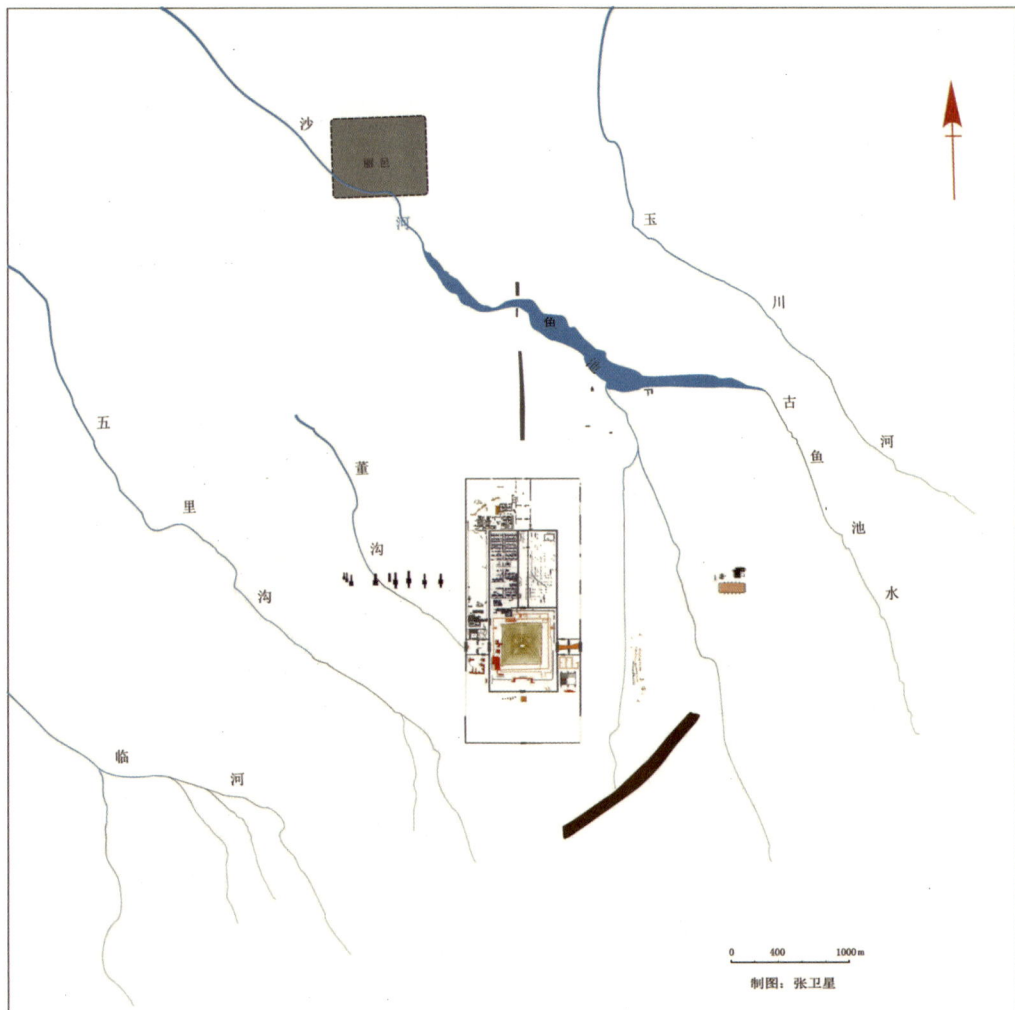

图一　秦始皇陵遗迹总平面图（2014 年）

　　此外，在秦始皇陵的研究中，长期以来形成了"内城""内外城间""外城以外"的空间分区概念，甚至形成了"陵园""陵区"这类概念，这实际上也是对秦始皇陵空间的某种考虑。这基本上已成为数十年来学界对始皇陵空间概念的通识；但是从科学定义模式看，这一概念系统并不能与文献或者当时的认知系统对接，以至于停留在考古学研究以及学者的主观认知体系中。现代广义的历史学研究存在着以现代概念代替古代概念的学术困惑，一方面由于古代概念的认知难题，另一方面也与现代研究者主观的研究思路有关。在美学这种现代新兴学科的研究中，有学者认识到了怎样以现代美学学科的胸怀与眼光来看待古代材料的问题，既不把现代美学的术语和概念强加给古代，又使古代的材料以一种现代的组织方式显现出来。这不仅是做现代美学讲述方式上的难题，[5]也是当代所有从事中国传统文化研究的学人所共同面临的困境。有学者指出其根源就在于现代学术的概念思维与中国古老思维方式的对立。[6] 本研究中提出以秦代文献或先秦、秦汉当时的"茔地""堧地"等概念作为秦始皇陵空间组成部分的定名。虽然目前始皇陵出土的直接的文字材料较少，对这些概念的把握还有问题，概念体系的建立还需进一步的文字考古材料作为支撑；此外，在已有的认知基础上，我们还需要以东周秦汉时期文献中相对成熟的丧葬概念体系为背景来扩大对秦始皇陵概念体系的认识。但至少这是一种接近历史真实的认知方式。

需要说明的是本研究避免和反对使用陵园、陵区这类概念；另外秦始皇陵也不是城，城墙、外城、内城都是不恰当的表述。但是由于长期的沿袭，这类概念有时候还不能不提。

二、秦始皇陵的"茔地"

墙垣为秦始皇陵划出了一个最基本的区域和形状。陵园的东西墙垣各长2187米左右，南北墙垣各长972米左右；内城东西墙各长1337米左右，南北墙各长598米左右。所以由外墙垣围合成了一个呈南北向长方形的区域。（图二）

关于墙垣的形制结构的认识主要来自2000年左右陕西省考古研究所秦陵考古队的工作。认为秦始皇帝陵园外墙的建筑形式不同于内墙，在主墙的两侧没有依墙而建的廊房及散水。所有墙垣夯土基础及墙高依地势走向而定，南高北低，东高西低。外墙的拐角没有发现角楼和相关的附属设施。[7] 长期以来，学界以内城垣、外城垣所围绕的区域作为陵墓空间结构讨论的基础，还发展出内外城之间这样相对独立的区域，姑且不论内外城的概念问题，笔者个人认为外墙垣与内墙垣实为一体结构，不能简单分离，因此外墙垣合围的区域实质为一个整体。关于此问题容另文讨论。

秦始皇陵墙垣合围的区域来自先秦时期的墓地设置。从新石器晚期以来，先民的聚落中已逐渐划分出专门的墓葬区，与生活区相对独立；两周时期，独立的埋葬区域分为公墓地和邦墓地。冢人、墓大夫分别管理公墓、邦墓的相关事务。《周礼·春官·冢人》："冢人掌公墓之地。辨其兆域而为之图，……跸墓域，守墓禁。凡祭墓为尸。凡诸侯及诸臣葬于墓者，授之兆，为之跸，均其禁。"《周礼·春官·墓大夫》："墓大夫掌凡邦墓之地域。为之图，令国民族葬，而掌其禁令，正其位，掌其度数，使皆有私地域。"无论是公墓还是邦墓，都有"域"的概念，也就是兆域，作为墓地的空间范围。对墓地兆域的控制，必定以一定的形式来进行标志。从先秦以来的兆域标志看，分别有隍壕、墙垣，二者的发展具有历史阶段性。

考古发现的史前时期聚落中，墓葬区与居住区或有一定的分隔标志，以壕

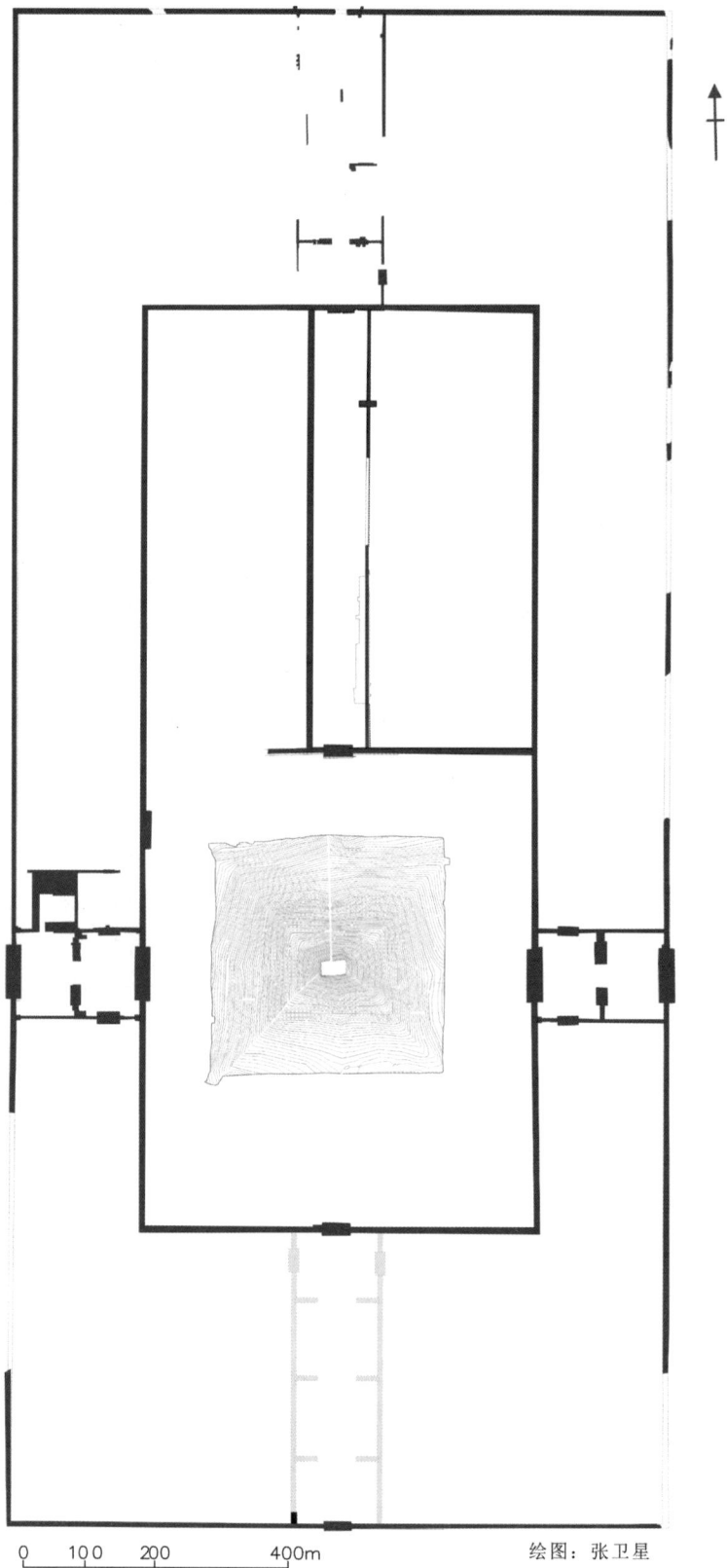

0　100　200　　　　400m　　　　　　　　绘图：张卫星

图二　秦始皇陵的"茔地"平面图（2016年）

28

沟为主。商代墓葬区目前尚没发现墓葬或墓地分隔标志的迹象。西周时期的沣镐墓地虽包括有不同时期的若干家族墓地，比如长安张家坡墓地中有井叔家族墓地，但是各个家族墓地之间的界域已不易辨认，目前，也仅根据墓葬形制的规模、随葬器物的铭文等因素而大致可以确定其分属于不同的家族。西周封国考古中发现了一些可以与《周礼》记载对应的迹象。在晋侯墓地的南北均有一条壕沟，在此范围内有序排列墓葬，并与其他墓地相隔离，形成了一个相对独立的墓区。[8] 表明这"是晋侯及夫人专用的墓葬区"，是一处公墓区。[9]（图三）到东周时期，此类迹象发现较多。印山越王陵的陵园平面南北长 320 米，东西宽 265 米，平面呈长方形，外围设有隍壕，隍壕全部系人工挖掘而成，形状整齐，转角规正，沟宽 16—19 米，深 2.1—2.7 米，全长 888 米，每面壕沟的中心一段均没有挖通而作为四面通道，方便出入。[10] 以壕沟作为墓域标志，在战国及秦代后的汉代也较为盛行。山西侯马乔村发掘了一批围沟墓，其时代为战国晚期。安徽省考古工作者在寿县长丰杨公发现了 1 座战国时代的围沟墓。西安东郊和长安区发现有战国时代的围沟墓。西安东郊的国棉五厂发现了 1 座汉代围沟墓，汉阳陵发现了一批陪葬围沟墓。因此，这一时期，隍壕应该是兆

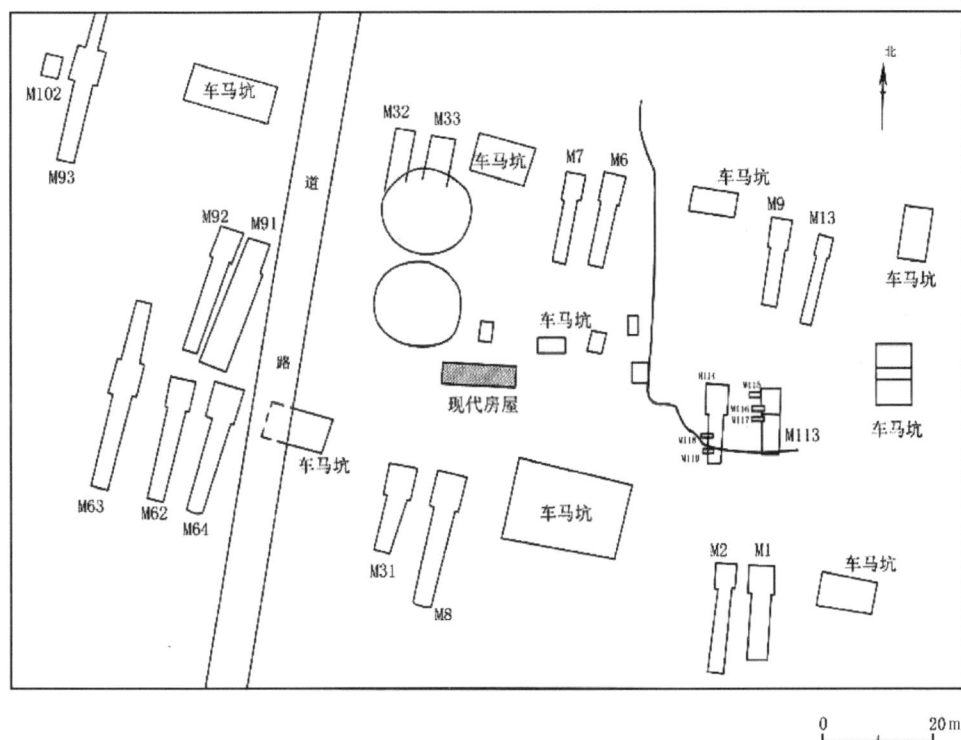

图三　天马—曲村晋侯墓地墓葬分布平面图

（引自《天马—曲村遗址北赵晋侯墓地第六次发掘》，《文物》2001 年第 8 期，图一）

域标志的主要形式。

　　秦国王公陵墓的情况也基本上遵循了这一发展规律。秦自东周立国后，秦公秦王陵园也多以壕沟作为兆域标志。在凤翔南郊的南指挥和三岔村共发现了14座陵园，墓围沟的使用可分为三种类型：单围沟型、双围沟型和套合围沟型。[11]（图四）咸阳塬上新发现的秦陵也采用这种墓围沟的形式。[12]

　　战国的秦东陵继续沿用了此种形式的兆域标志。一号陵园目前认为四面皆

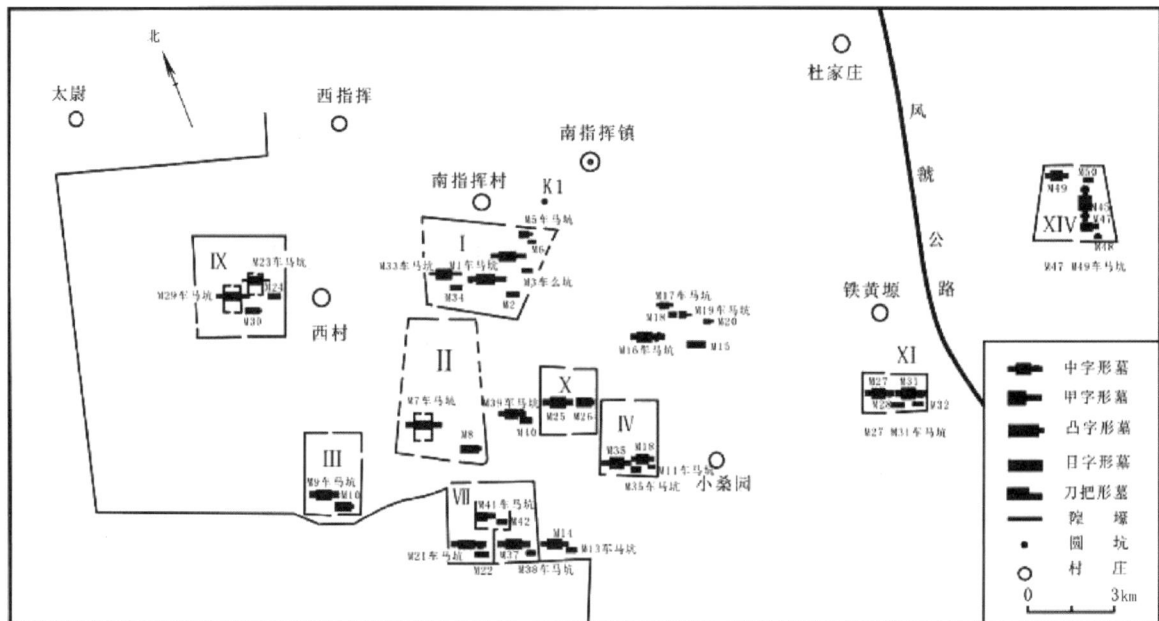

图四　雍城秦公陵园平面图

（引自《陕西秦汉考古五十年综述》，《考古与文物》2008年第6期）

为壕沟，南至小峪沟，北到武家坡村南的无名沟，西界洞北村西的小峪河，东达范家庄的人工壕沟。其中南北两侧的为天然壕沟，东面为人工壕沟，相互连接，四面包围，利于防洪排水，又起围护陵园的作用。[13]二号陵园南北两面以天然壕沟做屏障，东面经钻探得知早年系一条走向大体南北方向的不规整的天然壕沟经人工修葺为陵园东界，西界为一天然断崖。[14]三号陵园位于武家沟村北100米处，东南距一号陵园约1500米。陵园西、北两面利用天然沟壑为其兆沟，而东、南两面兆沟则为人工开凿。[15]四号陵园四周构筑隍壕，其中除北面为造陵时开辟外，东、西、南三面均是利用了原来的自然沟壑。[16]（图五）

　　但是，中原地区在战国时期已开始在陵园中使用墙垣作为兆域的标志。这一时期最典型的例子为中山王墓的墙垣。出土的"兆域图"铜版将两层的墙垣分别标为中宫垣、内宫垣。（图六）

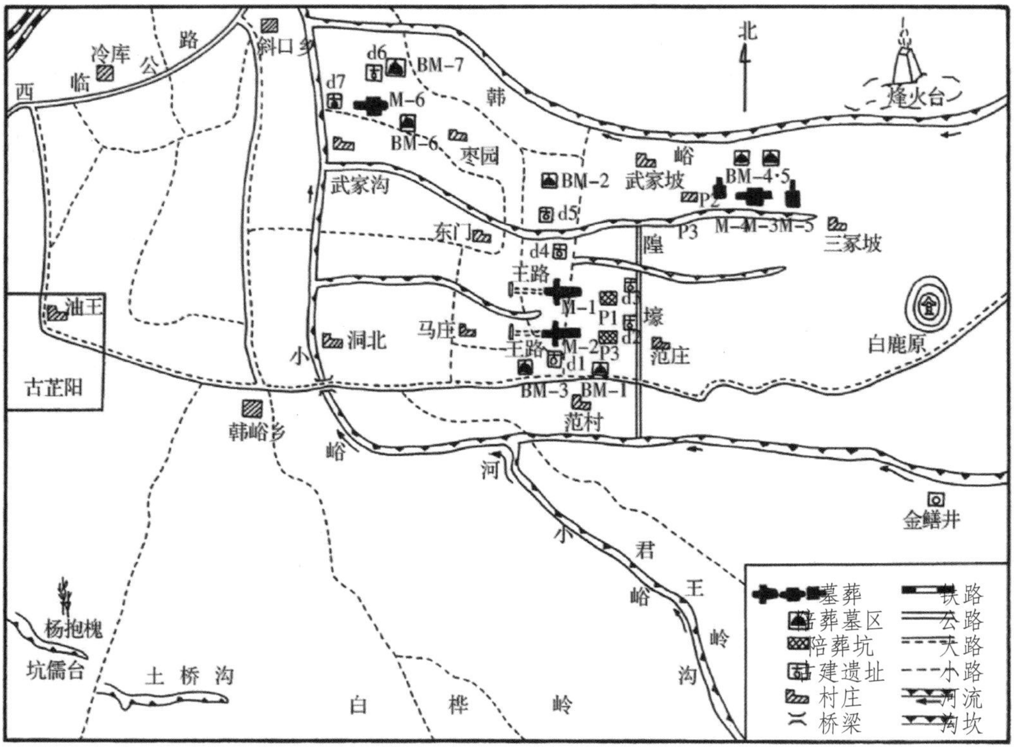

图五　秦东陵陵园平面图

（引自《秦东陵第一号陵园勘查记》，《考古与文物》1987年第4期，图一）

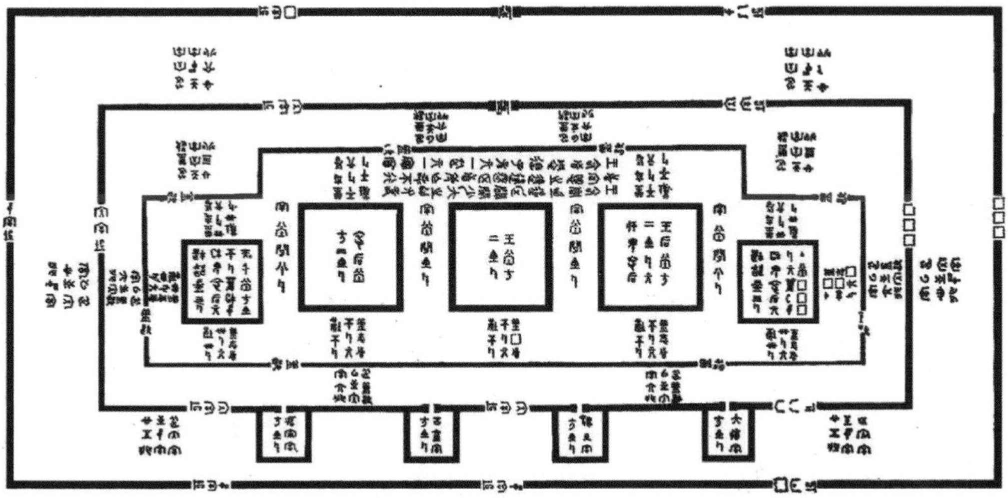

图六　中山王墓出土铜版兆域平面图

（引自《河北省平山县战国时期中山国墓葬发掘简报》，《文物》1979年第1期，图二五）

辉县固围村墓地广袤约为 600 米，中部隆起而成平台式高地，东西宽为 150 米，南北长为 135 米。在这个台地的周围为墙垣，陵园实际是一座以岗坡为墓地、略加人工修造而成的"回"字形结构。[17] 中山王两重陵园构成了一个长方形的区域，辉县固围村魏王室墓地及邯郸赵王陵的墓地形状更多的呈方形的"回"字形结构，二者有一定的差异。[18]

战国晚期到秦统一这一阶段，秦国出现了隍壕与墙垣并存的兆域标识系统。西安南郊神禾原大墓的陵园结构为长方形，南北长 550 米、东西宽 310 米。陵园四周由兆沟、墙垣围绕，并且在墙垣设有门阙或门道，共有 5 门。此外，陵园的中部设东西向隔墙，将陵园分为南、北两区。（图七）发掘者推测可能为始皇的祖母夏太后的陵墓，其时代约在战国晚期到秦代灭亡。[19] 从前述秦国陵墓兆域标志的发展看，战国晚期秦国有着一个从隍壕到隍壕与墙垣并存再到墙垣的发展关系。而且秦陵中墙垣的出现是比较晚的，从目前的材料看，可能晚到秦统一时期。而战国后期，关东各国已流行在陵墓中设墙垣作为兆域标志的形式，这两者之间的关系目前尚需进一步研究。

秦始皇陵园与关东各国已发现的陵园墙垣相比，更为复杂。主要表现为内外城墙采用不同的结构形式，这表明在陵园的设计上已根据不同的需要采用了不同的墙垣。

汉代兆域的概念思想更为明确，并以律令的形式做出了法律上的规范。见于《续汉志补注》记载，西汉帝陵兆域用地标准下："明年，将作大匠营陵地，用地七顷，方中用地一顷，深十三丈，堂坛高三丈，坟高十二丈。武帝坟高二十丈，明中高一丈七尺，四周二丈，内梓棺柏黄肠题凑，以次百官藏毕。其设四通羡门，容大车六马，皆藏之内方，外陟车石。外方立，先闭剑户，户设夜龙、莫邪剑、伏弩，设伏火。已营陵，余地为西园后陵，余地为婕好以下，次赐亲属功臣。"也就是说包括皇后陵、后妃墓地、亲属功臣墓地在内的区域都属于西汉帝陵的陵地。《后汉书》注引东汉伏无忌《古今注》详述了东汉帝陵陵寝建制；[20] 据《后汉书·光武帝纪》注这些"园"一部分可认为是陵园："是月，赤眉焚西京宫室，发掘园陵，园，谓茔域。陵，谓山坟。"实际上，以上的记载也是一个比较宽泛的规制或理想化的规定，考古材料证明汉代帝陵的陵地范围也是处于发展变化过程之中。

新出汉初《葬律》记载了彻侯一级的葬地情况："茔（茔）东西四十五丈，北南四十二丈，重园（？）垣之，高丈。"[21] 其时代在西汉早期，说明这一时期已用法律的形式将墓葬的空间规模规定了下来。

总体来说，在西周、东周的大多数时段中，兆域是墓葬区域空间的专用称呼，以兆沟作为界限的标志；但是到战国中晚期，随着中原地区高等级墓葬采用墙

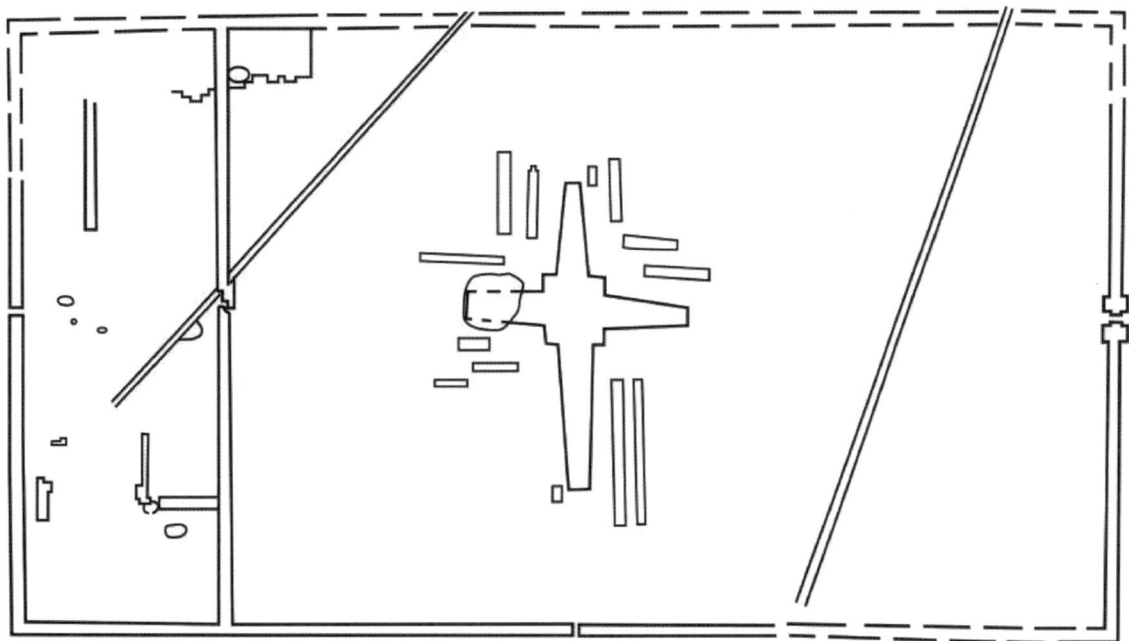

图七 神禾原秦陵园平面示意图

（引自《秦人的十个陵区》，《文物》2014年第6期，图五）

垣作为墓葬的空间标志，秦国也受到影响，从墙垣、兆沟兼而用之，到始皇陵采用了墙垣系统，自然形成了园的概念；根据西汉礼仪与葬律的规定，兆域已改称为茔，因用墙垣围起来也称为园。西汉早期的法律沿用了很多秦代的律令，因此本文将其统称为茔地。

三、秦始皇陵的"堧地"

秦时"堧地"指建筑外侧的空地，使用场合大到禁苑、小到冢庙。堧地之制西汉时期仍然存在，文献记载西汉时期有庙堧、陵墓堧、城郭堧、宫堧、河堧等。[22] 之前笔者曾经对秦始皇陵的堧地进行了系统的讨论，总体上认为秦始皇陵在明确的墙垣之外的区域有一个空间范围应该为堧地，理论上这个堧地应该为环形结构，作为陵墓的空地、游地或者以现代概念称之为缓冲地带。秦始皇陵的堧地设置内容有墓葬、外藏坑以及池沼、建筑、道路等，堧地内设置的外藏坑象征的是安全保卫以及与厩、苑相关的内容。秦始皇陵堧地设置中的厩苑、池沼内容可与战国时期的中山王陵墓相印证，堧地中的墓葬内容也为汉代帝陵（如阳陵）所承袭。[23]

秦始皇陵堧地的界标对认识秦始皇陵礼仪空间建制，也就是其范围，有着决定性意义。从堧地规制看，其外围应有一定的标志与界限，这提示我们秦始皇陵的外围有其界标。从文献看，堧地的外围标志有墙垣，还可能为篱笆。这种标志与两重城垣所形成的标志必定有着明显的区别。多年来学者们一直在讨论始皇陵外围范围与标志问题，似乎陷入了一定要找到界限标志的误区。秦始皇陵的堧地应该有标志，这种标志在秦代一定会以某种形式存在，但是不一定显现。堧地，从设立的初衷看，是主体区域的缓冲地带，这一区域更多为面向更大范围的、敞开的外部，因此更具有开放性。所以堧地从设立的理念看，应该为明确区域（中心区，秦始皇陵指墙垣围起来的区域）与广大的外部之间的过渡区域，那么这一区域更多的是以定义的理念来界定的，其外围标志存在于"章程"，谙熟于世人。因此，其形式或形制不追求完整、固定，如墙垣、篱笆、壕沟，这种有形的标志，并不一定适用陵墓、禁苑堧地。而"章程"上的规定，落实于"图版"，乃至现实中设置碑桩等，不失为其合理的形式。[24]

此前我们也曾讨论过堧地的功能，对秦始皇陵而言，堧地区域的遗存也是其丧葬礼仪建制的内容，以及空间建制的组成部分。秦始皇陵堧地的形成机制目前还不清楚。目前看应该有两方面的原因：一是皇室禁地对堧地设置的要求，二是因独立陵园制度而形成的陵园结构变化的新因素。从文献看，秦代皇家禁苑设有堧地，并形成了比较规范的法律规定，陵墓设置堧地也可能是一系列皇室禁地法律规范的重要内容。先秦以来的高等级墓葬总体上从公墓地发展到了独立陵园的形式，[25] 独立陵园的新形式中就可能有堧地的存在，秦始皇陵空间建制所开创的堧地空间，也为独立陵园的成熟阶段西汉帝陵所认可和继承。

四、秦始皇陵的环境关联区

所谓的环境关联区是现代学术概念，目前还没有相对应的秦时概念。我们姑且用之。环境关联区是指秦始皇陵丧葬礼仪建制与空间建制有关的区域。从近年的考古发现与认识看，秦始皇陵规划、施工与空间设定都与这一区域有关。既然是区域，必有一定的范围，可从以下几个方面来界定其空间规模。

从地理单元的界定。骊山北麓为山前洪积区与渭河的二三级阶地。在封土一线或现在的临马公路一线以南，为山前洪积区，这一区域也是大量的洪积扇充分发育并联的结果。秦始皇陵所处冲积扇的形成与骊山最大沟口——大水沟有关。大水沟所形成的洪积扇因地形原因从东南向西北倾斜，其扇形的西边缘在董家沟到赵背户一线，东边缘位于李家、上焦、西孙一线。而秦始皇帝陵的茔地呈南北纵长形，设置于这处扇体居中的部位，所以茔地内的地形能反映巨大扇形体的地貌特征。

骊山北麓地区的水系对陵墓的环境与空间设置有着制约作用。从更广阔的范围看，骊山北、西麓地区的自然河流自东向西分别为零河、戏河、玉川河、沙河、五里河、临潼河、三里河、韩峪河等。（图八）从早期有文献记载的河流看，这一地区渭河南岸的主要河流为戏水、玉川河、沙河（鱼池水），而这些河流均位于始皇陵的东侧，所以其东侧最远的界限应该在戏河。西侧的河流目前有三里河、五里河、临河、韩峪河，我们认为三里河及韩峪河均向西北流去，位于骊山的西麓，不属于北麓河流，因此其西界应在临河一线。所以，我们认为，秦始皇陵的最大空间位于骊山北麓，东西范围界于临河与戏河之间，北至渭河。这也可称为广义的秦始皇陵，这一空间范围内除大量的遗存属于茔地、垗地外，还有相当多的遗存并不具有礼仪意义，而与始皇陵的修建、管理有关。而秦始皇陵的茔地、垗地则应界于临河与玉川河之间，沙河为其内部河流，这一空间区域及其中的遗存多具有丧葬礼仪意义，属于狭义的秦始皇陵。

骊山的空间特征亦对秦始皇陵的规划、建设乃至空间设置具有决定作用。骊山在地质构造上是渭河地堑东部的一座典型的地垒式断块山。骊山四周各有一条向山外倾斜的正断层，南面和北南的东西向，东侧和西侧的近南北向，所以从平面上构成较规整的菱形。正是因为这一大的地形特征，从景观上看，骊山北麓与西麓有明显的不同。从渭河北侧可观察到骊山呈东西条状，可观察到的山体东起代王东侧、西至临潼城南侧，总长 12 千米，两侧各有一条缓坡。从近处观察这一景观使得骊山具有曲隅之势，所以文献上称始皇葬"骊山之阿"。骊山北麓所控制的山前区域与陵墓的规划、建造有很大的关系。从秦始皇陵的茔域与骊山北麓地区的相对位置上看，茔域所处为骊山北麓的居中地带。之前我们讨论过始皇陵在骊山北麓地区大范围空间的控制体系形成机制，骊山北麓的东西跨度，也就是其曲隅之势，实际上是具有决定性意义的因素，决定了陵墓南北轴线的形成、陵墓墓室的选址，乃至秦始皇陵向位体系的设定等，也就是说，骊山北麓的空间也就是秦始皇陵最大的范围。[26]这一范围与前述我们讨论的水系所形成广义的秦始皇陵范围基本一致，这一范围内的空间也就是秦始皇陵的环境关联区。

综合以上自然环境三个方面的因素考虑，我们能得出一个相对一致的范围。这个范围东起戏河，西到临河，北到渭河，南到骊山分水岭。在这个区域之内包括我们前面所讨论的茔地、垗地、环境关联区。环境关联区对应着广义的秦始皇陵，垗地及以内区域对应着狭义的秦始皇陵。

五、秦始皇陵空间建制的深层意义

综合以上研究，我们可以确定秦始皇陵在空间配置上设立了内层的茔地、中层的垗地，最外层为环境关联区。这构成了秦始皇陵的空间建制。而这一设置也是秦始皇陵顶层设计的结果，或是"章程"的内容之一。空间建制与礼仪

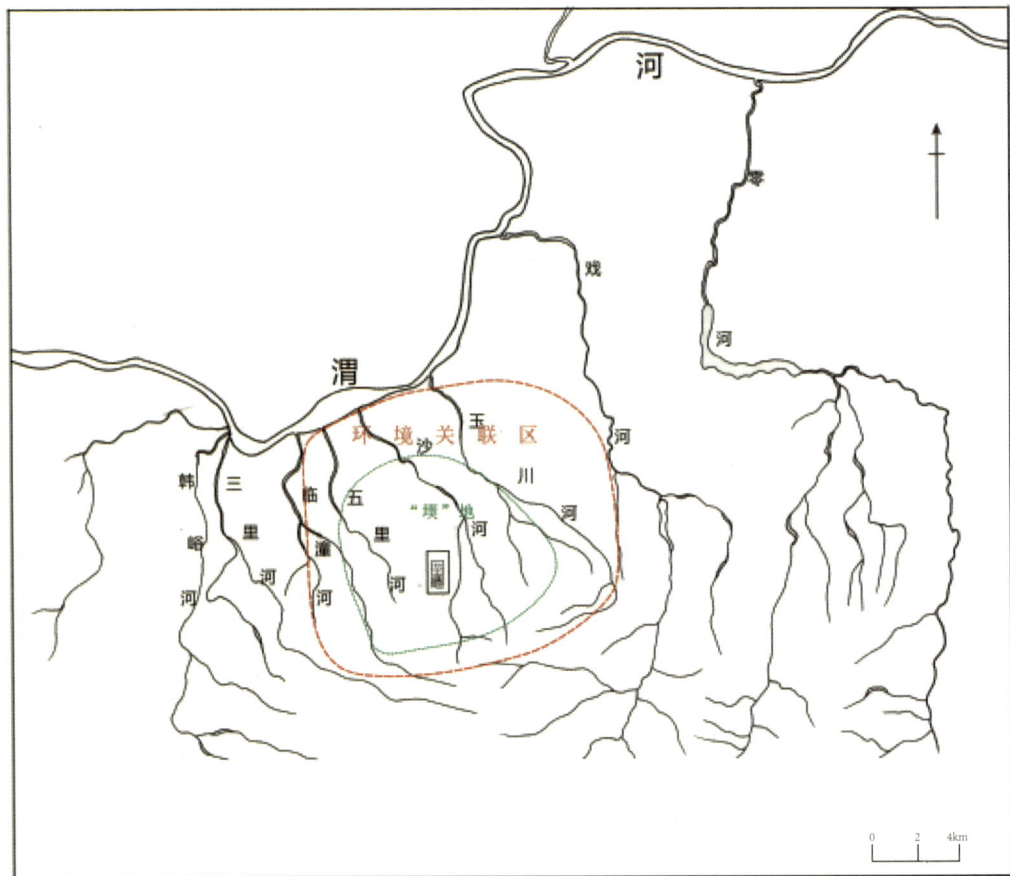

图八　秦始皇陵空间建制示意图　绘图：张卫星

建制整合了地域遗物与遗迹，共同构成了实体性质的秦始皇陵。从空间角度来理解秦始皇陵，能使我们从另一个层面来理解秦始皇陵。人为的空间建构实际上是秩序的构造，秦始皇陵的空间配置对我们理解秦代或秦始皇陵所要体现的秩序至关重要。

从前述秦始皇陵的空间建制看，从内层到中层到外层构成了一个多层环绕中心的空间结构。实际上细分内层的茔地，也同样具有多层环绕中心的结构。由于茔域内设有内外两重墙垣，从数据上分析两重墙垣的相对空间关系，居中特征明显，表现在两方面。第一方面：内城位于外城的中心部位。内城居于茔域的中心位置。虽然两重城垣均为长方形，二者大小相套，但是二者并不是随意进行了空间配置，而是内城处于外城的相对中心。第二方面：外城与内城的空间比例一致，也就是说外城是内城同比例放大的结果。其比例系数为1.625。除去误差，二者大体一致。而这一比例系数接近于黄金分割关系。[27] 如果结合《史记·秦始皇本纪》中所说的"上具天文、下具地理"的空间模型，可以说整个秦始皇陵构成了以墓室的宇宙模型为中心的多层结构。秦始皇陵的这种多层环绕中心的空间结构特征，构成了秦始皇陵的秩序构造的形式与载体。

秦始皇陵所表现出的多层环绕中心结构，再现王朝或者帝国模式下的天下观念。在不同的历史时段，人们对天下概念理解或解释的侧重点不同。[28] 所谓的"天下"一词实指古代中国人对当时所认识世界的政治秩序之观念思考。"天下观"实际上是利用空间概念建构出的一套世界秩序观。[29] 邢义田先生认为天下观是指人们对这个世界人群组织、关系和政治秩序的概念或想法。[30] 多层环绕中心的空间特征所蕴含的思想可以追溯到早到商晚期、西周时期，在思想上与商周以来的天下观内核一致，实际上是古老的观念的表达。商代后期已形成了四方与中商构成了商代的五方，也就是商人的天下。[31] 周人克商，以西方、边缘之地的政治力量建立了新的统治，为了寻求这一统治的合理，周人建构了自己的宇宙观。这一宇宙观的大多数内容沿袭了商人的传统，包括四方、中心，只是通过改造上帝，并将其与自己的"天"的概念结合起来。在周人的语境中，四方指所有臣服于周的地区和组织。[32] 天下观的另一种形式表达就是畿服制引申出的环形天下结构的思考。商有内外服之分。在此基础上，战国时期成书的《禹贡》，设想了一种规整的畿服制度："五百里甸服：百里赋纳总，二百里纳铚，三百里纳秸服，四百里粟，五百里米。五百里侯服：百里采，二百里男邦，三百里诸侯。五百里绥服：三百里揆文教，二百里奋武卫。五百里要服：三百里夷，二百里蔡。五百里荒服：三百里蛮，二百里流。"[33] 机械地规定了各方各五百里为一服，依次为各五百里的甸、侯、绥、要、荒五服。王树民先生《畿服说考略》指出"在《禹贡》五服说中，虽不排除封国的存在，而主要是从统一王国的角度立说，这反映了一个重要的政治思潮"。[34] 后来发展到《周礼·夏官·职方氏》的"九服"说，学者早已指出这是一种机械规定，成为完全不顾地理实际的空想的非科学的东西，以此来对全天下做出飞鸟距离式的地域区划。

从前述我们分析的秦始皇陵的茔地、堧地以及环境关联区的空间配置看，所表现出的多层环绕中心的空间结构都不是文献中的典型形式。实际上，这种典型的多层环绕中心模式也没有真正出现过。那么我们应该反思，文献中所谓的"典型天下结构模式"是不是真正的"典型"？

秦并天下带来的新局面有没有影响到中国人对天下秩序的看法，邢义田先生认为没有基本结构上的变化。秦长城就是理想与现实矛盾的结果。[35] 所以说，秦始皇陵所表现出的形式上的多层环绕中心结构，恰恰有可能就是王朝或者帝国新架构下理想的天下模式再现。先秦的天下观与帝国的天下观在秦始皇陵都有所体现，二者的结合，又说明了两种观念在秦代的发展融合，而这一切最终由多层环绕的结构形式及所蕴含的深层观念所整合，也就是更突出天下一统、皇帝至上。

六、结语

人为的空间构造也就是秩序的重构。本质上属于墓葬的秦始皇陵，不仅有其丧葬礼仪的结构系统，也有空间的结构系统。这是我们讨论秦始皇陵空间建制的出发点。从遗存所处的区域出发，秦始皇陵有三层空间结构，分别对应秦汉思维体系中的茔地、堐地和现代概念的环境关联区。这三层空间结构与更细分的茔地构成了以墓室宇宙模型为核心的多层环绕空间体系。而这种形式表达前所未有，恰恰有可能就是王朝或者帝国新架构天下模式的再现。

注释：

[1] 王异禀：《考古学中的空间观点》，《中国文物报》2012 年 3 月 16 日。

[2] 张光直：《考古学：关于其若干基本概念和理论的再思考》，生活·读书·新知三联书店，2013 年，第 14 页。

[3] 王异禀：《考古学中的空间观点》，《中国文物报》2012 年 3 月 16 日。

[4] 张卫星：《试论秦始皇陵的礼仪建制》，《秦始皇帝陵博物院 2015》，陕西师范大学出版社，2015 年，第 75—85 页。

[5] 张法：《中国美学史》，上海人民出版社，2000 年，第 7 页。

[6] 张锡坤、窦可阳：《中国古代的"象思维"——兼评王树人新著〈回归原创之思〉》，《吉林大学社会科学学报》2006 年第 6 期。

[7] 陕西省考古研究所、秦始皇兵马俑博物馆：《秦始皇陵园内城南墙试掘简报》，《考古与文物》2002 年第 2 期；《秦始皇帝陵园考古报告》（1999），科学出版社，2000 年，第 10 页。

[8] 北京大学考古系、山西省考古研究所：《天马——曲村遗址北赵晋侯墓地第二次发掘》，《文物》1994 年第 1 期。

[9] 李伯谦：《从晋侯墓地看西周公墓墓地制度的几个问题》，《考古》1997 年第 11 期。

[10] 陈元甫：《绍兴印山越国王陵陵园制度初探》，《东南文化》2004 年第 3 期。

[11] 田亚岐：《雍城秦公陵园围沟的发现及其意义》，《秦文化论丛》，三秦出版社，2003 年。

[12] 刘卫鹏、岳起：《咸阳塬上"秦陵"的发现和确认》，《文物》2008 年第 4 期。

[13] 陕西省考古研究所、临潼县文管会：《秦东陵第一号陵园勘查记》，《考古与文物》1987 年第 4 期。

[14] 陕西省考古研究所、临潼县文管会：《秦东陵第二号陵园调查钻探简报》，《考古与文物》1990 年第 4 期。

[15] 王学理：《咸阳帝都记》，三秦出版社，1999 年，第 228 页。

[16]陕西省考古研究所秦陵工作站：《秦东陵四号陵园》，《秦东陵第四号陵园调查钻探简报》，《考古与文物》1993年第3期。

[17]中国大百科全书出版社编辑部：《中国大百科全书·考古学》，中国大百科全书出版社，1986年，第145页。

[18]河北省文物管理处：《河北省平山县战国时期中山国墓葬发掘简报》，《文物》1979年第1期；河北省文物研究所：《響墓——战国中山国国王之墓》，文物出版社，1996年。中国社会科学院考古研究所：《新中国的考古发现和研究》，文物出版社，1984年。李学勤：《平山墓葬群与中山国的文化》，《文物》1979年第1期。刘来成、李晓东：《试谈战国时期中山国历史上的几个问题》，《文物》1979年第1期。

[19]陕西省考古研究院：《陕西长安神禾塬战国秦陵园遗址田野考古新收获》，《考古与文物》2008年第5期。丁岩：《神禾原战国秦陵园主人试探》，《考古与文物》2009年第4期。

[20]原文如下："光武原陵，山方三百一十三步，高六丈六尺。垣四出司马门。寝殿、钟虡皆在周垣内。堤封田十二顷五十七亩八十五步。明帝显节陵，山方三百步，高八丈。无周垣，为行马，四出司马门。石殿、钟虡在行马内。寝殿、园省在东。园寺吏舍在殿北。堤封田七十四顷五亩。章帝敬陵，山方三百步，高六丈二尺。无周垣，为行马，四出司马门。石殿、钟虡在行马。寝殿、园省在东。园寺吏舍在殿北。堤封田二十五顷五十五亩。和帝慎陵，山方三百八十步，高十丈。无周垣，为行马，四出司马门。石殿、钟虡在行马内。寝殿、园省在东。园寺吏舍在殿北。堤封田三十一顷二十亩二百步。殇帝康陵，山周二百八步，高五丈五尺。行马四出司马门。寝殿、钟虡在行马中。因寝殿为庙。园吏寺舍在殿北。堤封田十三顷十九亩二百五十步。安帝恭陵，山周二百六十步，高十五丈。无周垣，为行马，四出司马门。石殿、钟虡在行马内。寝殿、园吏舍在殿北。堤封田一十四顷五十六亩。顺帝宪陵，山方三百步，高八丈四尺。无周垣，为行马，四出司马门。石殿、钟虡在司马门内。寝殿、园省寺吏舍在殿东。堤封田十八顷十九亩三十步。冲帝怀陵，山方百八十三步，高四丈六尺。为寝殿行马，四出门。园寺吏舍在殿东。堤封田五顷八十亩。质帝静陵，山方百三十六步，高五丈五尺，为行马，四出门。寝殿、钟虡在行马中，园寺吏舍在殿北。堤封田十二顷五十四亩。因寝为庙。"

[21]彭浩：《读云梦睡虎地M77汉简〈葬律〉》，《江汉考古》2009年第4期。

[22]刘信芳、梁柱曾提出还有官塓，不知其具体出处，见《考古学集刊8》，科学出版社，1994年。

[23]张卫星：《试论秦始皇陵的塓地》，《考古与文物》2014年第4期。

[24]关于"章程"的讨论见张卫星：《秦始皇陵的章程》，《文史知识》2014年第6期。

[25]赵化成：《从商周"集中公墓制"到秦汉"独立陵园制"的演化轨迹》，《文物》2006年第7期。

[26]张卫星、付建：《秦始皇陵的选址、规划与范围》，《文博》，2013年第5期。

[27]把一条线段分割为两部分，使其中一部分与全长之比等于另一部分与这部分之比。其比值是一个无理数，取其前三位数字的近似值是0.618。由于按此比例设计的造型十分美丽，因此称为黄金分割，也称为中外比。这是一个十分有趣的数字，我们以0.618来近似，通过简单的计算就

可以发现：1/0.618=1.618，(1-0.618)/0.618=0.618，这个数值的作用不仅仅体现在绘画、雕塑、音乐、建筑等艺术领域，而且在管理、工程设计等方面也有着不可忽视的作用。

[28]天有多种解释。有的学者从"天下"的空间意义理解，认为"天底下所有的土地"，它指称"整个世界"，所以"天下"概念起源于古代中国人对方位的界定。见何新华：《试析古代中国的天下观》，《东南亚研究》2006年第1期。但是甘怀真指出这是一种误解。"天下"概念形成于春秋战国时，此天下之天不是物理的天，而是具有神格的上帝。从《皇矣》篇可以推返，最早的"天下"概念是指上帝所临之下。但是事实也不尽然，还是需要更多的研究。

[29]何新华：《试析古代中国的天下观》，《东南亚研究》2006年第1期。

[30]邢义田：《从古代天下观看秦汉长城的象征意义》，《天下一家：皇帝、官僚与社会》，中华书局，2011年，第85页。

[31]胡厚宣：《论殷代五方观念及"中国"称谓之起源》，《甲骨学商史丛初集》第二册，齐鲁大学国学研究所，1944年。

[32]王爱和：《中国古代宇宙观与政治文化》，金蕾、徐峰译，上海古籍出版社，2011年，第78—91页。

[33]顾颉刚、刘起釪：《尚书校释译论》，中华书局，2005年，第815页。

[34]王树民：《虆服说考略》，《文史》第四十四辑，中华书局，1998年，第65页。

[35]邢义田：《从古代天下观看秦汉长城的象征意义》，《天下一家：皇帝、官僚与社会》，中华书局，2011年，第110页。而罗志田则有不同的看法，见罗志田：《先秦的五服制与古代的天下中国观》，《学人》第10辑，1996年，第367—400页。

（责任编辑：朱学文　陈　洪）

40

试论秦始皇陵内城建筑遗址性质

（武丽娜　秦始皇帝陵博物院）

内容提要　本文回顾秦始皇帝陵内城建筑遗址的勘探与研究历史，介绍该建筑遗址的概况，根据该遗址的布局特征与文献互对，指出其为"天子六寝"与"后六宫"的象征。

关 键 词　秦始皇帝陵　建筑遗址　性质　六寝六宫

秦始皇陵园内城建筑遗址在 1962 年由陕西省文管会首次发现，陕西省考古研究所等单位曾对其局部做过勘探与发掘工作，学者根据当时所发现的材料将其定性为寝殿、便殿遗址。[1]

2010 年，陕西省考古研究院对该建筑遗址进行全面勘探，发现了由九条通道分割的东西对称的十进式建筑群，南北长 610 米、东西宽 250 米，面积约 15 万平方米。[2]

2009 年 12 月至 2010 年 12 月份，秦始皇帝陵考古队对位于陵园内城北部西区的建筑遗址也进行了勘探，并进行了局部复探。从整体上看，这一建筑群自南向北可分为 11 排，为十一进的院落群。该建筑群总体南北长 692 米，从该建筑墙垣外侧测得其东西跨度为 228 米，面积为 157776 平方米。[3]（图一）

秦始皇陵内城建筑遗址勘探成果发表后，由于遗址本身的复杂性以及文献记载的模糊性等原因，学者们对其性质有较大的争议。

一、研究现状

张仲立先生首先撰文，认为该组陵寝建筑很可能是天子王后十二寝以及未知的别寝别殿建筑，或可能是十二寝扩大了的制度等。原文指出："秦始皇陵礼制建筑的十进建筑结构里，建筑的重心在位于最南端的大体量方形建筑里，……以其位置体量结构，定为正寝大殿应该是可以的；往北向下依次的六进建筑，与南端正寝大殿所在的第十进建筑一起，或可对应于'天子六寝'、'王

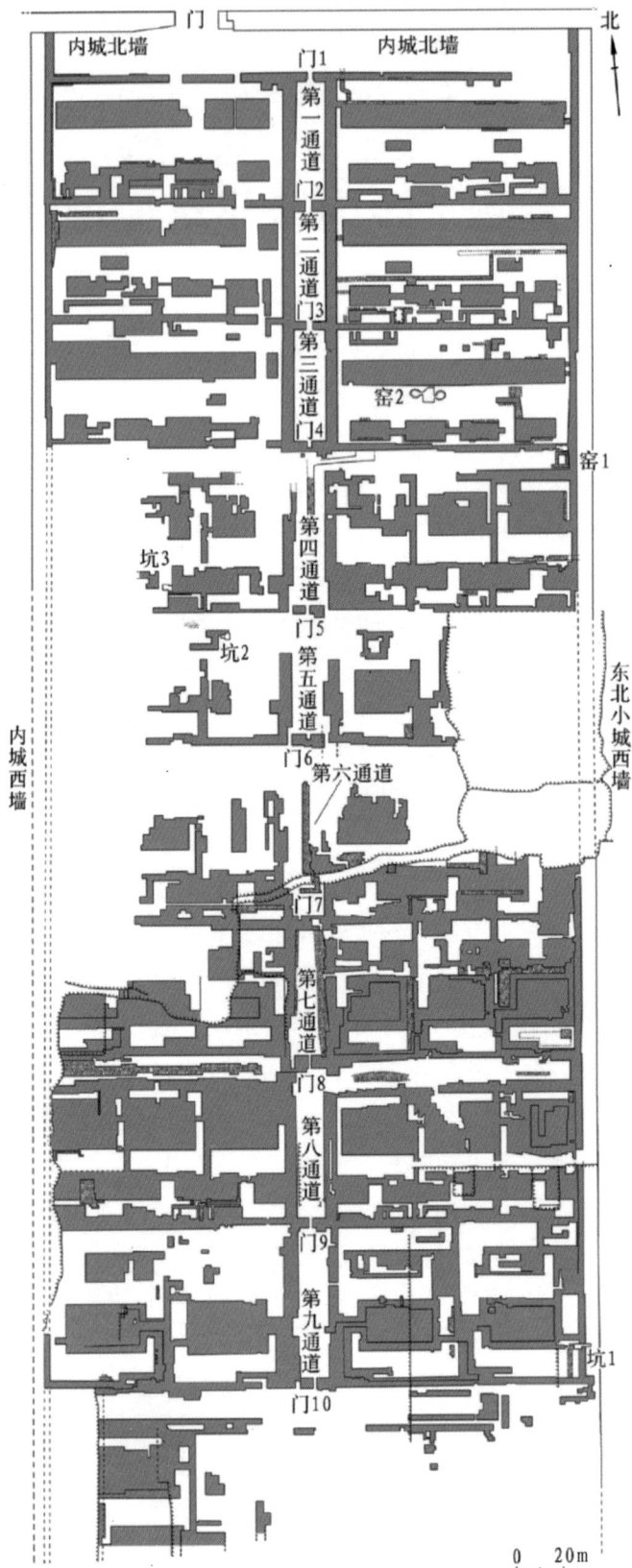

图一　陕西省考古院勘探成果图[4]

六寝'的建制。寝、宫之北还有几进建筑，其建筑规格有削降，建筑形式也和殿堂建筑稍异，体量也稍减，或可能是天子王后十二寝之外的别寝别殿，或可能是十二寝扩大了的制度等。"[5]

孙伟刚先生认为该组陵寝建筑是始皇陵的陵寝建筑，象征着"前朝后寝"模式。认为依九条通道分割的东西对称结构的建筑单元或为文献中所记述的"朝"；第十处门道为路门，第十组建筑空间连同先前发掘的寝殿、便殿遗址为"寝"，这符合文献记载的"前'朝'后'寝'"结构。也就是说：北侧九条南北向通道和对称的东西向建筑模拟了秦帝国都城中的宗庙或朝廷办公机构，第十处建筑模拟了秦始皇帝及九嫔的生活起居类宫殿。这些礼制建筑整体构成了历史文献中所记载的"宫观"。[6]

张卫星先生认为：该组建筑应该界定为"寝"或"寝园"，以宫室制度对照秦始皇帝陵内城建筑遗存，其就是宫室制度中的寝制，其中有作为正寝的前殿和作为燕寝的宫室，同时印证了始皇陵陵侧出寝的文献记载。[7]

比较几种观点，张仲立先生认为该组建筑为天子王后十二寝以及未知的别寝别殿建筑。张卫星先生认为该组建筑为"作为正寝的前殿和作为燕寝的宫室"，总之是皇帝的寝宫。而孙伟刚先生则认为该组建筑为"前'朝'后'寝'"的象征，北侧九条对称的建筑模拟宗庙或朝廷办公机构。本文根据该建筑基址本身的特征以及建筑内石材上所写的刻铭，参考《周礼》等文献记载，认为张仲立先生的观点比较接近实际情况，也即该组建筑是秦始皇"天子六寝和后六宫"的写照。总体上说，笔者认为，该组建筑群象征着秦始皇帝和他后妃们的寝和宫。

二、秦始皇帝陵园内城建筑遗址概况与内涵分析

陕西省考古研究院勘探该建筑遗址为十排，而秦始皇帝陵博物院勘探为十一排，本文依据秦始皇帝陵博物院《秦始皇帝陵内城陵寝建筑勘探简报》的简报结果进行介绍。[8]（图二）该建筑群总体南北长 692 米，东西宽 228 米，南起原封土北侧 3 米处，北至建筑的北墙外侧。东西两侧的墙垣北端与内城墙相连，东侧的墙垣南端可能与东西向内城墙垣相连，西侧的墙垣南段被破坏，东西侧的墙垣分别与东西侧的内城城垣距 6 米左右，北墙垣与东西墙垣相连，与内城北垣平行，距内城北垣 18—20 米。

该建筑群内的建筑单元从平面形制与建筑结构上分析，总体上可分为两类。

第一类：大型的夯土台基式建筑。发现于建筑群的最南端的第一排，其西北侧紧邻的六组小型建筑虽与其相连，但是建筑规模和形式都有变化，体现出"主次"之别，在实际使用中应该承担着"主要与次要"的不同功能。根据它的夯土台基式特征，分析其可能为台、殿形式，体现着"唯我独尊"的建筑风

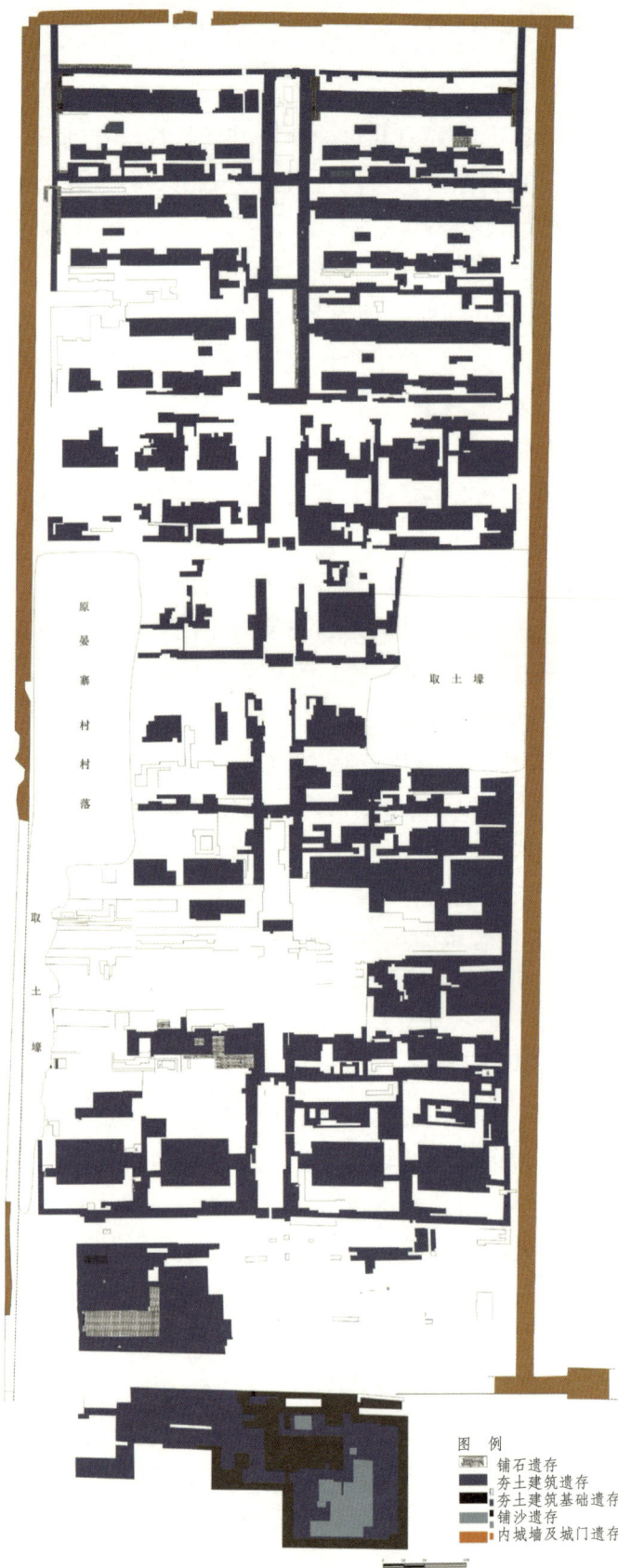

原晏寨村村落

取土壕

取土壕

图二　秦陵博物院勘探的内城建筑遗址图 [9]

格与含义，很可能是天子（始皇）之六寝的象征。[10]

第一排大型夯土台基式建筑，位于整个建筑群的最南端，靠近封土。该建筑群自东向西分别编为第一组、第二组。[11]

第一组建筑：总体上平面呈方形，主体部分南北长 66 米、东西宽 60 米，结构由夯筑台基及台基上的建筑组成，台基上部为较高的建筑，台基与上部建筑间形成宽约 4.6 米的边廊，这组有台基的高台式建筑，应为寝殿中的"路寝"也就是"正寝"，可能为文献所记的王之"治事之处"。

第二组建筑：总体上呈长方形，建筑形式与上述高台式建筑不同，主体部分东西长大致为 75 米、南北宽 25 米。东部通过较深的夯土向东与第 1 组建筑相连；向北侧还可能与北边的"院落式建筑"相连。主体的西南部分与一座曲尺形的建筑相连，曲尺形建筑东西长 19.4—28.4 米、南北宽 8.4—16 米。

该组建筑曾经被命名为"乙组建筑"[12]，并且分为六组，自东向西分布在一条直线上，且面积也是从东向西依次增大，呈梯次形。从建筑的平面布局看，一号、四号建筑均有环廊和散水，五号、六号仅有散水、无环廊。四号建筑最为豪华，有带榫卯关系的青石条扣合的壁柱的柱础，其他基址则无。总之，除二、三号建筑破坏较甚性质不明外，一、四号基址是带有环廊的方形、长方形宫殿建筑，五号、六号基址规格相对较低。该组建筑附属于正（路）寝之后，虽然分为六组（因为二、三号建筑的不明朗，或许仅有五组，待以后的考古材料证实，但在数目上十分接近五组），实质上很可能是五寝的具体写照，其为"燕寝"的可能性极大，也就是文献中所记载的"王之所居恒在于燕寝"之处。

第一、二两组建筑相连，体现了正寝与燕寝的相连关系，证实了燕寝在路寝之后的文献记载。值得注意的是，第二组建筑就像一条"纽带"，其向南连接路寝，向北又与院落式的第二排建筑相连，正好体现了"殿屋相连"的宫殿建筑特点。

对照文献，以上所述的大型台基式建筑连同其西北侧紧邻的第二组建筑可能是"天子六寝"的象征。

《礼记·曲礼下》孔颖达疏："案《周礼》王有六寝，一是正寝，余五寝在后，通名燕寝。"孙诒让《周礼正义》引胡培翚云："王之六寝，其一为正寝，治事之处。而所居恒在于燕寝。后夫人以下分居六宫，其有当御者，则就于王之燕寝，此古者王后居寝之制也。"

第二类：院落式建筑。自第二排建筑开始，均为此类建筑。目前明确的院落建筑有十排，分布于第一类建筑北侧。每排南北宽 55—60 米，南北间以散水或墙垣分开，以中间的通道为中轴对称分布，结构基本一致。

第一排目前仅存西侧的一组大型建筑基址，边缘部分的院落结构破坏较为严重；东侧院落基本上已破坏殆尽。

第二排建筑左右侧院落内有两组大型建筑基址，东西长34米，南北宽21米，院内还有一些附属建筑。

第三至第七排东西院落内各有三组大型建筑基址，东西长24—31米，南北宽17—20米，并有附属的相关遗存。

第八至第十排两侧的院落内主要为一条较大型的夯土台基，东西长95米，南北宽11米。

分析和比较十排院落式建筑的特点，既有共性又有差别，远观是非常整齐、规模相同的十排建筑；近看各个院落，又展现着不同的建筑风格。

首先，我们发现一、二、三排内的建筑是按照一组、两组、三组的递增形式有规律地扩大房间，而建筑规模却相应地降低，它所体现的"等级"差别正好和后妃的不同身份相对应。众所周知，汉承秦制，而文献记载汉代的后妃爵列八品，即皇后，夫人，美人，良人，八子，七子，长使，少使。自汉武帝、汉元帝始，后宫三千嫔妃又扩至十四个等级。由此上推秦代，至尊的皇后应居住在第一排，夫人第二排，其余妃嫔应是根据尊卑依次后推，为剩下几排建筑的主人。

其次，每组院落内的建筑都有主次之分，其内一般都有大型的夯土台基作为中心，然后辅以其他小规模的建筑，周围设有围墙，形成一个相对独立的院落结构。院内所体现出的等级差别，应该是对应着"主仆"身份的，体现出"后或者妃"与其所属的宫女和奴婢的不同居处。

综上，十排院落式建筑可能是"六宫"与其他妃嫔所居之处。

理由一，王后有六宫，亦为正寝一，燕寝五。在天子六寝之北，亦称北宫、内宫。[13]

《礼记·昏义》"古者天子后立六宫，三夫人、九嫔、二十七世妇、八十一御妻……故天子内和而家理。"郑玄注："天子六寝而六宫在后。"孔颖达疏："云'六宫在后'者，后之六宫在王之六寝之后，亦大寝一。小寝五。"

理由二，王之六寝与后之六宫南北相对，故以方位言之，则后之六宫亦称北宫。十排院落式建筑均位于寝殿之北。

《周礼·天官·内宰》："正岁均其稍食，施其功事，宪禁令于王之北宫而纠其守。"郑玄注："北宫，后之六宫。谓之北宫者，系于王言之，明用王之禁令"如果以内外言之，则称内宫。《周礼·天官·内宰》："会内宫之财用。"贾公彦疏："言内宫，亦对王之六寝为内宫……"。

三、考古发现

其一，刻铭的发现。袁仲一先生曾记录了 20 世纪 70 年代在这一区域发现的带有刻文的四块青石板[14]，文字内容分别为"纳中东下卅六""内西七""泰左东丙三""泰右东十八"，袁先生当时认识到这些石板用在建筑物的内部，而这些建筑物内部有东、中、西之分；泰为"大"，为将作大将的省称。本文认为其为"太"的省称，是皇帝所属的标志，此处可能是用于六寝之内的建筑材料的标识。

而"纳、内"在金文中通用，均指"内"。王内则指路门以内至于北宫，凡王及后、夫人等所居之处，均为内宫的省称。[15]《周礼·考工记·匠人》："内有九室，九嫔居之。外有九室，九卿朝焉。"郑玄注："内，路寝之里也。外，路门之表也。"可见，"内"与"外"相对而言，内指内宫，从一个侧面反映了该处建筑为内宫。

其二，最近秦陵考古勘探表明，在北内、外城之间亦发现三排十五组建筑群，其位置就在上述寝宫建筑的北墙之外 12 米处，与内城北门相连[16]。其规模较大，形制统一，有踩踏、铺石和排水设施。该组建筑有统一的形制，又居于外城，紧挨内城北门，可能是外朝所居，因文献"外有九室，九卿朝焉"的记载，本文推测这才是象征办公场所的九朝所在。

四、结论

秦始皇陵园内城大型台基式建筑遗址位于内城以内，封土以北 3 米处，其位置的重要性表明其为寝殿的性质已无异议，但其北侧相连的十排院落式建筑的性质争议却较大。

本文在分析建筑结构特点的基础之上，对应相关文献，认为以"院落式布局"为特征的十排建筑可能是"六宫、内宫或北宫"。因为如果南面靠近封土的高台大殿类建筑体现的是"天子六寝"，其北侧相连的院落式建筑只能是"后六宫"。寝宫相连，且均位于内城以内，既合乎礼仪，又承前启后，为汉、唐陵所沿袭。

注释：

[1]陕西省文物管理委员会：《秦始皇陵调查简报》，《考古》1962 年第 8 期。陕西省考古研究所、秦始皇兵马俑博物馆：《秦始皇帝陵园考古报告》（1999），科学出版社，2000 年，第 10—11 页。袁仲一：《秦始皇陵的考古发现与研究》，陕西人民出版社，2002 年，第 80 页。张占民：《秦始皇陵北寝殿建筑群的发现与初步研究》，《考古文物研究》，三秦出版社，1996 年。

[2]孙伟刚：《秦始皇帝陵北部西侧建筑遗址的性质及相关问题》，《考古》2012 年第 6 期。

[3] 秦始皇帝陵博物院：《秦始皇帝陵内城陵寝建筑勘探简报》，《秦始皇帝陵博物院2012》，三秦出版社，2012年，第1页。

[4] 孙伟刚：《秦始皇帝陵北部西侧建筑遗址的性质及相关问题》，《考古》2012年第6期。

[5] 张仲立：《秦始皇帝陵礼制建筑群与"秦始出寝"》，《考古与文物》2011年第2期。

[6] 孙伟刚：《秦始皇帝陵北部西侧建筑遗址的性质及相关问题》，《考古》2012年第6期。

[7] 张卫星：《秦始皇陵陵寝建筑探析》，《秦始皇帝陵博物院 2012》，三秦出版社，2012年，第152—169页。

[8] 秦始皇帝陵博物院：《秦始皇帝陵内城陵寝建筑勘探简报》，《秦始皇帝陵博物院2012》，三秦出版社，第1—26页。

[9] 秦始皇帝陵博物院：《秦始皇帝陵内城陵寝建筑勘探简报》，《秦始皇帝陵博物院2012》，三秦出版社，第1页。

[10] 天子六寝，路寝一，燕寝五。燕寝在路寝之后。钱玄、钱兴奇：《三礼辞典》，江苏古籍出版社，1998年，第1116页。

[11] 秦始皇帝陵博物院：《秦始皇帝陵内城陵寝建筑勘探简报》，《秦始皇帝陵博物院2012》，三秦出版社，第4—6页。

[12] 袁仲一：《秦始皇陵的考古发现与研究》，陕西人民出版社，2002年，第83—85页。

[13] 钱玄、钱兴奇：《三礼辞典》，江苏古籍出版社，1998年，第187页。

[14] 袁仲一：《秦始皇陵的考古发现与研究》，陕西人民出版社，2002年，第478页。

[15] 钱玄、钱兴奇：《三礼辞典》，江苏古籍出版社，1998年，第241页。

[16] 秦始皇帝陵博物院：《秦始皇帝陵园北内外城间建筑遗址勘探简报》，《秦始皇帝陵博物院 2014年》，三秦出版社，2014年，第19页。

（责任编辑：朱学文　陈　洪）

揭开长安少陵原杜陵南园之谜

（张文江　关　欣　澄城县博物馆）

内容提要　自元代骆天骧《类编长安志》始，以长安大兆街道司马村当地人俗称的"台台冢"为汉宣帝恭哀许后的杜陵南园。本文通过对历史文献记载的梳理和秦汉葬制的研究，认为司马冢非恭哀许后的杜陵南园，而是"葬南园旁"[1]的许后之父刑人许广汉的三减式的台台冢。被陕西省考古研究院发掘的神禾原大墓，非秦始皇祖母夏太后墓园，而应是恭哀许后的杜陵南园。

关键词　司马冢　许广汉墓　神禾原　杜陵南园

2004年西安市长安区神禾原贾里村发现一座有四出墓道的亚字形大墓。陕西省考古研究院对其进行了为期近六年的考古发掘，证明陵园布局完整，附有13座从葬坑，规格很高，应属帝王、皇后级别的墓园。发掘的专家们初步断定是秦始皇祖母夏太后的陵园。然从陪葬坑的设置数目、形状和分布状况，陪葬内容及内垣外沟、内外五门且有门阙的布局看，都是先秦五百多年来历世秦公、秦王及太后陵墓所未有的建制，明显非秦陵。从历史文献记载考察，此处属标准的"杜南"而非夏太后应葬的"杜东"。秦东陵的昭襄王母宣太后，始皇帝太后皆未见以王级葬制而葬，且夏太后非孝文王后，故不可能享有如此规格的墓葬。今人之所以不以神禾原大墓为应葬杜南的汉宣帝皇后许平君的杜陵南园，皆因自元代骆天骧《类编长安志》后，世人皆以杜（陵）南司马村的司马冢为许后杜陵南园。

一

汉宣帝本始"三年春正月癸亥，皇后许氏崩"。"谥曰恭哀皇后，葬杜南，是为杜陵南园。"[2]时为宣帝即位第三年，宣帝杜陵未建。六年后，即宣帝元康元年，才"以杜东原上为初陵"，[3]很明显，两处所记的"杜南"和"杜东"

的"杜"，都是指秦的杜县，即宣帝更名杜县为杜陵后的下杜城。文献记载的杜县是判断杜陵和许后杜陵南园的地理方位的定点坐标，显然许后少陵应在宣帝杜陵西南，今基本处于杜陵之南的司马村的台台冢，以秦时杜县为定点坐标而论，其和杜陵一样，处于杜东原上或杜东南，而非应葬杜南（秦杜县）的许后少陵。

陕西省文物局文物普查队对司马村的"少陵"测定，距杜陵约 6.5 千米。[4] 初唐颜师古注曰："即今之所谓小陵者，去杜陵十八里。"约合今 15 里多，与今所测不合。虽未说其方位，但亦可知唐时并未以处杜（陵）南的台台冢为孝宣许后的杜陵南园。

北宋宋敏求《长安志》卷十一"万年"："少陵原在（万年）县南四十里，南接终南，北至浐水，西屈曲六十里入长安县界，即汉鸿固原也。宣帝许后葬于此，俗号少陵原。"可见至北宋时，只知许后葬少陵原而不知具体葬地在司马村，即未以司马冢为少陵。由"西屈曲六十里入长安县界，即汉鸿固原也"亦可知今长安神禾原亦应在汉之鸿固原，即唐时的少陵原范围内。

唯元代骆天骧《类编长安志》卷七《原丘》云："宣帝许后葬司马村。"同书卷八《辨惑》又曰："司马冢，本许后冢，新说曰：'宣帝许后葬于司马村，比杜陵差小，呼为小陵，以杜陵大故也。秦音以小为少，谓之少陵，改少陵。俗传大司马霍光冢，非也，许后冢也'。"由是可知以司马冢为许后墓肇始于此。今世亦因其位处宣帝杜陵之南即以其为恭哀许后的杜陵南园，亦应源于《类编长安志》之说。由骆氏《辨惑》知，时人俗传把司马冢误认为是大司马霍光冢，可知在元代或之前已有司马村名，是因村有大司马霍光墓即名司马村。也可说明此时并未以司马冢为许后少陵，此时少陵封土已可能不存在。故骆天骧引《新说》"辨惑"，始以司马冢为许后少陵。

唐时少陵原因有宣帝许后少陵而名，故许后的杜陵南园必在唐时的少陵原上。今长安区大兆街道的司马村也必然是骆天骧所说的元代有司马冢的司马村，然该村新出土的唐开成五年《杜公长女墓志》云："葬于万年县少陵原下洪原乡主茔之隅故土"[5]，唐时万年县的洪原乡横跨少陵原上下，很有可能，但小小的司马村不可能跨少陵原之上下，故处于少陵原之下的司马村的台台冢，既不在"杜（秦杜县）南"，又不在少陵原上，则不可能是恭哀许后的杜陵南园。

由以上历史文献的研究和新出文物佐证，可知恭哀许后的杜陵南园不在杜陵之南，而应在秦武公所置之杜县即今西安市山门口南的杜城村之南，位处杜陵封土之西南。后世学者的多处注释也证明直至唐宋元时期也未以杜陵南的司马冢为许后少陵，至元代还世传司马冢为大司马大将军霍光墓，司马村的村名也可能缘此而来。骆氏凭《汉书》的记载可知霍光死后陪葬茂陵而不在杜陵之南。但凭何而说位处杜陵南的司马冢是许后少陵？未加深考，很可能以许后"葬杜南"为"杜陵之南"。明清时未见有学者论及，陕西省文物局文物普查队所测定的司马村的台台冢距杜陵的距离，显然也以此墓为许后少陵，据当地村民所云，墓顶曾立有石碑，云为许娘娘墓，今碑已无存。综上所述，我以为今世所公认的司马村的台台冢，并非汉宣帝恭哀许后的杜陵南园。

《汉书·外戚传》："广汉薨，谥曰戴侯，无子，绝。葬南园旁，置邑三百家，长丞奉守如法。"宣帝许后之父广汉，昌邑人，武帝时因罪而诏募下蚕室，处腐刑，后为宦者丞，输掖庭，时宣帝养庭，号皇曾孙，与广汉同寺居，相友善。经掖庭令张贺为媒，许广汉将女许平君嫁与皇曾孙刘询，一岁后生子刘奭，即后来的汉元帝。数月后，皇曾孙立为帝，平君为婕妤。公卿议立帝后，皆议霍将军（光）女，可宣帝意立发妻许婕妤为皇后。至汉宣帝时，礼制完善，故霍光以礼奏请皇后父广汉因曾受腐刑，不宜为国君。宣帝也只得在一年后封许后父为昌成君。霍光死后第二年夏，即封太子（后来的汉元帝）外祖父许广汉为平恩侯，位特进。由是可知，许后父广汉深受宣帝殊遇。

应"葬南园旁"的元帝外祖父墓，经咸阳市考古研究所等多次调查，"其墓封土现已无存"。[6]以司马冢所处位置居宣帝杜陵南13里，在唐时的少陵原之下，西距神禾原大墓距离相当或较近，此处非杜陵陪葬墓区，其封土呈三层台式，极为特殊，故当地俗称其为台台冢。有学者美称其为"昆仑三重"的象征。亦应是以其为许后少陵而美喻。笔者以为该墓不可能是许后墓，而应是"葬南园旁"的元帝外祖父许广汉的三减式或谓三削式陵冢。如上所述，西汉至宣帝时，各种礼制完善，宣帝在霍光死后虽给许广汉以殊遇，但仍得以礼三减其陵墓封土，以示其为刑人之制。西汉诸陵亦有武帝茂陵西北的李夫人墓封土为减小台式，茂陵无皇后墓，可能是示其非武帝正式皇后陵之制；周陵中学北边的一座覆斗形大墓被清代巡抚毕沅树碑标识为周武王陵而实为汉宣帝生父被谥为皇考的史皇孙刘进墓，[7]封土周围有2米多深的覆土陵冢似经铲削而呈棱台式，亦可能是改葬于西汉帝陵之中，西接昭帝平陵，东望惠帝安陵而未即帝位的表示，以致有学者以其为妇墓而将其覆斗形说成是园丘形。[8]

欲知司马冢是否许后杜陵南园，并不困难，只需以洛阳铲探其是否为具有四出墓道的"亚"字形大墓即可得确证。

二

西安市南郊神禾原陵园的具有四出墓道的"亚"字形大墓，发掘者初步认为该陵园的主人可能是夏太后，即秦始皇七年所葬的始皇祖母之陵寝。多有学者对其墓主质疑，但发掘者丁岩连续发出数文，把墓葬年代下限定于战国晚期，坚持墓主就是夏太后，以维持最初观点。且云："该陵园与西汉刘邦及其以后子孙无涉"。[9]今就发掘者观点提出几点不同看法。

（一）关于史载的地理位置

对神禾原大墓所处的地理方位，丁岩曰"广义的杜东"；王学理则认为《史记》有错简，误"杜南"为"杜东"；张天恩则婉转说成与"杜塬之东约略可合"。可谓理性。其实论者皆明，此属"杜南"而非"杜东"。

在陵园位置的选择上，张天恩认为神禾原地势高亢，具有南依秦岭，两侧夹河的优越地理环境，贾里原又有更典型的地貌特征，作为陵墓的位置，显然是相当优越的。并认为如果没有进行过认真细致的选择，在这里营建如此高规模的陵园，似不可想象。因此该陵园位置的确定一定是经过深思熟虑的。笔者则认为夏太后陵园选此，有点突兀，无来由。不若杜东宣帝陵邑旁的高亢处，更有利于体现墓主"东望吾子，西望吾夫"的意愿。因为夏太后入葬时，"吾子""吾夫"早已葬芷阳陵区的一号陵园。而宣帝许后葬此，既合于史载的"杜南"又有历史缘由。《汉书·宣帝纪》：帝在民间时"具知闾里奸邪，吏治得失，数上下诸陵。周遍三辅，常困于莲勺卤中。尤乐杜鄠之间，率常在下杜。"宣帝在"杜之东原"建陵时，于陵南修设陵邑，名"杜陵县"。改秦杜县曰"下杜城"，即宣帝"率常在下杜"的"下杜"，说明此处乃宣帝熟知之处，也说明许后葬地方位属宣帝御定。否则何人能离开咸阳原皇家陵墓集葬区而定许后陵址于杜南。此时宣帝杜陵未建而缘何把许后陵钦定于此呢？说明宣帝初即位时，已改葬其父母于咸阳原的西汉诸皇陵丛中。即今周陵中学近处的两座覆斗形王级大墓，西接汉昭帝平陵，东望惠帝安陵，虽谥曰考皇，但因未即帝位而葬以"诸侯园制"致使后人误其为秦陵、周陵。此"诸侯园制"则是宣帝以礼不葬咸阳原的原因。因其死后必以天子礼制而葬，和以"诸侯园制"而葬的父墓比邻，则非礼。故和文帝不并列于其兄惠帝安陵之西，[10]而别葬霸陵一样，决定以杜东为自己的陵址，亦特意预先抉择。宣帝钦定方位，此时礼制机构齐备的相关臣属精心选此优越陵址，才较合理。

无论是《史记》所记的夏太后"独别葬杜东"，还是《汉书》所云恭哀许后"葬杜南"，因两者入葬时宣帝杜陵未建，司马迁时无杜陵，班固《汉书》虽在此后，但有宣帝为初陵时"改杜县为杜陵"的记载，说明班固对"杜"的概念是清楚的，不会以"杜南"为杜陵之南。所以两处所说的"杜"都应指秦时的"杜县"，即今西安市山门口南的杜城村。神禾原大墓所在的长安区贾里村位于今山门口南的滈河北岸，若从地理方位讲，这里应属宣帝许后的葬地——杜南，而非夏太后的葬地"杜东"。夏太后墓应当位于山门口以东近于秦东陵位置的地势高亢处，方能遥望秦东陵一号陵园内处偏东南下方位的"吾子"庄襄王的阳陵和处偏西"吾夫"孝文王的寿陵，何必自居其中呢？"东望吾子，西望吾夫"之说，也体现了秦以西为尊上的固有观念，然此说却也使历代学者困惑了两千年，使其以单一的错误理念在杜东以东觅其子，又在杜西方位寻其夫。悲哉！《史记·吕不韦列传》所记"夏太后独别葬杜东，曰'东望吾子，西望吾夫，后百年，旁当有万家邑'"。初唐李泰《括地志》有此说，而今神禾原约在唐时万年县（和平门外李家村东南）南30里，唐张守节《正义》亦云："夏太后陵在万年县东南三十五里"，证明以神禾原大墓为夏太后陵与唐人所记在地理方位和里数都不相合。秦自惠文始，墓上皆有封土，被公认的秦东陵的宣太后"中"字形墓上有封土，迄今高10米，可为证。两家所注相同，说明至唐时夏太后墓封土还存在。王学理1999年8月出版的《咸阳帝都记》第101页的《秦都咸阳布局示意图》在所标宜春宫东南浐河西岸的杜东位置绘有"夏太后陵"，此时神禾原大墓还未发现，王先生当时所认定的夏太后陵的地理方位是正确的。[11]"东望吾子，西望吾夫"的语气似乎说明夏太后的陵址是她自己所定或认同的，当时的"吾子"庄襄王和"吾夫"孝文王已葬秦东陵。难道夏太后不知父子二陵所在何处？可叹两千年来迄今还有学者以《汉书》元帝永光四年"以渭城寿陵亭部原上为初陵"和哀帝于建平二年七月"以渭城西北原上永陵亭部为初陵"的错误记载为据，苦苦于咸阳原寻觅秦孝文王的寿陵和秦武王的永陵，何不以《汉书》所记汉成帝建始二年"以渭城延陵亭部为初陵"而时过境迁的记载结合《汉书》成书的时间去考究？由后句"后百年，旁当有万家邑"明显可知此非夏太后所能语，亦不可能是司马迁写《史记》时所能先知，应是宣帝元康元年"以杜东原上为初陵"之后的汉人所能言。因为《史记》的成书和《左氏春秋》一样。非由一人之手而完成，此语是"夏太后墓在杜东宣帝陵邑旁"的最有力的证明，属汉宣帝之后的学者根据现实实况而记，不同于历代各书的注脚和诠释，应确信无疑。证明夏太后墓应在杜东原上汉宣帝陵邑旁，不可能在位处秦时杜南的今神禾原的贾里村。亦可确切证明《史记》抄传至今，于此无"错简"，"夏太后独别葬杜东"是确切的。

（二）关于陵园结构

先秦自西垂陵区到雍城陵域以至秦东陵，分布着20多个陵园，葬埋着30多个秦公秦王及未即位先逝于其父而葬于秦公、王陵园的太子墓，各陵园都仅有单兆或双兆的围沟，无一陵园有垣墙，无垣墙则不可能有门阙，这已被考古的实例所证明，而神禾原陵园不仅有围沟，且有南北布局的长方形垣墙，亦有门阙，北门东、西两侧的夯土阙基布局与汉阳陵、杜陵的门址形制相同。史有"汉家陵阙"之谓，但未闻先秦有陵阙，从陵园布局与结构看，神禾原大墓应是许后的杜陵南园，而非夏太后墓。有学者认为始皇陵有内外垣墙，夏太后陵是向秦始皇陵建制过渡的肇始。这种观点笔者不能苟同。

（三）从陪葬坑的设置数目及陪葬内容看，神禾原大墓亦非秦陵园，而应是恭哀许后的杜陵南园

在秦始皇以前，商周以来的陪葬坑的陪葬内容，无不是与出行有关的车马坑之类。先秦自西垂陵区、雍城陵区直至芷阳陵区最后的庄襄王的阳陵，各陵墓无不是一墓仅设一个车马坑，连设于墓葬东南右前方的位置在五百多年间都没有变更而严格循守，是秦陵最保守的葬制，也是考察是否是秦陵的重要特征。而神禾原大墓设有13座条状陪葬坑，和墓道平行分布，非常规整，与先秦诸陵明显不同，与同时期的秦东陵连同其夫孝文王和其子庄襄王陵也截然不同，怎能将其说成是夏太后墓呢？陪葬坑多，陪葬内容也与西汉前中期即元帝渭陵之前的诸帝、后陵相似。据发掘者丁岩所说在陵园墓室扰坑或晚期地层内发现的数量较多，支离破碎的立陶俑，发掘者已知其为"西汉高等级大型陵墓"的陪葬物而曰"在大墓、从葬坑以及建筑基址等遗迹单位内均没有发现这类陶俑，这表明该类陶俑并非陵园遗迹单位本身所属"。很显然，这些能表明这是汉墓之物属外来之货，断言"神禾原陵园不见陶俑随葬"。[12] 然这类非世间常有之物，盗墓者或什么人能从何处弄得，又怎可能将这些"较多"，或为大量的难得之物置于或可说成是中藏于此处墓室的扰坑呢？此处所谓的"扰坑"，无非是盗坑。以如此轻率的态度将这些残碎的陶俑（很可能有完整的）排除于该陵园之外，来认定该陵园应早于秦始皇骊山园的年代，恐难以使人信服。如此，别人何尝不可怀疑被盗陪葬坑会有此物的孑遗或此物就来自被盗的从葬坑，若此，所谓的"秦陵"不是成了汉墓吗？关于塑衣式立陶俑的疑案，想来应能理清。

（四）关于"邦"字所反映的陵园年代

发掘者据张仲立先生指出陶文中的"邦"字与刘邦之"邦"字相同，根据汉代社会的避讳制度，推测该陵园与西汉刘邦及其之后的子孙无涉，我以为不确。岂不知汉宣帝元康二年有令曰"闻古天子之名，难知而易讳也"。"今百姓多上书触讳以犯罪者，朕甚怜之"，"其更讳询，诸触讳在令前者，赦之"。[13] 说明自宣帝始西汉社会的避讳之制已弛，以前的触讳者之罪已赦，难凭一"邦"字陶文断言该陵园与西汉刘邦及其之后的子孙无涉。

（五）关于陵园面积的比较

尤为奇怪的是，列表比较秦汉诸陵时，避开最能显示各自特征的陪葬坑数目，而把各自陵园面积及形式重点列表比较。《神禾原战国秦陵园主人试探》在把所谓的夏太后的战国秦陵园与其认为属同一时期的秦芷阳陵相比较时，不以墓葬形制区分级别，而以陵园面积的比较来区分墓葬级别，得出自认为葬宣太后的二号陵园的"中"字形墓园面积和神禾原陵园面积相近而属同一级别的结论。[14] 四出墓道的"亚"字形墓和仅有东西两条墓道的"中"字形墓怎么因墓园面积相当而成同一级别呢？昭襄母宣太后以"中"字形墓葬制而葬，亦足以说明夏太后不会以具有四出墓道的"亚"字形墓制而葬。

（六）关于从葬坑殉马所反映的年代

发掘者认为从葬坑所反映的陵园年代当在楚汉战争之前社会相对较为平静的某一时期，而不可能在楚汉战争以后的西汉时期。[15] 然而夏太后入葬的秦王政七年，正是秦对东方六国用兵的统一战争时期，长途远征非骑兵战马和战车驾马不可，能算作是相对平静吗？能以数量过百的马匹殉葬吗？汉初直至文景时期，社会经济匮乏，与民生息，马匹稀缺，不可能用数量过百的驾马殉于一墓，武帝时对匈奴用兵，又发展骑兵，也不可能。但昭、宣之世既无藩臣反叛的内忧，又无匈奴犯边的外患，方可算作是"刀枪入库，马放南山"的平静之时，大量对匈奴战后退役的战马很可能形成马多为忧的局面，以数量过百的马匹殉葬才有可能。以此而论，神禾原大墓的时限不可能在夏太后入葬的战国晚期，而应在社会平静的西汉昭、宣之世。

（七）关于"天子驾六"和墓葬级别

段清波先生对商周以来贵族墓陪葬车马坑的历史渊源和考古实例进行考证，尤其对迄今考古学实物资料中的共8处"驾六"的时代和墓主分析，说明在商周和秦代，"驾六"并不是最高级别的天子或周王的专用座驾。从发掘的级别较高的东周贵族墓葬来看，该时期并没有形成完整和严格的车驾制度，虽然存在"驾六"的现象，但不是常例。驾四和驾二是包括周王在内的贵族们的车驾规格。[16] 始皇陵的铜车马，才是"驾四"的规格，夏太后陵怎可享有"驾六"的殊遇？研究认为只有在秦统一全国后，秦及两汉时期"天子驾六"才正式成为制度被执行。如西汉时孝景帝一次准备外出，御官太仆庆（秦汉时太仆专为皇帝御车）急忙备车，景帝问："车中几马？"庆以策（马鞭）数马毕，然后举手曰："六马。"说明西汉时"天子驾六"，才成为常制。在此之前，并无皇后级别车驾等级的驾马数量的考古实例，神禾原K8陪葬坑中出现六马驾车，可为皇后和天子一样享有"驾六"的待遇。如前所述，西汉至宣帝时，礼制规范化，且严格执行，宣帝许后属正统的皇后。故神禾原大墓之主，遍察战国秦汉时期的皇后，非宣帝许后莫属。这次发掘是考古史上证明皇后墓亦有陪葬"驾六"的始例。

秦迄今未发现可确认的秦公夫人王后和皇后墓，在秦献公止"从死"之前，史志无秦公、秦王夫人及葬地的记载。废除"从死"殉人制度以后，《史记》才出现有关王后、太后及其葬处的记载。秦东陵自洪庆原路家湾M11秦惠文王的公陵至一号陵园偏东南处下方位庄襄王的阳陵共5座具有四出墓道的王级大墓，正好对应于五位秦王，哪有王后、帝太后的王级大墓？学界公认的三号陵园的墓主为宣太后，也是仅有东西两条墓道的"中"字形墓，夏太后只是孝文王未即位时的太子妻妾，称夏姬，庄襄王即位后，樽其生母夏姬为太后，位不及昭襄王母太后，宣太后以"中"字形墓制而葬，夏太后怎可能享有王级大墓。

（八）关于神禾原大墓出土的若干刻铭和陶文

神禾原大墓出土的陶器，有的刻有铭文，如"私官""内史""北宫乐府"等，似都能说明墓主属女性，身份属皇后级别，但秦宫、汉宫皆有此机构，唯秦的北宫不明确，有可能是和渭河南岸的宫殿相应而名的渭北的咸阳宫，而汉的北宫是确切的宫名，位于未央宫东北，且有初建和增修的年代，而且不可排除封泥等相关史料有误汉的北宫为秦的北宫的可能。"乐府"亦为秦汉皆有的机构，但史料所见的秦"乐府"是秦统一后的秦朝，当与夏太后时的秦国无涉，而"北宫乐府"属一合成的专有名词，是专属北宫的乐府分支机构，统一后的秦朝，恐无此机构。何况战国时的秦国。以情理度之，刻有此铭的石磬当为汉宫之物，其主应是汉宫皇后而不可能是战国时的秦国太子妃。石磬上的刻字"卫"出现多次，笔者以为与石磬所属有关。由"北宫乐府"可知石磬为北宫乐府之器，"卫"则可描示该器的主人。秦无确切的"北宫"，汉时北宫居住的宫后中，则有戾太子生母、武帝皇后卫子夫，故此石磬之主应是汉武帝时的皇后卫子夫。三十多年后，宣帝许后据此北宫，死后以此石磬随葬，很有可能。至于"五十九年"和"三十四年"的陶器铭文，既不能确证其主是夏太后，但也不能排除宣帝许后。总之，这些刻有铭文的陶器，似应确认为汉宫遗物，而无一能确认其为战国时的秦宫之物，故墓主应属汉代正统皇后，而不可能是战国时的太子妃出身的夏太后。

三

关于神禾原大墓封土的有无，至今不详。夏太后入葬的历史时代，属墓上封土盛行的时代，后世学者的记载、注释都能说明夏太后墓是有墓冢封土的。宣帝许后初葬时，汉宣帝初即位，依理或不可能在皇帝之前起冢，但元帝即位后，宣帝杜陵已建成，肯定要为其母之墓封土起陵，且在垣墙外加开围沟以保护。因其陵冢比杜陵差小，故世称"小陵"。周晓薇、王其祎在《新见隋代〈尚衣奉御尹彦卿墓志〉研读——兼说"小陵原"与"少陵原"的名称沿革》一文中大量引用出于小陵园的墓志，对"小陵原"与"少陵原"的名称沿革做了清楚论述，证明自西魏、隋直至唐武德四年以前皆因陵墓比杜陵小而谓许后陵曰"小陵"，其墓所在的汉时的鸿固原曰"小陵原"，自唐贞观十二年之后所见出于此原的墓志皆称"小陵"曰"少陵"，"小陵原"也缘称"少陵原"。至宋、元亦有少陵即许后小陵之谓。历代的这些称谓足以说明许后墓的封土在历代是存在的。元代骆天骧以司马冢为许后少陵，也是认为许后墓应有封土。所以许后墓当初肯定有封土陵冢。今虽被夷平，但不会没有当初陵墓封土遗迹。经陕西省考古研究院多年的科学考古发掘，未见关于封土遗迹的报道，且认为该"陵园墓葬没有发现封土的迹象"。[17] 致使有学者根据历史文献有因故"不起坟"的记载，认为该墓可能是汉惠帝废后因亲故以皇后礼制而葬的张嫣皇后墓，[18] 是有历史依据的。张天恩《神禾原战国秦陵园营建流程的观察》文中有新发现："我们还注意到，大墓的墓口及附近，垫有一层厚约10厘米的浅黄色土层。非常纯净，了无杂物。因未全面发掘出来，其具体形状虽不是十分清楚，但大体可知其径约40米，与上下之黑垆土明显不同。估计必是在大墓开挖之前，对选定的大墓中心部位垫以纯净的黄土，平场修整后形成一片略高于原地表的平台。此平台的用途，很可能是古文献中常所谓的'坛'，即用来进行祀典活动的场所。虽未查询到建墓时设坛的相关记载。但这一迹象的发现，让我们相信当时可能存在墓口开挖前设坛以祭的礼仪。也就是说大墓墓口及周围所构筑的黄土平台，可能是举行有关祭祀仪式的坛场。当时因为要深挖土地，大动土工，故祭祀地祇，以求福佑。"[19] 此项考古发掘的专家，撰文将此所遗残迹说成是中国历史文献资料中无载，历来的考古实践中从未发现的大墓开挖前的祭坛，实可谓新发现。但我等认为，此残迹很有可能是该大墓的封土遗迹。

注释：

[1] 班固：《汉书》，中华书局，1962 年，第 3967 页。

[2] 班固：《汉书》，中华书局，1962 年，第 244、3967 页。

[3] 班固：《汉书》，中华书局，1962 年，第 253 页。

[4] 韩养民：《风水与西汉陵》，三秦出版社，2003 年，第 110 页。

[5] 赵力光等：《西安碑林博物馆新藏墓志汇编》（下），线装书局，2007 年，第 717—718 页。

[6] 咸阳市文物考古研究所：《西汉帝陵钻探调查报告》，文物出版社，2010 年，第 101 页。

[7] 张文江：《咸阳塬"秦陵"考辨》，《秦始皇陵博物院　2014》，陕西人民出版社，2014 年。

[8] 刘卫鹏、岳起：《咸阳塬上"秦陵"的发现和确认》，《文物》2008 年第 4 期。

[9] 丁岩：《长安神禾原战国秦陵园年代述考》，《文博》2010 年第 2 期。

[10] 张文江：《试说秦公王陵葬制》（待刊），可参阅《秦陵秦俑研究》2016 年第 1 期。

[11] 王学理：《咸阳帝都记》，三秦出版社，1999 年，101 页。

[12] 丁岩：《长安神禾原战国秦陵园年代述考》，《文博》2010 年第 2 期。

[13] 班固：《汉书》，中华书局，1962 年，第 256 页。

[14] 丁岩：《神禾原战国秦陵园主人试探》，《考古与文物》2009 年第 4 期。

[15] 丁岩：《神禾原战国秦陵园主人试探》，《考古与文物》2009 年第 4 期。

[16] 段清波：《关于神禾原大墓墓主及相关问题的讨论》，《考古与文物》2009 年第 4 期。

[17] 丁岩：《神禾原战国秦陵园主人试探》，《考古与文物》2009 年第 4 期。

[18] 段清波：《关于神禾原大墓墓主及相关问题的讨论》，《考古与文物》2009 年第 4 期。

[19] 张天恩：《神禾原战国秦陵园营建流程的观察》，《秦始皇帝陵博物院　2013》，三秦出版社，2013 年。

（责任编辑：朱学文　陈　洪）

"郦山徒"身份解析

（王学理　陕西省考古研究院）

内容提要　过去对修秦始皇陵墓的劳动力往往说成是"刑徒"，本文就文献记载结合考古资料给予解析，归结其身份有 4 种。

关键词　丽山　郦山徒　隐官　居赀　瓦志

一、对"徒"的释义

司马迁在《史记》中对修郦山陵墓的劳动力，有几种称谓，起码有"徒"（《汉书·高祖本纪》）、"天下徒"（《史记·秦始皇本纪》）、"隐宫徒刑者"（《史记·秦始皇本纪》）、"郦山徒"（《史记·秦始皇本纪》）等 4 种。而班固在《汉书·陈胜传》中则直接称之为"郦山徒"，《汉旧仪》却称之为"刑人隶徒"。因为涉及修陵劳动者的社会身份问题，所以这些不同的称谓在含义上显然也有了区别。

"隐官"一词，原来在《史记·秦始皇本纪》和《蒙恬列传》里都写作"隐宫"，《正义》释之为"宫刑"。当云梦秦墓竹简出土之后，人们看到《军爵律》《法律答问》都作"隐官"而不作"隐宫"时，才知道"隐宫"显系"隐官"传抄之误，从而消除了长期来让人难以通晓的困惑。"隐官"指的是官府里隐蔽的场所，在其中做工的人都是些受过刑罚而残废了的"刑人"（又称"已刑者""不完者"）。当然，他们不尽是些受过宫刑的人。《睡虎地秦墓竹简》里专有《徭律》一节，其注释指出："徭律，关于徭役的法律。徭役是封建国家强迫人民（主要是农民）从事无偿劳动，是封建剥削的一种重要形式。"这一说法极为贴切。该法律条文一开始就指出：徭役是"御中征发"的，而且有限期。接着，是关于具体内容的规定，如修建城邑工程、堑壕、筑墙等。这些服役的人一律称作"徒"。他们除做土工外，还从事漆园、造车和其他手工技术性劳动。

"徒刑者"，文义甚明，就是处徒刑（判罪）的犯人。

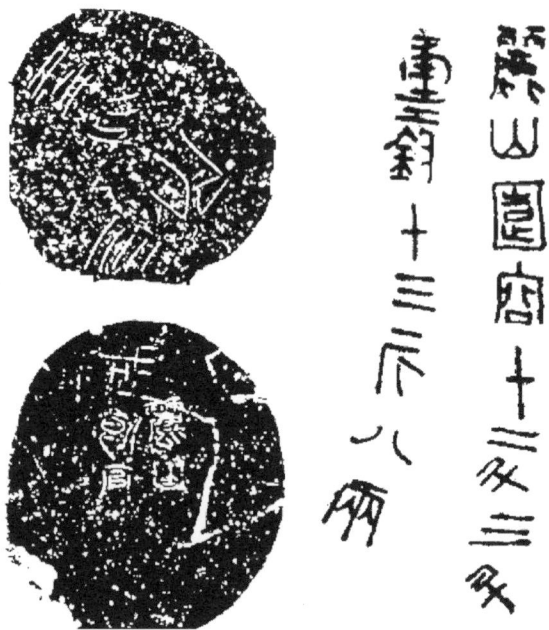

图一　"丽山"刻文

"隶徒"，指的是服役刑的罪（隶）犯。

"郦山徒"则是对修始皇陵大军的笼统称呼。[1]（图一）

至于"徒"，在秦汉时代有确定的含义，是对被征发来服徭役者的一种泛称，而"天下徒"只不过是范围扩大罢了。当然，其中既有服役的自由民，也有刑徒。至于对"隐官徒刑者"的认识，人们多有歧义，以致有很多学者以为修建阿房宫和丽山陵墓的七十二万人全是刑徒。《史记》在传抄过程中把"隐官"讹变成"隐宫"是造成误解的根由，这大概是因为"官""宫"二字形近而误。云梦秦简的释文中已做了订正。那么，"隐官徒刑者"是否就是刑徒呢？答案应该是否定的，但也要做具体的分析。

首先，司马迁在用词上是有区别的。刑徒是判刑的罪犯，得身穿赭色的囚服。秦始皇出巡南郡，遇大风雨不得渡江去湘山祠，盛怒之下，"使刑徒三千人皆伐湘山树，赭其山"。伐树，表示湘山受刑被削发，涂上赭色就等于让它穿上罪犯的衣服。也正因为秦时"贪暴之吏、刑戮妄加"，才弄得老百姓多已沦为囚犯，故而就有"赭衣半道"的现象（《汉书·食货志》）。

其次，刑徒不但穿红衣、戴红帽，而且在劳动中还要带"枸椟"（柳或桎梏）、"纍"（系在颈上的黑绳索）、"杕"（也作"钛"，即脚镣）（《秦律十八种·司空》）。在始皇陵外的郑庄石料加工场遗址中发现有刑具，说明这里的劳动者是刑徒。与此不同的是，赵背户"居赀役人"墓地不但有墓坑，还有刻死者籍贯、爵位和姓名的瓦志，说明他们就不是犯了罪的刑徒。

再次，《史记》中多处所言的"徒"，其成分是很复杂的。因为秦法苛严残酷，人民动辄获罪。在这些服劳役的"郦山徒"中确实有社会罪犯，这就是"隐官徒刑"（受刑的徒），而"隐官徒"和"隐官工"则分别是服役的徒和工。由于修治骊山陵墓的刑徒人数确实不少，"隐官徒刑"，一语竟成了这"七十万人"的代称。

秦代的"徒"多半是从事土木建筑工程或在工场做手工劳动的。东汉明帝六年至九年（63—69）汉中太守鄐君受诏，曾率"广汉、蜀郡、巴郡徒二千六百九十人，开通褒斜道"（《鄐君开通褒斜道摩崖刻石》）。由此可见"天下徒""郦山徒"的称呼并不能完全反映他们的身份，因为他们的成分是相当复杂的，对此，笔者在《秦始皇陵工程与兵马俑从葬坑浅析》一文中最早做了探讨，至今观点未变。[2]

二、"郦山徒"身份辨析

笔者以为："郦山徒"起码包括自由民、罪犯、替债者和奴隶4种人。析言之，具体如下：

第一部分人是具有自由民身份的农民、手工业者和商人。

徭役是封建国家对农民实行的一种超经济强制的手段。据《汉书·食货志》载，秦王朝规定一个成年男子在一生中要"屯戍"（守边）和劳役一年，"正卒"（当兵）一年，每年还要在郡县再当"更卒"（轮流替役）一个月。事实上，实际服役都远远超过这些时限。因为法律条文同它实施的结果从来都不是相等的，"过年之徭""逾时之役"司空见惯，而"法外之徭"更是统治者延长役期惯用的一种借口。据估计，秦时全国有人口两千万，其中北筑长城四十万人之众，蒙恬将军三十余万人，南戍五岭又用五十余万人，再加上修郦山陵墓七十二万人，总计在一百九十二万人以上。另外，转送粮草（即"转输"）的人数最少也得高出这个数字的一倍多。那么，由此不难看出：全国有五分之一的丁壮年被迫离开了生产，剩下的不过是些老弱妇孺而已！这种"三十倍于古"的负担（《汉书·食货志》），必然直接地落在占全国人口最多的农民（秦代称"黔首"）身上。《汉书·严安传》有"丁男被甲，丁女转输，苦不聊生，自经于道树，死者相望"的话，这是当时劳役之苦的真实写照。

秦代有征发守边之役，称作"谪戍"。以后因征发频繁就不再局限于守边，进而扩展到了徭役。同样，征发对象也不再局限于"吏有谪"，连商人、市民、赘婿都在被征之列。《史记·陈涉世家·索隐》："秦时复除者居闾左，今力役凡在闾左者尽发之也。又云，凡居以富强为右，贫弱为左。秦役戍多，富者役尽，兼取贫弱者。"由于谪发范围不断地在扩大，从而形成了"七科谪"的办法。《汉书·晁错传》："先发吏有谪及赘婿、贾人（商人），后以尝有市籍者，又后以大父母（祖父母）、父母尝有市籍者，后入闾，取其左。"那么，郦山之役除征发农民之外，市民、手工业者和商人都是承担这一力役的对象。

建造帝王陵墓是多工种、多门类的综合性工程，除大量的土方需要为数众多的农民、市民和商人来从事繁重的简单劳动之外，还需要更多的掌握各种技艺的工人，如木工、陶工、彩画工、金银钿工、油漆工和舆服工等等。这些工匠，除来自官府手工业作坊（包括中央和地方级的）之外，其他为数众多的"普工"就是以"徭役"的形式征发自各郡县的。秦俑坑出土的兵器、车马器上铭刻或书写有"寺工"二字的，饮官遗址出土刻有"乐府"二字的编钟，秦始皇陵西侧出土的有精美绝伦彩绘的铜车马等，统统都是中央官府手工业工场的产品。同样，陵区出土的模印和刻写着陶文的砖瓦，无一不是都司空（宗正的属官）、左右司空（少府的属官）和将作大匠主持下官署工匠的劳作。当然，我们可以这么说，这些人中有相当数量的是"刑徒"，但器物上的"下邽""咸阳""美阳""杜""好畤""频阳""芷阳""临晋""新城""宜阳""安邑""乌氏""郧阳"等地名印记，就清楚地标明了制造者部分是来自各郡县官府市亭作坊和民间私营作坊里的工匠，他们中大部分人都是自由民而非刑徒。

第二部分人是社会罪犯——刑徒。

秦法苛酷，人民动辄获罪，从而使整个社会变成了一座大监狱，几乎把全体国民都变成了罪犯。

"徒刑"作为刑罚的一种，在制裁社会罪犯方面体现着法律的效能。也因为它是以劳役为特征的，所以就成了封建国家获得大兴建筑工程的无偿劳动力的手段之一。它既不像死刑那样地消灭劳动力，也不像重刑那样摧残劳动力，而是把受刑者变成为社会继续效力的工具。秦代的徒刑种类及其刑期是如何规定的？不清楚。我们先看一下汉代的情况，也许有助于对修秦始皇陵这一部分劳动力的理解。《汉书·刑法志》载："罪人狱已决，完为城旦春。满三岁为鬼薪白粲。鬼薪白粲一岁为隶臣妾。隶臣妾一岁，免为庶人。"有些学者结合云梦秦简研究，指出秦代各类徒刑的具体刑期是：城旦春，五至六年；鬼薪白粲，四年；隶臣妾，三年，司寇，二年；候，一年。[3]看来这些是有期徒刑，实则根据统治者意志，用任何借口都可以把它变成无期徒刑。而且这些刑名也并不能完全反映出劳役的内容，绝不像《汉旧仪》上所说：男鬼薪给宗庙供取柴薪，女白粲为宗庙择米。实际上，它完全是根据国家兴建工程需要劳力而定。《秦律杂抄》就有"城旦为工"的条文，秦昭王四十年、始皇二十五年和二十七年的上郡戈也有"工鬼薪""工城旦""工隶臣"的刻辞。这也说明汉人言秦事往往也有名实不符的情况。

刑徒服劳役同自由人不同，不但要穿戴土红色的囚服，而且还要带刑具。《急就篇》："鬼薪白粲钳釱髡，……输属诏作谿谷山。"云梦秦简《司空律》："城旦春衣赤（赭）衣，冒（戴）赤（赭）幓，枸椟欙杕之。""枸椟"是木制的刑具，或者就是套在颈项上的"枷"、套在手腕上的"桎"和套在脚胫上的"梏"。《说文解字》："欙，山行所乘。"即是登山时攀缘的一种绳索，后因绑系罪犯，故而写作"缧"。人们常有受"缧绁之苦"的形容，即此。"杕"通"釱"，

《汉书·陈万年传》有"钛在足，皆以铁为之"的话，可知"钛"是套在囚犯足胫上的铁钳。

秦始皇陵园外西北角的郑家庄一带，曾是当年陵墓石材加工的地方。在这里发现有锁颈用的铁钳和带锁的铁桎（胫钳）等刑具[4]（图二），如结合伴出的石材成品和半成品

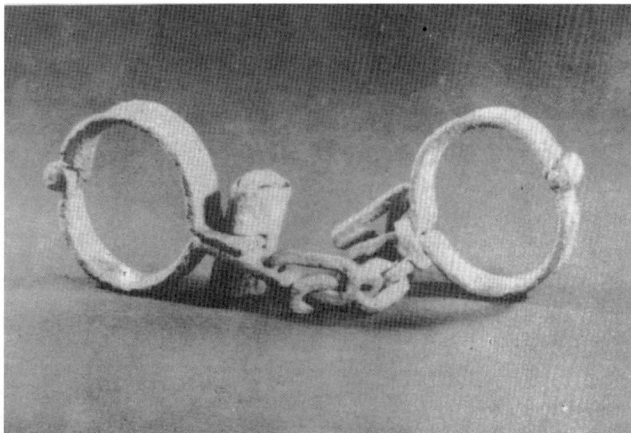
图二 铁桎

及打石用的铁锤、錾、铳、铲、削等工具，就很清楚地表明这里的劳动者是"枸椟樏杕"的刑徒，只是那些木质刑具和赭衣因为不易保存而没有留下来罢了。同时，在始皇陵园外西南角的窑池头村有乱葬坑的发现，在占地1020平方米的地方，杂乱的骨殖竟堆积了4—5厘米厚的一层，也许这儿就是"隐官徒刑者"的葬身之地吧。[5]

刑徒用于修筑陵墓和其他大型的艰巨工程，可说是秦汉时代一致采用的一种劳役措施。秦始皇二十八年（前219），"使刑徒三千人皆伐湘山树"（《史记·秦始皇本纪》）。汉景帝阳陵用刑徒不仅有历史记载，而且也有刑徒墓及所戴颈钳与钛的出土。[6]洛阳曾有大批刑徒墓及其铭刻死者籍贯、死亡时间的墓砖发现。这些，都是封建国家控制大批刑徒，使之从事重体力无偿劳动的有力证明。

第三部分人是以劳役抵偿赀赎债务者——"居赀赎债"。

在秦始皇陵西南侧约1600米的赵背户村，1979年探测出居赀役人墓葬104座，其中经过清理的有32座。从出土的瓦文上使我们知道，这些死者的籍贯有东武（今山东武城县西北）、平阳（今河北临漳县西）、平阴（今河南孟津县东）、博昌（今山东博兴县南）、兰陵（今山东兰陵县西南兰陵镇）、赣榆（今江苏赣榆县东北）、杨民（今河北宁晋县附近）、邹（今山东邹县东南）、武德（今河南武陟县东）、訾（今河南巩义市西南）等地。[7]这些涉及今山东、江苏、河南、河北等省的地方，都分属于原来三晋和齐、楚等国。这不仅说明郦山徭役征发地区的广泛性，同时再次证明了《史记》一书中关于"天下徒送诣七十余万人"、刘邦"送徒郦山"、黥布"论输郦山"、"郦山徒多"的史实记载是真实而可靠的。但赵背户村墓主人是什么身份呢？（图三）

秦代有一种用劳役赎罪和抵债的制度。云梦秦简《秦律·司空》规定：

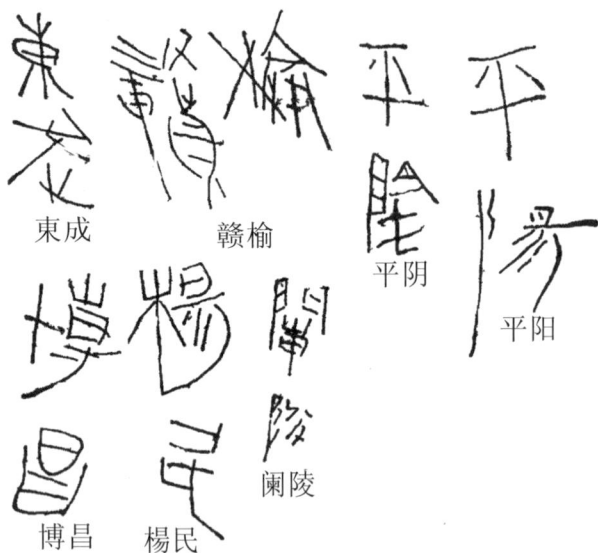

東成　贛榆　平阴　平阳

博昌　楊民　闌陵

图三　居赀役人瓦志

"有罪以赀赎及有责（债）于公，以其令日问之，其弗能入及偿，以令日居之……"。"令日"，指判决所规定的日期。"居"即"居作"，就是罚服劳役。"令日居之"，也就是勒令他以劳役抵偿的意思。上面的律文按《睡虎地秦墓竹简》一书的译文是这样的："有罪应赀赎以及欠官府债务的，应依判决规定的日期加以讯问，如无力缴纳赔偿，即自规定日期起，使之以劳役抵偿债务……"，这就是所谓"居赀赎债"。按来源，它包括罪犯赎金（赀）和拖欠官债两部分，但实际上是赀刑和赎刑中那部分因无资缴纳才合而为一的，即用劳役抵偿。

在这里，我们无妨提出这么一个问题：秦的"黔首"判刑后能替债吗？答案应该是否定的。那么，向官府借债的是哪些人？允许赀赎的又是些什么人呢？根据《秦律》来看，爵位在"公士"（秦二十等爵中最低的一级）以下、"葆子"（任子）以上的人受赀（资）刑后，可以用劳役抵偿（居赀）。因为享有"公士"爵位的人不再是一般士卒，葆子已成为侍从帝王的郎官，都具有一定的社会地位和身份，受到国家的保护和优待。他们犯罪之后，才可以用金钱、布帛赎免，否则就要"居赀"。但手工业作坊主、商人和"百姓"（中小地主和一部分自耕农[8]）欠债无力偿还者，则必须以劳役抵偿。这是由于手工业者掌握着一定的技艺、商人受到秦政府的抑制，所以在他们无力赎债时，就必须亲自服役而不得替代。

"居赀"不是刑名，"居赀者"也非刑徒身份。在"居赀赎债"期间，他们仍保留着原来的爵位，并以计酬的办法折债。秦始皇陵"居赀"役人墓的瓦志上刻有"公士""上造""不更"等三个爵名。其中最低是一级（公士），最高不过四级（不更），都属于低等爵。而这个墓地从已发掘的情况看，这些有爵位的可占"居赀"的十分之九。若果再结合秦律研究，我们就可以得出这样一个结论，即在修建秦始皇陵的劳役中，不但广大的自由民不能摆脱重负，而且连那些有低级爵位的人（特别是原六国的）也未能幸免。那么，免任的下级官吏或军功地主的地位同一般自由民还有多大的区别呢？他们从全国各地被征发到了丽山，同样从事繁重的体力劳动，其所得报酬甚微，除去抵偿扣除之外，不但不足以维持最低的生活费用，而且连性命也抵押到了这块劳作的现场。

所以，过去一些秦俑研究者把"居赀赎债"的当作刑徒，是不尽确切的。因为"赀赎"只是"资"刑的一种。至于把有爵位的"居赀赎债"者看作刑徒更是不合适的，因为这些人是以劳役的形式来赎罪和抵债的，并不穿囚衣，更不带刑具。

第四部分人就是奴隶。

在秦王朝统治时期，存有相当程度的奴隶制印迹，保留着数量巨大的奴隶大军。从春秋战国之际（前476左右）到秦代，经过了两百五十多年的时间，虽中央集权制专制主义的生产关系早已确立，地主和农民成为社会的两个基本阶级。但是，往昔的奴隶主中一些人蜕变成新型地主，他们仍习惯于使用奴隶，一些人仍盘踞在工商业领域里，使用大量奴隶从事经营活动、发家致富，成为同新贵族相勾结的社会势力。而奴隶作为社会的劳动者被国家和私人所占有，形成"官奴"和'私奴'（秦简称为"隶臣妾""臣妾"）合理存在的社会现实。特别是秦国政府和统一后的秦王朝把战俘、罪犯及其家属沦为官奴隶，从而成为承担繁重劳役中的主要来源。所以，秦代贵族、普通百姓占有奴隶是得到法律承认的，而且还受到国家的保护。

《秦律·司空律》："百姓有赀赎责（债）而有一臣若一妾，有一马若一牛，而欲居者，许。"百姓用男奴或女奴的劳役抵偿自己的赀赎债务是得到法律允许的。《史记·陈涉世家》载：周文率领的农民起义军攻入关中，打到了今西安市临潼区东的戏河东岸。惊恐万状的秦统治集团已来不及调集兵力镇压，于是"令少府章邯免郦山徒，人奴产子生，悉发以击楚大军，尽败之"。这里提到的"人奴产子生"，在《汉书·陈胜传》中作"人奴产子"。《汉书》注引服虔曰："家人之产奴也。"颜师古曰："奴产子，犹今人云家生奴也。"奴隶的儿女既是奴隶，当然也就不能免去其奴隶的属籍。秦律中提到的"小隶臣""小隶臣妾"就是指的这一部分人。

秦律中没有罪犯刑期的条文，也未见刑满释放的规定。实际上，秦代的罪犯成了终身的官奴，要为国家服劳役，至死方休。所以，修秦始皇陵的刑徒、"居赀役人"和服徭役的农民，即使不被繁重的体力劳动致死，也绝少有生还的希望。

历史的积淀将两千多年前几十万修陵大军埋入了历史的底层。庆幸的是，近几年陵园考古发现了一些契刻或戳印在文物上的文字材料，从中总算找到了一些"郦山徒"的名字。兹辑录于下：

烧造砖瓦的工名："都司空"管辖下的工人有仓、昌、疕；"左司空"辖下有系、高、涓、婴、犁、春、禹、频、悁、歇、陛、午等；"右司空"辖下有系、佼、婴、率、昧、尚、御、角、弱、□、烽、宂、水、渫、禾等；"宫水"属下的有章、雷、泲、壴、甲、丁、得、眣、炤、屯、错等；"大匠"属下的有颠、水、犁、沈等；"寺水"辖下的有系、昧、颠、婴等；"左水"辖下有疢。各地服役的工名，见有苍、义渠、邦、如步、蓼、肆、昌、章、利、乌、癸、取、南、处、禾、颓、杜建、沽等。还有些不知所属的工名，见有卫、阳、更、未、安未、甘、示、安土、安未、癸、筥当、水、赞、朋、参、司贵等。以上工名，除去同名，计得七十六人。

塑造陶俑的工名：这部分工匠主要是"宫水"管辖下的工奴，见有彊、得、系、臧、欵、積、朝、魏、颇、嫚等，具地名的工匠，见有咸阳来的衣、危、野、赐、午、筍、木、秸、行、庆、诩、路、处、稈、敬、□、高等；还有栎阳来的重，临晋来的□等。至于未标工匠所属的则见有民、脾、安、鉼、北、咏留、封八、小逮、次逮、越悁、禾、已、其、冉、屈、甲、丙、壬、申、辰、捍、□、田、不、丹、中、杏、少、山、高、畬、大犁、文、斗、匠、由、尚、盄等。[9]总计得工名六十七人。

居赀役人名：根据瓦刻墓志，这些人主要是来自东武（今山东武城县西北）的罗、遂、睢、庆忌、所胥、宿契等六人，赣榆（今江苏赣榆县东北）的距、得二人，博昌（今山东博兴县南）的余、去疾二人，杨民（今河北宁晋县附近）的富、大教、契必等三人，平阴（今河南孟津县东）的滕，平阳（今河北临漳县西）的驿，兰陵（今山东兰陵县西南兰陵镇）的牙，嫭（邹，今山东邹县东南）的姜，觜（訾，今河南巩义市西南）的滕，还有一个籍贯不清的□必，共计十九人。[10]

铸造兵器的工名：秦俑一号坑在第一次发掘时，曾出土过秦始皇三至七年（前244—前240）铸造的4柄青铜戟，从戈上的铭文知，除督造者吕不韦之外，主造者有中央官署寺工的工师"耆"和"周"两人，司造者（即"丞"）有"义（我）"，工匠则有"弯""可""成""竟"等四人。秦始皇十五年至十九年间（前232—前228），连续铸造的16柄青铜铍，其寺工的工师先后是"鲛"和"邦"，而工匠则有"黑""弯""目"等三人。

三、对秦陵出现"郦山徒"名材料的说明

第一，上列工名仅见于陵园的砖瓦、陶俑和兵器等门类之中，而大量的土木建筑、石材加工、陶器制作、铜器工艺、绣绘、油漆等均未涉及。所以说，这些工名还只是部分工种中极少的一部分。

第二，上述 174 个工名只占七十万"郦山徒"的万分之二点五，而除兵器铭刻上指名为"工"的几人之外，其他都应是身怀技艺、担当带徒、可以调换的工师（例如，同名者分见于几个官署，左、右司空和宫水属下都见有婴、系、水、犨等人）。

第三，尽管"郦山徒"中的工师有名，但在刻印文字中并没有留下姓氏，而是以他们所属的官署或籍贯所代替，如"左氏空×""左×""右司空×""右×""宫×""咸阳×""咸×""临晋×"等。推想做如此处理的原因是：这些人既已入"籍"，受到监督，也就便于循名责实。秦律中就有处罚工师比丞、曹长和徒要重的规定（《睡虎地秦墓竹简·秦律杂抄》）。

第四，青铜兵器的铸地在首都咸阳，其作坊工匠的人数也未必计入"郦山徒"中，但他们的劳动实际上也是郦山工程中的组成部分。

第五，居赀役人都是有爵位的，但未必原来就掌握某种技术，故在器物上并没有留下任何戳记。他们一旦居赀，只能作为一般的劳动力。

第六，从已获陵园陶文的统计中得知，修筑始皇陵的"郦山徒"来自今 8 个省所属的 32 个古代县邑，其中有山东省的东武、博昌、兰陵、邹四地，河南省的觟（訾）、新城、宜阳、平阴四地，河北省的杨民、平阳二地，山西省的安邑、蒲反（坂）、高阳三地，甘肃省的乌氏、西县 2 地，江苏省的赣榆、延陵，湖北省的郧阳县，陕西省的咸阳、栎阳、芷阳、美阳、频阳、临晋、好畤、蓝田、枸邑、下邽、杜、汧、戏等十三地。其中除陕西、甘肃为秦的本土外，其余都属于原来山东诸侯国的地区。这些县邑毕竟只是六国所属极少的一部分，而且其中还没有见到楚国的地名。无论如何，秦统一六国后从全国征发大批劳力修陵却是无可争辩的事实。

注释

［1］"丽山"是对秦始皇陵墓最早的称呼。在陵园文物中，多有"丽""丽山""丽山园"的刻文；因为丽山（陵墓）设在丽邑，所以《史记》中多加右耳偏旁，如"穿治郦山""葬始皇郦山""郦山徒多"；"骊山"则是秦岭在临潼、蓝田境内支脉的名称。本来"丽""郦"和"骊"在用法上是有所区别的，但后来人们往往混用，特别是以"骊"相代。

［2］王学理、秦俑：《秦始皇陵工程与兵马俑从葬坑浅探》，《人文杂志》1980 年第 1 期。

［3］刘海年：《秦律刑罪考析》，《云梦秦简研究》，中华书局，1981 年，第 189 页。

［4］秦俑坑考古队：《临潼郑庄秦石料加工场遗址调查简报》，《考古与文物》1981 年第 1 期。

［5］王学理、秦俑：《秦始皇陵工程与兵马俑从葬坑浅探》，《人文杂志》1980 年第 1 期。

［6］《史记·景帝本纪》："免徒隶作阳陵者。"《汉书·景帝纪》："赦徒作阳陵者死罪。"刑徒墓材料见秦中行：《汉阳陵附近钳徒墓的发现》，《文物》1972 年第 7 期。

[7] 始皇陵秦俑坑考古发掘队：《秦始皇陵西侧赵背户村刑徒墓地》，《文物》1982年第3期。

[8] 在奴隶社会，"百姓"指的是奴隶主，即《尚书·尧典·正义》所谓"百姓即百官也"。在云梦睡虎地秦简中多次提到的"百姓"，从律文中可以看到这些"百姓"家里占有少量的奴隶、牛马（《司空律》），拥有富裕的粮食，可以酿酒（《田律》），有钱购买军粮（《仓律》），以至还能把钱还给官府（《金布律》）。可见他们并非一般的农民，其经济地位足以反映出属于一批地主阶级的中下层。但是，《金布律》又说："百姓段（假）公器及有责（债）未赏（偿）。"说明有些"百姓"还欠官府的债务，其本身也缺乏足够的生产资料。甚至"百姓有母及同牲（生）为隶妾"（《司空律》），如果连自己的生身母和亲姐妹都是女奴的话，其经济地位的低下也就可想而知了。所以说，秦代的"百姓"不但包括了地主，也包括一部分自耕农在内。他们既可上升为地主，也会下降为贫困的佃农，以至于沦为奴隶。不过，前者的希望甚为渺茫，而后者终因秦代国家经济剥削和政治统治大大增强而变为必然。

[9] 陕西省考古研究所、始皇陵秦俑坑考古发掘队：《秦始皇陵兵马俑坑一号坑发掘报告》(1979—1984)上，文物出版社，1988年，第198—207页。

[10] 始皇陵秦俑坑考古发掘队：《秦始皇陵西侧赵背户村刑徒墓地》，《文物》1982年第3期。

（责任编辑：朱学文　陈　洪）

秦俑坑出土弓弩"檠"新探

（申茂盛　秦始皇帝陵博物院）

内容提要　秦始皇帝陵兵马俑一号坑新出土的弓弩遗迹，证明了古文献中记载的弩上檠木的实物存在，为古代兵器研究提供了新材料。本文以弩的实物遗迹为基础，结合历史文献，对之前人们关于檠木的模糊认识做了厘清，同时对秦时弓弩的保存方法做了揭示。

关 键 词　弓弩　檠木　保存

自2009年秦俑一号坑第三次发掘以来，许多新的发现不断给人带来惊喜，而俑坑中新发现的弓弩遗迹，则是其中最重要的一个。

其实，弓弩遗迹在一号兵马俑坑中并不罕见，在第一次发掘中就曾出土132处。[1]但对于弓弩上的"檠"，却存在着不同认识。在一号坑简报中，曾指出"弓背内侧辅有细木，以增强弓背的张力"[2]。但如果在弓背上加上撑木，弓背将被固定，无法随着弓弦的拉伸而变形，这样，弓弦将无法挂到弩机上，进而影响弓弩的正常使用。其后，在一号坑发掘报告中则修改为"在韬壁内侧附撑木条两根。两根木条呈八字形，其下端分别位于韬的两角，上端位于韬的顶部"[3]。相关研究文章基本上都持这样的观点，"韬内侧有两根'八'字形的木条分开撑住韬顶及两角，使开合较为方便"[4]。"俑坑中的弓弩遗迹出现的那种所谓的弓背'辅助木'，其实质似应为弓囊上所用辅木"[5]。然而，弓韬实际上是一个软性的织物袋，其作用类似于今天的网球拍袋或羽毛球拍袋，目的是保护球拍，它不需要内部再增加两节短粗的木条作为辅助木。

第三次发掘中，清理出一个相当完整的弓弩遗迹，使我们对这个问题有了比较清晰的认识。

该弓弩遗迹编号为G11:0023（图一、图二），出土于一号坑T23G11西段，东临G11:41俑，北临G11:39俑，弩的西半部分覆压在G11:32俑襦与双腿衔接处。保存状况良好，形制完整。弓，弯曲长145厘米、直线长125厘米、弭

图一　一号坑 T23G11:0023 弓弩遗迹

小孔

图二　一号坑 T23G11:0023 弓弩遗迹细部

70

径5厘米，萧径2—3厘米，通体用藤条和皮条缠扎。藤条缠扎在外层，宽约0.7厘米；皮条缠扎在内层，宽约0.1厘米。藤条和皮条上髹褐色漆。弓弦，通长130厘米、直径约0.8厘米，通体光滑圆润，材质似为动物的筋。弦与弓稍以何种方式衔接，体现不甚明显。弩臂，长约75厘米。含口宽3.5厘米，往下10厘米处存耳，耳残长2厘米、宽3.5厘米、厚1.2—1.5厘米。弩臂表面下凹，宽2.5厘米。关，位于弩臂末端，已挤压变形，宽3.5厘米、内径6×14厘米、厚0.8厘米，已朽，表面存褐色漆皮。弩机仅有悬刀部分露出。在弩臂的两侧，各有一长方体的木条，通长46.5厘米、宽3厘米、厚4厘米。木条并不平直，在其内角微向上挑。在木条上均匀分布有3个直径为0.6厘米的圆孔。经测量，两侧的孔距离木条的两端为1.5厘米，而中孔距离两端两孔的距离不一，分别为22厘米和20.5厘米。在南侧的长方体的木条上方，弓与长方体木条之间还有一小长方形木块，长4.8厘米、宽3.5厘米、厚3厘米，小木块的中心也有一个小孔，直径0.6厘米。在北侧的长方体的木条上也有一小长方形木块，长5厘米、宽3.5厘米、厚3厘米。只是这个小木块的位置已发生了移位，掉落在长方体木条的下方，压在北侧的弦上。另外，在弓上藤条缠扎层外还发现有绳子缠扎的痕迹，共有3处。一处位于弓背的南半侧，距离弓背的中心点曲线长47厘米、直线长43厘米，与长方形木条上的孔并不垂直对应，在长方形木条中心孔的南7厘米处。另两处位于弓背的北半侧，一个距离弓背的中心点8厘米，另一个距离弓背的中心点55厘米。推测是和长方形木条上的小孔配合用来固定木条。[6]（图三）

另外，在另一个编号为G11:0019的弓弩上，我们也有重要发现。（图四）

该弓弩出土于一号坑T23G11西段，位于G11:23俑的北侧，保存状况较

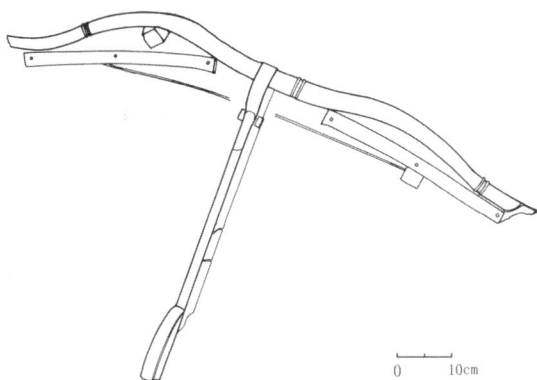

图三　一号坑T23G11：0023弓弩遗迹平面图

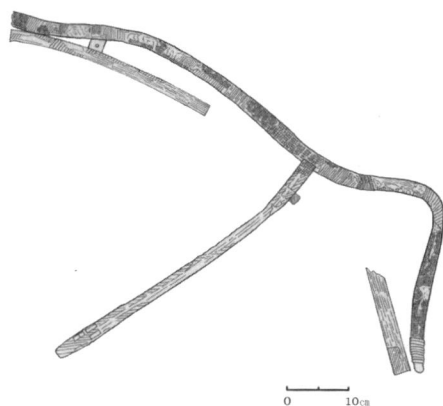

图四　一号坑T23G11：0019弓弩遗迹平面图

差，形制不完整，已变形。弓为西南—东北向，西南端高于东北端，水平夹角呈约 30°。弓背残长约 135 厘米，弣径 5 厘米，萧径 2—3 厘米，通体用藤条和皮条缠扎。藤条缠扎在外层，宽约 0.7 厘米；皮条缠扎在内层，宽约 0.1 厘米。藤条和皮条上髹褐色漆。在弓背的下方，弩臂的东西两侧各有一长方形的木条，西端的保存较好，长约 48 厘米、宽 3 厘米、厚 4 厘米。东端的保存差，

图五　一号坑 T23G11：0023 弓弩遗迹的
小方木细部

残长 24 厘米。弦，压在长方形木条之下，已变形，并断断续续，通长 125 厘米、直径约 0.8 厘米，通体光滑圆润，材质拟为动物的筋。弩臂，已挤压变形，长 70 厘米、宽 3—4 厘米。弩臂含口向下 8—10 厘米处可见装耳的凹槽，宽 2 厘米、厚 1 厘米。关托紧贴于铺地砖，关宽 3.5 厘米、厚 0.3 厘米。关内径 12.5×6 厘米。关后木托长 7.5 厘米、厚 1.8—3 厘米。I 式弩机，悬刀呈长方体，上端稍向前弯，下端平齐，

通高 16.4 厘米、悬刀高 8、宽 2、厚 1 厘米，望山高 8.2 厘米，牙高 1.2 厘米，栓塞长 2 厘米，径 0.8 厘米。另外在弓弩上残存少量韬迹，十字编织，在 1 平方厘米内经纬均约 10 条。

非常重要的是，在弓背的东半侧，距离弓背的中心点约 12 厘米，于藤条缠扎层外也发现有绳子缠扎的痕迹，绳子粗约 0.3 厘米。另外，在西侧的长方形的木条的上方有一木块，长 4 厘米、宽 3 厘米、厚 2 厘米。木块的中部有一小孔，直径约 0.6 厘米（图五）。

我们认为弩遗迹中这个长方体的木条，应该是古文献中所说的"檠"。

《仪礼·既夕礼》记载：明器之弓"有柲"。郑注："柲，弓檠，弛则缚之于弓里，备损伤，以竹为之。"贾公彦疏："柲，弓檠者。案：《冬官·弓人》造弓之时，弓成纳之檠中，以定往来体。此弓檠谓凡平弛弓之时，以竹状如弓，缚之于弓里；亦名之为柲者，以若马柲，然马柲所以制马，弓柲所以制弓，使不顿伤，故谓之柲。"

《诗·秦风·小戎》："竹闭绲縢。"毛传："闭绁，绲绳，縢约也。"孔颖达疏：弓"其未用之时备其折坏，交韬二引于韣之中，以竹为闭置于弓隈，然后以绳约之"。

《周礼考工记·弓人》："恒角而达，譬如终绁，非弓之利也。"郑氏注："绁，弓"；"弓有韦必者，为发弦时备顿伤。《诗》云'竹韦必绲縢'"。

贾公彦疏："绁谓弓，韦必谓弓在韦必中……《诗》云'竹韦必绲縢者'，绲绳，縢系约之也。以竹为韦必，发弦时裨于弓之背上，又绳横系之，使相著韦必与弓为力，备顿伤也。"

《说文》"檠，榜也。…弛弓防损伤，以竹若木辅于里，绳约之。"《说文·木部》："檠，榜也。"段注："《礼》谓之秘，《诗》谓之闭，《周礼》注谓之韦必，《礼》古文作柲，四字一也，皆所谓檠也。绁者，系檠于弓之称，绲，则系之之绳。"

朱熹《集传》："以竹为闭，而以绳约之于弛弓之里，檠弓体使正也。"

《淮南子·脩务》曰："故弓待檠而后能调，剑待砥而后能利。"

《荀子·性恶》曰："繁弱、钜黍，古之良弓也；然而不得排檠则不能自正。"

从上引文献可知：

弓檠是一个弓弩在松弛状况下，以竹片或木条为之，置于弓背的内侧以绳系结的弓的一个辅助件，其用法是通过三个小孔用绳将檠与弓缚绑在一起，再用一个短的撑木支撑，形成一个三角形，将弓固定。其作用是：①可以通过檠木上绳子的松紧调节和其上小撑木位置的移动对弓背进行校正。②使弓在松弛的状态下保持不变形，另外也可以防备因不测的外力造成弓体损坏。③可以使弓弦处于松弛状态，防止弓弦长期处于紧张而受损。（图六）

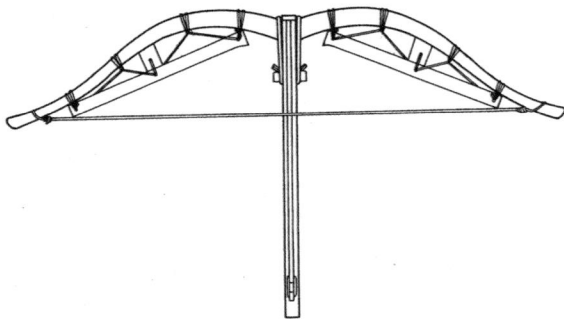

图六　弓弩"檠木"使用示意图

而在作战时，则将檠木去掉，张弓迎敌。

在明清时期文献中，也可以看到人们是如何保护弓弩的。

《天工开物·佳兵》记载："凡弓弦取食柘叶蚕茧，其丝更坚韧。每条用丝线二十余根作骨，然后用线横缠紧约。缠丝分三停，隔七寸许则空一二分不缠，故弦不张弓时，可折叠三曲而收之。往者兆虏边弓弦，尽以牛筋为质，故夏月雨雾，妨其解脱，不相侵犯。"《大清会典则例》："弓弦有二：一曰缠弦，用蚕丝二十余茎为骨，外有丝线横缠以束之，缠线分三节，隔七寸许，空一二分不缠，则不张弓时可折叠收之。一曰皮弦，剪鹿皮为之。"

近现代民族学的材料对此也有所记录：为了保护弓弩，保存时要放松弩绳。用脚踏住扁担（弓背），使其弯曲，把弩绳的一端从扁担（弓背）头上的绳槽中取下，使绳处于松弛的位置且套在扁担（弓背）上。弩可以挂在高处，也可

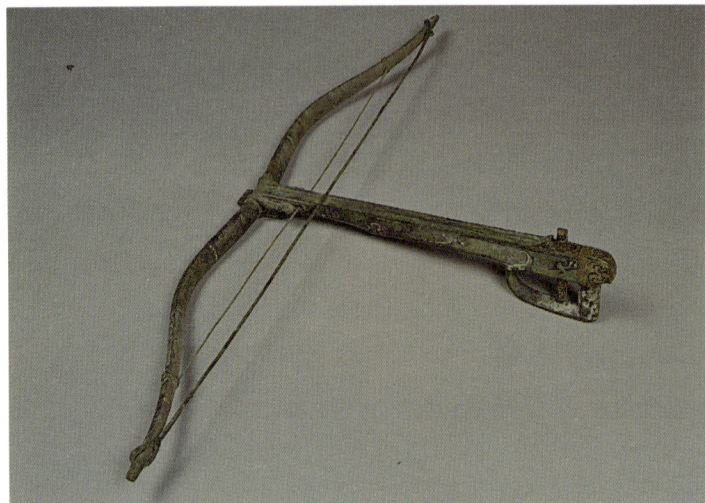

图七　一号铜车马弓弩　　　　　　　图八　一号铜车马弓弩

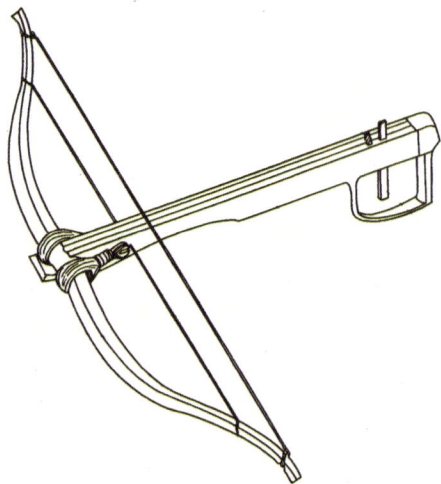

用布袋装起来，要蔽光保存。[7]

据网上资料介绍，现代弓弩爱好者对弓弩的保护也非常注意，弓弩在不使用时，一定要将弓弦松开，并且最好使用原装的泡沫盒进行封装。如果要使用，上弦不要太早，一般在使用前3分钟上弦即可，最长不要超过15分钟。[8]

可以看出，弓弩在不使用的情况下，弓弦是要从弓上取下来的，这样不仅保护了弓弦也保护了弓背。由此也可以看出，自古以来，人们在弓弩不使用的情况下，都会运用各种方法对弓弩进行保护。

在一号铜车马上，出土了一件铜质弓弩，在弓背距两末端10厘米处，系结着一根绦组状的铜条，在距弩臂前端7.8厘米处的弩臂的左右两侧有一小圆孔，这根铜条从小圆孔内穿过，两端系结于弓背的渊部，与弓弦成为一内一外的两条平行线，间距8厘米。这根铜条经过复原，水平长50厘米，径0.3厘米。报告中认为这个附件就是古弓"檠"的变体，所不同者，文献之所言为竹片缚于弓背内侧，此为系以组绳。但其作用都是为了正弓，即保护弓体不变。[9]（图七、图八）

我们认为此看法可能不正确，因为一号坑所出的弓弩状态与一号铜车马上弓弩的状态完全不同。一号兵马俑坑所出的弓弩都是与弓韬同出，弓弩放置在弓韬之内，并不是一个临阵待张的状态；而一号铜车马所出弓弩，则是褪去弓韬，去掉檠木，放置在弩輄之上，随时准备张弓迎敌。也就是说，在张弓迎敌的情况下，檠木是需要去掉的。所以，一号铜车马弩弓上的檠木已经去掉，并不存在。而将弩弓上的组绳认定为弓檠，认定它是竹质檠的变体，则仍需讨论。

总之，该弓弩的发现，厘清了以前人们对檠木的不确定认识，明确地证明了古文献中檠木的实物存在，也揭示了当时弓弩的保存方法。为中国古代兵器的研究提供了新的研究材料。

注释：

[1] 袁仲一：《秦始皇陵的考古发现与研究》，陕西人民出版社，2002 年，第 195 页。

[2] 始皇陵秦俑坑考古发掘队：《临潼县秦俑坑试掘第一号简报》，《文物》1975 年第 11 期。

[3] 陕西省考古研究所、始皇陵秦俑坑考古发掘队：《秦始皇陵兵马俑坑一号坑发掘报告》1974—1984，文物出版社，1988 年，第 28 页。

[4] 王学理：《秦俑专题研究》，三秦出版社，1994 年，第 321 页。

[5] 刘占成：《秦俑坑弓弩试探》，《文博》1986 年第 4 期。

[6] 申茂盛、张天柱：《秦兵马俑坑首次发现最完整弓弩》，《中国文物报》2015 年 3 月 24 日。

[7] 仪德刚、张柏春：《广西巴马县瑶族制弩方法的调查》，《中国科技史料》2003 年第 1 期。

[8] 中华文本库，www.chinadmd.com。

[9] 秦始皇兵马俑博物馆、陕西省考古研究所：《秦始皇陵铜车马发掘报告》，文物出版社，1998 年，第 110 页。

（责任编辑：党士学　陈昱洁）

秦兵马俑彩绘的服饰文化探析

（叶晔　秦始皇帝陵博物院）

内容提要　秦兵马俑彩绘直接反映了秦代服饰在款式、色彩、纹饰等方面的特征，蕴含着多维度的服饰文化内容，通过对秦俑彩绘的分类和分析，秦代服饰文化在承袭"礼"的基础上，融合吸收了周边地区其他文化的很多因素，最终形成了具有开放性的秦代服饰面貌，与秦文化的整体风貌相一致，也是秦人开放融合心态的映照。

关 键 词　秦兵马俑　服饰

秦始皇帝陵园规模宏伟，地下埋藏丰富。历年来在陵园的范围内不断有各种珍贵的文物出土。整个陵园的建制秉承"事死如事生"的理念，仿照秦都咸阳的格局设计建造，重现秦始皇地上王国的辉煌。陵园内丰富的出土文物为我们提供了秦文化研究最直观的形象资料。本文通过对秦始皇兵马俑服饰的观察，试图还原秦代真实的服饰状况，总结出秦代服饰在承袭"礼"的基础上与秦人开放的心态相互融合，通过对周边地区服饰元素的吸收，形成了具有秦文化特征的服饰风格，并为后世华夏服饰的发展奠定了基础。

一、秦统一之前的古代服饰演进情况

中国历代服装，有两种基本类型：一为上衣下裳制；一为衣裳连属制。在西周以前，主要为上衣下裳。无论男女，不分尊卑，均为上下两截：穿在上身为衣，穿在下体为裳。"衣裳"一词由此而来。到了春秋战国之际，又出现了一种将上衣下裳合并为一体，衣裳连属的样式，这种服装就被称为"深衣"。

从现有资料来看，东周以来，上衣下裳仍作为基本服饰式样，并且在列国带有普遍性。山西侯马东周青铜冶铸场遗址出土的陶范，其衣式是长只齐膝的上衣。与此时代相近的还有传为洛阳金村韩墓发现的一个银人和一个梳双短辫、衣下有襞折如短裙式样的青铜弄鹊女孩。其式样也为长齐膝，另绕襟到背后，衣带明显用丝织物编成蝴蝶结式,不用带钩。[1]山东淄博市临淄区赵家徐姚村一座战国早中期墓葬出土的 33 件彩绘乐舞陶俑的服饰和山东长岛县王沟村一座战国墓葬中出土的一批小型陶俑的服饰,其服饰的上、下部颜色和纹饰均不相同,据此推断,其款式也应该是上下分体的,即上衣下裳式。[2]这种服装样式可推断为社会发展之初最为便于行动的服装样式,是由商到春秋战国以来为社会中下层始终穿用的衣式,并可能为夏商以来固有式样。[3]

至于深衣,则在战国时期广泛流行,周、秦、齐、魏以及中山等国的遗物中都有深衣的踪迹,并且以楚深衣的华彩最为著名。深衣男女通用,既是士大夫阶层居家的便服,又是平民百姓的礼服。《礼记·深衣》:"古者深衣,盖有制度,以应规矩,绳权衡。"郑玄注:"名曰深衣者,谓连衣裳而纯之以采者。"孔颖达疏:"凡深衣皆用诸侯、大夫、士夕时所著之服,故《玉藻》云:'朝玄端,夕深衣。'庶人吉服,亦深衣。"由此可见,深衣是君王、诸侯、文臣、武将、士大夫都能穿的,诸侯在参加夕祭时就不穿朝服而穿深衣。在儒家理论上,说深衣的袖圆似规,领方似矩,背后垂直如绳,下摆平衡似权,符合规、矩、绳、权、衡五种原理,所以深衣是比朝服次一等的服装。庶人则用它当作"吉服"来穿。

由此可见,在秦统一之前的春秋战国时期,政治动乱,思想活跃,百花齐放,服饰也进入了丰富期,古代服饰的上衣下裳制和衣裳连属制交互使用。虽然孔子曾痛心疾首地说那时礼坏乐崩,但是在服饰文化上,奠定了上衣下裳和上下连属等中国服装的基本形制,并显露出服装的纹样寓意,色彩的象征性等具有显著的民族传统审美意识,为秦代以及后世的发展奠定了基础,拓展了视野,开辟了道路。

二、秦俑的服饰形制

秦始皇兵马俑坑中陶俑身上的衣服,从总的方面讲分为上衣和下衣两大类。上衣有长襦、短襦、褠服、中衣、汗衣等;下衣有裤、行滕、絮衣等。[4]如果用上衣下裳制和衣裳连属制来归类的话,秦俑所着的长襦、短襦、褠服都可称为衣裳连属的样式,即"深衣",而穿在里面的内衣和下身的裤等,都可归为上衣下裳式。

关于深衣的形制,《礼记正义》郑玄注曰:"深衣,连衣裳而纯之以采者。"孔颖达疏曰:"所以称深衣者,以余服则上衣下裳不相连,此深衣衣裳相连,被体深邃,故谓之深衣。"通俗地说,就是上衣和下裳相连在一起,用不同色彩的布料作为边缘(称为"衣缘"或者"纯"),其特点是使身体深藏不露,雍容典雅。

秦俑是以雕塑的形式来表现秦代军人，竭力模拟秦人真实的外表，所以我们只可通过其服饰最外面一层的结构来观察，推测其服饰形制。武士俑、军吏俑、御手俑等无论是身穿长襦还是短襦，无论是单重襦还是双重襦，襦的这种形制很明显是属于衣裳连属的样式。再看骑兵俑所着褶服，仍然是衣裳连属的样式。在秦俑服饰的领口、袖口和衣襟边沿等处，都镶着彩色的缘，也就是模拟着现实生活中用彩色布料所做的衣缘。由此可见，无论是从款式形制上来讲，还是从装饰手法上来讲，秦俑的外衣都采用的衣裳连属的样式，即"深衣"。

由于秦俑雕塑所表现的是人物衣着的外部情况，对于内衣和中衣的情况我们只能通过其颈部以及腿部露出来的部分并结合文献记载来做一推测。《释名》："中衣，言在小衣之外，大衣之中也。"秦始皇陵兵马俑坑出土的武士俑，多数只穿一重长襦，不见中衣和内衣。但是高级军吏俑却穿双重长裤；始皇陵西出土的铜车马上的御官俑，也穿双重长襦。内重长裤似为中衣。但是中衣较外衣略长4~5厘米，也有个别的较外衣长10余厘米。中衣的下摆一般都达膝下，但距足仍有一段距离。其色彩与外衣的颜色对比强烈。[5]可见，中衣的这种款式依旧采用的是衣裳连属的样式，仍可称为"深衣"。

秦俑的内衣因被外衣覆盖，其长短和具体的样式看不到，只能从俑的颈部所显露出的内衣领知其为小圆领，把脖颈紧紧束住。《释名》说：做一件内衣只"用布六尺"，其大小只能盖住胸背，也就是说内衣的长度仅及腰际。秦俑内衣的长度虽然不明，但既作为内衣不会太长，与《释名》之言应当近似。秦代做一件单襦要用布二丈五尺，折合5.775米（见《睡虎地四号秦墓出土的木牍乙，M4：11。做一件复襦要用布五十尺，折合11.55米，另加缘布五尺，折合1.155米（见睡虎地秦墓竹简》中的《封诊式》穴盗条）。而作内衣仅用布六尺，约当作单襦用布的四分之一，复襦用布的九分之一。这就充分说明内衣很小，好像今日人们所穿的布汗衫一样。[6]通过史料记载中的秦代内衣用布与单襦、复襦用布的对比，我们可以分析出其长度大小，其款式当属于上衣下裳式无疑。

秦俑坑出土的武士俑，下体均穿裤。裤的形制有两种：长裤和短裤。长裤主要见于高级军吏俑、中级军吏俑和骑兵俑身上；而短裤主要见于步兵俑和车兵俑身上。春秋以前的人们无裤，只有裳。《释名》："裳，障也，所以自障蔽也。"就是用围裙似的裳衣障蔽下体。裤之制后起，最早见于《左传·昭公二十五年》："公在乾侯征褰与襦。"《说文》："褰，绔也"，"绔，胫衣也。"《释名》："绔，跨也，两股各跨别也。"两条裤腿各跨别，则中裆不联，为套裤。古代的裳衣及这种不连裆的褰裤，乘车尚可，骑马则觉不便。因而连裆裤的出现与骑马的兴起有关。为便于骑马习射，改上衣为褶服，改下衣的裳和襄裤为连裆裤，这就出来了绔褶之服。由此推断连裆裤的出现当在战国中晚期。秦始皇兵马俑坑出土的武士俑，不但骑兵俑的下体穿连裆裤，而且步兵俑、车兵俑的下体都着连裆裤。这说明连裆裤已不单纯是骑兵的服装，已变成秦人的常服。裤的形制虽与裳不同，但从广义的裁剪方式来分的话，其仍可归入上衣下裳这一类。

综上所述，我们发现在秦俑的服饰上，上衣下裳制和衣裳连属制同时存在：秦俑的外衣属衣裳连属制，而外衣遮蔽下的内衣仍采用古老的上衣下裳制。

三、秦俑服饰的开放性

秦统一全国的过程中，就已经开始在政治、经济、文化等各个方面采取规范化的措施，直到最终政令通行全国。然而，依据秦兵马俑等文物，我们恰恰发现，秦代在服饰方面却体现出多元化和开放性的特点。

（一）汉服与胡服的融合

秦始皇陵兵马俑坑出土的武士俑服饰的一个显著特征，是中原地区的服饰（即所谓汉服）与少数民族地区的服饰（即所谓胡服）的融合和混用。例如骑兵俑上身穿的紧袖褶服，足上穿短筒皮靴等，都是胡服。连下身穿的连裆裤也与胡服骑射有关。但这种胡服是经过改造过的服装，融进了中原地区服装的特征。如秦俑坑骑兵俑上身的褶服为交领右衽。"右衽"是中原地区人们固有的习俗，中原人们以"左衽"为丧服。《礼记·丧大记》："小敛大敛，祭服不倒，皆左衽结绞不纽。"郑注："左衽，衽向左，反生时也。"可见中原人们不用左衽，而以交领右衽为通行的衣服格式。但是少数民族的习俗却与之相反，服装通行左衽。《论语·宪问》："微管仲，吾披发左衽矣！"以此来称扬管仲攘夷狄之功。[7]

（二）服饰的色彩并不体现等级

先秦时期，尤其是周代，服饰与"礼"关系密切，等级身份与等级服饰如影随形，服饰承担了区分各种不同地位和阶级的任务。在《论语》以及《周礼》中都有关于等级与颜色的记载，这充分说明了先秦时期，对于颜色的使用要合乎"礼"的要求，并且具有体现等级的功能。但是从秦俑坑出土的陶俑的服色统计来看，一般武士俑的服色和军吏俑等有一定官阶的陶俑服色，并没有明显的等级区分，车兵、骑兵、步兵三者之间的服色也无区别。也就是说，各兵种都没有专有的服色。每一兵种中的众多成员的服色也无区别，没有统一的服色。这一点印证了秦兵的服装是自备的，这种自备的服装不可能有统一的规格，其形制和服色应和普通平民的衣服相近。也就是说，秦军并无统一的军服款式和统一的服色要求，秦军的服制和服色应是当时社会服制、服色的反映。秦王朝在色彩使用上的开放心态可见一斑。

（三）纹饰与楚服纹饰相似

根据秦俑身上残存的颜色观察，秦俑的上衣和下衣都是单色，但在冠带、革带及甲衣上绘有各种花纹图案。据学者研究，秦俑服饰和甲衣上的一些纹样和出土于江陵马山一号楚墓的大菱形纹锦上的花纹以及长沙马王堆一号汉墓出土的织锦纹样非常相似，也可说秦俑坑发现的一些纹样在原楚国地区比较常见。此外，秦始皇帝陵出土的铜车马上的花纹也有较浓的楚国韵味。这似乎反映了秦、楚两地文化的交流。[8]

综上，秦俑的服饰是写实的，反映了秦人的真实穿着，其服饰的款式、色彩、纹饰都表现出了开放的心态，这与秦文化整体的风貌是一致的。

四、秦俑服饰与"礼"

据史书记载，秦始皇是"改正朔，易服色"制度的第一位实践者。他认为，周得火德，秦代周，应为水德。因此，他把五百年前秦文公出猎获得的黑龙作为承德的符应。用邹衍创立的"五德始终说"定出一套水德的制度：以十月朔为岁首；衣服和族旗都用黑色；数以六为纪，如符是六寸，舆是六尺，乘是六马；行政刚毅戾深，事皆决于法；更名黄河为德水。除了祭泰山封禅穿白，朝贺和祭祀时穿黑色礼服。秦王朝还规定三品以上的官员要穿绿袍、深衣；庶人穿用绢做的白袍。因为较普遍地使用黑巾裹头，平民百姓被称为"黔首"。秦代开始出现裘上加锦衣的穿法，而且，锦衣的颜色也成为严格的等级区分的标志。《白虎通义》对此说得明白："天子狐白，诸侯狐黄，大夫苍，士羔裘，亦固别尊卑也。"《中华古今注》："秦始皇（时）三品以上绿袍，深衣。庶人白袍，皆以绢为之。"

但是秦始皇帝陵兵马俑的发现，却为我们展现了另外一幅秦代的色彩画面——秦始皇兵马俑在秦始皇制作之初都是身着彩色服饰的：秦俑上衣的颜色有朱红、枣红、粉绿、天蓝、粉紫等色。其中以朱红、粉绿二色最多。下裳中的长裤和短裤的颜色有朱红、粉绿、粉蓝、粉紫、白等色，其中也是以朱红、粉绿二色所占的比例最大。下裳中护腿的颜色有粉绿、粉紫、天蓝、朱红；靴有赭、朱红、粉绿；履一律为赭色，朱红色的絮带，朱红或粉绿、粉紫的口缘。帻基本上都是朱红色；冠为赭褐色、朱红色；冠带一律为朱红色；扎发的发带、发绳全为朱红色或橘红色；腰带为赭黑色；战士的铠甲为赭黑色的甲片，朱红色的联甲带，朱红或粉绿或白色的甲组；军吏俑铠甲的甲片、甲组、联甲带的颜色与一般战士铠甲的颜色相同。另外在铠甲的边缘背带上彩绘精致的几何形花纹图案。[9] 无论是服饰的主基调，还是搭配和纹饰，秦俑的色彩都是丰富而鲜艳的，这似乎与秦代尚黑之"礼"相悖，我们是否可以认为，秦代尚黑规定的只是国家大事和相关礼仪活动时服饰与旗帜的色彩，如《史记·秦始皇本纪》中所载："衣服旌旗皆上黑。"而在日常生活中，人们的服饰还是沿袭之前的传统习俗。秦人本地处西陲，长期与戎狄杂居交战融合，后统一六国，建立秦王朝，其民众来源自然是五湖四海，不同地区人们的生活习俗不同，个人的审美情趣也有差别，表现在服饰方面，其服饰的款式上，当符合国家"礼"的规定，有统一的标准，但是在色彩方面，仍旧有一定的个性化。

五、结论

中国是一个讲究冠服制度的礼仪之邦，冠服与礼制、等级、礼仪等密不可分，并且在秦代以前，就已经形成了正统服饰规范，这在《周礼》中都有详细记载。这套服制与周代形成的礼制在经历了以变革为时代特征的战国时期，再发展到秦代，服饰上的"礼"的承袭因素与秦人开放的心态相互融合，形成了具有秦文化特征的服饰风格。

我们从先秦文献中屡屡见到中原华夏之服乃与周边蛮夷有别的记载，现在通过对秦俑服饰的观察，我们可以看到，秦代服饰融合吸收了周边地区其他文化的很多因素，表现出了高度的开放性。正如钱穆先生所说："春秋的大势，为文化先进诸国逐次结合，而为文化后进国逐次征服；同时，文化后进诸国，虽逐次征服先进诸国，而又逐次为先进诸国所同化。其文化落伍诸部族，则逐次消灭，或逐次驱斥。沿此路途，成夷夏共同体之大势。"[10] 秦代的服饰，正是在历史洪流中，融合了各地区各民族优秀文化的精神特征，而为后世华夏服饰的发展奠定了基础。

注释：

[1]齐志家、古怡：《楚服饰的形上观察》，《武汉科技学院学报》2008年第5期。

[2]王方：《从楚服到齐服：战国时代服饰研究的新材料与新认识》，《艺术设计研究》2014年第1期。

[3]古怡：《楚服饰对周代服饰形制的变通与发展》，《武汉科技学院学报》2006年第10期。

[4]袁仲一：《秦始皇陵兵马俑研究》，文物出版社，1990年，第255页。

[5]袁仲一：《秦始皇陵兵马俑研究》，文物出版社，1990年，第260页。

[6]袁仲一：《秦始皇陵兵马俑研究》，文物出版社，1990年，第260页。

[7]袁仲一：《秦始皇陵兵马俑研究》，文物出版社，1990年，第298页。

[8]袁仲一：《秦始皇陵兵马俑研究》，文物出版社，1990年，第297页。

[9]陕西省考古研究所、始皇陵秦俑坑考古发掘队：《秦始皇陵兵马俑坑一号坑发掘报告1974—1984》（上），文物出版社，1988年，第141页。

[10]钱穆：《国史大纲》，商务印书馆，1994年，第63页。

（责任编辑：陈昱洁　李　宇）

秦俑甲衣甲带研究的理论阐述暨甲带造型探析

（王　煊　秦始皇帝陵博物院）

内容提要　甲带研究是对秦俑甲衣上塑造的联结物深入、细致、全面的探索。"甲带"在这里专门用于对研究对象的概称，其研究内容具有更深广、更清晰的范畴。秦俑甲带具有多重属性，这些属性信息表现在不同层次又层层关联。甲带造型分析是甲带研究的基础问题之一，也是探究联结物实物材质、工艺，以及甲衣编连等一系列问题的重要前提，从形态角度分析，可将甲带分为短甲带和长甲带两大类，推测其模拟的联结物实物应多皮条、麻绳、麻皮、帛带、绦带之属，实际使用则与甲衣各部位功能、甲片形制、甲衣类型息息相关。

关　键　词　甲带　联结物　信息层级　造型

秦俑甲衣有不同类型，同一类型的甲衣还存在细微差异，学者对这些问题的研究讨论仍不够深入，这也是甲带研究的现状。甲带研究是秦俑学研究（包括甲胄综合研究）的重要内容，是秦甲重建过程中不能回避的问题。"甲带"概指秦俑甲衣上塑造的联结物，甲带研究则具有更深广、更清晰的内容和范畴，应是对甲带属性深入、细致、全面的探索。本文将阐明甲带研究包含的各层级属性信息，提出研究的原则问题，并对甲带研究的基础问题之一——甲带造型所反映联结物实物材质及其工艺问题进行初步的比较分析。希望能有助于秦俑学研究和秦代甲衣实物复原的实验性探索。

一、甲带研究的理论阐述

以往的研究对秦俑甲衣上塑造的联结物，始终没有形成统一、清晰的认识，且关注尤少。甲带研究的首要问题是阐明"甲带"概念和甲带研究的内容范畴、原则。

83

（一）"甲带"的概念

学者对秦俑甲衣上塑造的联结物的认识主要有以下观点：

或认为是像圆形甲丁的组线显露在外面的针脚和联甲带[1]；或认为是皮条针脚[2]；或认为是丝绳皮类物质在甲片孔眼穿入和穿出所形成的短针脚和长针脚，简称为甲钉。又认为秦俑甲衣上的甲带主要表现了两类联结物：第一类是绳索类物质，从形态上表现为多股结构；另一类为金属质的联结物，从形态上表现为扁平状和被锻打的外观，或圆滑、弯曲有韧性的质感。[3]还有称其为络组（线）和钉豆状绦带[4]；在资料记录中还通用"甲丁"为标题。

其中"甲丁""甲带"是目前学界对秦俑甲衣上塑造的联结物最通用、简单的代称；而"针脚"是较被认可的对其模拟的实物编连属性的揭示；组线、皮条、络组、绦带则是对其反映的实物材质的推测；"丁"亦同"钉"；甲丁、联甲带又包含了实物的形制因素或编连工艺因素。这些认识表明，一方面秦俑甲衣上塑造的联结物内涵极为丰富，包含多重属性；另一方面，相关研究往往都是简而话之，仅关注某一类型或属性，与概念的对应关系则显得模糊，显然并未就秦俑甲衣上塑造的联结物内涵和外延进行科学的类型学分析并展开全面、深入的论证，不仅表现为对其模拟的实物材质、制作工艺以及使用方式的讨论明显不足，也表现为不了解其潜在的研究价值和意义，诸如对其制作工具模具类型的研究，对甲带分布、同类甲带使用频率和对象等方面的研究等。由此可见，明确甲带专题研究方向具有重要意义。

通过对以往研究成果的梳理，"联结物"说法极易混淆模塑和实物之间的区别，而"甲带"是学界约定俗成、较常使用的概念之一，辨识度较高，顾甲带研究仍沿用其名。但应阐明，以往的甲带概念内涵较为具体，一般是指甲衣活动部位长度较大的联甲带，而甲带研究将"甲带"一词专门用于对研究对象的概称，以泛指秦俑甲衣上塑造的、模拟甲衣实物编连的各类联结物造型，作为一种符号化的代称，强调了其专用性，并扩大了其概念的外延。秦俑甲衣上的甲带按照造型不同可分为短甲带（即所谓短针脚、甲钉）、长甲带（即所谓长针脚、联甲带）。

（二）"甲带"研究的内容

甲带研究必须界定其研究内容：甲带研究必然是对其多重属性的揭示。以往的研究成果在更趋细致的记录、分析和判断基础上，对甲衣实物联结物串穿与甲片穿孔（孔眼）数量、分布的关系、联结物实物材质、编连方式等进行了初步的理论概括分析。[5]而甲带研究相关信息的关联和阐释应更加具体、层层推进，将其划为下列几个层级可能会提供更清晰、全面的研究范畴：

一级直接信息：甲带本体的大部分构成属性，包括大小规格、色彩、形状、方向、数量、间距、位置分布、加工痕迹等。

二级间接信息：甲带制作步骤；甲带制作工具；编连对象，包括甲片孔眼的数量、位置、组合；表面编连方式；编连材料，包括种类和部分构成属性。

三级间接信息：甲片类型；甲片排列方式；甲片位置；整体编连方式；编连材料制作工艺。

四级间接信息：甲衣类型；生产组织；社会属性，包括甲带本体的社会属性、甲衣实物联结物的社会属性。

这些信息层级是甲带研究认识过程的逐步深化，也是秦俑甲衣和甲衣实物设计思路的回溯。在这个内容框架下可以看出，全面、准确记录秦俑甲带本体信息是甲带研究的基础；甲带研究不仅是对其本体的研究，还包含诸多潜在信息。

目前还缺乏秦代甲衣实物资料的佐证，合理解析秦俑甲带艺术性和写实性之间的差别与关联，揭示其真实属性，甲带研究还有一些原则需进一步予以关注：①类型学研究仍是甲带研究中的基础方法。秦俑制作工艺应属规范化生产，或者说系列中的标准化生产，秦俑并非严格意义上的标准化产品。[6] 秦俑甲衣上的甲带尺寸、比例、结构等信息不同，这些不同造型的甲带是对甲衣联结物的模拟塑造，既反映了其模拟的甲衣实物本体的多样性，也反映了陶工工艺水平高低及其对铠甲实物认知的差异，还可能受到生产组织及生产要求标准等因素的影响。若甲带塑造得越细致或难度越高，说明其工艺越复杂，那么是否可以推论这些甲带虽然仅出现在极少数秦俑甲衣上，却是对联结物原貌更准确表现，这类现象应当重点关注；相反，甲带造型删繁就简，可能是对联结物实物的简化表现，不一定如实反映了其原貌。②秦俑甲衣、甲片形制分类与甲衣实物及甲片形制的分类不能混为一谈；甲片上的甲带形制分类也应与联结物实物种类划分有所不同。甲带形制分类应忠实于秦俑甲衣和石铠甲的塑造；而对其模拟的联结物的分析则需推敲，要兼顾功能的合理性和工艺的可行性。③具体到细节，甲带信息包括：数量、色彩、分布、大小（尺寸）、形状、方向性、保存状况、细部加工痕迹、加工步骤等，要更加细致而全面的记录、分析和统计每一件秦俑甲衣上甲带塑造的细节，通过对其进行归类讨论，可以使秦俑甲带分类及制作信息进一步完善。④秦陵出土的石质甲衣资料是对秦俑甲衣上"甲带"现象的重要参照；同时，对"甲带"现象的解读还需参考战国秦汉时期的甲衣实物复原工艺和一些服饰工艺信息，总结甲衣设计中的规律和原则，尝试实验考古复原。

在上述理论指导下，甲带研究就要有针对性的逐步解决相关问题，包括：①对甲带本体的全面掌握，如工艺特征和相关背景信息的全面客观记录等。②对甲带本体信息的分析和解读，包括类型、使用频率、空间分布，以及相关的生产组织、社会属性等。③秦俑甲带对秦俑甲衣和秦代甲衣实物研究的意义。如：辨析甲带现象中的服饰因素和非服饰因素，尽最大限度的还原甲衣实物编连信息；甲带特殊分布现象对秦俑甲衣和甲衣实物进一步类型划分的意义等。④联结物实物工艺的实验性复原。⑤联结物实物功能属性分析。现在，虽不能按照以上原则全面而完美的阐释这些问题，但对各种甲带现象的全面掌握应是进一步深入研究的基础。

二、秦俑甲带造型初步研究

甲带造型分析是甲带研究的基础问题之一，也是探究联结物实物材质、工艺，以及甲衣编连等一系列问题的重要前提。秦俑甲带造型不仅反映了其陶制本体的相关信息，还反映了其模拟的甲衣实物信息，最主要的就是表现了甲衣实物的编连材料、编连方式和编连对象等工艺设计要素。以往对于秦俑甲带造型的认识显得较为简单并值得商榷，在秦俑甲带研究的范畴下，需要对甲带造型本体及其相关信息做进一步阐释。

（一）秦俑甲带制作工艺

通过考古学观察和复制工艺探索，秦俑甲带的制作过程可证是由单模制作并结合手工辅助。

秦俑一号坑曾出土制作长甲带的陶模2件，佐证了铠甲上的长甲带是先由单模制作，再粘贴于甲上。报告还认为，铠甲上的短甲带（显现为钉帽形的甲组），是先在甲片上粘贴泥丸，再用单模压印出钉帽上的花纹；为了使其不易脱落，有的还先在甲片上钻小坑，在小坑上粘贴泥丸，再通过模的按压，将部分泥挤入孔内。[7]

袁仲一先生亦还原出短甲带和长甲带的制作步骤，认为甲片上的甲钉和甲衣结合有两种方式：一是单独制作后粘接在甲片上；另一种是在甲片上挖一圆孔，把泥丸堆在圆孔上，再用模押印出甲钉帽及其花纹，形成状如图画钉的带钉杆的甲钉。而联甲带是用单模制作后粘接到甲片上的。[8]

参考秦俑仿制过程，刘占成先生认为陶俑上甲带加工步骤是，先把俑体甲片部分用刷蘸水湿润，然后利用内有甲带纹路的单模填泥抹平后，直接按压在甲片相应部位，再取下模具，甲带模型就粘贴在甲片上了。[9]

从秦俑甲衣上的短甲带和长甲带形态，以及甲片上相应部位制作过程中遗留的痕迹观察，表明以上观点都是对甲带与甲片制作步骤和结合方式的合理阐述；复制工艺的成功还进一步验证了"单模制作，然后粘贴于甲上"确是甲带加工的方式之一。另外需要补充的是，除了增加牢度的需求外，先在短甲带粘贴处戳（挖）孔，还起到了标记短甲带位置的作用；同样，长甲带叠压下的甲片表面常常可见有刻画线，这些刻画纵长线也应起到相同作用。

这些通过模具制作和辅助措施修整加工的甲带，表现出相同或不同纹路的造型以及某些制作痕迹。这些迹象表明：第一，甲带并非均由单一模具统一制作，甲带模具亦有繁简之分；第二，不同形制的甲带应有其设计制作的意图；第三，甲带研究应进行类型学分析，进而加深对这些问题的认识，可以推求模具样式、种类及其应用，也有助于对甲带模拟的实物属性的阐释。

（二）先秦秦汉时期的甲衣实物编缀材料概况

通过考古发掘工作，先秦秦汉时期甲衣的实物编缀材料不断呈现在人们面前，研究表明这些材料既有其工艺实用性，又附加有社会功能。其隐含彼时甲衣工艺的考量线索和特征，工艺发展的社会和时代背景，是合理阐释秦俑甲衣甲带属性的重要参照。

1978年，湖北省随州市曾侯乙墓出土战国皮甲胄：人甲甲片"是用丝质的组带编联的，这正与文献中所讲楚甲用组、练编联的记载相合"。[10]甲片上"有的还保存着缀合用的丝带痕迹"，甲袖"用宽约6—8毫米宽的朱色丝带先横编成排"，甲身各孔间以"丝带编出'8'形装饰图案"；马甲甲片"有些似用搓的丝线相编联，与人甲全用丝带编联不同"。[11]

1973年，湖北江陵藤店一号墓出土皮甲1件，甲片有长方形、长弧形，由两层皮革合成，甲片上布孔，并残存有串连的皮条。[12]

1965年，河北省易县东周时期燕下都遗址内出土一顶战国铁胄：据报告介绍，连缀甲片使用的材料为皮条或丝线。进一步研究推论，"同一甲胄上的甲片应以同一种材料缀合"，如出现两种材料并用，"则可能因该器在使用中损伤而经修缮所致"。铁胄的连缀材料，当为丝线编织的绦带，如湖北随州战国曾侯乙墓出土皮甲、徐州狮子山西汉楚王陵出土铁胄。[13]

1979年，山东省淄博市西汉齐王墓出土铁甲胄：从铠甲甲片和胄片标本上保存的组编痕迹"可知甲片之间的组合都是用麻绳来连缀的"，甲片上还有"贴金、贴银以及丝带组编出的菱形图案"三种装饰形式，铠甲的系连处"在Ⅵ组所属的右肋前块上端近边处，保存了一些丝带痕迹"。[14]

1991年，陕西省西安市北郊西汉早期墓葬出土铁甲胄：从保存下来的编连痕迹判断，甲片连缀"使用的应是麻绳"，如Ⅵ型b式（甲片）"出土时，此片与Ⅵa片相连，片上清楚地留存有细麻绳缀合的痕迹，表明了二者当初的组合关系"，且进一步推论"此副铁甲胄绝非属于专为随葬制作的明器，而是一副曾在战场上实用的甲胄"。[15]

1983 年，广东省广州市西汉南越王墓出土铁甲："甲片的组合材料均以丝带为之"，甲片表面各丝带的叠压关系"明确地反映出每个甲片是先行编饰图案，而后才组编成甲体的"，据推测"作图案装饰的丝带与组编甲片的丝带在颜色上是有区别的"。[16]

1968 年，河北满城汉墓出土铁甲：原铠甲编连是用绳索，但实物已碳化，故难以鉴定其质料。从保存下来的绳索的外貌观察"其纤维较粗糙，搓捻也较松散，直径为 2—3 毫米"，显示出麻绳的特征，用麻绳组合起来的铠甲片，在洛阳和呼和浩特等汉墓或遗址中也有发现。[17]

1995 年，江苏省徐州市西汉楚王陵出土铁甲胄：A 型甲片"孔眼间有双股麻绳编缀痕迹"，"身甲甲片上多保存有麻绳编连痕迹和甲片组合时各侧边及两端上的叠压痕迹"，"铁胄的其余甲片亦均用丝带连缀"。[18]

20 世纪 70 年代，陕西省西安市长安武库出土西汉残甲："从出土标本上残留痕迹判断，各型甲片的组合，均用麻绳按照一定的方式连缀而成。"[19]

20 世纪 80 年代，吉林省榆树县老河深出土汉代铁甲胄：该甲的连缀材料"从一些标本上遗留下的模糊痕迹判断，似乎属于窄的皮条"；此外，此墓中还出土有皮带扣，"或用于此甲之两肩，将前后身相连，形如两裆铠的可能性亦存在"。[20]

1959 年至 1961 年，内蒙古呼和浩特市二十家子汉城出土铁铠：铁铠甲主要由麻绳串连。所用的麻绳有三种：一种是细麻绳，大量使用；一种是搓的较精细的三股麻绳，用在编缀甲片的活动部位；一种是没有经过加工的麻皮，单股或合股使用，一般不用于重要部位。[21]

河南洛阳西郊 3023 号西汉晚期墓出土一领铁铠：该甲已锈蚀残毁，保存下来的有 328 片甲片，在少数甲片上附有绢痕，在一部分甲片上保存有穿连用的麻索痕迹。[22]

湖南、湖北还发现散乱的春秋战国时期皮甲：其中保存较好的甲片标本表面多髹漆，颜色有红有黑，以黑色的为多，"有的由两片皮革合成，用丝质或皮质的带子编联成整领皮甲"。[23]

《长沙楚墓》M185:34"皮甲是由许多小方块组成的，并用皮革缝制而成"。[24] M109:14 有铜扣铆合的双层铠甲片，在其图版中亦明显可以观察到皮甲片表面铜扣在孔眼边缘的压边。[25]

秦始皇陵 K9801 石铠甲坑出土石甲上也发现了穿编材料的痕迹："在 T2 的鱼鳞甲和四型札甲以及 T5 的马甲甲片上普遍残存着丝织条带、细绳和布纹的痕迹。"T2G1鱼鳞甲"从领口至下裙的甲片正面均发现有丝织带"[26]，"在甲6的个别甲片上，发现有绳类物残迹。如在上旅一片为8孔的甲片上，残留有数段细绳，痕迹较为明显，细绳粗约1.5毫米，是由两股更细的绳相拎而成。细绳由各个孔中穿入和穿出，并形成一定的图案。经复原可知，细绳最终在甲片上形成两个交叉的平行四边形"。[27]

丰富的考古资料还与文献记载的窄带类甲衣编连材料相印证：

《左传·襄公三年》："使邓廖帅组甲三百、被练三千，以侵吴。"[28]

《吕氏春秋·有始览·去尤》："邾之故法，为甲裳以帛。公息忌谓邾君曰：'不若以组。凡甲之所以为固者，以满窍也。今窍满矣，而任力者半耳。且组则不然，窍满则尽任力矣。'"[29]

《睡虎地秦墓竹简》秦律杂抄："省殿，赀工师一甲，丞及曹长一盾，徒络组廿给。省三岁比殿，赀工师二甲，丞、曹长一甲，徒络组五十给。"[30]

"组""帛"是古代纺织品概念，其工艺和功能内涵极为丰富。[31]从功能上讲，在古代甲衣的制作应用中，"组""帛"均可以作为编制甲衣的材料；"组"的强度和适用性远远高于"帛"，并在当时就已形成了"窍满则尽任力矣"的经验性认知；组的工艺较帛复杂，因此多被应用于较高等级的甲衣上。从工艺角度来讲，这些认识是客观理性的，"帛"是指以丝线为原料的梭织产品，而"组"是一个特定概念，一般是指蚕丝手工经编织物，是一种只用经线交叉编织形成的带状编织物，对其概念的讨论和出土实物的结构复原都已较为成熟。

通过对以上资料的分析可以总结出先秦秦汉时期甲衣实物联结物的基本情况是：编连材料主要有麻绳、麻皮、丝带（帛）、组、皮条等，又以麻绳、丝带、组居多；推测组亦可用麻纤维编织；穿编材料的加工有合股、加捻、编织、梭织、制筋、裁皮等不同的工艺，偶见金属铆合工艺，从而形成不同的穿编效果；各种穿编材料适用于不同类型的铠甲或同件甲衣的不同部位；同一出土单位的甲衣其穿编材料材质和色彩存在多样化的可能。

（三）秦俑甲带造型初步研究

秦俑甲带造型可分为几个主要类别，每个类别一般都可更细致地划分出不同型式，可见一些特殊造型。

长甲带造型主要有：扁平条形；带形，大多为多股或多褶带形，有一种特殊造型呈枣核状带形。

短甲带造型主要有：半圆盖形；半圆盖状合股或合褶形，包括半圆盖状双股或单褶形、半圆盖状多股或多褶形、半圆盖状加捻合股形、半圆盖状规则齿状几何纹路形短甲带、半圆盖状带纺织纹样形、短平条形等。

1. 扁平条形长甲带

扁平条形长甲带多为模制，亦有手工调整迹象，其造型端头略收束，带体较光滑有棱边。有研究认为秦俑甲衣上此类甲带具有锻制痕迹、光滑表面的特征，模拟的是金属质材料，该观点值得商榷。[32] 首先，秦俑制作过程并非严格意义上的标准化生产，艺术造型的创作会影响其对实物形态的精确表现，将这些特征归类于"锻制痕迹"并不准确；其次，除了石铠甲大量应用扁铜条编连外，实用性甲衣实物以条形金属质材料编连的情况极为罕见；再者，石铠甲穿编中大量应用的扁铜条为扁平条形，其锻、铸造工艺还有待商榷，宽度也小于秦俑甲衣上的扁平条形长甲带，模拟了实用甲衣上何种穿编材料尚不明确，若以此为佐证判断秦俑扁平条形长甲带为锻造金属质，则尺寸、原料质地及加工工艺都不相符，两者是否有可比性尚存疑问。除了对甲带实物的简化模拟因素外，结合先秦秦汉时期出土的甲衣编连材料分析，扁平条形长甲带似是模拟了皮条类穿编材料。这类甲带造型在铠甲武士俑上也占有相当比例，说明皮条极有可能是秦代甲衣穿编用材之一。由于皮条的缩展性很小，这也间接说明其适用的甲衣甲片信息，只有甲片上较大的孔眼才能通过较宽的皮条。当然这些推论还有待文献或出土实物资料的进一步证明。（图一）

2. 带形长甲带

带形长甲带上有凹槽或凸棱，一般表现为多股或多褶痕迹，也是长甲带最普遍的造型，可见于各种身份和类型的秦俑甲衣上。同一模具制作的长甲带分布信息还未见明确统计，也未知其在陶俑制作过程中的使用频率等。但不同类型甲衣和不同甲衣上长甲带的长度和宽度还是表现出了一些特性。如高级军吏俑甲衣上的长甲带较细较短，大多数甲衣同一甲片上的4条甲带两两一组，同组甲带边缘相邻，而两组之间保持一定间隔；普通铠甲武士俑甲衣上长甲带较粗较长，同一甲片上有2条长甲带，绝大多数情况是2条甲带之间内侧边缘相邻[33]。秦俑甲带宽度可能标志着联结物实物的粗细宽窄程度，长度则与甲衣形制和片形相关，因此进行甲衣的实验性复原时必须考察甲带的长、宽因素。

关于带形长甲带的材质分析，《秦甲胄研究》中以兵1-02525为例推断其"上下层的甲片通过甲片正面的连甲带相连结。连甲带实际上为针脚较长的呈股状的丝绳。在本甲中这种长针脚的丝绳索表现为多股细丝绳合成为两个主要的绳股"。书中秦俑标本兵1-02539的长甲带也表现为该造型。[34] 需要补充的是：长甲带表现出的合股绳或带的迹象区别并不明显；绦类编织物和帛类纺织物的编连效果也具有褶皱成合股状的特征；丝绳也可能是麻绳。下文"半圆盖状合股或合褶形短甲带"中对此有具体论述。

90

1.骑兵俑下旅一排甲片中部短甲带及下旅长甲带指示图

（引自秦始皇兵马俑博物馆：《秦始皇帝陵》，文物出版社，2009 年，第 185 页、第 250 页）

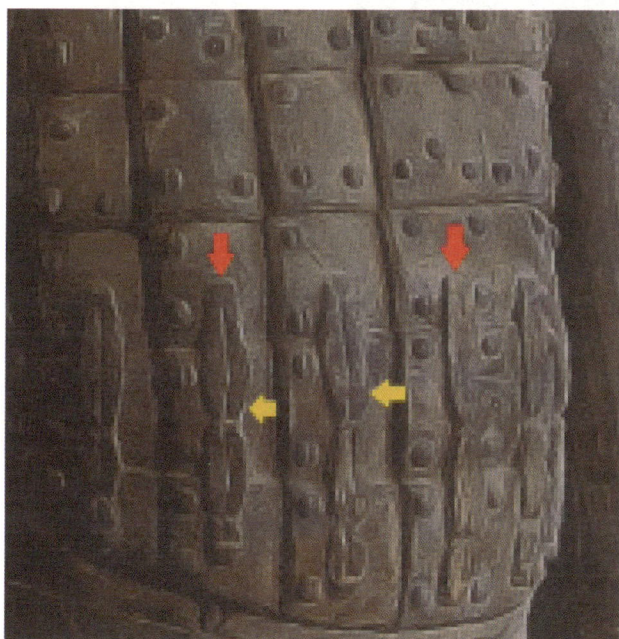

2.骑兵俑下旅一排甲片中部短甲带及下旅长甲带细节指示图

（引自秦始皇兵马俑博物馆：《秦始皇帝陵》，文物出版社，

2009 年第 187 页。）

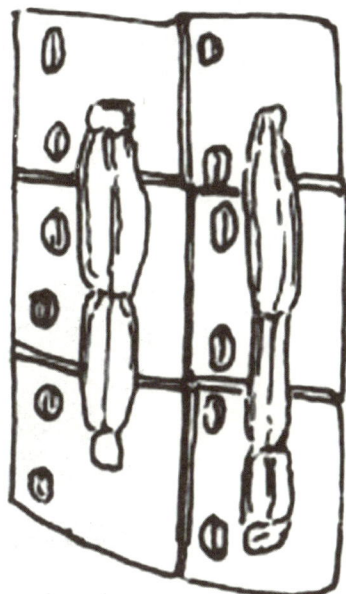

3.甲片中部短甲带及下旅长甲带造型示意图（绘图：刘群）

图一　短条形短甲带、扁平条形联甲带造型

3.枣核状带形长甲带

枣核状带形长甲带属于带形长甲带，这种造型的长甲带所见甚少。该造型较清晰的反映了甲片上较小的孔眼与较宽的甲带之间的关系，表现了编连后甲带两端收束、中段松散的外观。带类纺织品即可以达到这种编连效果。

该造型见于一件下缘平齐的彩色鱼鳞甲。整件甲衣制作得精致秀气。[35]（图二）

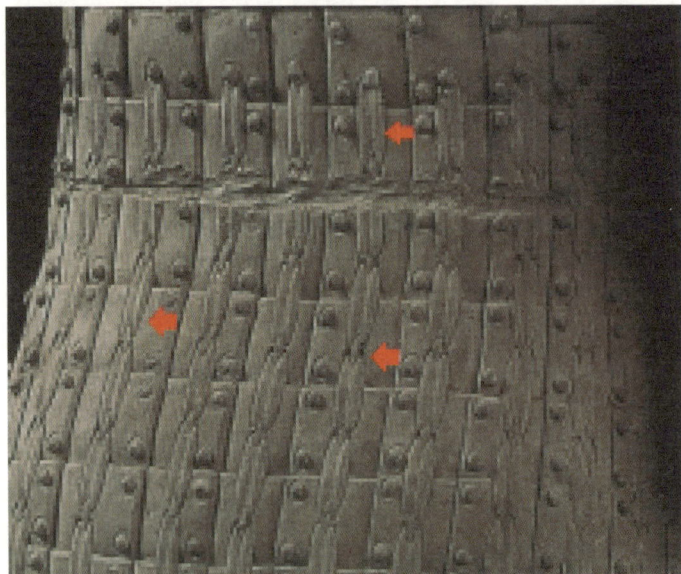

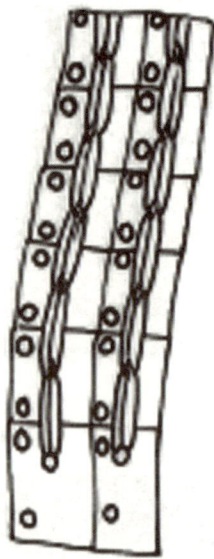

1. 中级军吏俑下旅枣核状带形长甲带指示图（引自秦始皇兵马俑博物馆：《秦始皇帝陵》，文物出版社，2009年，第241页）

2. 中级军吏俑下旅枣核状带形长甲带造型示意图（绘图：刘群）

图二　中级军吏俑下旅枣核状带形长甲带造型

图三　002830 高级军吏俑甲衣主体甲片不规则圆盖形短甲带造型

4. 半圆盖形短甲带

这类造型是指短甲带上没有明显可见的合股或皱褶痕迹，表现为表面较光滑的半球状造型。这种造型的短甲带应该是甲带的简化模塑，一般均规格较小，形状不规则，可见于高级军吏俑甲衣（图三）。

5. 半圆盖状合股或合褶形短甲带

这是短甲带的一个主要类型，绝大多数秦俑甲衣短甲带都属这类造型。推测其反映的联结物属性可能有绳、带、皮条或筋条等类别；制作原料是丝、麻、皮等；制作工艺包括编织、梭织、制皮、制筋等；在实际应用中应结合甲衣形制和等级、实用性能、加工效率、加工成本而定。

合股或合褶形短甲带以短甲带表面上的凹槽为主要特征。大多数甲带的凹槽上下连续贯穿，可明确划分为双股或单褶形、多股或多褶形；还有一些甲带的凹槽上下不连续贯穿，呈齿状交错排布，有两齿、三齿等区别，这些造型极为可爱自然，也属于一种多股或多褶形短甲带。另外还有一些特殊形制的短甲带也属此类，如表现出双股螺旋状叠压关系的"加捻合股形"短甲带；呈现较规则织物纹样特征的短甲带。

这些合股或合褶形短甲带与其模拟的实物需要合理解析。实物编连也具有形态特征，秦俑甲带造型与实物迹象的比较分析，一是探寻其写实性信息，二是解析陶器制作过程的非写实性因素，但现阶段仍然存在许多问题。

合股绳或皮条一般多为两条绳或皮条合股，也有三条合股的情况，每股比例都较为均匀。筋条的应用大多是以数股束扎而成，股道较为均匀窄细。绦组类编织物和帛带类纺织物是有一定宽度的扁平条带或空心绳，会因其两端穿入甲片孔眼形成收束而在暴露出的部分形成一些褶皱痕迹，这种褶皱为自然形成，也会呈现宽窄不定，或相连续或不相连续的股道；另外，绦、帛带类联结物的等级规格也较高。

呈齿状交错凹槽状的短甲带更加形象地表现了绦、帛带类联结物穿编后形成的褶皱特征；呈双股或单褶造型短甲带以一凹槽将半球状表面划分为两股，一是可能表现了绳、皮条等联结物的数量和编连效果，二是还可能在制陶模塑过程中对联结物褶皱特征的简化处理；短甲带和长甲带上数道相对平行的分股痕迹解读则更为复杂。

通过比较分析可以推论：半圆盖状合股或合褶形短甲带表现的虽有可能是不同材质和工艺的联结物，但主要应是绦组、帛带、皮筋条类联结物，材质为丝、麻或皮，这也是先秦秦汉时期甲衣编连材料的时代特性。

《秦始皇帝陵》[36]一书中，第177、187、242、245、185、250页秦俑甲衣上的短甲带均表现出了"半圆盖状双股或单褶形"短甲带造型特征(图四)。

6.半圆盖状加捻合股形短甲带

半圆盖状加捻合股形短甲带在秦俑甲衣上表现为斜向纹路，以往的研究将此类现象归因于工匠制作的马虎，但实验性复原表明，绳类材料或较宽的带类材料穿编效果均可呈现该造型，其对应着上下纵向排列的甲片穿孔布局。

用双股"S"向加捻绳编缀纸模甲片，编连效果与秦俑标本短甲带的这一造型非常相似。用双股厚1毫米、宽3.5毫米的皮条编连甲片上直径为4毫米的

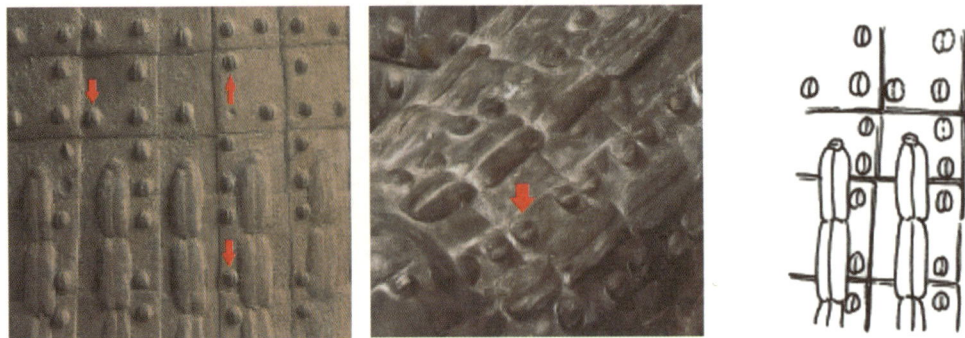

1. 下级军吏俑甲衣主体甲片半圆
盖状双股或单褶形短甲带指示图
（引自注 35 第 242 页）

2. 御手俑甲衣主体甲片半圆盖状
双股或单褶形短甲带指示图（引
自注 35 第 245 页）

3. 甲衣主体甲片半圆盖状双
股或单褶形短甲带、带形长
甲带造型示意图(绘图: 刘群)

图四　半圆盖状双股或单褶形短甲带造型

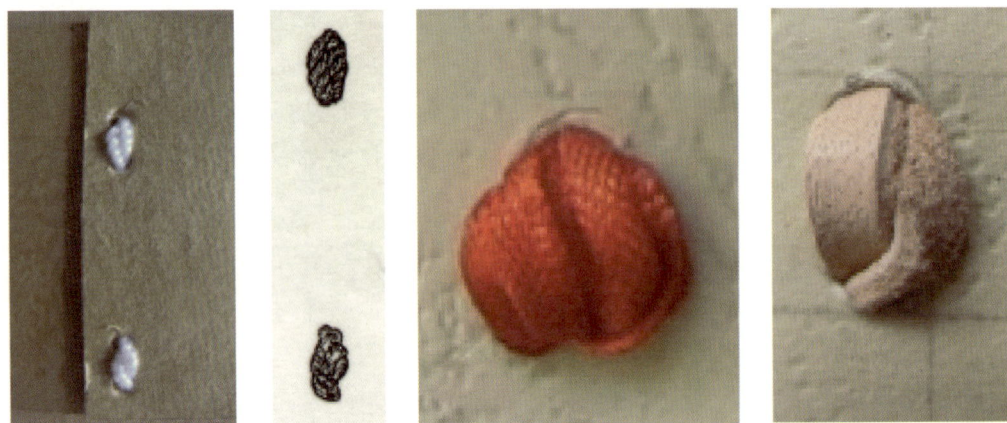

1. 复原的"S"向加捻
合股短甲带编连效果图

2. 编连示意图
（绘图: 刘群）

3. 丝带编连效果图

4. 双股皮条编连效果图

图五　甲片短甲带呈现斜向编连效果示意图

孔眼，也产生了类似效果。用较宽的丝带编连甲片，其局部堆叠效果也可产生类似现象（图五）。从服饰工艺和材料来看，第一种编连效果是多股麻绳经合股、"S"向加捻后编连甲片，暴露在甲衣实物表面的部分，而皮条和丝带的编连效果则应是偶然形成的。这个造型表现的应主要是经过合股加捻的绳类联结物编缀甲片的外观特征，在甲衣实物中不只可以两股加捻，还可以三股加捻。

虽然没有秦甲实物可与这类现象相验证，但通过实验性复原，证明了其实物生产制作的可操作性，也间接证明了该造型存在的合理性（图六）。

94

1.图片来源：张卫星　　　　　　　　　　　　2.绘图：刘群

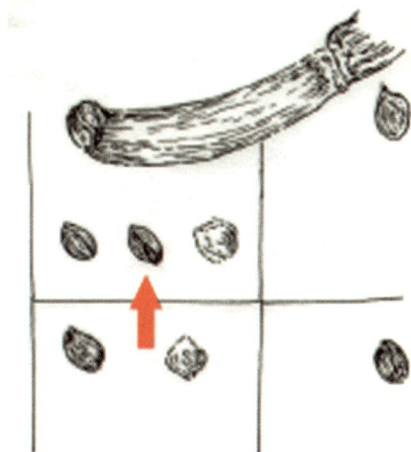

图六　兵1—T2G1：39甲衣主体甲片呈现斜向短甲带指示图

7.半圆盖状规则齿状几何纹路形短甲带

在秦俑一号坑出土的4件铠甲俑甲衣上可看到表面上模压齿状几何纹造型的短甲带（图七）。这种短甲带亦属于合股或合褶形短甲带，但其造型与前述不规则齿状交错形成的槽状排布不同的是，半球状表面模压的齿状几何纹路分布匀称、规则，似纺织品上常见的几何纺织纹样或编织结构。由此推测这类短甲带模拟的是某种窄带类纺织品。

迄今，只有在K9801发掘出土的石甲联结物为我们提供了与这类短甲带造型相参照的一条资料线索。K9801T2G1甲7上发现有丝织带残片，"这种丝织带与铜丝宽度相当，约0.3厘米，布纹为斜纹，非常细密。丝带残状为白色，厚约0.1厘米，从甲片未穿铜丝的圆孔中穿过"。[37] 参与发掘者还认为T2G2甲6上的细绳似呈圆筒空心状，应为编织物。这些描述都并非十分确凿，但从"斜纹"和空心绳状的特征判断，石甲上的纺织品类联结物确可能是编织结构，若果真如此，那石甲上的这些纺织品就极有可能为"组"类编织物。[38]

通过今后的实验考古学探索，结合文献资料，从古代纺织工艺的可操作性及其功能合理性方面应可进一步解读和复原作为秦代甲衣联结物的"组"编织物。[39]

8.短平条形短甲带

这个造型在秦俑甲衣上所见甚少，与扁平条形长甲带的长短、宽度存在差异，但均出现在同一件甲衣上，亦表现出的相同的造型特征，因此推测是模拟了皮条类的穿编材料。

另外，还有学者认为存在扣结状的短甲带造型[40]，但迄今并未发现此类

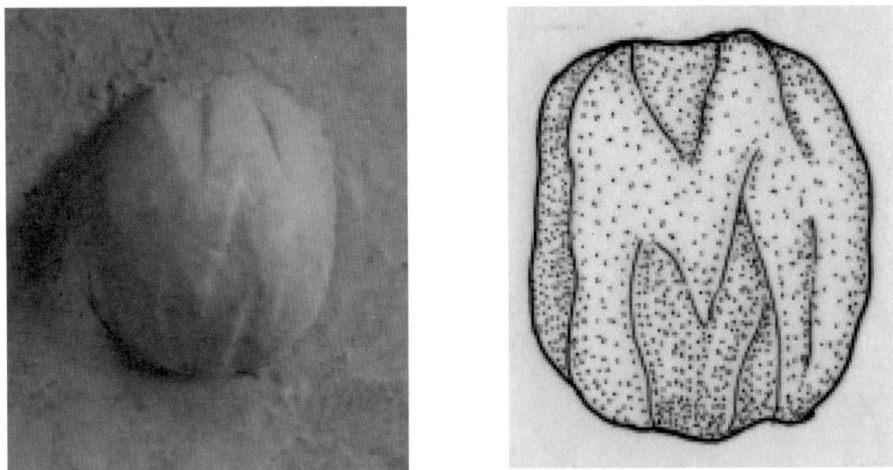

图七 陶俑甲衣主体甲片带织物纹样圆盖形短甲带造型示意图（绘图：刘群）

造型的迹象或相关记录，有待新的发现以相验证。

秦俑甲带造型的初步分析研究表明：秦俑甲带造型是对不同种类联结物实物的模拟，符合其产生的历史背景，这些联结物实物的材质、结构和工艺属性不同，包括了皮条、麻绳、麻皮、帛带、绦带之类，材质为皮、麻、丝，其中尤以丝、麻为重；出土实物中所见的用金属扣铆合联结的双层铠甲片，这些金属扣与秦俑铠甲上的半圆盖状短甲带形貌有相似之处，虽不排除秦俑甲衣或秦代甲衣上有表现此种连接方式的可能，但仅依靠秦俑资料还不能充分说明这一问题，还需要更多的考古实物资料来验证；可能还有一些甲带迹象并未受到关注，也有待确凿发现；甲带造型还反映出不同的联结物需与不同的甲片片形、孔眼大小、甲衣部位、功能相适应，同时也要顾及制作成本、效率、甲衣等级等一系列因素；秦俑甲带并非完全写实性的艺术化塑造，使其造型与甲衣实物有较大差异，通过秦俑甲带判断秦代甲衣实物特征存在一定程度的不确定性；秦俑甲带造型研究仍有待进一步深化。

三、总结

秦俑甲带专题研究具有非常深广、清晰的范畴，是对甲带多重属性的相关研究。

对秦俑甲带的造型研究，主要是结合实用性甲衣编连材料，对甲带类型进行了初步分析和探讨。研究表明秦俑甲带及其模拟的联结物实物都极大程度的符合其产生的社会、历史和工艺背景，但甲带研究在甲衣实物研究方面也具有极大的局限性，甲带造型研究还有待进一步深化。

本文仅仅是对秦俑甲衣"甲带"迹象做了些"形而下"的工作。在今后的工作中仍会对其进行更加细致地观察、记录和思考。在此基础上，甲带研究探索将向深远拓展。

本文属秦陵博物院资助的"秦俑服饰研究"课题阶段性成果。

注释：

[1]袁仲一：《秦始皇陵兵马俑研究》，文物出版社，1990年，第242页。"中段和下段的每片甲片上都有'V'形的联甲带和甲丁状的甲组遗痕。……甲片上有组带联缀后显露在外面的针脚纹，状似甲丁；上下排甲片之间用双行朱红色带连缀，以增强下旅活动甲片的拉力。"

[2]秦始皇兵马俑博物馆：《秦始皇帝陵兵马俑辞典》，文汇出版社，1994年，第162页"联甲带"词条。

[3]张卫星、马宇：《秦甲胄研究》，陕西人民出版社，2004年，第331—332页。

[4]王学理：《秦俑专题研究》，三秦出版社，1994年，第512页"札叶连缀的绦带露头为小钉豆"，第524页又提出"(三号坑侍卫甲俑)铠甲赭色，表明它是铁质的札叶，以钉铆合，腰腹间用皮革的'络组'穿连以利伸缩"的"铆钉"和"络组"概念。

[5]普遍认识是：甲带的串穿保证了甲片间上下、左右的连结；一个短甲带大多数情况下对应着甲片上成对的两个穿孔(孔眼)；甲带的方向应即是孔眼的排列方向；联结物实物可能包括丝绳、皮、铜条等。以专题形式进行研究的集大成者是张卫星、马宇的《秦甲胄研究》。

[6]对于规范化和标准化的定义参考："标准化管理更多的是强调把为达成组织目标的行为过程以具体的标准加以界定，并用所界定的行为过程标准来约束管理者和被管理者双方的行为，其内涵接近制度化管理。规范化管理除了强调要贯彻体现一套完整的价值观念体系，使所制定的目标和行为标准不再是孤立的支离破碎的制度规范之外，重点强调的是，对管理行为和标准进行统一必须建立在科学的人性理论基础上，要求在一个完整的体系上，来实施被管理者具有一定价值选择自由的管理。它不是简单地对企业组织运行的活动和过程制定具体的行为标准。"

[7]陕西省考古研究所、始皇陵秦俑坑考古发掘队：《秦始皇陵兵马俑坑一号坑发掘报告》(1974—1984)，文物出版社，1988年，第183页。

[8]袁仲一：《秦始皇陵兵马俑研究》，文物出版社，1990年，第339—341页。

[9]刘占成：《秦俑制作标准化浅述》，《文博》1992年第3期。刘占成：《原大秦俑制作的考察与研究》，《考古与文物》1997年第5期。

[10]杨泓：《中国古兵器论丛》(增订本)，文物出版社，1985年，第241页。

[11]湖北省博物馆、随县博物馆、中国社会科学院考古研究所技术室：《湖北随县擂鼓墩一号墓皮甲胄的清理和复原》，《考古》1979年第6期。白荣金、钟少异：《湖北省随州市曾侯乙墓战国皮甲胄复原》，《中国传统工艺全集·甲胄复原》，大象出版社，2008年，第55页。

[12]荆州地区博物馆：《湖北江陵藤店一号墓发掘简报》，《文物》1973年第9期。

[13]白荣金、钟少异：《河北省易县战国铁胄复原》，《中国传统工艺全集·甲胄复原》，大象出版社，2008年，第127页。

[14]白荣金：《西汉齐王铁甲胄的复原》，《考古》1987年第11期。白荣金、钟少异：《山东省淄博市西汉齐王墓铁甲胄复原》，《中国传统工艺全集·甲胄复原》，大象出版社，2008年，第134页。

[15]白荣金：《西安北郊汉墓出土铁甲胄的复原》，《考古》1998年第3期。白荣金、钟少异：《陕西省西安市北郊汉墓出土铁甲胄复原》，《中国传统工艺全集·甲胄复原》，大象出版社，2008年，第151—155页。

[16]白荣金：《广州西汉南越王墓出土铁铠甲的复原》，《考古》1987年第9期。白荣金、钟少异：《广东省广州市西汉南越王墓铁甲复原》，《中国传统工艺全集·甲胄复原》，大象出版社，2008年。

[17]中国社会科学院考古研究所技术室：《铁铠甲的复原》，《满城汉墓发掘报告》附录二，文物出版社，1980年，第360页。白荣金、钟少异：《河北省满城汉墓铁甲复原》，《中国传统工艺全集·甲胄复原》，大象出版社，2008年。

[18]葛明宇、邱永生、白荣金：《徐州狮子山西汉楚王陵出土铁甲胄的清理与复原研究》，《考古学报》2008年第1期。白荣金、钟少异：《江苏省徐州市西汉楚王陵铁甲胄清理与复原》，《中国传统工艺全集·甲胄复原》，大象出版社，2008年。

[19]中国社会科学院考古研究所汉城工作队：《汉长安城武库遗址发掘的初步收获》，《考古》1978年第4期。白荣金、钟少异：《陕西省西安市长安武库西汉残甲复原》，《中国传统工艺全集·甲胄复原》，大象出版社，2008年（此文简报曾于1995年7月在陕西长安县以论文形式在全国第四次科技考古学术会议上宣读，2005年11月由文物出版社出版。中国社会科学院考古研究所《西汉长安城武库》报告中的附录，收入本书时有省略和补充）。

[20]吉林省文物工作队、中国社会科学院考古研究所技术室：《铁甲胄的复原》，《榆树老河深》，文物出版社，1987年，第135。白荣金、钟少异：《吉林省榆树县老河深出土汉代铁甲胄》，《中国传统工艺全集·甲胄复原》，大象出版社，2008年。

[21]张卫星、马宇：《秦甲胄研究》，陕西人民出版社，2004年，第367页。

[22]杨泓：《中国古兵器论丛（增订本）》，文物出版社，1985年10月，第19页；中国科学院考古研究所洛阳发掘队：《洛阳西郊汉墓发掘报告》，《考古学报》1963年第2期。

[23]杨泓：《中国古兵器论丛（增订本）》，文物出版社，1985年10月，第235页。

[24]湖南省博物馆等：《长沙楚墓》，文物出版社，2000年，第410页。

[25]湖南省博物馆等：《长沙楚墓》，文物出版社，2000年，第410—411页。

[26]陕西省考古研究所、秦始皇兵马俑博物馆：《秦始皇帝陵园考古报告》(1999)，科学出版社，2000年，第99—100页。

[27]陕西省考古研究院、秦始皇兵马俑博物馆：《秦始皇帝陵园考古报告》（2001—2003），文物出版社，2007年，第287页。

[28]杨伯峻：《春秋左传注》（修订本），中华书局，1990年，第925页。

[29]陈奇猷：《吕氏春秋校释》，学林出版社，1984年，第689页。

[30]睡虎地秦墓竹简整理小组：《睡虎地秦墓竹简》，文物出版社，1990年，第44页。

[31]具体研究可结合相关文献与文物研究成果：王亚蓉：《汉代的组及其工艺研究》，《北京考古集成》（11）附录十一，北京出版社，2000年，第380—385页。中国纺织品鉴定保护中心：《纺织品鉴定保护概论》，文物出版社，2002年。佚名：《对长沙马王堆汉墓出土纺织品的初步研究》，《上海纺织科技动态》1972年第8期。彭浩：《楚人的纺织与服饰》，湖北教育出版社，1995年。上海市纺织科学研究院文物研究组、上海市丝绸工业公司文物研究组：《长沙马王堆一号汉墓出土纺织品的研究》，文物出版社，1980年。赵丰：《马山一号楚墓所出绦带的织法及其技术渊源》，《考古》1989年第8期。赵丰：《中国丝绸艺术史》，文物出版社，2005年。赵丰：《纺织品考古新发现》，艺纱堂／服饰工作队（香港），2002年。赵丰：《王㐨与纺织考古——纪念王㐨先生逝世三周年》，艺纱堂／服饰工作队（香港），2001年。湖北省荆州地区博物馆：《江陵马山一号楚墓》，文物出版社，1985年。关于先秦秦汉时期具有装饰、系连功能的窄带类纺织产品工艺及其功能分析还可参考拙作：《秦陵出土甲衣资料和秦代甲衣编连问题的探索》（待刊）。

[32]张卫星、马宇：《秦甲胄研究》，陕西人民出版社，2004年。

[33]王煊：《秦陵出土甲衣资料和秦代甲衣编连问题的探索》（待刊）。

[34]张卫星、马宇：《秦甲胄研究》，陕西人民出版社，2004年，第132、159页。

[35]秦始皇兵马俑博物馆：《秦始皇帝陵》，文物出版社，2009年，第241页。

[36]秦始皇兵马俑博物馆：《秦始皇帝陵》，文物出版社，2009年。

[37]张卫星、马宇：《秦甲胄研究》，陕西人民出版社，2004年，第331页。

[38]笔者认为，可能为文献记载中的"纠"。

[39]王煊：《秦陵出土甲衣资料和秦代甲衣编连问题的探索》（待刊）。

[40]在与王继宁老师探讨时，他回忆并认为确实存在扣结状短甲带。聂新民先生也认为短甲带应为绳结，见其《秦俑铠甲的编缀及秦甲的初步研究》，《文博》1985年第1期。

（责任编辑：朱学文　陈　洪）

一号青铜马车之绥

（曹　玮　陕西师范大学）

内容提要　中国古代的马车，在车轼背面有二条上车用的绳索——绥，按古代文献记载，左边为良绥，或称作正绥，君王乘车攀援所用；右边为散绥，又称作副绥，御手和车右上车时所用。秦始皇帝陵西出土的一号车的具体情况，正如古代文献所记。
关 键 词　一号青铜马车　绥　良绥（正绥）　散绥（副绥）

在秦始皇帝陵西侧出土的一号青铜马车车轼背面正中，饰有两条供乘者蹬车时攀援的索带，古人称作"绥"。"左绥通长34.5厘米，上部粗壮的一段长14、宽1.3、厚0.9厘米，下边的分支及带尾通长21、股径0.8厘米；右绥通长37厘米，上部粗壮的一段长14、宽1.5、厚0.7厘米，下边的分支及带尾通长24、股宽1.5、厚0.5厘米。车轼距后轸34厘米，绥的长度略大于轼到后轸的距离，车下人正好抓以登车。"[1]（图一）在《秦始皇帝陵出土一号青铜马车》一书第138—140页，作者又详细地通过文字、线图和照片介绍

图一　一号青铜马车绥之位置图

了绥的形制和尺寸。但因篇幅的原因，没有进一步做分析和说明。本文就此点做以补充，如有谬误，敬请方家晒正。

古人坐车，非常讲究。坐车人的尊卑地位不同，坐的位置亦不同。《礼记·仲尼燕居》记载孔子的一段话，云："目巧之室，则有奥阼，席则有上下，车则有左右，行则有随，立则有序，古之义也。室而无奥阼，则乱于堂室也，席而无上下，则乱于席上也；车而无左右，则乱于车也；行而无随，则乱于涂也。立而无序，则乱于位也。"这段话的意思是说精心设计的堂室，室中一定要有尊者居坐的奥和尊者站立的阼，座席也有尊卑的上下之分，坐车的位置尊卑位置左右不同；一起行走，尊先卑随；一起站立，应该有个秩序。室内没有尊卑之分，尊卑长幼的秩序混乱；席无尊卑上下之分，则居坐的秩序混乱；车的座位如无左右的尊卑之分，坐车的秩序混乱；行走如无前后的尊卑之分，行走的秩序混乱；站立如无秩序，则站立秩序混乱。无论是室、席、车、行、站立都要有尊卑之别。坐车的尊卑之分体现在左右不同。为君驾车之官员位于车中间，君上车后坐在车的左边，保卫君的官员车右位于右边。古人以左为上；又分阴阳，阳事或吉事以左为上，阴事或丧事以右为上。所以，君乘车坐于左边。《左传》哀公二年，"甲戌，将战，邮无恤御简子，卫太子为右。登铁上，望见郑师众，太子惧，自投于车下。子良授太子绥，而乘之，曰：'妇人也。'"简子，即赵简子，名鞅，春秋后期晋国的卿大夫。这个事件就是赵鞅帅晋师在戚败郑师、夺千车齐粟之战。战车之上，赵简子居左，邮无恤居中，卫太子为车右，三人的身份地位决定坐车的位置。

《礼记·曲礼》上有这样一段话，云："君车将驾，则仆执策立于马前；已驾，仆展軨效驾，奋衣由右上，取贰绥，跪乘，执策分辔，驱之五步而立。君出就车，则仆并辔授绥，左右攘辟，车驱而驺。至于大门，君抚仆之手，而顾命车右就车。门闾、沟渠必步。"意为：国君之车将要套马，御仆拿着马策站在马前。套好车，御仆抖动衣裳由右边上车，拉住右边登车索，跪在车上；手拿着马策和辔绳，向前驱车五步而停。意为试试车是否安好。贰绥，即副绥。孔颖达《正义》云："'取贰绥'者，二，副也；绥，登车索。绥有二，一是正绥，拟君之升，一是副绥，拟仆、右之升。故仆振衣毕，取副绥而升也。《诗》云：'淑旂绥章。'笺云：'绥，所引登车也。'"这里讲得很清楚，绥有二，即君登车用的是正绥，御手和车右登车用贰绥，即副绥。

即是说绥有二根，这和一号车的情况相符（图二）。这二根绥，左面的是正绥，又叫良绥（图三），是君使用的；右边的是副绥，又叫散绥（图四），是仆和车右使用的。《礼记·少仪》云："执君之乘车则坐。仆者右带剑，负良绥，申之面，拖诸幦，以散绥升，执辔然后步。"郑玄《注》："幦，复苓也。

良绥，君绥也。负之，由左肩上入右腋下，申之于前复苓上也。"唐孔颖达《正义》云："凡御则立，今守空车则坐。……仆，即御者也。……带剑之法在左，以右手抽之便也。……御人在中，君在左，若左带剑则妨于君，故右带也。……君由后升，仆者在车，背君，面向前，取君绥，由左腋下加左肩上，绕背入右

图二　一号青铜马车之绥（照片）

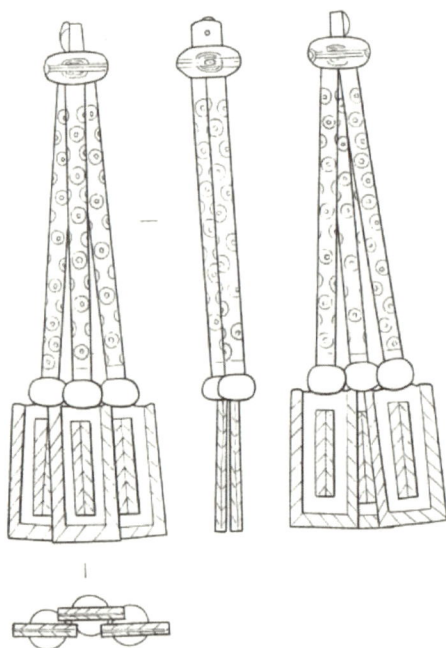

图三　一号青铜马车良绥（正绥）

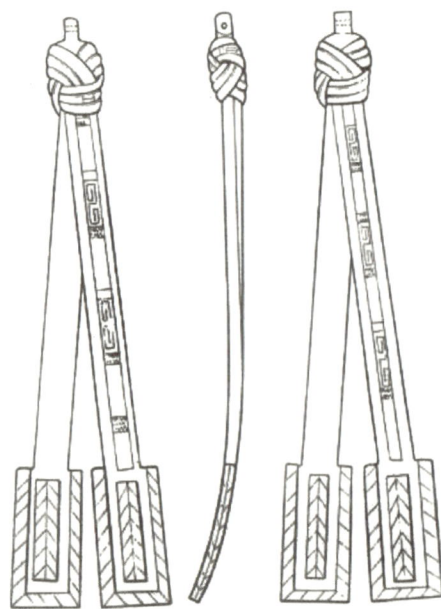

图四　一号青铜马车散绥（副绥）

腋下，申绥之末于面前。……拖，犹掷也，亦引也。……绥申于面前，而掷末于车前輢上也。……散绥，副绥也。仆登车既不得执君绥，故执副绥而升也。"这一段话的意思是：仆准备好马车，手执缰绳坐在车里等候君。仆佩剑置于右边，如果按平常佩剑于左边就会妨碍君。左边系着君使用的登车索——良绥，右边系着仆与车右使用的登车索——散绥。仆将良绥从自己的左腋下搭上左肩，绕过背后从右腋下伸到前面，搭在车前的复苓上。这样做，是在君升车时能使引力帮助君登车。御者登车，从车右边执散绥而上。然后执缰绳，让马车前行，如一切安好，再请君登车。从一号车出现的绥，并非那么长，可以从御者左腋下搭上左肩，再绕过背后从右腋下伸到前面。根据一号车的良绥和散绥都是下分三股，与文献记载稍有出入，可以推测这绥是秦时改变过的。

一号车的良绥和散绥上，都绘有彩绘。"两根绥的体形和表面彩绘均有所区别，左侧的一根呈柱体的圆条状，上段粗壮的单股条体上彩绘十字交叉的条带缠扎纹，下段三股细条上彩绘外圈为绿色中心为红色的涡形纹。右侧的一根呈三股条带合并、中间一股交叠凸起的扁圆形带状，上段粗壮的单股条体上的彩绘完全脱落，下段两股细带仅在一面的脊部用朱红色绘窃曲纹与锯齿组成的纹样。所有铲形带尾的正反两面，均以双勾线的方法，用白、蓝、绿相间绘线条分明的羽状纹。"[2]于绥上绘彩是古代的传统。《诗·大雅·韩奕》云："王锡韩侯，淑旂绥章。"从汉代开始，对"淑旂绥章"的解释，一直有着分歧。毛《传》云："淑，善也。交龙为旂。绥，大绥也。"以为绥章是绘有彩色图案的旗帜。大绥，即大旞，指田猎时所建之旌旗；《礼记·王制》："天子杀，则下大绥；诸侯杀，则下小绥。"郑玄《注》："绥，当为緌。緌，有虞氏之旌旗也。"与毛《传》解释不同的是郑玄，其《笺》云："善旂，旂之善色者也。'绥'，所引以登车，有采章也。"将"绥章"解释为绘有彩色图案的登车索。孔颖达《疏》将二者的观点并列，云："王于是锡赉韩侯以美善所画交龙之旂，而建旂之竿，其上又有大绥以为表章。"同时又说："又以绥章为车上所引之绥，有采章金厄为小环缠扼之，以此为异。余同。"我们以为郑玄所说为是，"绥章"即绘有彩色的登车索。从一号车的绥来看，良绥与散绥的彩绘是不同的，这或许是使用者身份不同的缘故。

注释：

[1]秦始皇帝陵博物院：《秦始皇帝陵出土一号青铜马车》，文物出版社，2012年，第95页。为方便起见，下述引文凡出本书者，即简称《一号马车》。

[2]秦始皇帝陵博物院：《秦始皇帝陵出土一号青铜马车》，文物出版社，2012年，第138页。

（责任编辑：陈　洪　史党社）

秦墓的壁龛殉人葬俗初论

（张天恩　陕西省考古研究院）

（煜　珧　西北大学文化遗产学院）

内容提要　观察早期秦文化考古新发现和以往春秋战国秦墓的发掘资料，可发现在墓葬的壁龛放置殉葬者是中下等贵族墓的最常见葬俗，出现的年代约为西周晚期偏早的礼县西山墓葬 M2003 等，较在二层台或墓道填土中殉人的大堡子山春秋早期秦公大墓为早，表明两者并行但未互相影响。本文分析认为，其可能是原居西犬丘的大骆一系秦人，受使用墓葬壁龛并以之殉人西戎，也就是寺洼文化的影响，最先采用了这类墓葬形式。秦庄公收复犬丘故地后的秦国中下级贵族因袭此俗，可能有节约空间及劳动成本的原因而被沿用到战国中期，直到秦献公颁布"止从死"令后而结束。但壁龛作为放置随葬品的设施，在秦墓中依然得到保留和推广，而且在西汉及以后被长期继承。

关键词　秦国　壁龛殉人　葬俗　讨论

秦墓殉人早为学界所熟知，其殉人的形式主要为放置二层台、壁龛和埋在填土中三类。而设壁龛放置殉人则是中小型贵族墓中数量最多的形式，已发掘 30 余座，约占发掘殉人墓的 80% 以上。这类墓分布于甘肃东部和陕西关中地区，年代约为西周晚期至战国中期，流行约五百多年。但长期几无研究者对这一葬俗进行讨论，关于其来源、使用者、流行情况等问题尚未涉及。笔者不揣浅陋，拟进行一些初步的分析，以抛砖引玉促进相关的研究。

一、秦壁龛殉人墓的有关发现

甘肃东部发现壁龛殉人的秦墓，始于 1993 年礼县大堡子山被盗墓葬的抢救清理。在对 9 座中小型春秋墓的清理中，考古人员见到少量墓葬在墓壁一侧掏挖壁龛安放殉人，[1] 但惜无正式发掘报告发表而难知其详。其后，在礼县圆

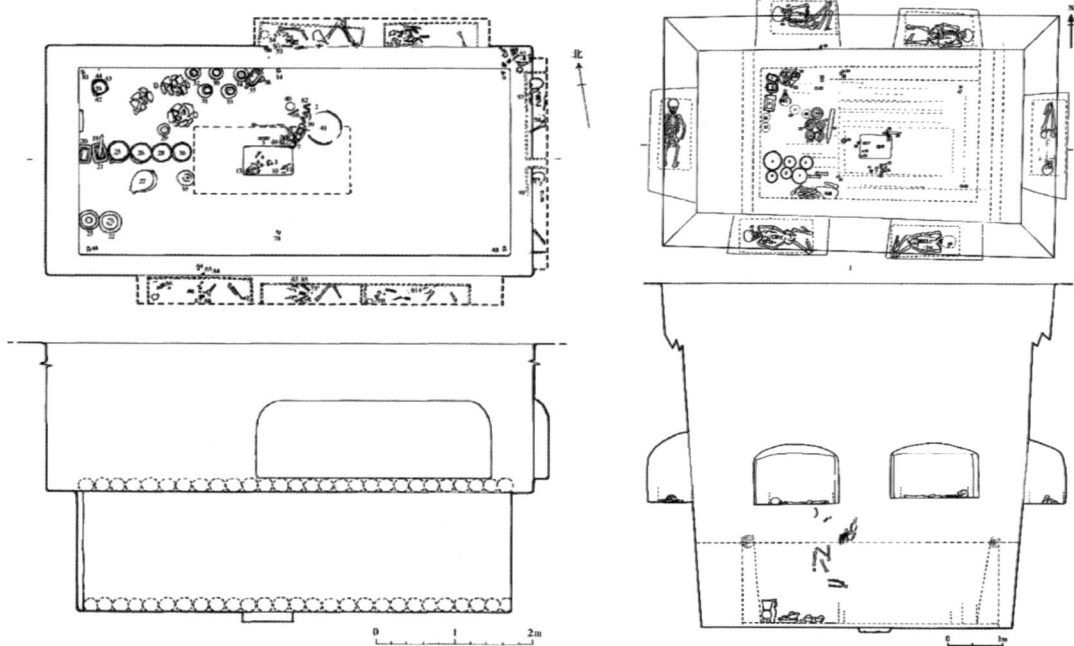

1.圆顶山 M2　　　　　　　　　　　　　2.孙家南头 M191

图一　秦壁龛殉人墓举例

（1.引自《甘肃礼县圆顶山 98LDM2、2000LDM4 春秋秦墓》，《文物》2005 年第 2 期图三。

2.引自《陕西凤翔府孙家南头春秋秦墓发掘简报》，《考古与文物》2013 年第 4 期图二）

顶子山墓地抢救发掘了 4 座春秋墓，除 M4 因严重盗掘并积水具体情况不明外，其余的 M2、M3 墓分别带 3 个壁龛，M1 有 1 个壁龛殉人[2]。

　　M2 属诸墓中最大者，东西长 6.25 米、南北宽 3.25 米、深 7 米。葬具为一棺一椁，墓底中间位置有一长方形腰坑，在距墓口 5.9 米的位置，墓壁的东、南、北三侧，分别设有一长方形壁龛，东、北龛各殉 2 人，南龛殉 3 人，殉人除一具骨架残朽不清外，其余均仰身屈肢（图一，1）。该墓随葬品丰富，殉人分别也有小木棺及玉、石小饰件。

　　早期秦文化考古项目开展后，2005 年在礼县西山遗址发掘到 3 座壁龛殉人墓[3]，编号为 M1027、M2002、M2003。3 座墓都是墓主头向西的长方形竖穴墓，墓壁有 1—3 个壁龛，大多在龛内殉人，只个别置随葬品。M2003 的一个龛内殉人旁还殉有 1 狗。后又在甘肃甘谷毛家坪遗址发掘了壁龛殉人墓 3 座[4]，到目前为止，甘肃发现的此类墓葬数已有 10 余座，几乎在已发掘的西周晚期至春秋中期的秦人墓地内均有发现。

　　不过，秦的壁龛殉人墓在陕西的发现实际还要早一些，1976 年发掘的凤翔八旗屯墓地，就发现了 8 座墓有壁龛殉人。墓内的壁龛数不等，少者 1 个，多者 5 个。介绍的两座墓的墓主均为直肢葬，头向西，殉人均为屈肢葬。[5] 还有凤翔西村、高庄等也有少量发现。近年，凤翔孙家南头墓地发掘中，又发现壁龛殉人墓的 3 座。[6] 墓内殉人的壁龛数量不一，M126、M191 在墓壁的四周共设壁龛 6 个，各殉 1 人（图一，2）。M161 只有 1 个壁龛殉人，特殊之处在于墓主也是屈肢葬，这比较少见。

据以上考古资料可知，秦人的壁龛殉人墓均属于东西向的土圹竖穴墓，绝大多数墓主是仰身直肢葬，屈肢葬者少见，头向几乎都向西，但有个别朝东，带有腰坑并殉狗较为普遍，在二层台以上的墓壁一侧、两侧，甚至三或四侧，设置壁龛 1—6 个不等。这些壁龛多数用来放置殉人，仅个别放随葬品或呈空置的状态。这些墓葬龛内的殉人基本为屈肢葬，但有少数作直肢者。此类墓的规模相对偏大，墓室面积都在 3 平方米以上，最大的圆顶山 M2 的墓室可达 20 多平方米[7]。在已发掘的数百座早期秦墓中，大多数属于中型墓，少数为小型偏大的墓葬。中型墓葬中普遍有成套的鼎、簋、盘、壶等青铜礼器，玉石器及陶器等随葬品，小墓也会随葬鬲、盆、罐、豆等陶器组合及小件的玉器等。按照这类墓葬的形制规格、殉人特征和随葬品丰富等情况来看，多数墓主应具有秦国的中等或偏高级贵族的身份，少数应为低级贵族或可能是平民中的富有之人。属西周晚期及春秋早期者较少，春秋中期或略晚最多，战国早中期减少，战国晚期未见。

二、壁龛殉人墓最初使用者的属性分析

尽管秦墓的葬俗比较复杂，但学界普遍相信头向朝西的东西向墓、墓主仰身直肢葬、多带腰坑或殉狗，以及有殉人的墓葬应属于嬴秦贵族墓的特点。早年，我们曾据资料将甘肃东部的西周墓葬分为大堡子山、西河滩和毛家坪三个类型，并认为具有上述特征的属于大堡子山类型，径直展示的是嬴秦公室贵族的葬制形式[8]。若以这些条件而论，壁龛殉人墓葬的主人基本可归为嬴姓的秦国公族之列，当然一部分墓主为屈肢葬者还需另当别论。

然而，在墓内设壁龛以殉人的形式，却与确信为秦公大墓的大堡子山 M2、M3 有着明显的不同。这两座秦公墓虽均遭严重盗掘，但形制特征尚比较清楚，殉人是置于二层台上或墓道填土之中，并没有见到壁龛的任何痕迹。介绍得详细的 M2 为"中"字形大墓，东西向，全长 88 米，有东西两条墓道，各种迹象清楚。墓室呈斗状，长 6.8—12.1 米、宽 5—11.7 米、深 15.1 米。墓室设有二层台，其东、北、南三面二层台上殉葬 7 人，均为直肢葬，都有葬具（有的还是漆棺），多随身葬有小件玉饰。墓主尸骸虽已朽，但发掘报告据朽痕观察认为葬式为仰身直肢，头向西。葬具为木椁和漆棺，均朽。墓室底部中央设腰

坑，内置殉犬 1 只、玉琮 1 件。西墓道长 38.2 米、宽 4.5—5.5 米，总体呈斜坡状。在深 1.25 米的层面填土中埋葬 12 个殉人，均为屈肢葬，头向朝东或朝西。有 3 个殉人各随葬玉玦 1 件。填土中还有殉犬 1 只。东墓道呈斜坡状，长37.9 米、宽 6 米，最深 11 米[9]。墓内殉葬者多达 19 人，根本未见一个壁龛。即使更晚一些的雍城南郊秦公一号大墓，殉人数达到 166 个，另在填土中埋有人骨 20 具[10]，依然未见到壁龛。由此可见，秦国最高等级贵族的墓葬，并不使用壁龛殉人这一形式。

　　一般而言，普通贵族墓应该效仿高等级贵族的埋葬形式，并保持一致性才较合理，但我们所看到的却明显不同。对比有关资料可知，两者除了有无壁龛的差异之外，其他各项内容都相当一致。而且还可发现有或无壁龛的殉人墓会出现在同一墓地，大堡子山就是两者并存的典型例子。年代相距也较近，似乎还不便用发展变化去解释。

　　墓葬出土文物表明，西山 M2003 等 3 座墓[11]应为现知最早的壁龛殉人秦墓。各墓出土的陶器组合为鬲、豆、盆、罐几类，属西周墓葬习见，形制都是西周晚期的典型形式，年代为西周晚期比较清楚。但鬲的体形及裆部普遍偏高，盆的折肩部位尚不显著等特征，又都具有略偏早的风格。M2003 还出有 3 鼎 2簋等青铜器。3 鼎的形制各不相同（图二，1—3），1 件垂腹柱足鼎 M2003:17的形制特征，则与沣西张家坡 M320:3（图二，6）等西周中期鼎相近，应为早

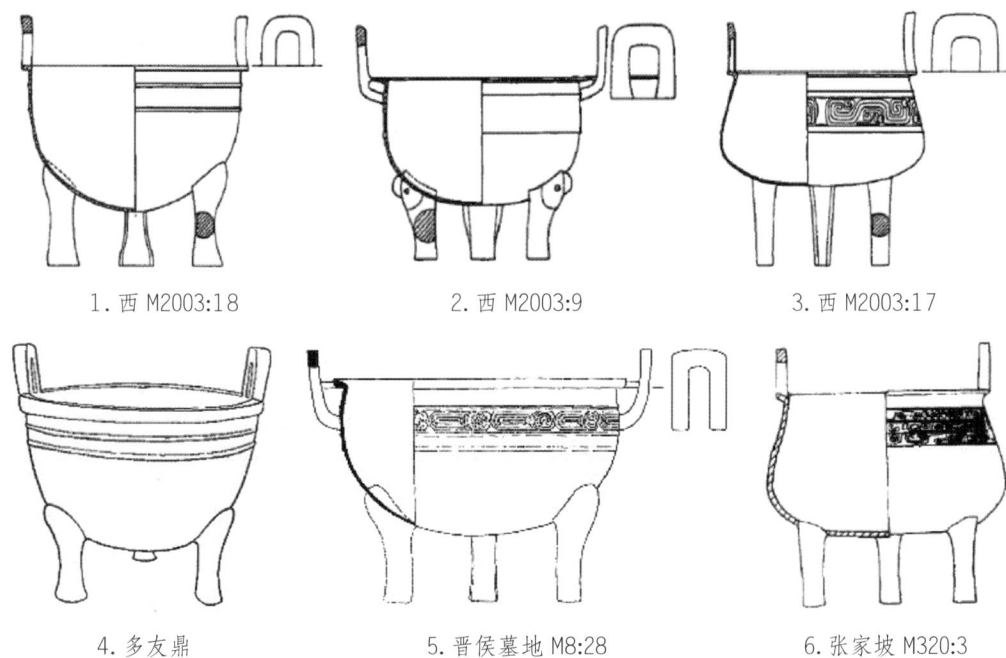

1. 西 M2003:18　　　　　　2. 西 M2003:9　　　　　　3. 西 M2003:17

4. 多友鼎　　　　　　5. 晋侯墓地 M8:28　　　　　　6. 张家坡 M320:3

图二　西山壁龛墓 M2003 出土铜鼎年代比较

于墓葬之物。余两件为圆底蹄足鼎均为半球形腹，口较直，为西周圆底球腹鼎较早的特点，与厉王时期的典型器师同鼎、多友鼎（图二，4）等相似。其中的附耳鼎M2003:9腹部较深，与晋侯墓地M8:28附耳鼎（图二，5）等相比，年代明显应早一些。M28被认为是宣王早期的晋献侯墓，[12] 早于该墓的西山M2003等显然应相当于厉王时期。两件簋的形制相同应属一组，为西周中晚期都常见的带盖瓦棱纹敛口双耳簋，沿下及颈部饰重环纹表明其已进入西周晚期，与鼎及陶器反映的年代较一致。

总体而言，似可将这些墓葬判断为西周晚期偏早阶段，M2003也成为目前所知年代最早、级别最高的秦人铜器墓。晚于这几座墓的是大堡子山大墓及少量中小墓，年代相当于春秋早期，然后为圆顶山、毛家坪和孙家南头等墓地的相关墓葬，年代约为春秋中期或略晚，更晚者则有凤翔高庄 [13]、西村等 [14] 战国早期和中期墓葬。据此可说明，更早的墓葬未曾影响到大墓的葬制，而较晚的墓也没有受到大墓的影响，两者显然有并行不悖、同时发展的趋势，这还可从大堡子山也有个别壁龛殉人墓的现象得到印证。既然大堡子山的壁龛殉人墓的年代较晚，又与同墓地的秦公墓不同，当然应是受到西山墓地殉人处置形式影响。

前述西山诸墓的时代可能要早于宣王之初，那么M2003等墓埋葬的时间，就不大可能晚到秦庄公伐戎成功复居犬丘故地之后。《史记·秦本纪》曰："周宣王即位，乃以秦仲为大夫，诛西戎。西戎杀秦仲。秦仲立二十三年，死于戎。"宣王即位之年，《索隐》引徐广曰为"秦仲之十八年"。秦仲之死则为宣王第六年，其后才有宣王与兵七千让庄公兄弟伐戎，复得其故地西犬丘之事。可知今礼县一带的西汉水上游地区，在周宣王七年以前尚处西戎的控制之下。

M2003等既早于此，其墓主当不应是非子、秦仲一系的人。因为非子这一支曾在较长时间内居于孝王所封之秦邑，学界认为可能在甘肃清水一带。[15] 故西山墓所代表的应为另一支赢秦之人，即非子的兄弟，也就是其父大骆的另一儿子"成"的后裔。《史记·秦本纪》说："非子居犬丘，好马及畜，善养息之。犬丘人言之周孝王，孝王召使主马于汧渭之间。"非子因养马有功获周孝王赏识，曾打算将他立为其父大骆的"适嗣"，即法定继承人，但大骆已立成为适嗣在先。《秦本纪》还记载了成是王室大臣申侯的外孙这层关系，故当周孝王提出立非子为适嗣的设想时，申侯则表达了不同的意见。出于对两者利益的关照，周孝王便封非子为附庸，"邑之秦，使复续赢氏祀，号曰秦赢。亦不废申侯之女子为骆适者，以和西戎"。孝王这一两全其美的安排，遂使本处西垂的秦人开始分居两地，历时约五六十年。而这一安排还有一个意外的后果，即避免了在"秦仲立三年，周厉王无道，诸侯或叛之。西戎反王室，灭犬丘大骆之族"灾难中巢覆卵破的悲剧发生，为嬴秦幸存一脉。至此，就可认为西山壁龛墓的使用者，当为早期居于犬丘的那一部分秦人，即大骆适嗣成一系之后裔。

这一支嬴秦之人虽曾有过灭族之祸，但必会有一部分人因种种原因而生存下来，他们自然会将当地壁龛殉人的习俗保留下来，并传播到庄公恢复统治后的同宗之中，这就是较晚阶段大堡子山也出现类似墓葬的原因。

三、秦壁龛殉人墓来源探索

考古调查资料已经说明，周秦文化与寺洼文化在西汉水上游地区分布，呈现相互对峙并略有交叠的格局。据文献的记载分析，后者代表的应是曾与秦人发生过许多纠葛的西戎文化[16]，真实地反映出当年大骆、成这一支秦人所面临的较差的生存环境。据知 M2003 墓主头骨上保留了一支铜镞，怀疑其可能是致墓主身亡的主因。这似乎不能不让人联想到"西戎反王室"的历史，以及这支秦人在西戎环恃之下的窘迫状况。

与中原商文化关系紧密的早期秦人，墓葬出现殉人当然并不奇怪，如秦公墓就是例子，但把殉人置于壁龛毕竟不是东方文化的传统。长期居于西犬丘的这支嬴秦之民，出现这一特殊埋葬习俗，显然要考虑他们所处的具体环境。我们知道，陕甘地区商周时期的刘家、先周等文化的墓葬中都有设置壁龛现象，但均未见殉人。而与这一支秦人邻处西汉水上游地区的寺洼文化，墓葬带壁龛较为普遍，并属源远流长的重要习俗之一。特别是近年甘肃临潭磨沟发现了大量带壁龛的墓葬，虽以齐家文化晚期墓为主，但有相当一部分已属寺洼文化早期。这些壁龛有的放置随葬品，有些则用来安放人骨，因非一次埋葬故被称为偏室，[17]但从形式上而言也属于壁龛埋人。早年，甘肃庄浪徐家碾发掘了 100 多座寺洼文化墓葬，[18]年代约为西周或略早，带壁龛的墓葬也较常见，部分墓葬的壁龛就是用来殉人的（图三，1）。

目前在礼县尚未发掘出寺洼文化墓葬，依据徐家碾等地的相关信息，以后在此区发现壁龛殉人的寺洼墓当不难想象。居于西汉水上游的早期秦人长期处于边陲之地，朝夕与以寺洼文化为特征的西戎为邻，在交往之中难免受到一些影响，因此壁龛殉人墓最先见于礼县也就不足为奇。换句话说，长期居于西垂的这一部分早期秦人使用壁龛殉人墓，应当就是受西戎民俗侵染的结果。

有关大堡子山秦公墓墓主有过许多讨论，现主要集中在襄、文、静三公。但无论是哪两位，都是来自秦邑的非子后嗣，这是比较清楚的。此则提示我们，殉人不用壁龛可能是清水一系秦人墓葬的特征，与礼县同族出现的差异，与自身所处的区域文化环境可能有关。牛头河流域的考古调查显示，在可确认的 31

1.徐家碾 M70 壁龛　　　　　　　　2.孙家南头 M161

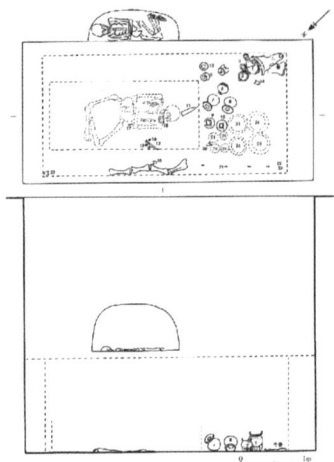

图三　寺洼文化和孙家南头壁龛殉人墓

（1.引自《甘肃庄浪县徐家碾寺洼文化墓葬发掘纪要》，《考古》1982 年第 6 期图版五。
2.引自《陕西凤翔府孙家南头春秋秦墓发掘简报》，《考古与文物》2013 年第 4 期图十七）

处周代遗址中，未发现 1 处属于寺洼文化，甚至未采集到寺洼文化的陶片。[19]
这与西汉水上游两类考古学文化并存状况，形成了截然不同的文化景观，恰恰
说明牛头河流域属于相对单纯的中原体系的周文化范畴。居此的秦人接触西戎
文化的概率较少，受到的影响也就有限，故墓葬更多地保留了自晚商以来的基
本特征。

　　此外，墓内构建殉人的壁龛，可能还存在省工的优点，遂被包括来自清水
等地的更多秦人学习和采用。因为在墓壁掏挖出所需空间的龛洞，不像二层台
殉人需要一定的宽度，以致扩修墓室而增加时间和人工的耗费。从有关墓葬资
料观察，西山、圆顶山等多处壁龛墓的墓室二层台都显得偏窄，确存在放置殉
人葬具空间不足的问题。因此，这种节约墓室空间和营建成本的壁龛殉人形式，
就为需要者所效仿。进入春秋后似已成为一时的风尚，目前所见春秋中期秦国
贵族的殉人墓多采此形式，人员当然已不限于西汉水上游的西犬丘人群的后裔。
甚至一些并非嬴秦公族的、来源不同的秦贵族墓内也设置壁龛并也在龛内殉人。
如大堡子山 IM25 为春秋中期，墓主为屈肢葬式，随葬有 3 鼎、簠、盒及短剑
等青铜器，墓壁一侧的龛内存有动物骨骼，[20] 而孙家南头 M161 则置 1 壁龛殉
人（图三，2）。另外，还有少量墓葬在生土或熟土二层台挖坑放置殉人[21]，
而非直接将殉人的木棺类葬具平置台面，可能也是受到壁龛殉人葬的影响，所
采取的特殊形式。

四、结语

本文的讨论说明，秦墓设置壁龛殉人葬俗最先见于甘肃礼县，其出现时间最晚应在西周晚期的偏早阶段。但其并不是秦文化的固有习俗，而是居于西汉水上游地区犬丘故地的秦人，长期与以寺洼文化为代表的西戎比邻，受当地葬俗传统影响的结果。后随着秦庄公伐戎获胜，重新据有其故地西犬丘，来自秦邑地区的部分嬴秦贵族也采用了这一葬俗，到春秋中期则更广泛地流行于中小贵族墓葬之中。一些屈肢葬墓主也设置壁龛殉人，说明非嬴秦公族出身的贵族墓葬，也效仿了这一埋葬形式。随着秦人的东进，壁龛殉人墓葬的范围也迅速扩大，由甘肃东部扩散到关中地区。

直到战国中期之前，此类墓在秦国依然存在，只是数量似有所减少。这可能又与洞室墓在秦国的兴起有关，许多墓葬的壁龛已移入洞室之内，但龛内放置的多是随葬品，殉人的案例未曾见到。究其原因，应是得益于秦"献公元年，止从死"政令的发布，秦的殉人葬俗被彻底放弃，壁龛殉人墓也自然地走入了历史。这从战国晚期的神禾原"亚"字形大墓未见一个殉人[22]的事实，也可得到映证，但壁龛作为放置随葬品的设施，在秦墓中依然得到保留并推广，而且在西汉和以后被长期继承。

注释：

[1]戴春阳：《礼县大堡子山秦公墓地及有关问题》，《文物》2000年第5期。

[2]甘肃省文物考古研究所、礼县博物馆：《礼县圆顶山春秋秦墓》，《文物》2002年第2期；《甘肃礼县圆顶山98LDM2、2000LDM4春秋秦墓》，《文物》2005年第2期。后文涉及圆顶山资料，不再注明。

[3]赵丛苍、王志友、侯红伟：《甘肃礼县西山遗址发掘取得重要收获》，《中国文物报》2008年4月4日。王志友：《西汉水上游早期秦文化分期及相关问题》，2014年陕西师范大学博士后研究工作报告，2014年9月打印稿。

[4]早期秦文化联合考古队2012—2014年毛家坪发掘资料，待刊。

[5]吴镇烽、尚志儒：《陕西凤翔八旗屯秦国墓葬发掘简报》，《文物资料丛刊》（3），文物出版社，1980年，第67—85页。

[6]陕西省考古研究院、宝鸡市考古工作队、凤翔县博物馆：《陕西凤翔孙家南头春秋秦墓发掘简报》，《考古与文物》2013年第4期。

[7]甘肃省文物考古研究所、礼县博物馆：《甘肃礼县圆顶山98LDM2、2000LDM4春秋秦墓》，《文物》2005年第2期。

[8]张天恩：《早期秦文化特征形成的初步考察》，《周秦文化研究论集》，科学出版社，2009年。

[9]戴春阳：《礼县大堡子山秦公墓地及有关问题》，《文物》2000年第5期。

[10]韩伟、焦南峰：《秦都雍城考古发掘研究综述》，《考古与文物》1988年第5期。

[11]王志友：《西汉水上游早期秦文化分期及相关问题》，2014年陕西师范大学博士后研究工作报告，2014年9月打印稿。

[12]北京大学考古学系、山西省考古研究所：《天马——曲村遗址北赵晋侯墓地第五次发掘》，《文物》1995年第7期。笔者按《史记·晋世家》载周宣王四年，晋"献侯籍（苏）立，献侯十一年卒，子穆侯费王立"，是知献侯死于宣王十五年。

[13]吴镇烽、尚志儒：《陕西凤翔高庄秦墓地发掘简报》，《考古与文物》1981年第1期。

[14]李自智、尚志儒：《陕西凤翔西村战国秦墓发掘简报》，《考古与文物》1986年第1期。咸阳市博物馆：《咸阳任家嘴殉人秦墓清理简报》，《考古与文物》1986年第6期。

[15]梁云：《非子封邑的考古学探索》，《中国历史文物》2010年第3期。

[16]早期秦文化联合考古队：《西汉水上游周代遗址考古调查简报》，《考古与文物》2004年6期。张天恩：《甘肃礼县秦文化调查的一些认识》，《考古与文物》2004年第6期。

[17]甘肃省文物考古研究所、西北大学文化遗产与考古学研究中心：《甘肃临潭磨沟齐家文化墓地发掘简报》，《文物》2009年第10期。

[18]中国社会科学院考古研究所泾渭工作队：《甘肃庄浪县徐家碾寺洼文化墓葬发掘纪要》，《考古》1982年第6期。

[19]梁云：《非子封邑的考古学探索》，《中国历史文物》2010年第3期。

[20]早期秦文化联合考古队：《2006年甘肃礼县大堡子山东周墓葬发掘简报》，《文物》2008年第11期。

[21]陕西省考古研究院、宝鸡市考古队、凤翔县博物馆：《陕西凤翔孙家南头春秋秦墓发掘简报》，《考古与文物》2013年第4期。见M160。

[22]陕西省考古研究院2004—2007年发掘资料，待刊。

（责任编辑：朱学文　陈　洪）

甘肃礼县大堡子山秦公墓出土金饰片的功用及相关问题

（周银霞　甘肃省委党校）

（李永平　甘肃省博物馆）

内容提要　甘肃礼县大堡子山秦先公墓出土金饰片数量较多，分藏国内外收藏机构和个人藏家，形状有多种。关于这些金饰片的功用有士卒铠甲、马胄、葬具装饰等观点，都有考古学资料佐证。

关 键 词　大堡子山　秦先公墓　铠甲　马胄　葬具

2015 年，经过中法两国磋商，法方将原藏于法国国立吉美亚洲艺术博物馆的全部 32 件大堡子山流失金饰片返还中国，这是中国流失文物追索返还工作取得的重要成果，国家文物局研究决定划归甘肃省博物馆永久收藏。在此之后，法国收藏家克里斯蒂安·戴迪安再次向中国返还 24 件甘肃礼县大堡子山秦公墓地出土金饰片。

一、已发现金饰片资料的广布和综述

早在 20 世纪 90 年代，中国考古工作者就在欧洲发现了一批金饰片，其中就有克里斯蒂安·戴迪安的收藏品。[1] 经韩伟先生介绍，这批金饰片的基本特征和状况如下：

鸥鹗形金饰片 8 件。分为 2 型，Ⅰ 型，高 52 厘米、宽 32 厘米。鸥鹗以金箔剪裁而成。钩喙、环目、长尾、屈爪，通身饰变形窃曲纹以为翎毛，使得鸥鹗形象异常富丽。2 件鸥鹗形金饰片周边有双眼钉孔等距离地分布在喙、首、项、背、尾、爪、腹各部位。Ⅱ 型，高 52 厘米、宽 32 厘米。鸥鹗以金箔剪裁而成。钩咏、环目、长尾、屈爪，通身亦饰变形窃曲纹，但在每只鸥身之窃曲纹余白中，刻出 10 个形状各异的镂孔。这些镂孔当日是否有镶嵌物已不得而知了。在喙、首、背、尾、爪、腹等部位，有 9 处双眼钉孔。8 件鸥鹗形金饰片，正面打磨黄亮，背面未经打磨，故色暗发涩。

金虎，2件。通长41厘米、高16厘米、腹宽3—4厘米。行虎回首，阔鼻上卷，鼻孔圆小，双睛圆凸，竖耳直尾，身体硕长，双腿卷曲，双爪如钩。通身以金箔包裹木芯，以10段不同形状的金箔片互相铆钉，套接组成金虎。全身还以朱砂描绘出"＜＜＜＜＜"形平行纹表示虎毛，造型生动，手法简练。

口唇纹鳞形金饰片26件，可分3型。

Ⅰ型20件，通高7.5—7.8厘米、宽3.8厘米。长方形鳞片下端有菱弧线。上端两侧有钉孔，或各一孔，或各二孔，说明这类鳞形金饰片当日只固定上端，形成垂鳞状态。片饰之两侧及下端有边缘轮廓线。片饰中心上下各有口唇形纹饰各一，双线勾勒，唇线清晰，极富装饰效果。

Ⅱ型3件，通高12—12.2厘米、宽7.5—7.6厘米。形状、纹饰与Ⅰ型相同。但其高、宽度均超出Ⅰ型一倍左右，说明与Ⅰ型使用的部位有所不同。

Ⅲ型3件，通高12—12.2厘米、宽7.8—8.8厘米。形状、纹饰与Ⅰ、Ⅱ型相同，使用部位相异。两唇之间的闭合线较Ⅰ、Ⅱ型明显。

云纹圭形金饰片4件。通高14.21—14.8厘米、上宽8.6—9厘米、下宽7.8—8.2厘米。金饰片呈倒置的圭状，下端为圭首，上端略呈梯形。在隐约可辨的轮廓线内，饰相背的简化云纹上下两组。构图明快，手法简洁，此类饰片未见钉孔。

兽面纹盾形金饰片2件。通高20.3厘米、上领宽10.2厘米、肩宽18.5厘米、下摆宽8.3厘米。削肩，两侧斜收向下，形状似盾。器面上下饰变形兽面纹。领、肩、腹、摆部位之左右，各有钉孔一。从锈痕判断，当时以铜钉固定。

目云纹窃曲形金饰片2件。通高11.3厘米、宽10—10.3厘米。外形似窃曲，首尾凸出于饰片的左上与右下，饰片中心有椭方形眼目一只，左右窃曲环绕，组成目云纹饰，首尾各有钉孔一枚。

这批金箔饰片上，未发现文字，因此将金箔纹饰与已知有明确时代的青铜器花纹进行类比，则是判断金箔饰片时代的重要依据。

法国归还国家文物局、由甘肃省博物馆收藏的金饰片，除了金虎不见外，其他金饰片的形制与韩伟先生所介绍的相同。除以上两批金饰片外，国内各文博机构收藏的疑出自大堡子山的这类金饰片还有：

甘肃省博物馆征集的金饰片。

甘肃省博物馆举办的"秦韵——大堡子山流失文物回归特展"中，除展出从法国回归收藏展出的金饰片外，还展出甘肃省博物馆征集于民间的金饰片20件左右。我们观察，这批金饰片的形制没有与韩伟先生介绍的金饰片形制、纹饰相异的。

甘肃省文物考古研究所在大堡子山的发掘中，有金饰片6件，其中5件为竖线纹鳞形金饰片，1件竖线纹折角形金饰片（图一）。分别出自1994年考古发掘自礼县大堡子山M2和M3。这批金饰片尽管数量不多，学术价值却非常高，为确证这类金饰片出自大堡子山提供了证据。竖线纹折角形金饰片在韩伟先生介绍的形制中没有，为讨论金饰片的功用提供了新材料。

2011年，全国政协委员郭炎先生将从境外征集的2件鸷鸟形

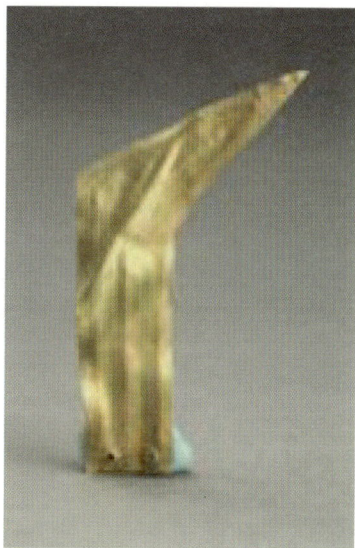

图一 甘肃省文物考古研究所发掘自礼县大堡子山M3的竖线纹折角形金饰片

金饰片和1组小型金饰片捐藏给国家。《中国文化报》的报道中写道：郭炎决定将其收藏的两件大堡子山鸷鸟形金饰片和1套大堡子山金铠甲片捐赠给国家，以此表达其爱国之心，支持祖国博物馆建设。据国家文物鉴定委员会有关专家介绍，这批金饰片应是流失海外的甘肃礼县大堡子山秦公墓葬被盗的文物，具有重要的历史、艺术和科学价值，是研究秦国早期历史乃至中华文明史的珍贵资料。[2]这批文物国家拨付给了中国国家博物馆，中国国家博物馆2015年9月举办的"近藏集萃——中国国家博物馆新入藏文物特展"展品中有介绍："鸱鸮形马胄饰（2件）：春秋早期。2011年郭焱捐赠。"

西安曲江艺术博物馆藏金饰片。这批金饰片，曲江艺术博物馆作为镇馆之宝，称之为金铠甲，距今约有2700年的历史，由21件口唇纹鳞形金饰片、2件云纹圭形金饰片、2件兽面纹盾形金饰片共25件制作精良的金甲片组成。出土于甘肃礼县大堡子山秦国墓葬群，后流落至法国，由该馆购得后回流到祖国。这是我国迄今已知相对完整的一套金质铠甲，也是吸收借鉴地中海、埃及、西亚文明黄金器皿制作技术的最早实物资料，它的出现具有重大的考古意义和历史价值。

据悉，甘肃礼县博物馆、陕西的个别博物馆也征集到了部分出自礼县大堡子山的金饰片，具体情况不详。

二、金饰片功用的几种观点

从以上综述介绍可以看出，这些金饰片的形状和纹饰均没有超过韩伟先生介绍的金饰片的范畴，但是对其具体功用，却存在不同的认识。总括起来，学术界对礼县大堡子山出土金饰片的功用有以下几种不同的看法：

士卒的铠甲。西安曲江艺术博物馆认为，金饰片是秦代文物。此件是迄今已知唯一的金质铠甲，由21件口唇纹鳞形金饰片、2件云纹圭形金饰片和2件兽面纹盾形金饰片组成，距今约2700年，推测其为秦仲公或秦庄襄王所有。由于黄金是非常稀有的贵金属，所以推测这副金铠甲可能是举行祭天朝会等礼仪活动的服饰。

马胄上的饰物。中国国家博物馆有学者认为：新入藏的来自大堡子山的鸱鸮两件，造型、纹样基本相同，以金箔剪切成鸱鸮形，通身捶揲出象征翎毛的变形窃曲纹，每件在喙、首、背、尾、腹、爪等部位分布有9对钉孔，应是马胄上的饰物，张家坡西周墓地M196和M198出土有类似尺寸的铜马胄饰。它们出自遭群体性盗掘的甘肃礼县大堡子山秦公大墓，盗出后被贩卖至欧洲，历经几次转手终于回到中国。这两件富丽堂皇的马胄饰制作精美，不仅具有很高的工艺价值，对认识和研究早期秦文化具有重要学术意义。[3]

葬具上的装饰。韩伟先生认为金饰片很可能是装饰秦仲、庄公之棺具。秦人祖先是传说的五帝之一颛顼的后裔女修。《史记·秦本纪》说："女修织，玄鸟陨卵，女修吞之，生子大业。"过去以为玄鸟者，小燕子或凤鸟，这与秦人之彪悍相去甚远。但如果是鸱鸮一类猛禽，则图腾意味浓烈。所以，在秦人氏族首领的棺具上，用鸱鸮为主要装饰是顺理成章之事。秦氏族与殷氏族的降生，都有类似传说。《史记·殷本纪》说："殷契母曰简狄，有娀氏之女，为帝喾次妃。三人行浴，见玄鸟堕其卵，简狄取吞之，因孕生契。"把自己与鸟卵联系在一起，说明秦殷都是派生于原属以鸟为图腾的氏族。所以，商殷有许多以鸱鸮形制作的器物，如妇好墓中的鸮尊，而鸟图腾是东方海滨民族普通信仰，环太平洋都有类似的习俗。所以，秦氏族源于东方，秦文化的源头在东方，从黄金鸱鸮形饰片上，又一次得到证实。此外，金饰片延展性很强，无力抵挡弓弩刀剑的穿刺，因此，可排除用作甲胄、盾牌的可能；车身上之辕、衡、舆各部，面积有限，也没有适合这些形状各异的金饰片固定之处，作为车饰可能性亦不大。从金饰片钉孔推测，所装饰之物应属木质。有的饰片仅上端有钉孔，固定时呈垂鳞状排列，说明被装饰之物属静态物体。[4] 祝中熹先生同意韩伟先生的观点：细审鸱鸮形与鳞形金饰片，认为均系秦公木椁上的大型金鸷形饰的组成部分，金鸷有可能成对组合，鸷首雄昂，长羽披拂。[5] 许卫红先生同意部分金饰片是葬具装饰物的观点。[6]

三、对金饰片功用几种观点的分析

（一）关于金饰片是士卒铠甲缕片

这种观点也是有考古学依据的。目前已经发现的金饰片，均是形状规则，或者是成序列，或者是至少有一对，并且周边都有透孔，应该原本是可以有序排列，或者对称使用的。大堡子山发现金饰片与考古发现的东周时期甲胄形式也有非常近似的吻合度。这个时期甲胄已全部过渡到札甲形式了，由札片编成的甲与商代时期整块皮革编成甲相比，具有明显的进步意义。甲片的形制上，东周时期的铠甲更为规范。甲片以长条形片、梯形片、横行片和角形片以及这些甲片的异形片为主，甲片的边缘穿有孔眼，有的甲片内部也有孔眼用特殊形式的编缀。在铠甲的形制上，基本上形成了上旅、下旅和袖甲三个主要部位，上旅分为领、肩、前后胸及两腋，这奠定了札甲的基本形制特点。札甲的串穿材质和串穿方式在东周时期也得到发展，并逐步规范，同样，适用于札甲的编缀方式也逐步定下来。所以东周时期我国古代甲胄已经进入了发展期，后代甲胄的许多特点这时已显露出来，并且逐步规范起来。

1988 年 6 月，宜昌地区博物馆配合当阳县陈场砖瓦厂的取上工程，在赵巷发现了 10 座楚墓，并对其中的四号墓进行了抢救性的发掘。该墓为竖穴土坑木撑墓。出土有一批重要的漆木器、青铜器，另外，还有陶离和一件玉琼以及大量贴有金箔的甲片等。这些器物同出一墓，在楚墓中尚属少见。该墓的时代应属春秋中期。[7]

1997 年，考古工作者在赵家巷又对两座楚国人殉墓葬进行了抢救性发掘，清理出青铜、漆木、竹等类文物 300 余件。其中的第十二号墓出土有金属和皮质铠甲片，金属甲片上还贴饰金片。根据墓葬的形制、棺椁结构、随葬品的种类和数量，推断这两座墓葬的年代为春秋末期，墓主人身份可能是楚国中下等贵族，其级别大体相当于"大夫"。[8]

考古发现西周铠甲中的鸱鸮盾牌有长方形和梯形的形状，这在先秦和秦的铠甲中也是常见的样式，如山东胶县西周墓出土有装饰鸱鸮形饰片的铠甲，鸱鸮形状、样式与大堡子山金饰片中的鸱鸮十分形似。[9]（图二、图三、图四、图五、图六）礼县出鸱鸮形金饰片，如果原先是铆钉在皮质的铠甲上，则与山东胶县西周墓出土装饰鸱鸮的铠甲相吻合。

礼县金饰片装饰士卒铠甲也有让人疑惑的地方，一般来说是在俑的身体上。但是，礼县秦先公墓中并没有发现陪葬的陶制或者其他质地的俑。如果部分金饰片用于士卒铠甲，只有以下三种可能。第一种：秦公墓附近车马坑中的作为活人陪葬的御者着装铠甲。事实上，无论是秦公墓的两座已清理车马坑，还是与此时代大体相当的春秋其他诸侯墓的车马坑，都是只有车、马而没有活人随葬。一般情况都是把马杀死后才给予埋葬。已发掘的刀把形车马坑，K1全长36.5米，殉车4排，每排并列3乘，共计12乘，每车两服两骖4匹马，共计48匹马。[10] 第二种：秦公墓附近4座殉人坑中的人体上着金铠甲。但是在清理中并没有在坑中发现丝毫痕迹和遗留物，而且殉葬者一般是内廷人员，没有武装甲卒作为殉葬者的。第三种：葬具中的墓主人着铠甲，尽管秦公们在与戎的战斗中可能常常披挂铠甲上阵，但在入葬的时候应当还是按仪礼入土。从出土鸥鹬形金饰片数量看（超过6片），至少3人以上要着鸥鹬装饰的盾形甲。如果鸥鹬形金饰片确实是作为士卒铠甲装饰，那么在大堡子山墓葬中，我们推测其出自圆顶山贵族墓葬的可能性很大。

（二）关于金饰片是马胄饰片的观点

中国国家博物馆的学者指出，鸥鹬形金饰片近似陕西张家坡墓地考古出土

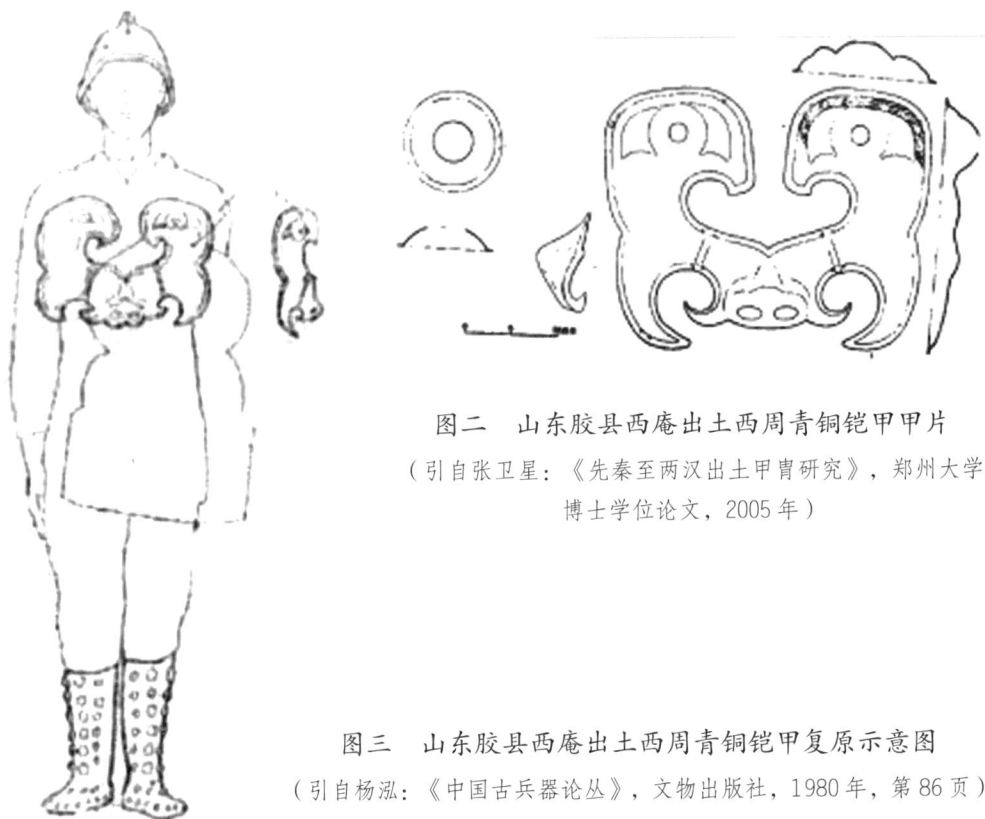

图二　山东胶县西庵出土西周青铜铠甲甲片

（引自张卫星：《先秦至两汉出土甲胄研究》，郑州大学博士学位论文，2005年）

图三　山东胶县西庵出土西周青铜铠甲复原示意图

（引自杨泓：《中国古兵器论丛》，文物出版社，1980年，第86页）

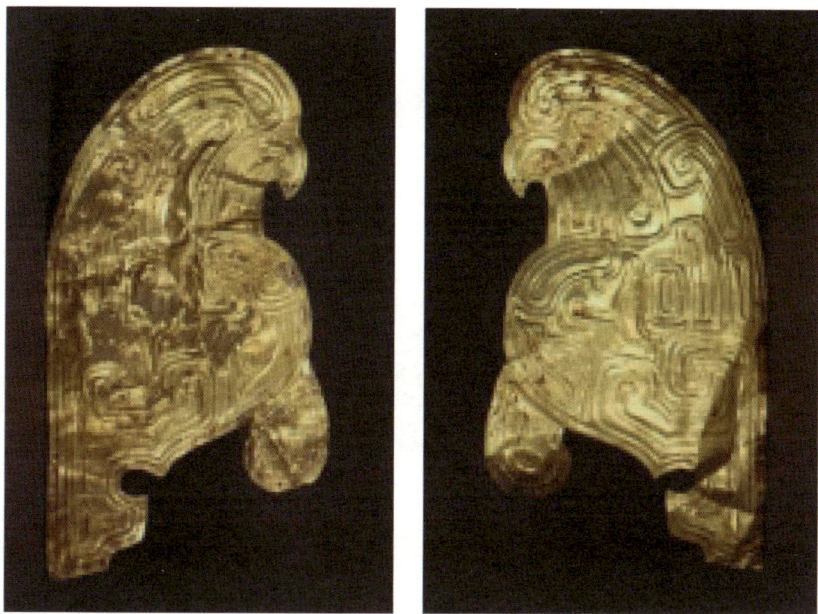

图四　礼县大堡子山出土鸱鸮形金饰片

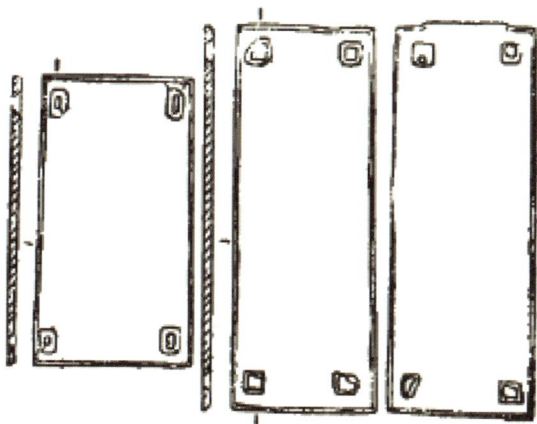

图五　陕西长安普渡村 M18 出土青铜夹片
（引自戴应新：《1984 年长安普渡村西周墓葬
发掘简报》，《考古》1988 年第 9 期）

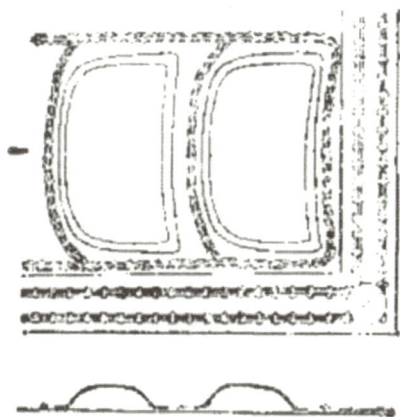

图六　陕西长安张家坡 M170 出土青
铜泡行件

的马胄，这里的马胄当为马头部的防护器具。（图七）

2015 年，陕西考古工作者在陕北发现的西周车马坑中发现了更为完备的马胄和马甲札考古新材料。根据媒体报道，在此次发掘中，价值最高的则是考古人员首次在陕北高原地带发现的车马坑。该车马坑距离 M17 只有 5 米，考古专家推测可能是 M17 的祔葬（合葬）。该车马坑是长方形竖穴，东西长 7.1 米、南北宽 3.0 米、深 2.7 米，坑内埋没两车，各有在驾的马骨两具。其中一号车

119

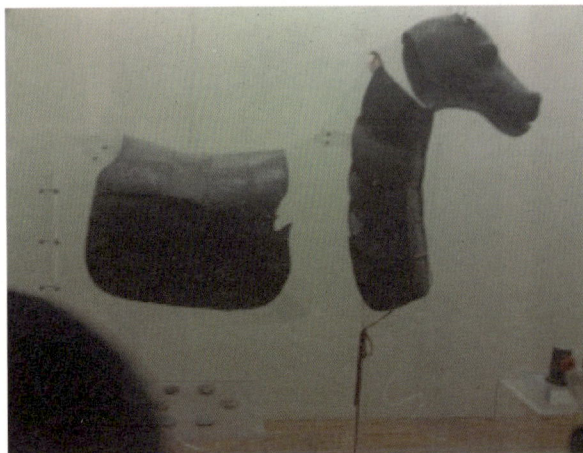
图七　考古发现的马胄及马甲札

规格较高，装饰华丽，车舆与两匹驾马保存都较好。一号车的两匹马头上还戴着两副青铜马胄。初步观察，马胄是由顶梁片、面侧片、鼻侧片缀合而成，铜片内壁先衬一层粗织麻布，其内再衬垫一个用竹篾编织成的有菱形孔格的笼状物，用以保护马面。专家介绍，像这次保存较完好的马胄在陕西还是首次发现。[11]

如此，则大堡子山出土的鸱鸮形金饰片当为面侧片，与马的鼻梁契合的金饰片（图八）当为鼻侧片，其他形状的可能是顶梁片。

需要说明的是，马胄部位的饰件与先秦马的络头部分的当卢等是不同的，络头组成件中的当卢是贴卡在马的鼻梁上（图九），与马胄上鼻梁部分装饰形状有差异。

（三）关于金饰片是葬具装饰的观点

如前述，考古发掘时，礼县大堡子山秦先公墓室出土了金饰片，给金饰片用以装饰棺椁的观点带来佐证。但由于士卒铠甲和马胄的观点的出现，并有充足的考古学佐证，似乎对"金饰片是葬具装饰"的观点带来挑战和冲击。需要研究探讨的问题也随之明晰。这些金饰片是怎样布局在棺椁上的？是棺椁局部装饰，还是全部装饰，还是如有的学者所述是在椁上装饰了一个大型的鸱鸮或者凤鸟？（图十、图十一、图十二、图十三）目前似乎还不能做出结论。

图八　礼县大堡子山出土可能为马胄装饰鼻梁的金饰片

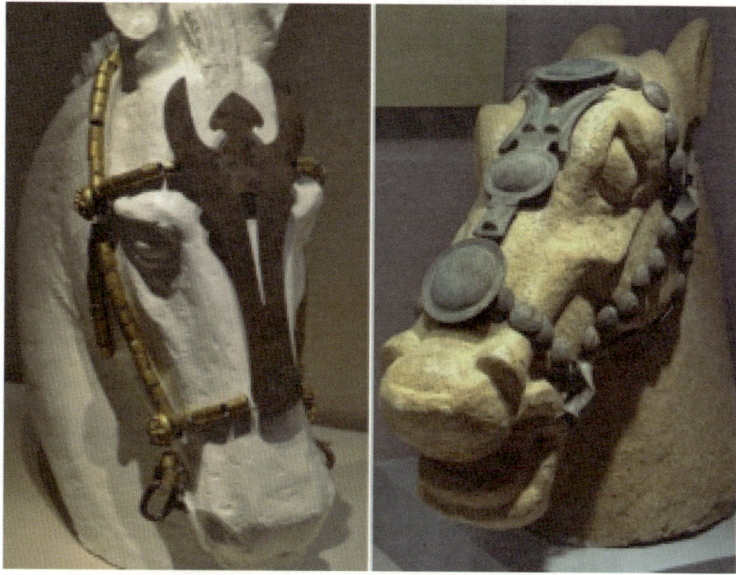

图九　先秦时期马头部当卢复原图示

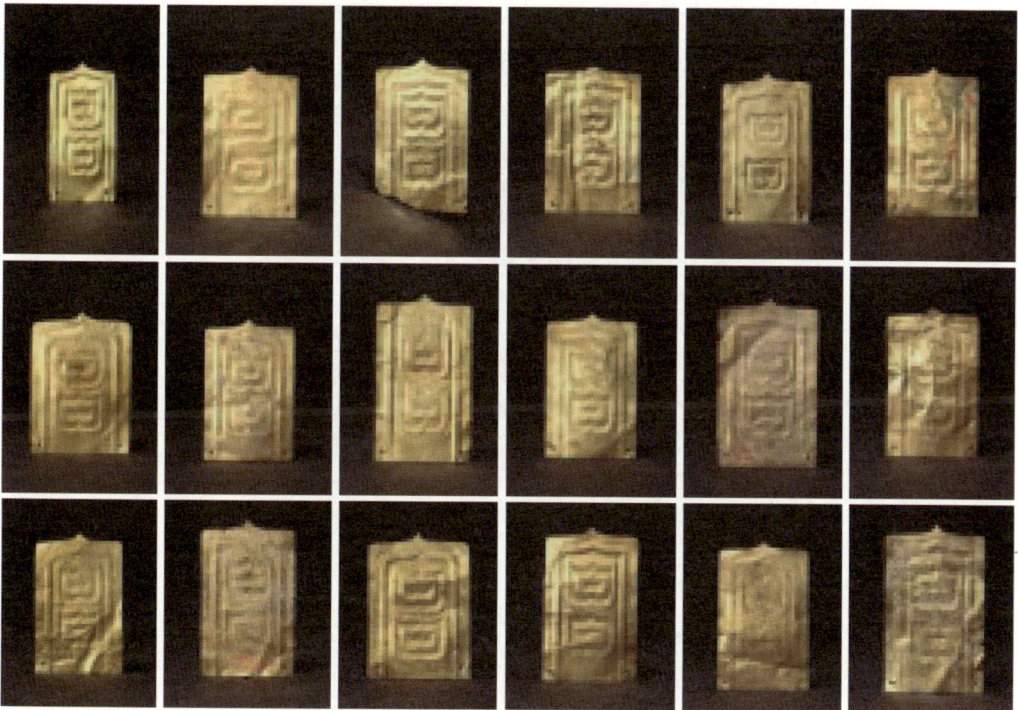

图十　礼县大堡子山秦先公墓出土口唇纹鳞形金饰片，
纵 11—13 厘米不等，横 7—8 厘米不等

图十一　礼县大堡子山秦先公墓出土目云纹窃曲形金饰片通高
11.3 米、宽 10—10.3 厘米

图十二　礼县大堡子山秦先公墓出土兽面纹
盾形金饰片，纵 13.4 厘米、横 7.1 厘米

图十三　礼县大堡子山秦先公墓出土梯形兽面纹金饰片，
高 18—20 厘米、肩宽 15—19 厘米

四、结语

礼县秦先公墓出土文物的回归引起社会高度关注，且取得成果是令人欣慰的。文物回归了，但由于盗掘，许多历史材料却永远不可复得了。无论如何，这批金饰片为学术界探讨秦的车马制度、军服装备、葬具装饰带来了新的资料，我们期望学界同仁能进一步对此展开研究。

注释：

[1] 韩伟：《论甘肃礼县出土的秦金箔饰片》，《文物》1995 年第 6 期。

[2] 刘修兵：《郭炎先生捐赠文物仪式在京举行》，《中国文化报》2011 年 11 月 21 日。

[3] 刘修兵：《郭炎先生捐赠文物仪式在京举行》，《中国文化报》2011 年 11 月 21 日。

[4] 韩伟：《论甘肃礼县出土的秦金箔饰片》，《文物》1995 年第 6 期。

[5] 祝中熹：《试论秦先公西垂陵区的发现》，《秦史求知录》，上海古籍出版社，2012 年，第 473—474 页。

[6] 许卫红：《秦至西汉时期木葬具的装饰》，《宝鸡文理学院学报》2001 年第 1 期。

[7] 高应勤、余秀翠、卢德佩：《湖北当阳赵巷四号春秋墓发掘简报》，《文物》1990 年第 10 期。

[8]蒋迎春:《当阳发现春秋人殉楚墓》,《中国文物报》1997年4月13日。

[9]张卫星:《先秦至两汉出土甲胄研究》,郑州大学博士学位论文,2005年。

[10]戴春阳:《礼县大堡子山秦公墓地及有关问题》,《文物》2000年第5期。

[11]周艳涛:《陕北高原首现周代车马坑两匹马佩戴青铜马胄》,《华商报》2015年1月21日。

（责任编辑：党士学　陈昱洁）

124

秦雍城制陶作坊选址与工艺流程观察

（田亚岐　陕西省考古研究院）

内容提要　制陶作为手工业中的一个门类，曾与金属制造、木业、丝织、骨器与玉石加工等行业在秦国置都雍城期间并行，一度使雍城成为强盛之都的标志。而以生产陶质建材为主的作坊所呈现的景象不仅是规模大，而且工艺精湛，技术上乘，这在当时各列国都城中表现尤为突出。从雍城已发掘出具有典型特征的陶质建材作坊，可以窥探当时选址环境、制作工艺流程，以及作坊内工匠起居与生活场景所展现的聚落结构。

关 键 词　制陶　选址　作坊　工艺流程

秦雍城是秦"九都八迁"过程中的一处建置时限长达三百年之久且具有多功能的一处正式都城，是秦国逐渐走向强盛的里程碑。陶质建材作坊是秦雍城手工业门类的重要组成部分，都城内奢华的大型宫室、宗庙、贵族居室所需陶质建材均由此类作坊提供。历年来的大规模考古调查与发掘，先后在城址内的史家河、马家庄、瓦窑头、豆腐村、铁丰村一带，以及临近城址区的姚家小村、八旗屯、邓家崖村，乃至在较远地区的南指挥、路家村一带也都发现过有陶质建材遗迹的分布[1]。在已被正式发掘的此类作坊遗址中，豆腐村战国制陶作坊遗址是目前处在整个秦雍城遗址范围内最大的一处手工业专业化和具有单一制陶作坊文化遗存属性的建材作坊。此次发掘区间仅为整个作坊区域较长使用期内一个时段的生产场景（图一）。

在隶属秦文化的第四层中发掘并能确认出的遗迹有陶窑、深层纯净土采集坑、泥条存储袋状坑、为作坊输水的地下陶水管道、水井、陶坯晾晒场地、用于其他拌和材料存放的长方形竖穴坑、废品堆积坑等，除晚代遗存外，从第四层和同期遗迹所发掘出大量的制成品，以及生产时所用的工具等[2]。

本文作者曾主持了当年对该遗址的发掘工作，从发掘期间即对各相关遗

图一　豆腐村遗址发掘区鸟瞰图

迹的细部特征进行多角度观察和分析，认为一处大型陶质建材作坊的选址条件必须要有土塬和水源，其次是有一套严格的生产工艺流程。尽管该遗址历经二千五百多年，但从发掘出的遗迹中仍然能够复原出当时的陶质建材作坊场景。

一、选址环境分析

根据近年来的考古调查，豆腐村遗址处于秦雍城城址内西北角，在此次发掘区以西400米处即为秦都雍城的西城墙，又在发掘区的东侧和南侧各发现断续的夯墙遗迹（图二），时代与遗址接近，这些墙体遗迹点与西城墙和北城墙或许可以复原连接，或以此形成独立环围豆腐村作坊区，或包括附近姚家岗一带建筑遗址区在内形成完整的围成环墙[3]。因遗迹点线索模糊，这里被视为作坊的专门属性还有待于今后做进一步探索。

对秦雍城遗址全面调查后发现，在布局渐趋清晰的城址范围内，遗存性质明确的相关遗迹如城市道路、宫殿建筑、聚落、作坊、环境因素等，使城内各功能区的空间分布展现出这座秦都城所具备的典型性特征。目前没有在城址以外发现作坊存在，各类作坊遗址均分布于城内靠近城边区域，且与平民聚落有

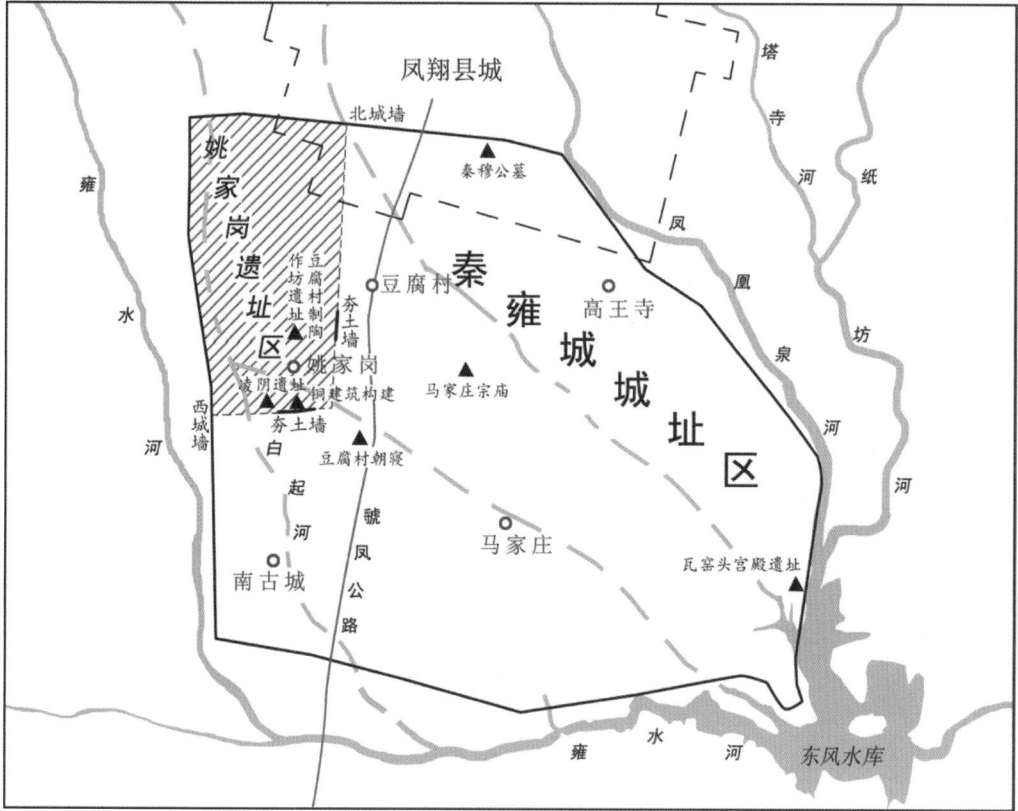

图二　豆腐村遗址区与城墙及相邻遗迹位置关系图

规律性的共生现象，说明从事专业生产的地方也是工匠们所居之地，这种情形为秦国都城聚落结构研究提供了重要的实物资料。从已发现的制陶作坊分析，当时至少将陶质建筑材料与陶质生活用器的作坊分开，前者往往跟随新的建筑区就近而设，后者则靠近密集的聚居区[4]。

　　从整个城址区以及城北大区域的地形观察，西北高，东南低，遗址所在地原为高台地，为制陶作坊提供了便利的土塬条件，而白起河从遗址西侧的台地穿过，形成较深的河谷，又有了水源供给，因当时秦人尚不具备大量使用地下水的技术条件，所以沿河取水是其主要途径。水是以地下陶水管方式从窑址西侧的白起河引入的，在已发掘的作坊区内发现有临时存水的水窖遗迹。因存水量有限，所以在河的水口或有水门，以根据需要随时开启与封堵。

　　因同时具有水源和土塬的便利条件，所以豆腐村遗址向北更大空间一直是战国之后不同历史时期陶质建材作坊的最佳选址。长久用土，原高台地已经被夷平。由于水文与自然环境的变化，河水干枯，河沟已不复存在。根据观察，当时作坊的用土主要来自其工作面以上的台地土塬，在工作面以下挖沟取土量则较少，当主要采取挖沟取土方法，以降低局部地平使河中水源自然流向作坊

图三　豆腐村遗址区取土拌泥沟

区。作坊区向下开挖还有另外用途，即通过地下沟、坑能保持一定湿度，便于存泥（图三）。

豆腐村作坊范围区域占地面积较大的原因是随着取土位置的推移而形成的，当一定区间土塬用完之后，就需向外推移。根据在整个作坊区的考古调查，本次发掘区间位于作坊区南部，时代较早，而随着向北、西北方向推移，作坊的时代就越晚，最晚至明清时期。

二、制陶工艺流程观察

已发掘的豆腐村遗址存在打破关系的各遗迹单位虽数量较多，但其中多个遗迹开口于②、③、④层下，属唐宋、汉代的文化遗存，系作坊遗址之后形成。而开口于④层下的遗迹单位有 17 组存在相互打破关系，但从内涵看，基本上属同期遗迹单位，之间的时代差距很小（图四）。

作坊遗址出土的陶器被认为系窑工的生活用器，根据器物形态比对，大体可以判断出豆腐村遗址第四层年代。如陶釜 05FDAH81:1 与凤八 M30:3 陶釜相似 [5]；陶豆 05FDAH67:6 与凤高 M19:11 陶豆相近 [6]；Ⅰ型陶罐 06FDBT2H3:1 与西沟道 A 型Ⅳ式陶罐 M19:4 相似，Ⅱ型陶罐 05FDAG2:15 与西沟道 B 型Ⅳ式

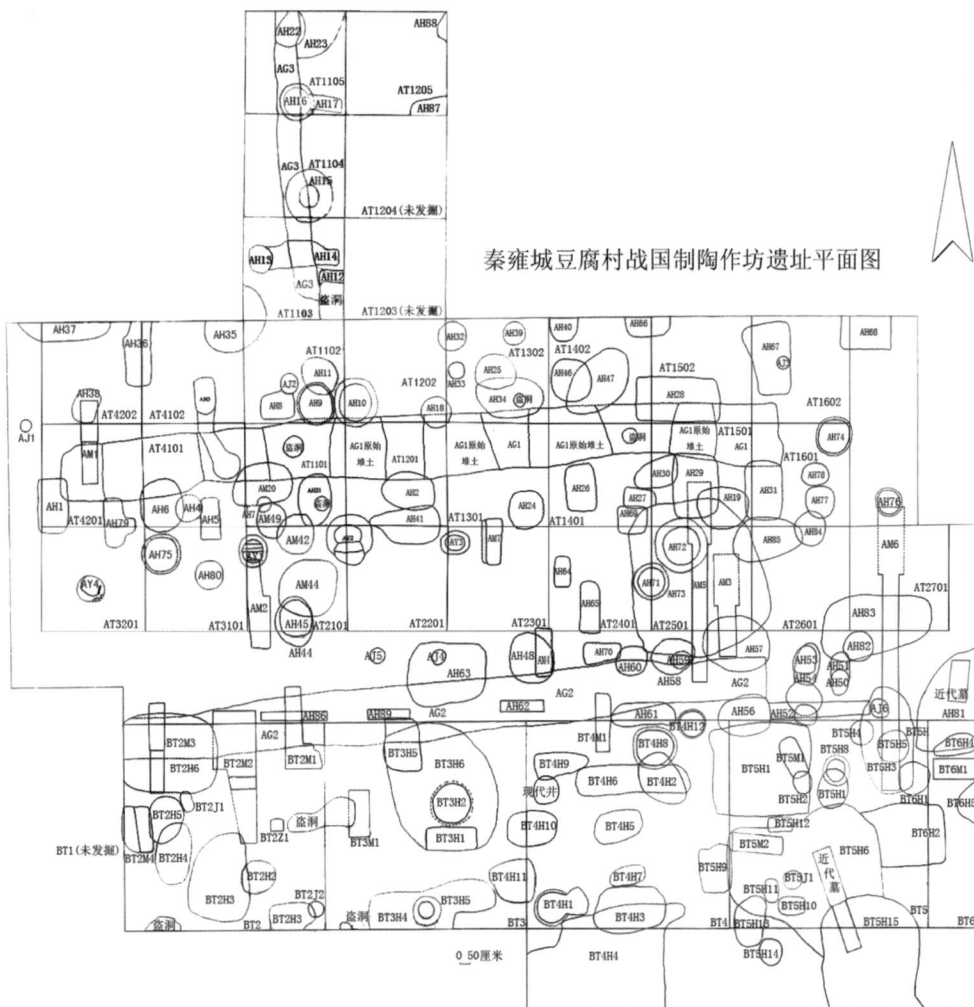

图四　豆腐村遗址各类遗迹叠压与打破关系图

陶罐 M6：3 相近，A 型 I 式陶盆 06FDBT5 ④：11 与西沟道 II 式陶盂 M17:5 相近，A 型III式陶盆 05FDT1102 ③ :1 与西沟道IV式陶盂 M23:6 相近，A 型IV式陶盆 05FDT1102 ③ :3 与西沟道III式陶盂 M15:2 相近 [7]。秦式陶器形态的演变对时代较为敏感，上述同类器形在雍城墓葬中有较多出土的实例，为战国中期典型器形，因此我们判断豆腐村制陶作坊为战国中期，或延续至战国晚期早段（图五）。

　　豆腐村遗址出土的动物纹瓦当不仅数量多，内容丰富，是该遗址最具典型时代特征的一类建筑材料，为研究雍城时期瓦当工艺、内涵与特点提供了重要的实物资料，有鹿蛇纹、凤鸟纹、蟾蜍纹、獾纹、虎雁纹、鹿纹、虎鹿兽纹和虎纹等，另外还有一批云纹和素面瓦当等。出土的瓦当中，有少部分确因烧制过程中的不当因素使其出现爆裂、变形或流变从而成为废品，而有一大批完好

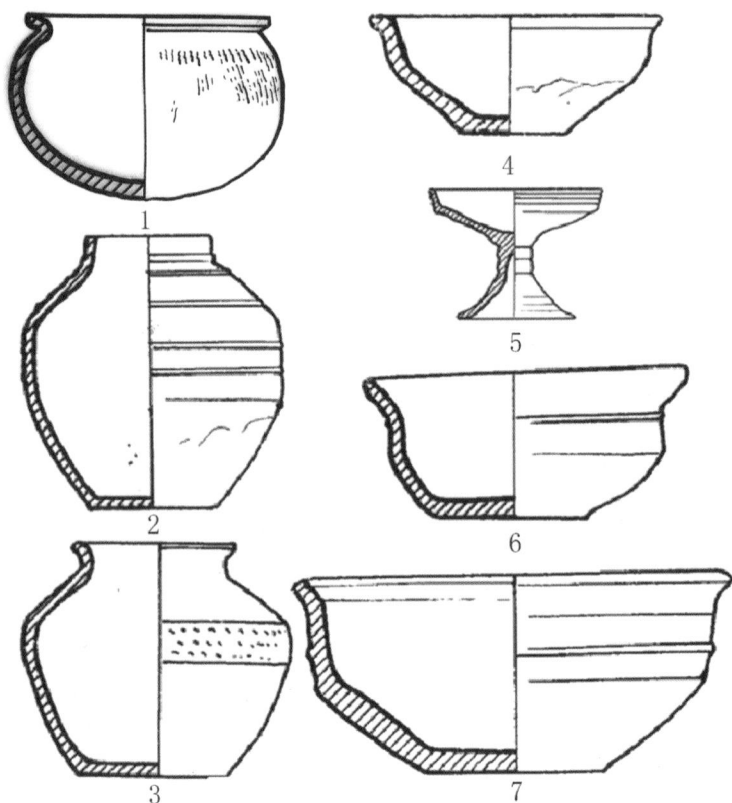

图五　豆腐村遗址四层出土战国中期的陶器

1.陶釜（05FDAH81：1）2.Ⅱ型陶罐（05FDAG2：15）3.Ⅰ型陶罐（06FDBT2H3：1）4.A型Ⅰ式陶
盆(06FDBT5④：11)5.陶豆（05FDAH67：6）6.A型Ⅲ式陶盆（05FDT1102③：1）7.A型Ⅳ式陶盆
（05FDT1102③：3）

的瓦当也被废弃的原因可能是由于与之相套接的筒瓦出现质量问题，还出土了
一件由多个筒瓦、瓦当变形粘连在一起的烧结块。豆腐村遗址出土数量较多的
瓦当中，大多数种类即在以往雍城城内及其郊外行宫建筑遗址上都曾发现过，
说明这些建筑上的材料可能就来自这里（图六）。

　　豆腐村作坊遗址多类遗迹提供了还原当时生产过程工艺流程的实景。根据
在该遗址内发掘的各类遗址判断，可以从中梳理出当时瓦当制作工艺流程的十
道工序[8]。

　　第一道工序是深层取土。即开凿一条沟，从沟内选取纯净的红黄色黏土，
堆积于沟岸之上，而沟上最接近地表的土内因包含腐殖物较多，土质结构松散
连接力较小因而弃之不用，到了距地表深度约四米处又因土层内出现较多的料
礓石而停止采土，则在临近处选择另一条新沟取土。如1号沟就是因最早取土
之后形成的。

图六　豆腐村遗址四层出土最具时代特征的动物纹瓦当

1. I 型凤鸟纹瓦当（05FDAG1：87）2. II 型凤鸟纹瓦当（05FDAG1：434）3. III 型凤鸟纹瓦当（05FDAG1：90）4. IV 型凤鸟纹瓦当（05FDAG1：1153）5. V 型凤鸟纹瓦当（05FDAG1：78）6. 豹鹿鱼纹瓦当（06FDBT5④：17）7. 单虎纹瓦当（05FDAG1：94）8. 鹿蛇纹瓦当（05FDAG1：95）9. 虎鹿兽纹瓦当（05FDAG1：104）10. 虎雁纹瓦当（05FDAG1：163）11. 鹿蟾狗雁纹瓦当（06FDBT4④：1）12. 子母鹿纹瓦当（05FDAG1：105）13. 单獾纹瓦当（05FDAG1：102）14. 蟾蜍纹瓦当（05FDAG1：81）15. 站鹿纹瓦当（05FDAH68：1）16. 双獾纹瓦当（06FDBT4④：10）

第二道工序是对土的过筛。即先将土晒干，碾压成细土，再用细密的筛子过筛一次，再将细土返回沟底，准备拌泥。

第三道工序是浇水拌泥。即首先将水泼入沟内，使之自然溶入土中，1 号沟可能在取土时就已兼作浸泡与拌泥的场所，发掘时曾在沟底发现细土从南壁上部过筛后溜下堆集的锥形土堆，有脚踩踏泥的足迹脚窝，坑壁上留有棍打泥的痕迹。

第四道工序是踩泥。即待水分完全溶入土中之后，分别以人力踩踏和木棍捶打的形式反复踩踏捶打，以增强泥的柔韧性。

第五道工序是盘泥。即将泥揉搓成线条状，暂时盘存于沟口外侧临近处的袋状坑内，以在保持相对湿度下继续增强泥条拉力的稳定性。

第六道工序是陶坯制作。即以轮盘泥条盘筑、模制、手动泥条连接等方法做成陶坯，又在初步半干定型的情况下以绳子、竹板等进行切割。

第七道工序是陶坯晾晒。即做成的泥坯产品要放在距离陶窑较近且宽敞的平地上阴干和晾晒。

第八道工序是入窑焙烧。即陶坯进入窑内要逐渐升温烧成，根据倾倒的炉灰推断，起初用软质柴火做燃料以起到对陶坯的彻底烘干效果，再到以细小树枝做燃料的低火烧制过程，最后进入以大木柴做燃料的高火烧制过程，焙烧过程没有发现以煤做燃料的遗留物。

第九道工序是水沁窑室及出窑过程，即在窑室仍处于密闭的情况下，将水浇于窑顶之上，让其缓缓沁入，使窑内的烧成品逐渐由红色变为灰色，同时水又能使窑内温度慢慢降下来。

第十道工序是出窑遴选，即将出窑的烧成品进行拣选，完好无损的被运往宫殿建筑场地，残断和破裂的则作为废品被倾倒于已经弃之不用的取土沟内。

从目前在雍城遗址发掘出与战国时期豆腐村遗址同期的大型建筑遗址观察，诸多建筑材料当来自这处作坊，从出土的实物看，虽不能烧制超大型如空心砖或特别厚重的承重砖之类的建筑材料，但各类瓦的生产工艺和质量则相当成熟，这可能与当时窑及燃烧材料的客观条件有关，而从发掘出的陶窑形体较小，代表了当时秦国制陶产业的时代性特征，窑体为馒头形熟土结构，先在地面以上堆积夯打成土台，之后凿刻窑室，仅火塘及烧火口底部挖在生土中。窑群间相对密集，相邻窑距较小，发掘出的5座窑东西呈"一"字形排列，推测这样近距离的窑距便于窑工同时兼顾多个窑室的同期烧火。从窑灰看，当时的燃烧材料是软柴草、树枝和大型木材，没有发现使用煤炭作为燃烧材料的迹象。

从雍城制陶作坊遗址的布局与规模看，战国中期以后，随着"城郭结构"和"悼公二年，城雍"的成型或出现，往往靠近城墙居住的一般平民聚落都有"自给自足"的陶质生活器具制作场所，而且可以在市场作为商品出售，而随着城内与城外大型宫室建筑之需的增大，高等级、大规模建材生产只有像豆腐村之类的官营作坊才能满足，其产品用于秦国高等级建筑，工匠则来自秦国自身劳役，或战俘及刑徒[9]。

注释

[1] 田亚岐：《秦都雍城布局研究》，《考古与文物》2013 年第 5 期。

[2] 陕西省考古研究院、宝鸡市考古研究所、凤翔县博物馆：《秦雍城豆腐村战国制陶作坊遗址》，科学出版社，2013 年。

[3] 王元：《秦都雍城姚家岗"官区"再认识》，《考古与文物》2016 年第 3 期。

[4] 田亚岐：《秦都雍城布局研究》，《考古与文物》2013 年第 5 期。

[5] 陕西省雍城考古工作队吴镇锋、尚志儒：《陕西凤翔八旗屯秦国墓葬发掘简报》，《文物资料丛刊》（第 3 辑），文物出版社，1980 年。

[6] 韩伟：《略论陕西春秋战国秦墓》，《考古与文物》1981 年第 1 期。

[7] 陕西省雍城考古队尚志儒、赵丛苍：《陕西凤翔八旗屯西沟道秦墓发掘简报》，《文博》1986 年第 3 期。

[8] 陕西省考古研究院、宝鸡市考古研究所、凤翔县博物馆：《秦雍城豆腐村战国制陶作坊遗址》，科学出版社，2013 年。田亚岐、孙周勇：《橡首乾坤——陕西出土历代瓦当》，《考古陕西》，陕西人民出版社，2016 年。

[9] 田亚岐、王炜林：《秦都雍城聚落结构与沿革的考古学观察》，《庆祝张忠培先生八十岁论文集》，科学出版社，2014 年，第 369—380 页。田亚岐、王元、郁彩玲：《秦雍城城郭形态与演变的新观察》，《秦始皇帝陵博物院　2015》，陕西师范大学出版总社，2015 年，第 64—74 页。

（责任编辑：党士学　陈昱洁）

秦都咸阳外郭城蠡测

（肖健一　陕西省考古研究院）

内容提要　秦都咸阳的外郭城，20 世纪八九十年代争论很多，至今没有定论。在对咸阳周边秦墓的分布规律、四至、时代变化初步研究之后，本文提出假设秦都咸阳有外郭城的话，当在秦墓分布的最近四至之内，并推测咸阳城的范围为南北长约 14.6 千米、东西宽约 6.8 千米。

关键词　秦都　咸阳　墓葬分布　外郭城

关于秦都咸阳的外郭城，20 世纪八九十年代争论很多，没有定论。刘庆柱先生在讨论咸阳城的几个问题时指出：据遗址调查及考古发掘出土的遗迹、遗物资料，并结合历史、地理文献研究，可将秦都咸阳城西界大体定于窑店镇的毛王沟附近，东界大体定于柏家嘴（若包括兰池及兰池宫遗址则应起于肖家村）；北起高干渠，南至草滩农场附近（秦代渭河北岸，现由于河道变迁而成为南岸）。都城东西 6 千米（若自肖家村算起则为 7.5 千米），南北 7.5 千米。[1] 王学理先生坚持"秦都咸阳是个有范围而无轴线、有宫城而无郭城更不存在跨渭的大城；在布局上，宫殿、寺府、手工业区、商业区、居民区及墓葬等古都组成要素均呈散点的交错型；政治中枢随时间进程在转移，但中心建筑也处在未确定的状态"。[2] 吕卓民先生认为有宫城而无郭城，但是北界在高干渠以南。[3] 近年徐为民先生提出咸阳城的范围可以确定为西起石桥镇的何家、杨村，东至正阳镇的柏家嘴，东西长 24 千米。秦惠文王时期秦都咸阳已经不再局限于渭河以北，在渭河南岸修建了兴乐宫、信宫、诸庙、章台、上林苑等，成为都城的一部分。咸阳城横跨渭河两岸。[4] 以上观点都是在分析咸阳城手工业区、宫殿区及历史记载的基础上得出的，毫无疑问具有极强的说服力，但是未取得共识。

笔者在完成国家社科基金项目"咸阳周边秦墓研究"时，系统梳理了秦都咸阳周边所发现、发掘的秦墓资料，并逐一标注在地图上，对咸阳周边秦墓的

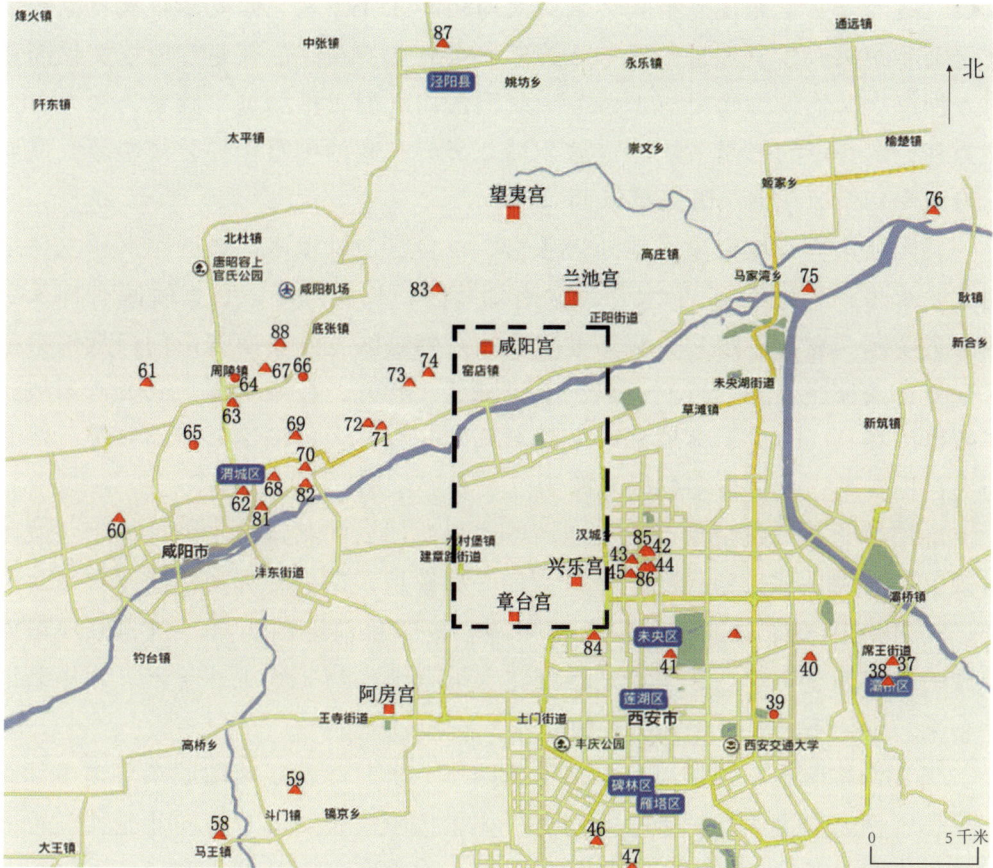

图一　咸阳城四界

分布规律、四至、时代变化做了初步探讨，提出假设秦都咸阳有外郭城的话，当在秦墓分布的最近四至之内。以下是咸阳城四界的分析。（图一）

咸阳城西界　目前资料显示城西距咸阳宫遗址最近的是路家坡墓地，在毛王沟之西。依据《咸阳附近发现的一批秦汉遗物》[5]、《中国文物地图集陕西分册》[6] 提供的信息，墓地位于窑店乡路家坡村北 1 千米的台地东侧，在咸阳宫墙西北角外 2.1 千米处，黄家沟墓群东约 1 千米。1972 年发现楚国"陈爰"金币，在东南两面各 1 米左右，发现秦半两铜钱（惠文王"初行钱"，所以该墓当晚于彼时）、战国素面铜镜、大口小底陶瓮、小口折肩小底罐及椭圆形粗绳纹小瓮棺两具，瓮棺内尚有小孩遗骨。在周围地面及附近的断崖上，还可以看到暴露的人骨，但无棺椁痕迹。当时清理了一座秦代瓮棺葬。路家坡墓地时代属于咸阳城时期，所以咸阳城西界在毛王沟以东问题不大。

咸阳城东界　城东尤家庄墓区包括翁家村秦墓（42）、北康村秦墓（43）、凤城三路秦墓（45）、尤家庄秦墓（44）、刑徒墓地（85）、尤家庄 20 号战国墓（86）等。尤家庄墓区距离秦兴乐宫遗址最近的是陕西中财印务公司秦墓、

135

凤城三路西安文景苑住宅小区秦墓，大约相距 3.4 千米。西安乐百氏食品有限公司秦墓距离兴乐宫遗址约 3.6 千米，M34 出土了 5 件带有北方匈奴文化因素的人物纹、动物纹饰陶模与 1 件羊头纹铜带钩。编者推测墓主族属为秦人，应该为有一定身份的铸铜工匠。[7] 咸阳城东界当在陕西中财印务公司秦墓、凤城三路西安文景苑住宅小区秦墓以西。

咸阳城南界　城南墓区地处兴乐宫、章台宫遗址以南，最近距兴乐宫遗址约 2.6 千米，最远约 17 千米。包含南郊墓区、长安陵区。长安陵区有神禾塬战国秦陵园（夏太后陵）、秦二世陵墓。南郊墓区有西安南郊山门口战国秦墓（46）、潘家庄秦墓（47）、东三爻战国墓（48）、杜城墓群（50）、茅坡光华胶鞋厂秦墓（51）、茅坡邮电学院秦墓（52）、大白杨秦墓（84）等。最北为大白杨秦墓，大白杨秦墓以北即为汉长安城南墙。

咸阳城北界　咸阳宫以北、泾河以南只发现白庙墓地。王学理先生《咸阳帝都记》[8] 说白庙墓地（83）是近都的一处墓地，南去秦翼阙宫廷仅有 2.2 千米。90 年代因盗墓与取土暴露秦墓多座。按照目前地图测算，白庙墓地东南距咸阳宫墙西北角约 2.2 千米，南距路家坡墓地（74）约 1.9 千米。白庙墓地是秦墓，年代不清楚，但是其正好位于高干渠以北。

当我们按照中小型秦墓分布提供的四至分析时，发现咸阳城东界南半部距离汉长安城东墙大约有 1 千米的距离，如果按照汉长安城东墙向北延伸，正好处于柏家嘴与肖家村之间；西界如果以毛王沟偏东向南延伸，穿过西龙村西，向下也基本位于汉长安城西墙附近。南界在大白杨秦墓之内，很明显是汉长安城南墙了。如果北界在白庙墓地下方，穿过高干渠向东延伸，则位于兰池宫下方。

如果按照以上想法，把四面连接起来，那么咸阳城的范围应该为南北长约 14.6 千米、东西宽约 6.8 千米。这样的四界符合刘庆柱先生的西界、东界，徐卫民先生的东界，也基本满足刘庆柱先生、吕卓民先生北界在高干渠以南观点，南界符合徐卫民先生的在渭河南岸修建了兴乐宫、信宫、诸庙、章台、上林苑等，成为都城的一部分。咸阳城横跨渭河两岸。在此范围外东南角 2.7 千米是联志村玉器出土点，或是祭祀地点。西南角外 6 千米是阿房宫遗址区；极庙（闫家寺）在其东 6.2 千米处。

咸阳宫城墙的南墙、北墙长 902 米、843 米，东墙、西墙长 426 米、576 米。[9] 长、宽比例（东西总长÷南北总宽）是 1.74。"周王陵"外围墙长 833 米、宽 528 米，内墙长 422 米、宽 236.5 米，围沟南北长 432 米、东西宽 246.5 米。[10] "周王陵"外围墙长宽比是 1.58，内墙长宽比是 1.78，围沟长宽比 1.75。芷阳一号陵园壕沟东西长 1180 米、南北宽 695 米。[11] 长宽比 1.70。芷阳三号陵园外壕沟东西长 280 米、南北宽 180 米；严家沟秦陵外墙复原南北长 1043 米、东西宽 526 米，内墙南北长 473、东西宽 236.5 米。[12] 芷阳三号陵外壕沟长宽比是 1.56，严家沟秦陵外墙长宽比是 1.98、内墙长宽比是 2.0。神禾原战国秦陵结构是外沟内垣，南北长 550 米、东西宽 310 米。[13] 长宽比是 1.77。秦始皇陵外墙南北长 2165 米、东西宽 940 米，内墙南北长 1355 米、东西宽 580 米。[14] 外墙长宽比是 2.30，内墙长宽比是 2.33。

咸阳城如果有外郭城的话，应当在所画直线左右，南北长约 14.6 千米、东西宽约 6.8 千米，总长度为约 42 千米，长宽比是 2.14。长宽比例接近秦始皇陵内外墙垣，或是始皇帝时期修建。

汉长安城沿用了秦都咸阳的渭河南部分，城内秦的遗迹与遗物也有很多发现，这是基本事实。但是秦都咸阳外郭城至今没有考古学证据，因此以上所说仍属蠡测。正在进行的西咸新区秦汉新城的开发，为揭开咸阳城的众多谜底提供了新的契机。

注释：

[1]刘庆柱：《秦都咸阳几个问题的初探》，《文物》1976 年第 11 期。

[2]王学理：《咸阳帝都记》，三秦出版社，1999 年，第 100 页。

[3]吕卓民：《秦咸阳城若干问题研究》，《中国历史地理论丛》1994 年第 4 期

[4]徐卫民：《秦汉都城研究》，三秦出版社，2012 年，第 47 页、第 55—64 页。

[5]咸阳市博物馆：《咸阳市近年发现的一批秦汉遗物》，《考古》1973 年第 3 期。

[6]国家文物局：《中国文物地图集陕西分册下》，西安地图出版社，1998 年，第 349 页。

[7]陕西省考古研究所：《西安北郊秦墓》，三秦出版社，2006 年，第 363 页。

[8]王学理：《咸阳帝都记》，三秦出版社，1999 年，第 265 页。

[9]陕西省考古研究所：《秦都咸阳考古报告》，科学出版社，2004 年，第 10—11 页。

[10]陕西省考古研究院、咸阳市文物考古研究所，周陵文物管理所：《咸阳"周王陵"考古调查、勘探简报》，《考古与文物》2011 年第 1 期。

[11]赵争耀：《秦东陵"一号陵园"具体范围确定》，《三秦都市报》2013 年 1 月 07 日。

[12]焦南峰、孙伟刚、杜林渊：《秦人的十个陵区》，《文物》2014 年第 6 期。

[13]丁岩：《神禾原战国秦陵园主人试探》，《考古与文物》2009 年第 4 期。

[14]王学理：《咸阳帝都记》，三秦出版社，1999 年，第 237 页。

（责任编辑：朱学文　陈　洪）

汧河流域重要古文化遗存

——对凤翔孙家南头周秦墓葬与西汉仓储建筑遗址的几点认识

（贾　强　秦始皇帝陵博物院）

经多年整理研究，旨在完整公布建设过程中的发掘资料与研究成果，近期由陕西省考古研究院、宝鸡市考古研究所、凤翔县博物馆联合编著的考古发掘报告——《凤翔孙家南头——周秦墓葬与西汉仓储建筑遗址发掘报告》由科学出版社正式出版。[1]

孙家南头地处宝鸡凤翔县城西南约15公里处的汧河东岸一级台地上，21世纪初，为配合大型建设工程，遂对建设区域内勘探出的古文化遗存包括一批先周与西周墓地、一座大型春秋秦墓地、一批宋元明时期的墓葬群，以及一处西汉时期置于汧河岸边的码头仓储建筑遗址进行了为期一年的抢救性发掘，并取得重要收获。

有幸拜读之余，一是向多年默默坚守一线工作的同仁们祝贺，二是结合现在工作环境，也想从学术意义上谈几点粗浅认识。

一、先周与西周墓：或否是秦之先祖遗存？

此次在孙家南头发掘周墓共计35座，其年代序列从先周晚期至西周晚期，另在墓地一侧有其对应的聚落遗址。像这样较大面积发掘的周文化遗存，在汧河流域并不多见，为寻找嬴秦早期的历史踪迹提供了线索。

关于嬴秦一族西迁的时间和路径一直是学界讨论的重要话题。[2] 得益于21世纪以来早期秦文化考古工作的大规模展开，关于嬴秦最早从东海之滨逐步迁往陇东地区的观点得到学界的普遍认可，即秦人的族源虽来自东方，但作为具有显著特征的早期秦文化却是在西迁之后逐步吸收、融合各种文化因素形成和发展起来的。[3]

孙家南头35座周墓中，出现相当数量的腰坑葬，腰坑多为长方形，部分腰坑内殉葬有动物骨骼。墓葬中设置腰坑，坑内殉狗或殉人的习俗一般认为是商文化而后被秦人传承的葬俗特征之一。根据区域性古文化分布的规律、所涉及的相关信息，即在汧河与渭河一带，大约在先周文化时期，秦人祖先沿着这条东西大通道，由东向西迁徙过程中，必然会留下活动的踪迹。文献记载，秦文公四年（前762）东猎至"汧渭之会"时说，这里曾经是周邑，我的先祖曾在这里生活过。此外，文献记载非子善养马，曾奉周孝王召，"主马于汧渭之间"，随后非子养马有功，得孝王赐地，号曰嬴秦。非子也成为秦始封之祖，在秦的发展史上是秦国当之无愧的奠基人。非子养马的"汧渭之间"应是文公东猎所至的"汧渭之会"，所以才会有后来文公"昔周邑我先秦嬴于此，后卒获为诸侯"这句追古抚今的感叹。

因此说，孙家南头先周时期的周墓，从地望、年代、属性上来讲，与非子养马的时代相当，为探寻早期秦人的踪迹提供了线索。

二、春秋秦墓：寻找汧渭之会的新线索

在孙家南头发掘出的秦墓葬数量最多。根据随葬器物、墓内殉人和陪葬车坑或马坑的情况，可将本次发掘的所有秦墓分成四个等级：即A类墓随葬青铜礼器，或共出仿铜陶礼器、日用陶器，或有车马坑；B类墓随葬仿铜陶礼器，或共出日用陶器；C类墓随葬日用陶器，或共出带钩、石圭等其他小件器物，或无日用陶器只出小件器物；D类墓不出任何随葬品。这个划分既符合大量后续发掘秦墓葬的普遍规律，又大致与当时秦国社会不同层次人群的分布区间吻合。[4]

孙家南头墓地是继陇县边家庄、店子墓地之后在汧河流域又一次较大规模的考古发现，为进一步研究周秦文化的关系，尤其是早期秦文化的布局、区域特征、分期、葬式和秦都邑的迁徙路径等方面提供了重要的实物资料。根据分期，这批秦墓的上限年代为春秋早期到春秋中期，说明该墓地的年代应早于秦都雍城。结合在这里先周墓葬的发现，这批秦墓可能与秦早期的另外一处都邑汧渭之会有关。秦人自西而东逐渐迁徙过程中，历经九都八迁，即西垂、秦邑、汧邑、汧渭之会、平阳、雍城、泾阳、栎阳和咸阳。目前对定都雍城之前的几处都邑还不清楚，尤以汧渭之会确切地点纷争较大。文献记载，从秦文公四年到达汧渭之会起，止于秦宪公二年（前714）徙居平阳，秦曾以汧渭之会作为都邑共四十八年。孙家南头墓地规模大，数量多，且有高等级墓葬，应隶属于某个都邑，不应是秦的某个宗族墓地，否则无法解释它的存在。再从地望、年代上看，正好与汧渭之会较吻合。过去在该墓地附近还发现过一处秦早期建筑城址，那么这座城是否就是对应于该墓地的汧渭之会城？

三、秦墓葬铜、陶两类器物分期的新比照

由于长期以来发掘的秦墓葬中，约80%以上的中小型秦墓只随葬陶器而不随葬铜器，在占总数很少的铜器墓葬中却还会有不共出陶器的现象，这样便在传统的秦墓葬研究中形成分别以铜器或陶器为分期依据的两套权威性标准，并且逐渐形成业界长期独立的参照体系，即以陈平先生《试论关中秦墓青铜容器的分期问题》为代表的铜器分期标准[5]和以韩伟先生《略论春秋战国秦墓》为代表的陶器分期标准[6]。而孙家南头A类秦墓的发掘则为这两个分期标准的相互参考对应提供了可能，因为在这6座墓葬中除铜礼器外，还伴出陶鬲、陶鼎、喇叭口罐、陶豆等具有明显分期特征的陶器。如将孙家南头秦墓出土铜器与陈平先生的铜器分期标准相比对，时代略晚，可定为春秋中期晚段或晚期；如将孙家南头秦墓与铜器共出的陶器与韩伟先生的陶器分期标准相比对，那么孙家南头与6座铜器墓均共存的陶器年代则可早到春秋早期。[7]综合考量这些同一座墓葬中铜器与陶器之间的分期差距，即铜器年代略晚于陶器年代，究其原因，可能是由于过去墓葬材料较少，加之铜陶两类器物共出的现象更少的缘故。对于这一问题，在《凤翔孙家南头——周秦墓葬与西汉仓储遗址发掘报告》中已做回答，即"随着近年来大量秦墓葬发掘材料的增加，关于墓葬的分期标准，可以综合运用墓葬的墓圹形制、棺椁结构与位置、随葬器物组合与形制等综合因素，因为秦墓葬具有与时俱进的演变规律性。冀望在未来的墓葬发掘中，留意墓葬之间打破关系及更多方面的判定早晚依据，使两类分期标准之间更趋向和谐统一"。[8]

四、西汉汧河码头仓储建筑遗址的重要发现

对孙家南头西汉仓储遗址的发现与发掘，从秦汉交通形势与社会背景、码头仓储的建筑工艺技术等方面为相关研究提供了重要的佐证和实例。该仓储建筑遗址呈长方形布局，南北总长216米，东西宽33米，建筑总面积7000多平方米。现发现有墙垣、通风道、柱础石等遗迹。墙垣为东、西、南、北四周围成，南北围墙之间又有两道隔墙，将整个建筑等分成三个单元，各单元的结构与尺寸完全等同。其中北单元已遭破坏，现中间和南侧两个单元，保存较为完好。整个建筑不但规模大，而且构筑工艺复杂。结合文献记载和此前考古材料，证明这座仓储建筑在该地并非独立存在，在其附近还发现同期同类建筑遗迹，由此判断这里可能是一处仓城，有研究者推测该建筑有可能就是当时的"百万石仓"。尽管目前对该仓储建筑的用途无法做出最终定论，但可以肯定在当时最重要的某些特定的历史环境中，它具有与河岸码头紧密相关的仓储存储、转运

的功能是值得肯定的。[9]孙家南头仓储建筑基址结构完整,它是继陕西华阴西汉京师仓和河南洛阳东汉函谷关仓库建筑遗址之后的又一次全国范围内的重要发现,[10]为我们研究西汉时期政治、经济、军事、文化,以及汧河乃至全国漕运与河岸码头仓库存储提供了重要实物资料,同时像如此大规模的仓储建筑和密集分布的柱础石式建筑特征,也为研究西汉时期的防潮建筑艺术提供了珍贵的实物例证。不仅如此,通过对该仓储建筑遗址的发现与发掘,为进一步寻找文献所记载的"泛舟之役"这一重大历史事件提供了重要线索。据文献记载,秦穆公时期,晋国发生天灾饥荒,晋惠公遂派遣大臣到秦国借粮食,当时两国处于复杂矛盾的时刻,秦穆公与群臣商议,审时度势,最终还是决定把粮食借给晋国。秦国自雍出发用船只将数万斛的粮食,从渭水到黄河、汾河,舳舻相接,最终到达晋国的都城绛,人们将其称之为"泛舟之役", 这也是我国历史上第一次有明确记载的内陆河道水上运输的一个重大事件。[11]

该仓储遗址的发现,提供了当时东西水上交通实例,它与并行的陆路相辅相成,成为一条交通大动脉。西汉初期,皇帝多次出行直达陇南进行郊祀活动,以及后来汉武帝派张骞出使西域都是从这里经过的,这条交通线路在历史上具有重要地位。渭河与汧河流域这一水陆交通线既反映出秦人自西向东不断发展的历史,也反映出汉人自东向西沟通西域,开辟丝绸之路的过程。

汧河发源于甘肃境内的六盘山南坡,向东南流经陕西西部成为渭河支流,《禹贡》称汧河是"天下九薮,此其一也"。由于特殊地理环境,整个流域各时代文化遗存特别丰富,而处其下游的孙家南头一带便是其中之一,在这里除上述已被发掘的历史遗存外,还有史前与周秦聚落与墓葬、秦汉宫殿、唐代寺庙和宋元墓葬等,由此可见整个汧河流域在古文化遗存分布上所呈现的浓墨重彩。

孙家南头周、秦墓地墓葬数量多,随葬器物丰富且有高等级墓葬;汉代仓储建筑遗址规模较大,结构完整,保存较好;宋、元、明墓葬的发现填补了关中西部这一时期墓葬的空白。孙家南头的发掘为研究这一区域不同历史阶段文化内涵提供了重要实物资料,彰显出这一区域在汧河流域、关中西部历史发展中的重要地位,对加大这一区域的文化遗产保护力度,普及文物保护知识具有重要意义。

注释

[1]陕西省考古研究院、宝鸡市考古研究所、凤翔县博物馆:《凤翔孙家南头——周秦墓葬与西汉仓储建筑遗址发掘报告》,科学出版社,2015年。

[2]梁云:《嬴秦西迁三说评议》,《古代文明研究通讯》总第六十八期,北京大学震旦古代

文明研究中心编，2016年。

[3]黄留珠：《秦文化二源说》，《西北大学学报》(哲学社会科学版)1995年3期。田亚岐、王炜林:《早期秦文化"源于东而兴于西"的考古学观察》，《新果集:庆祝林沄先生七十华诞论文集》，科学出版社，2008年。

[4]滕铭予：《关中秦墓研究》，《考古学报》1992年2期。田亚岐、刘爽：《孙家南头秦国铜器墓的相关问题》，《考古与文物》2013年4期。田亚岐、陈洪：《再论孙家南头秦墓铜、陶器共存现象及其相关问题》，《秦始皇帝陵博物院 2014》，陕西人民出版社，2014年。

[5]陈平：《试论关中秦墓青铜容器的分期问题》（上、下），《考古与文物》1984年3、4期。

[6]韩伟：《略论陕西春秋战国秦墓》，《考古与文物》1981年1期。

[7]田亚岐、刘爽：《孙家南头秦国铜器墓的相关问题》，《考古与文物》2013年4期。

[8]田亚岐、陈洪：《再论孙家南头秦墓铜、陶器共存现象及其相关问题》，《秦始皇帝陵博物院 2014》，陕西人民出版社，2014年。

[9]陕西省考古研究所、宝鸡市考古工作队、凤翔县博物馆：《陕西凤翔县长青西汉汧河码头仓储建筑遗址》，《考古》2005年7期。

[10]陕西省考古研究所：《西汉京师仓》，文物出版社，1990年。朱亮、史家珍、张庆捷：《再现古代黄河漕运的场景——小浪底水库东汉漕运建筑基址及黄河栈道》，《中国十年百大考古新发现》（1990—1999年），文物出版社，2002年。

[11]田亚岐、杨曙明、刘阳阳：《秦汉时期长安至陇山段丝绸之路考察研究》，《早期丝绸之路暨早期秦文化国际学术研讨会论文集》，文物出版社，2014年。

（责任编辑：朱学文　陈　洪）

"历始革典" 悲剧是西周土地赏赐制度的必然结果

（辛怡华　宝鸡市考古研究所）

内容提要　公元前841年厉王出奔与共伯和摄政被视为一场平民的划时代性胜利，但这种观点曲解了这场历史冲突中的真正政治力量。以《国语》和《史记》为代表的传统史学加诸于厉王的最大罪责便是他"好专利"。如果客观地审视厉王的革新，就会发现，这场革新是时代的使命，其失败是历史的必然。

关　键　词　西周　厉王　革典　土地制度

当西周早期的大规模军事扩张结束后，西周王室以"恩惠换忠诚"的"土地赏赐"政策在致使王室贫困化的同时，也导致渭河谷地贵族阶层力量的一天天壮大。由于土地无法再生，被学者称之为"自杀"方式的管理运作模式，注定周王最终将成为失败的一方。公元前841年的事件最好的解释应该是，在王权与贵族之间的一场利益博弈中，权贵力量战胜王权，周厉王失去了自己的王位，而并非所谓民众推翻暴君的一场革命。

一、历史的疑案

周厉王的出名，是与公元前841年所谓的"国人暴动"分不开的。

文献中有记载的最早的改革家，可能要属周厉王了，"厉始革典"出自《国语·周语下》。但与历史上其他改革家所不同的是，厉王是以"反面人物"的形象被记入历史档案的。然而与文献记载相反，出土文物所记录的厉王自白却向人们展现了另一个古代明君的形象，难道是厉王预感将来会被历史"妖魔化"而有意留下的申辩？

1978年初夏，在陕西省扶风县法门公社齐村一农田水利建设工地，出土了一件西周王室重器，这就是周厉之器——簋。此器形体魁伟，通高59厘米、

143

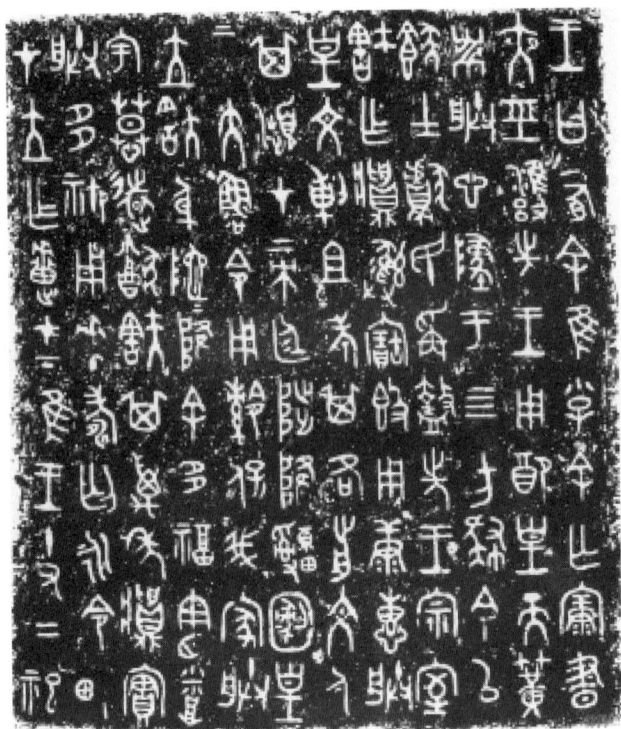
厉王㝬簋铭文

最大腹围136厘米、重60千克。其造型上面似鼓，下面若平台，上圆下方，象征"天圆地方"。两耳飞扬跋扈，简洁中露出大方，神秘中露出狰狞。虽然簋是西周王器中唯一一件确知其具体出土地点的王器，也是现知商周青铜簋中最大的一件，有"簋王"之称，但最引人注目的莫过于腹底的124字铭文。这篇文字是厉王在位的第十二年（前866）为祭祀祖先而作的一篇祭辞，字字句句表明了这位改革之君兢兢业业、恪守祖训的一颗赤诚之心。我们看一看翻译成现代白话的厉王祭辞：

厉王说："我虽然不才，但却昼夜不敢贪图安逸享受。我遵守先祖古训，践行皇天帝王之道，想做一个称职的君主，恩泽万民，施惠四方。于是我启用社会贤达包括仕于周的殷商世家大夫，就是为了更好的继承先王的事业，永续祖宗的庙堂香火。因此，特意制作了这样一件青铜宝簋，用以祭告我伟大、显赫而有文德的列祖和先父，以及那些为了国家做出贡献的先贤们。先贤们经常来往于上帝的天庭，继续恪守着皇天旨意，以好好保护我们的周室及我的王位、我的身体。希望先祖高高兴兴地施降我们多福，教导我们图谋伟业的智慧。我将永远诚祭虔祀，用来祈求长寿永命。长在王位，就得从眼前脚下做起。（厉）王十二年。"

一位励精图治，呕心沥血的古代帝王俨然若现。

二、"厉始革典"是时代的使命

随着昭王南征的惨败，标志着西周早期军事扩张的结束，也意味着西周国家土地资源枯竭的开始。与中国历史上许多后世王朝相比，西周似乎很早就已暴露出其政治体制的弊端，此后便走上了漫长的衰微之途。关于西周中期的历史，传世文献大体上均侧重于描写此时王权的衰微和周王的无能。

（一）内忧外患

西周中期以后，土地买卖、抵押、交换、赔偿等现象已大量出现。商业与手工业有了长足发展，原来"工商食官"的制度被打破，官营商业和手工业占主导地位的形势发生逆转，私人商业和家庭手工业开始强劲崛起。如卫盉所反映的裘卫家族，从靠掌皮裘小吏起家，到投靠权贵，最后官居膳夫一职，展示了裘卫家族不断上升的新兴世族的发家史。由于他们是周王的近臣，通过经商，其家族迅速暴富，他们拥有贵重玉器、丝帛、织品和裘皮，以及豪华的车马，以至于王公大臣朝觐周天子所需的礼物，都来自裘卫家族。[1] 财政上看，这个时期由于私田不向国家纳税，私人商业和家庭手工业也不向国家纳税，山林川泽资源纷纷被贵族侵吞，这一切都严重地冲击了国家财政，导致"王室衰微"。

《史记·周本纪》云："懿王崩，共王弟辟方立，是为孝王。孝王崩，诸侯复立懿王太子燮，是为夷王。"表明此时西周王室已经衰微，势力强大的权臣开始干预王位，嫡长子继承制的宗法制度遭到破坏，因而先是兄终弟及，继而又是传之兄子。西周中期有五位周王（穆、恭、懿、孝、夷），但统治在位的时间却比一个贵族家庭（单氏）前后三代的时间还要短。懿王、孝王、夷王三王在位时间加起来也只有22年。

西周晚期，周王对王畿的控制能力在逐渐衰退，伊藤道治曾指出："在以长安为中心的地区，大小诸侯领主热衷于抢夺土地，哪怕是寸土，因土地而引起的纠纷频频发生，进而领主间依力量大小相互兼并。"这一进程的必然结果是，周王朝可以新赠予的土地也减少，取代土地赠予的，是委任对直辖地区内的居民等的管理权，以此作为时贵族的优惠政策，但这使得周王朝的力量日益变弱，王权衰退，以至于丧失其控制力。其中一个重要变化就是，在西周前期，王的命令能达到诸侯内部，但后期以大贵族为主，实行了贵族的系列化，王臣变为大贵族的私臣的倾向十分突出。[2] 此种情况从册命金文卯簋可以清楚地看到。张懋镕先生说："荣伯对其家臣卯的册命典礼，其程序以至于措辞都和王室册命典礼相同，区别仅仅是主持册命者是荣伯而不是天子。……通观铭文，荣伯世族俨然是个小王朝，荣伯本人则是小王朝的主宰者。"[3]

西周从昭王起就已"王道微缺"了，穆王时"王道衰微"（《史记·周本纪》），懿王时，"戎狄交侵，中国被其苦，诗人始作，疾而歌之曰：靡室靡家，猃狁之故。"（《汉书·匈奴传》）到周夷王时，出现了"王室微，诸侯或不朝，相伐"（《史记·楚世家》）的局面。禹鼎铭文表明，在西周晚期王室军队已经难撑大厦，周王不得不更多地依赖诸侯军队和家族武装来抵御外患。内忧外患，在这种情况下，如何充实财政，重振王朝国势，巩固周王朝的统治基础，这是厉王不得不考虑的问题。所以，周厉王改革是时代的要求。

（二）厉始革典

周厉王面临的是一个在政治上将要失去共主地位，经济走向崩溃的局面，楚公然称王，诸侯肆无忌惮地互相攻伐，哪里还把周王天子放在眼里？不景气的王室经济，根本承担不起日渐频繁的周边战争的费用。在厉王面前只有两条路：要么继续烂下去，以至于亡国；要么革陋除弊，恢复政治、经济上的共主地位。

《国语·周语下》周太子晋谏灵王有曰："自我先王厉宣幽平而贪天祸，至于今未弭。……自后稷之始基靖民，十五王而文始平之，十八王而康克安之，其难也如是。厉始革典，十四王矣。"韦《注》："革，更也。典，法也。厉王无道，变更周法，至今……十四王也。"可见厉王确有重大改革。

根据学者们研究，周厉王大体在政治、经济、军事等方面都进行了不同程度的改革。

1. 典章制度的改革。孙景坛先生认为："《周礼》应出于'厉始革典'，是厉王在革除旧典的同时所拟颁行的新政典。"[4]而刘家和先生认为："周厉王革典就是经济上的专利和政治上的专权，一言以蔽之，也就是他在谋取专制的王权。"[5]李若晖先生则进一步认为，为了维持政权，重振王权威严，厉王在中国历史上第一次尝试建立君主专制体制，尊君卑臣，周厉王可称得上中国历史上第一位专制君主。[6]

2. 人事制度改革。厉王改变了周、召二公"世为卿士"的惯例，起用了荣夷公和虢公长父。起用善于理财、时称"好利而不知大难"的荣夷公作"卿士"，主持经济工作。

3. 经济制度改革。对山林川泽等自然资源实行专利的改革，这是厉王革典的重要内容。许倬云曰：厉王的罪名，"专利"一项，《国语》本文并无正面交代。但细玩文义，有数点可以析出。第一，利大约指天然资源，是以谓之"百物之所生""天地之所载"。第二，利须上下均沾，是以王人"将导利而布之上下"。第三，荣夷公专利的结果，是"诸侯不享"。循此推测，周在分封制度下，山林薮泽之利，由各级封君共享。厉王专利，相对的也就使诸侯不享。厉王时，西周王室颇有紧迫的情形。外有国防需要，内有领主的割据。周室可以措手的财源，大约日渐减少。费用多，而资源少，专利云乎，也许只是悉索敝赋的另一面。这是时势造成的情况，厉王君臣未必应独任其咎。[7]许先生的评价较为公允。

的确，厉王在经济上，抓住了"专利"和农业这两个主要环节，采取了打击贵族经济以加强王室经济的改革措施，力图振兴残破的王室经济。西周时代的山林川泽，特别是西周中晚期以后早已为各级贵族所有，厉王从贵族占有的山林川泽中，规定了若干项向王室交纳的"专项"物质财富，以扩大国家财政的来源。重视农业是厉王改革的又一项重大措施。《诗·大雅·桑柔》："好是稼穑，力民代食，稼穑惟宝，代食维好"，大意是：你厉王只知道抓农业，以"稼穑"为国宝。《桑柔》毛序说："芮伯刺厉王也。"芮伯是王畿内诸侯，也是王的卿士。这正是厉王发展农业的有力佐证。

（三）重振国威

西周中期以后，淮夷是其主要的外患，有时竟窜至周王朝的腹地伊水、洛河之间，并掠杀无辜平民，抢夺财物。厉王时期彻底改变了自西周中期以来周边少数族群屡次入侵周土的状况，解决了西周王朝积弱之弊。我们从出土的青铜器铭文看，凡涉及对淮夷的讨伐战争，厉王几乎都亲自挂帅，深入敌方腹地，其军队也横穿了整个南淮夷地区，直抵长江北岸（见翏生盨铭文）。

1. 击退淮夷　《后汉书·东夷传》："厉王无道，淮夷入寇，王命虢仲征之，不克。"出土的虢仲盨盖云："虢仲以（与）王南征伐淮夷，在成周，作旅盨。"《古本竹书纪年》也有类似记载："三年，淮夷侵洛，王命虢公长父伐之不克。"这是厉王即位三年时的情况，当时淮夷已进逼近洛邑，为周王朝之大患，但由于国力不强，故虢公长父不能取胜。

反映厉王时期征伐南土的相关铜器数量较多，如虢仲盨、翏生盨、鄂侯驭方鼎、晋侯苏钟、柞伯鼎、禹鼎、钟等等。鄂侯驭方鼎记载的是厉王南征的途中，鄂侯亲自前迎，君臣宴设，气氛十分欢洽。但不知何故，我们在禹鼎铭文看到鄂侯驭方却率南淮夷与东夷大举进攻西周，广犯东土、南土，将战火又一次烧到了王畿。此次战事规模之大，整个周土为之震动，厉王下达了"勿遗寿幼"的残忍命令，调集西六师、殷八师伐鄂，竟未能取胜，最后武公命令禹率领自己的私人武装，配合西六师、殷八师协同作战。结果直捣鄂国，擒获鄂君驭方。这次事件在南淮夷、东淮夷各部中必然产生了强大的威慑作用。

晋侯苏钟记载厉王三十三年巡视东南各国，其足迹从宗周到成周，从成周继续往东，历时两月，并与晋侯苏分行，在肃清反叛之势力大获全胜后，厉王"亲远省师"，在前方两次赏赐晋侯。[8]

厉王对淮夷的大规模整治的结果，是"南夷、东夷具见，廿又六邦。"（钟）通过厉王数次对淮夷的征伐，南淮夷的实力大为削弱，淮夷、东夷许多大小邦国纷纷归附周王朝，此后再也不见有大规模入侵的举动。《史记·楚世家》中也可以透露一些消息，在江汉间强大的熊渠，夷王时即已称王，但到厉王时，由于"熊渠畏其伐楚，亦去其王。"表明周王朝当时已震慑四方。

2. 反击猃狁 多友鼎铭文反映厉王某年十月，猃狁侵犯京师，王命武公派遣多友率兵抵御。多友在十几天内，共打4仗，都取得了胜利，杀掉敌人350余人，俘获23人，缴获战车127辆，并救回了被俘虏的周人。当时周王朝北方边患不断，日益强盛的猃狁民族经常向南侵袭，成为周王朝的严重威胁。厉王出兵反击，不仅击退了入侵的猃狁，夺回被俘的人和被劫的财物，更重要的是要戎狄定期献纳贡赋，维持原来的"荒服"制度。

随着昭王南征的失利，西周在与淮夷的斗争中开始处于守势，穆王时期沉寂一时的夷族在淮水流域又壮大起来，向周朝发起挑战。《后汉书·东夷传》记载以徐为首的淮夷集团对周朝发起了规模空前的战争，战线向西推进至黄河。鄂国盛先生通过对大量的金文资料研究认为，可以将淮夷与西周的斗争大致分作两个阶段：早期迁往淮水的东夷与当地部族融合，那时周王朝虽然控制了东土，对淮水流域却没有涉足，因而淮夷得以休养生息，至西周中期时，淮夷势力壮大，并频频侵扰周王朝腹地，周人对淮夷的攻势采取防御为主的策略。至厉王时期，淮夷与周王朝的战斗越发激烈，周人不再消极防御，战场大多在南土，淮夷内侵的次数相对减少，周人在争斗中逐渐占了上风，至宣王时淮夷被周人征服。[9]战争是衡量一个国家国力的试金石，很难想象，一个昏庸无能、残暴异常、怨声载道的君王能在对外战争中屡次打败势力异常强大的对手。

三、"厉始革典"悲剧是西周土地赏赐制度导致的必然结果

膳夫山鼎铭文云："唯三十又七年正月初吉庚戌，王在周，格图室。南宫乎入右膳夫山，入门，立中廷，北向。"表明在厉王三十七年的正月，厉王还在周人的发迹地周原主持册命大典，西周王朝的国家机器还在正常按部就班地运作。厉王出奔，显属意外，与战争的节节胜利极不相称。

《古本竹书纪年》在肯定厉王出奔这段史实外，也有着与《史记》不相同的记录，其中有"共伯和干王位"的记载。对于周王室内这场戏剧性的政变李峰先生认为师毁簋提供了有力的证据，铭文中的"伯和父若曰"这一习语的使用，说明共伯和确实继任了周王的位置，并认为：从元年师兑簋三年师兑簋可知，共伯和可能曾经是周都地区的禁卫部队的统领，并且可能在厉王下台之前对周王室有过一些重要影响。他不但从厉王下台中获益，同时可能还参与其事。[10]实际上，厉王出奔可能就是一场宫廷政变，表面上是厉王与贵族之间的权利争斗，实际上是厉王改革触动了既得贵族的利益，由于西周政权结构性的危机无法避免，在王权与权贵的争斗中，王权必然处于下风，即使是像厉王这样强势

的君王也不能例外。

（一）"土地赏赐"制度必然破坏西周国家的经济基础

西周国家是在武王伐商与周公东征两次征伐后建立起来的，面对辽阔的疆土，采用了与商不同的统治模式，这就是分封制，该制度本质就是"恩惠换忠诚"，随着时间推移必然导致西周政治危机，一是王室与东部地方封国之间的关系疏远，二是王权与陕西畿内权贵家族权力对抗。从制度史角度来看，这些变化如果不是必然的，也一定是自然的，因为王权与贵族的矛盾都耕植于西周国家的社会政治结构中。李峰先生对西周国家的"恩惠换忠诚"制度有独到、深入的研究。

在西周，政府官员是没有定期俸禄的，周王只是不定期地给予其官员各种形式的赏赐，其中最重要的就是地产。由于这种地产只能在渭河谷地一带有限的王室土地资源中分割，这种被学者称之为"自杀式"的管理方法不可避免地削弱了西周国家的经济基础，导致周王室的贫困化。西周也未能形成能够将东部封国也包括进来的中央集权的财政体制，即没有固定的税制。陕西渭河谷地及东部洛邑（今洛阳）周围的一小片区域是西周国家的政治核心，受周王室的直接行政支配。王室绝大部分收入都来自这些地区，王室的日常花费及军费支出都要依靠它们。[11]

当时的情景是，东部广阔的土地已经分封殆尽，周王可以用来赏赐官员的土地就局限于渭河谷地和洛邑附近的一小片地域了。当一片地产从王室所有转为一个贵族家庭所有时，对周王而言，这片地产便从此丧失了生产力。周王的这种行为是将他自己的资本分发给周围的经济竞争者。只要土地继续流向贵族家庭，那么这种土地赏赐政策就会极大地缩减王室财产的规模，从而破坏西周国家的经济基础。

"恩惠换忠诚"的赏赐制度极大地削弱了王权统治的经济基础，"土地赏赐"导致王室财产的萎缩，而渭河流域的贵族势力增长，造成贵族势力与王权的对抗。如果说西周中期是一个政局不稳和军事软弱逐步积累的时期，那么刚进入西周晚期，也就是周厉王时期，西周国家便遭遇到全面的危机，由此而严重地威胁到西周国家的统治基础。

（二）"土地赏赐"必然造成周王室的贫困化从而导致王权衰微

学者研究，根据金文材料，整个西周时期，周王持续地赏赐服务于中央政府的贵族官员以土地，大约有十四篇金文保留了这样的记录。[12]金文所记载的赏赐土地随着时间的变化，土地数量、单位也在发生变化，折射出周王室逐渐衰败的景象。西周早期的青铜器铭文中被授予的土地称"土"，而中期开始，则被称作"田"。西周早期是整块田地赏赐，到西周晚期变成土地零碎赏赐，表明周王手里已没有更多的土地资源调配，以至于拆东墙补西墙。

在西周早期，金文里通常见到的是一片完整土地的授予，它们常常有单独的地名。如属于西周早期的召圜器铭文记载召得到毕地，面积为方五十里。到了西周中期的永盂铭文提到周王赏赐给一个叫师永的官员洛河流域的田地。然而到了西周晚期，只能看到零碎的土地授予。数量最多的一次是吾簋铭文提到的，吾因抗击南淮夷有功，得到周王赏赐的两个不同地点的土地，加起来共一百田；不其簋铭文提到，在抗击猃狁后，不其被赐十田。

卫盂铭文说明最迟到西周中期，土地已经变成了以小块状态交换的商品了。因此，在西周中期，这些田地显然已为贵族宗族私人拥有。《诗经·北山》中所谓："溥天之下，莫非王土"看来不过只是一种政治理想罢了。毫无疑问，这种以赏赐"恩惠换忠诚"的政策，削弱了西周王室的统治基础，必然导致西周国家的国力不可避免地走向衰退。

大克鼎铭文提到，周王赏赐给克的七块田地竟然位于七个不同的地方，且每处只有一田。这表明，西周中期以后，王室的财产变得十分零碎，周王只能以这种零碎小块的形式继续赏赐。王室理应拥有最多的土地，而且也是私有土地的最初来源。王室土地如果变得这样零碎，那只能是与私家土地相竞争。从法律铭文记载的许多土地争端可知，西周中晚期渭河谷地的土地竞争相当激烈。如五年琱生尊等反映的召氏家族为争夺土地与国家的一场旷日持久的官司，因召氏家族族长出面，历时一年半。如果土地赏赐制度一天不停止，那么周王室的经济，乃至整个国家的国力就不可避免地走向衰退，这就是西周必然走向衰亡的根本原因。

作于厉王时期的大簋铭文记录了周王将原本属于另一个贵族的土地赏赐给了大。从这篇铭文看土地原主人很配合王室的决定，但这仅是从大作的青铜器铭文中了解到的。尽管土地原主人从土地新主人那里收到了玉璋和一卷帛，但他同时还必须向王室的使者赠送礼品，一进一出，土地原主人未得到任何补偿。显然，大簋是厉王简单地"拆东墙补西墙"的一个例子。这篇铭文暗示厉王可能会征用一些贵族宗族的财产，然后再转赐他人。

如果说西周中期是一个政局不稳和军事软弱逐步积累的时期，那么刚进入西周晚期，也就是周厉王时期，西周国家便遭遇到全面的危机。在外交关系上，周人的安全同时受到两面的威胁：东南的淮夷与西北的猃戎。根据禹鼎铭文，淮夷和东夷对西周国家的半壁江山发动攻击，王室不仅派遣成周八师进行抵御，同时还将驻扎在渭河平原的西六师调至东部。西周国家实行两百年的土地赏赐政策，导致周王室一天天贫困下去。在这样的历史环境中再来看周厉王"专利"，可能只不过是为了挽救王朝的衰亡而加强王室财政的一种努力而已。但要达到此目的，同渭河流域既得利益的强势贵族阶级发生冲突在所难免，冲突一旦爆发，日益衰弱的王权根本就不是逐渐做大了的地方权贵们的对手，加之周都地区的禁卫部队统领的临时倒戈，厉王的失败就在所难免。

公元前 841 年的事件最好的解释应该是，当时周王权与一些有影响力的宗族之间的一场争斗，在这些宗族的逼迫下，周厉王失去了自己的权利，而并非所谓民众推翻暴君的一场革命。因此公元前 841 年的反叛与其说是被剥削阶级推翻贵族阶级的一次胜利，不如说是贵族力量战胜王权，王权重建的一次失败，抑或是与既得利益交锋的一次彻底失败更具说服力。

（三）历史的无情

厉王、宣王父子在位时间长达 83 年，说明厉王的改革的确给儿子继续统治打下了一个较好的经济基础，使得摇摇欲坠的西周王朝一度出现了"宣王中兴"的回光返照局面。宣王在位 46 年，是仅次于穆王的第二个在位时间最长的西周君王，加上其父厉王在位 37 年，父子两人在位长达 83 年，占西周 275 年的近 1/3。如果再加上共伯和摄政的 14 年，总计 97 年，近一个世纪。这种现象在中国历史上也是少有的。

厉王改革虽然使周王朝起死回生，但他的对立面是一群日益强大的旧贵族，改革触动了他们的利益，必然导致他们的不满。在这场斗争中，衰微的王权显然不是权贵们的对手，最终连厉王自己的禁卫部队统领也加入到对立面阵营。

厉王儿子的即位，表明贵族们恨的是厉王本人，而不是这个制度本身。这让我们想到了商鞅。公元前 338 年，一生发奋勤勉的秦孝公病亡，商鞅失去了靠山。他在变法时，触动了保守派的利益，因执法较严而引起秦奴隶主贵族的怨恨，其中包括太子的老师，等太子登基后，商鞅自然逃不过他们的报复。不仅商鞅本人被用残酷的"车裂"之刑处死，他的家族也同时被害。商鞅之死，也只是地主阶级内部矛盾所致，商鞅虽然死了，变法成果却保留了下来，使得秦国最终成为战国七雄中最强盛的一个。

厉王的"革典"，被指责其施行"暴政"，厉王本人也被唾骂了两千多年。人们常常说历史是公正的，但有时也是无情的。有时即使做了有益于整个国家、民族或历史发展的事，可能会触动一部分人的利益，这就看谁掌握话语权了。因此，对于一个历史人物、一个历史事件的评价，不能只看史书怎么写，他人怎么说，还要客观地、历史地、辩证地分析，而不能一时一事孤立地看。这就是"厉始革典"悲剧对今天的启示。

注释：

[1] 辛怡华：《西周时期的嬴姓显族——裘卫家族》，《周秦文明论丛》（第一辑），陕西人民出版社，2006 年。

[2] 伊藤道治：《中国古代王朝的形成》，江蓝生译，中华书局，2002 年，第 223-224 页。

[3] 张懋镕：《古文字与青铜器论集》，科学出版社，2002 年，第 155 页。

[4] 孙景坛：《〈周礼〉的作者、写作年代及历史意义新探》，《南京社会科学》1997 年第 10 期。

[5] 刘家和：《论中国古代王权发展中的神化问题》，《古代王权与专制主义》，中国社会科学出版社，1993 年，第 24 页。

[6] 李若晖：《厉始革典——中国专制君权之萌生》，《政治思想史》2011 年第 1 期。

[7] 许倬云：《西周史》，生活·读书·新知三联书店，1994 年，第 307-308 页。

[8] 李凯：《晋侯苏编钟所见的西周巡狩行为》，《文物春秋》2009 年第 5 期。

[9] 鄢国盛：《西周淮夷综考》，南开大学硕士论文，2009 年，第 38 页。

[10] 李峰：《西周的灭亡》，徐峰译、汤惠生校，上海古籍出版社，2007 年，第 122-123 页。

[11] 李峰：《西周的灭亡》，徐峰译、汤惠生校，上海古籍出版社，2007 年，第 107 页。

[12] 李峰：《西周的灭亡》，徐峰译、汤惠生校，上海古籍出版社，2007 年，第 144 页。

（责任编辑：党士学　陈昱洁）

秦"抑商""重商"辨

——兼说始皇帝时代乌氏倮、巴寡妇清"名显天下"

（王子今　中国人民大学国学院、出土文献与中国古代文明研究协同创新中心）

内容提要　旧有商鞅变法即压抑商贾的说法。秦"抑商"之说长期成为秦史成见，然而也有秦并不"抑商"甚至"重商"的看法，或有秦经济政策"限商"的判断。认真考察秦史，可知"抑商"政策在秦行政方针中并不占据特别重要的地位。"抑商"是"重农"的辅助策略，其力度远不如汉初刘邦时代强劲。秦的"市"曾经相当繁荣，成为秦经济生活的重要构成。秦管理"市"的制度亦相当成熟。通过吕不韦的政治表演可以察知，秦的政治传统并非绝对排斥商人参政。秦始皇时代允许出身商人者把握最高执政权，在嬴政亲政之后对于乌氏倮、巴寡妇清的礼遇，以及《史记》卷一二九《货殖列传》记录的秦商的成就，都可以增进我们对秦行政史和经济史的认识。

关键词　秦　商人　商业　抑商　秦统一

有一种传统学术意见，以为商鞅变法即压抑商贾的地位。秦"抑商"说成为对秦史经济政策判断的学术成见。另一方面，亦有否定秦"抑商"，甚至以为秦"重商"的观点。亦可见秦"限商"的意见发表。认真考察秦史，可知"抑商"政策在秦行政方针中其实并不占据特别重要的地位。"抑商"曾经是"重农"的辅助策略，其力度远不如汉初刘邦时代强劲。秦的"市"曾经相当繁荣，成为秦经济生活的重要构成。由秦律遗存可知，秦管理"市"的制度已经相当成熟。商路的畅通也促成了富国强兵事业的成功。李商隐诗云："嬴氏并六合，所来因不韦。"[1] 通过吕不韦的政治表演可以察知，秦的政治传统并非绝对压抑商人，甚至不排斥商人参政。秦始皇时代允许吕不韦这样出身商人者把握最高执政权，在嬴政亲政之后对于乌氏倮、巴寡妇清的非常礼遇，以及《史记》卷一二九《货殖列传》记录的诸多秦商的成就，也可以真切反映当时工商业者的地位。相关历史资料，有助于增进我们对秦行政史和经济史，以及秦统一前后政策风格的认识。

一、秦"抑商"说

李剑农总结"商君变法之条款，与经济改革有关系者"，第一项即"奖励农业生产，抑制商贾"。他指出："非但孟子，即孟子以前之政治家如管仲、子产、晏子以及儒家之大师孔子，亦从无重农抑商之主张；有此主张并实行此种政策者，实自商鞅始。自此视农为'本富'，商为'末富'，所谓'崇本抑末'之思想，渐成为中国流行的经济思想。"[2] 钱穆《秦汉史》写道："今据《史记·商君列传》，商鞅变法有极关重要者几端，……"凡列10项：废贵族世袭；行县制；禁大家族聚居；行新田制；推行地方自治；制军爵；奖农织；建新都；统一度量衡；法律上之平等。关于其中"奖农织"，钱穆又写道："耕织致粟帛多者复其身，事末利及怠而贫者举以为收孥。收录为官奴婢。"[3]《史记》卷六八《商君列传》的记述是："僇力本业，耕织致粟帛多者复其身。事末利及怠而贫者，举以为收孥。"司马贞《索隐》："末谓工商也。盖农桑为本，故上云'本业耕织'也。怠者，懒也。《周礼》谓之'疲民'。以言懒怠不事事之人而贫者，则纠举而收录其妻子，没为官奴婢，盖其法特重于古也。"[4]

林剑鸣《秦史稿》分析"商鞅变法的实施"，对于这条史料的解释是："凡经营商业及怠惰而贫困的，要连其妻子儿女一同没入官府为奴。"又说："当时，将农业称为'本业'，将从事商业称为'末业'，重本抑末从此成为秦国的传统。"[5] 林剑鸣《秦汉史》说："'重农抑商'是自商鞅变法以来秦国一贯实行的国策。""为保护地主阶级的经济基础，秦王朝继续推行'重农抑商'政策。""秦始皇采纳了李斯的建议，将'上农除末'作为一种指导方针向全国公开宣布。""表示'上农除末'是秦王朝的根本方针。"[6] 郑良树说，"无可否认，商鞅是一位重农抑商的极力主张者。他似乎没有提出任何理论上的根据，不过，以当时的社会形态和结构而言，重农是应该可以理喻的；至于抑商，应该被视为重农的另一面而已，至少商鞅就这么地认为的。""为了达到重农的目标，商鞅不惜采用各种方法，'无所不用其极'地裁抑商人及商业活动。"[7] 有的论著写道："商鞅采取种种措施严格限制商业活动，几乎走到了取消商业的地步。"[8] 一些以秦经济史为研究对象的论著均认同秦"抑商"之说，或以为"由于封建国家实行抑商政策"，商人"在政治上和经济上""受到不同程度的歧视"[9]，或以为商鞅"控制商业"的政策即"耕战抑商政策"导致了"秦国的商品经济落后"[10]。有学者说，"只有秦国由于从商鞅到秦始皇都是坚决实行重农抑商的政策，才防止了大商人向封建君主闹独立性，才粉碎了拥有大

154

量奴隶的大商人同新兴地主争夺统治权的篡权阴谋（吕不韦事），也在一定程度上抑制了商人的剥削和兼并农民的不利于巩固封建经济的活动……"[11] 或说"秦代历行的'抑末'即抑制私人工商业的政策"，"秦代严厉摧残和打击商贾的做法"，"西汉建立之后"方得以"调整"。[12] 类似的意见，又有："至于秦国，由商鞅时期所建立的抑制商人的法令，到商鞅死后，仍然存在。商业更难发展。""中国全国范围内，商业的进一步发展，还要到西汉全国统一之后。"[13]

以为秦"抑商"的意见，在战国秦汉史研究领域形成了主导性的影响。一些具有教科书性质的著作采用此说。如安作璋主编的《中国史简编》即强调"重农抑商"是商鞅变法的"主要内容"。[14] 傅筑夫、王毓瑚编的《中国经济史资料•秦汉三国编》于"经济政策及行政"一章中专列"抑商"一节，与另一节"重农"并列。史料自《史记》卷六《秦始皇本纪》秦始皇三十三年发"贾人"略取陆梁地事起载录。[15]《剑桥中国秦汉史》第1章"秦国和秦帝国"中"实行变法"部分，论"经济政策"的内容中写道："商鞅的主要目的是建立一个以勤劳的农民和有纪律的军队为基础的统一而强大的国家，军队的士兵实际上征自农民。农战'本业'得到鼓励，经营和制造奢侈品的'末业'要加以限制。目标是建立一个靠满足现状和定居的农民的劳动和不受追逐利润的商人和手工生产者的活动干扰的静态的农业社会。事实上，所发生的许多社会的其他方面的变化势必阻止这种空想的实现。但是，如同汉代初期儒家采取的方针那样，法家反对私人经商活动的措施一直有力地阻止了工商业者在以后的中国社会中取得支配地位。"[16] 台湾译本的译文有所不同。[17] 大陆译本所谓商鞅的"空想"，台湾译本做"商鞅的理想"。虽表述不同，但都指出这种理念未能实现。还应当注意到，论者对商鞅"抑商"的判断是有所保留的，一译"经营和制造奢侈品的'末业'要加以限制"，一译"抑制贸易和制造奢侈品的'末业'"，应当都并不是指所有的"商业"。

这种对"抑商"有所分析的认识又见于田昌五、安作璋主编《秦汉史》。他们对"事末利及怠而贫者，举以为收孥"的理解是"如果弃农经商，或懒惰游荡而贫穷的，则举以为收孥，即没收其本人为官奴婢"。论者明确写道："应当指出，这项法令不适用于从事正当商业和手工业的人，对他们另有安排，是不能'举以为收孥'的。如然，整个社会经济生活岂不要陷于瘫痪吗？"[18] 这样的意见，值得我们重视。

二、秦不"抑商"而"重商"说

但是也有一些学者并不认为秦推行"抑商"政策。何兹全指出，秦的统一，是春秋战国以来，社会经济，即商品货币关系发展的必然结果。"商鞅变法以后，秦国的国家权力集中在国君手里，国君的权力是强大的。政府解决了土地问题，氏族贵族土地所有制改变为自由买卖的土地所有制，旧的氏族贵族阶级在政治、经济、社会上的特权取消了，在旧的社会秩序下没有地位的新的商人贵族可依自己的才能取得政治地位和社会荣誉。当时，东方各国虽然都是秦国敌国，但在这些国家内，代表新的商人贵族阶级的进步势力，却无不以为秦国政府是代表他们利益的政府，各国有才能的人，这些被客观条件决定在本国没有出路的人，无不跑到秦国来找出路，帮助秦国完成统一工作。"他还认为，秦统一后，"货币和度量衡制的统一，是商品货币关系发展的必然要求；货币和度量衡制统一后，又必然反转来促进商品货币关系发展"。[19] 瞿兑之《秦汉史纂》在秦史部分"社会经济"内容中"商业"题下不仅不言"抑商"，反而发表了秦"重商"的评断：

秦之重商。远在穆公以前。

商业既繁。商人势力益大。进执国政。

"秦之重商。远在穆公以前"句下引录《史记》卷一二九《货殖列传》："史记货殖传。及秦文孝穆居雍隙。陇蜀之货物而多贾。献孝公徙栎邑。栎邑北却戎翟。东通晋齐。亦多大贾。武昭治咸阳。……四方辐凑并至而会。地小人众。故其人益玩巧而事末也。"[20] 明确言"秦之重商"，瞿兑之书可称标新立异。[21]

不过，吕思勉《秦汉史》也说到当时的时代风习和社会形势，"晚周以来，盖封建势力日微，而资本势力方兴之会。封建势力，如死灰之不可复然矣，而或不知其不可然而欲然之；资本势力，如洪水之不可遽湮也，而或不知其不可湮而欲湮之；此为晚周至先汉扰攘之由"。他引录《汉书》卷九一《货殖传》："及周室衰，礼法堕，诸侯刻桷丹楹，大夫山节藻棁，八佾舞于庭，雍彻于堂。其流至乎士庶人，莫不离制而弃本，稼穑之民少，商旅之民多，谷不足而货有余。陵夷至乎桓、文之后，礼谊大坏，上下相冒，国异政，家殊俗，奢欲不制，僭差亡极。于是商通难得之货，工作亡用之器，士设反道之行，以追时好而取世资。伪民背实而要名，奸夫犯害而求利，……"[22] 以为："此文最能道出东周以后社会之变迁，及其时之人之见解。"[23]

翦伯赞认为商鞅变法实现了"商人"地位的上升。"新兴的商人地主，首先在秦国获得了政权。商鞅变法，正是秦国历史之新的转向的表现"。"秦自孝公用商鞅变法之后，秦国的政权已经是商人地主的政权，因而秦国的武力，也就是商人地主的武力，从而秦国所收夺的土地，也就是商人地主的土地"。他认为："秦代的统一，城市手工业的发达是一个主要的历史动力。因为作为秦国政权之主要支持者的商人地主，正是从城市手工业中成长起来的一种新的历史因素；秦代的统一，正是这种新的历史因素之成熟"。"当初期封建主义的政治体制一旦成为商业资本之发展的障碍时，他就必须被废除。六国的灭亡与秦代的统一，正是这一历史原理的实现"。秦统一的意义，在于"扫除以前障碍商业交换之发展的领主政治和领主之间的混战"。"这样，秦代的政府，就创造了商业资本走向全面发展的客观条件。所以当秦始皇统一天下以后，巡行全国各地的时候，到处都得到商人地主的欢迎。"[24] 有的学者说："秦商业起初较落后，但战国中叶以后，发展很快。秦统一后，又有了进一步的发展"。以为秦的崛起与统一的实现，均与"商业""发展"同步。"秦统一后，秦始皇为发展封建经济的需要，除大力发展官营工商业外，亦曾鼓励商人经营致富，加以统一货币、度量衡、车轨等措施的推行，使秦代的工商业较前有了进一步的发展。秦代的工商业主要是官营工商业，同时亦有私营工商业，其中包括大工商业主和小手工业者、小商人。"[25]

秦"重商"之说是否成立，可以讨论。秦对商业和商人之政策的确切内容及其历史文化影响，有必要进行符合历史真实的说明。商鞅一类人物与商贾对于传统宗法社会有同样的不满情绪和破除意向，也许也是应当注意到的。[26]

祝中熹在《秦国商业及货币形态析述》中写道："战国时期曾普遍流行重农抑商思想，秦国由于影响巨大的商鞅变法含有抑商内容而特别引人瞩目。""商鞅变法的基本内容，核心就在耕、战二字，通过强农达到强军、强国的目的。很显然，商业的过度兴盛同变法的战略方针背道而驰"。"不过，我们必须看到，商鞅的抑商只是重农的辅策，只着眼于防止农业劳动力的分流，意在减少、降低商业的负面影响，而并未从根本上扼杀商业的生命力。"论者指出："以被认为是抑商政策最鲜明的一条'事末利及怠而贫者举以为收孥'而言，也是仅言'末利'而不直言经商。那个时代'末'的含义并非专指商业，而多指奇巧奢靡的物品或技艺。""商鞅的所谓'事末利'是个模糊概念，具有较大的伸缩性，完全可以把他认为对国家不利的一些商业经营纳入其中，肯定反映了变法的抑商倾向。这对商人群体无疑是个警诫，但并不意味着否定商业的合法性与正当性。变法中有些内容在客观上还有利于商业的长远发展，如'平斗、桶、权、衡、丈、尺'，……是政府严格市场管理，建立商品交易秩序，强化国家职能的作为，对正常的商业发展具有促进作用。"[27]

考察秦"抑商"或"重商"，关键在于对《商君列传》"事末利及怠而贫者，举以为收孥"之"末利"的理解。与"末利"相关的概念，是"末作""末业"。

三、《商君书》农商政策与秦"限商"说

余英时将《商君书》看作"战国晚期所集结的"论著。他分析《商君书·算地》

中关于"五民"的文字，指出："最后两类人即是工与商，法家和儒家同把他们看作社会上的寄生虫。……追溯到最后，这五类份子的政治危害性无疑是来自一个共同的根源，即他们的专门知识或技能。"[28] 郑良树说："在《垦令篇》里，他曾经不很有系统地开列了许多抑商的办法：第一，商人不得卖粮……；第二，提高酒肉价钱……；第三，废除旅馆的经营……；第四，加重商品销售税……；第五，商家的奴仆必须服役……上述五种办法，有的是从积极方面着手，如不得卖粮、提高酒肉价钱、加重商品销售税；有的是从消极方面着手，如废除旅馆、奴仆服役，都间接直接地在裁抑商人，减少商人的数量和活动。"[29]

《商君书·垦令》提出了发展农耕的政策导向，其中涉及"商"对于农产品的经营："使商无得籴，农无得粜。农无得粜，则窳惰之农勉疾。商无得籴，则多岁不加乐。多岁不加乐，则饥岁无裕利。无裕利则商怯。商怯则欲农。窳惰之农勉疾，商欲农，则草必垦矣。"又说到对饮食业经营的控制："贵酒肉之价，重其租，令十倍其朴。然则商贾少，民不能喜酣奭，大臣不为荒饱。商贾少，则上不费粟。民不能喜酣奭，则农不慢。大臣不荒，则国事不稽，主无过举。上不费粟，民不慢农，则草必垦矣。"关于"军市"管理的内容，《垦令》篇写道："令军市无有女子；而命其商人自给甲兵，使视军兴；又使军市无得私输粮者，则奸谋无所于伏，盗输粮者不私稽，轻惰之民不游军市。盗粮者无所售，送粮者不私，轻惰之民不游军市，则农民不淫，国粟不劳，则草必垦矣。"关于"商"予以压抑以促成"垦"的发展的建议，还涉及私营运输业："令送粮无取僦，无得返庸，车牛舆重设必当名，然则往速徕疾，则业不败农。业不败农，则草必垦矣。"[30]

《商君书·农战》说到"教民"的原则："善为国者，其教民也，皆作壹而得官爵，是故不官无爵。国去言则民朴。民朴则不淫。民见上利之从壹空出也，则作壹。作壹则民不偷营。民不偷营，则多力。多力则国强。今境内之民皆曰'农战可避，而官爵可得也'。是故豪杰皆可变业，务学《诗》、《书》，随从外权，上可以得显，下可以求官爵；要靡事商贾，为技艺，皆以避农战。具备，国之危也。民以此为教者，其国必削。"在论说"善为国者，仓廪虽满，不偷于农，国大民众，不淫于言，则民朴壹"一节，又说道："豪杰务学《诗》《书》，随从外权；要靡事商贾，为技艺，皆以避农战。民以此为教，则粟焉得无少，而兵焉得无弱也！"在危害国家社会的"避农战"者之中，有"事商贾"的"商民"："今为国者多无要。朝廷之言治也，纷纷焉务相易也。是以其君惛于说，其官乱于言，其民惰而不农。故其境内之民，皆化而好辩乐学，事商贾，为技艺，避农战。如此则不远矣。"[31] 国有事，则学民恶法，商民善化，技艺之民不用，故其国易破也。夫农者寡而游食者众，故其国贫危。今夫螟、螣、蚼蠋春生秋死，一出而民数年不食。今一人耕而百人食之，此其为螟、螣、蚼蠋亦大矣。"[32]"商民善化"会导致"其国易破"。"学民""商民""技艺之民"都是一如"螟、螣、蚼蠋"之类害虫的"游食者"。"夫农者寡而游食者众，故其国贫危。"

《商君书·农战》又论证"明君修政作壹，去无用[33]，止浮学事淫之民，壹之农，然后国家可富，而民力可抟也"，指出："夫民之亲上死制也，以其旦暮从事于农。夫民之不可用也，见言谈游士事君之可以尊身也，商贾之可以富家也，技艺之足以餬口也。民见此三者之便且利也，则必避农。避农，则民轻其居。轻其居，则必不为上守战也。凡治国者，患民之散而不可抟也，是以圣人作壹，抟之也。"[34]

《商君书·去强》："农少商多，贵人贫，商贫，农贫。三官贫，必削。"同篇又说："粟生而金死，粟死而金生。本物贱，事者众，买者少，农困而奸劝，其兵弱，国必削至亡。金一两生于竟内，粟十二石死于竟外；粟十二石生于竟内，金一两死于竟外。国好生金于竟内，则金粟两死，仓府两虚，国弱；国好生粟于竟内，则金粟两生，仓府两实，国强。"[35]可知《商君书》的政治设计，并非绝对排斥"金"的追求，而是希望"金粟两生，仓府两实，国强"。这一谋求的基本要素，是"国好生粟于竟内"。《商君书·算地》："夫治国舍势而任说说，则身修而功寡。故事《诗》《书》谈说之士，则民游而轻其君；事处士，则民远而非其上；事勇士，则民竞而轻其禁；技艺之士用，则民剽而易徙；商贾之士佚且利，则民缘而议其上。故五民加于国用，则田荒而兵弱。谈说之士资在于口；处士资在于意；勇士资在于气；技艺之士资在于手；商贾之士资在于身。故天下一宅，而圜身资。民资重于身，而偏托势于外。"而"所加务者过"，体现出"千乘惑乱""万乘失数"，与"圣人之为国"所谓"胜敌而草不荒"之"富强之功"相去甚远。[36]

祝中熹指出："细审《商君书》诸篇，有些主张目的在于抑制商贾势力的膨胀，如规定对商贾之家的奴婢进行登记，课以赋、役，对某些商品提高税收，必须防止商贾垄断市场等等，但均未超越危及商业生存的底线。"[37]应当说，即使这些政策可以称作"抑商"，其规模和力度，都并不形成对商贾的迫害和对商业的扼杀。《商君列传》所谓"事末利及怠而贫者，举以为收孥"，如理解"事末利"即商业经营，则与此有相当大的距离。

《剑桥中国秦汉史》写道："以他命名的一部重要的法家著作《商君书》由几种材料组成，其中可能没有一种是商鞅写的。但是有的部分，特别是较早期的部分，可能反映了他的思想"。在讨论商鞅变法时，"要考虑到这些困难"。[38]

高亨《商君书作者考》以为"今本《商君书》……是商鞅遗著与其他法家遗著的合编"，其中"《垦令》一篇，当是商鞅所作"，强调"这是有明证的"。[39]

我们在思考商鞅变法是否"抑商"的问题时，更多是对其中政策设定的出发点予以关注，这是必要的。还应当注意到，高亨《商鞅与商君书略论》肯定商鞅"实行重农重战政策"，却不言是否"抑商"。他对于《商君列传》"僇力本业，耕织致粟帛多者复其身。事末利及怠而贫者，举以为收孥"是这样解释的："这是说：奴隶努力务农，则升为庶民，庶民不努力务农，则贬为奴隶。""首先是以解放奴隶为赏，以贬为奴隶为罚，来推行重农政策。"[40]

对《商君书》农商政策的理解，有学者提出"限商"的认识。论者指出，《商君书》中，"只有《垦令》中谈到对商人的限制措施"。对商人限制措施有以下几条：第一条是提高酒肉价格，"重其租，令十倍其朴"；第二条是要求商人自备兵甲，随时供应军需，也没有"抑制""打击"的含义；第三条是"重关市之赋"即提高商人过关、入市的赋税，这五个字的后面就是"则农恶商，商有疑惰之心。农恶商，商疑惰，则草必垦矣"。这些措施"都是对商人的限制，以免他们的势力过分扩张"，"以免损害农战政策"。依据《商君列传》中"僇力本业，耕织致粟帛多者复其身。事末利及怠而贫者，举以为收孥"而认定商鞅"是主张'重农抑商'的人"，"没有很充分的根据或理由"。商鞅关于农商关系的倾向是"限商"而非"抑商"。[41]

四、秦"市"及商路的繁荣

对于商鞅否定"事末利"的政策，除却政治史的特殊年代的简单化公式化评断[42]，不少学者从自己的学理思路分析，以为即"抑商"。傅筑夫说："末，包括商品生产和商业。"[43] 范文澜说，"商鞅抑末政策，意在防止商贾高利贷者兼并土地，使秦民专力从耕织与战争中求富贵"。不过，他又认为，"末"的含义比较宽泛，"文学游说之士，属于末一类，不许入秦"。[44]

从秦的经济史记录看，商业的发展也自有传统。

《史记》卷六《秦始皇本纪》记载："献公立七年，初行为市。""（惠文王）立二年，初行钱。"[45] 安作璋主编《中国史简编》虽然以为"重农抑商"是商鞅变法的"主要内容"。不过，论者仍承认秦献公"'初行为市'，允许在国内从事商业性活动""为商鞅变法准备了必要的条件"。[46]

商鞅变法的第一个动作"徙木立信"，即将表演的舞台设定在都城雍的"市"。《史记》卷六八《商君列传》："令既具，未布，恐民之不信，已乃立三丈之木于国都市南门，募民有能徙置北门者予十金。民怪之，莫敢徙。复曰'能徙者予五十金'。有一人徙之，辄予五十金，以明不欺。卒下令。"[47] 对于"国都市南门"，有人理解为"栎阳城闹市区的南门"[48]，以"闹市区"释"市"，似未能准确理解"市"的意义。

睡虎地秦简《金布律》有关于"市"的管理的律文："百姓市用钱，美恶杂之，勿敢异。"又如：

> 贾市居列者及官府之吏，毋敢择行钱、布；择行钱、布者，列伍长弗告，吏循之不谨，皆有罪。

> 有买及买（卖）殹（也），各婴其贾（价）；小物不能各一钱者，勿婴。[49]

又有《关市》：

> 为作务及官府市，受钱必辄入其钱缿中，令市者见其入，不从令者赀一甲。[50]

可见秦对"市"的管理，有十分成熟的制度。

司马迁在《史记》卷一二九《货殖列传》中言关中经济形势，说到周人的农耕基础，随后秦人经营，则以农耕的进步和商运的开发，促成了新的繁荣："及秦文、（孝）[德]、缪居雍，隙陇蜀之货物而多贾。献（孝）公徙栎邑，栎邑北却戎翟，东通三晋，亦多大贾。（武）[孝]、昭治咸阳，因以汉都，长安诸陵，四方辐凑并至而会，地小人众，故其民益玩巧而事末也。"所谓"隙""通"以及"四方辐凑并至而会"，体现了商业交通的开发成就。在总结咸阳、长安诸陵经济优势地位之后，又写道："南则巴蜀。巴蜀亦沃野，地饶卮、姜、丹沙、石、铜、铁、竹、木之器。南御滇僰，僰僮。西近邛笮，笮马、旄牛。然四塞，栈道千里，无所不通，唯褒斜绾毂其口，以所多易所鲜。天水、陇西、北地、上郡与关中同俗，然西有羌中之利，北有戎翟之畜，畜牧为天下饶。然地亦穷险，唯京师要其道。故关中之地，于天下三分之一，而人众不过什三；然量其富，什居其六。"[51]

商鞅变法迁都咸阳确定的新的经济重心，与巴蜀的交通联系，"栈道千里，无所不通，唯褒斜绾毂其口"，与"天水、陇西、北地、上郡"的交通联系，"唯京师要其道"，前者联系的物资来源区域："地饶卮、姜、丹沙、石、铜、铁、竹、木之器。南御滇僰，僰僮。西近邛笮，笮马、旄牛。"后者则"西有羌中之利，北有戎翟之畜，畜牧为天下饶"。这正继承了"隙陇蜀之货物而多贾"的传统经济优势。正是以咸阳为中心"四方辐凑并至而会"的商业交通形势，形成了可以被称为"大关中"的经济地理格局。[52]其经济地理优势之成就，与"以所多易所鲜"的商业活动有密切关系。

以为"关中之地，于天下""其富，什居其六"的优势地位的形成只是农耕收获的单一积累，恐怕是不符合经济规律，也不符合历史真实的。

五、吕不韦故事

范文澜说，"商鞅重农抑商政策，不仅不能行施于山东六国，即在秦国也不能遏阻重商的趋势，到战国末年，大商人吕不韦终于参加了秦国的政权"。[53] 所谓"抑商政策"与"重商的趋势"并说，是很有意思的事。而一个重要人物在这样的历史纠结中上升，这个人物，就是吕不韦。

据《史记》卷八五《吕不韦列传》记载，吕不韦出身富商，"往来贩贱卖贵，家累千金"。他凭借非同寻常的政治敏感，发现质于赵国的秦贵族子楚"奇货可居"，于是决心进行政治投机，出谋出资支持这位"秦诸庶孽孙"取得王位继承权。吕不韦不惜"破家"以"钓奇"的政治策划终于取得成功。其思路与言行，透露出典型的商贾气息。公元前249年，子楚即位，是为秦庄襄王，吕不韦任丞相，封为文信侯，食洛阳十万户。其政治投资获得回报。三年后，秦庄襄王去世，太子嬴政立为王，这就是后来的秦始皇。吕不韦为相国，号称"仲父"。[54]

从秦庄襄王元年（前249）起，到秦王政十年（前237）免职，吕不韦在秦国专权十二年。而这一历史阶段，正是秦国军威大振，统一战争取得决定性胜利的时期。秦庄襄王元年，吕不韦亲自率领秦军灭东周，扫荡了周王室的残余，真正结束了以周天子为天下宗主的时代。如《吕氏春秋·谨听》所说："今周室既灭，而天子已绝。乱莫大于无天子，……今之世当之矣。"[55] 提出了新的"天子"当政的时代要求。同年，秦军伐韩，取得成皋和荥阳，置三川郡。次年，秦军强攻魏、赵，得赵地三十七城。秦庄襄王三年（前247），秦军又攻韩、赵，置太原郡，并瓦解了进逼函谷关的五国联军。秦王政幼弱，而吕不韦实际执政的数年间，秦军顺利进取韩、赵、魏，又击破五国联军，逼迫楚国迁都。在吕不韦时代，秦国的经济实力已经远远优越于东方六国，秦国的军事实力也已经强锐无敌。当时，"以天下为事"，期望"得志于天下"，已经成为秦人直接的政治目标。应当说，秦实现统一，在吕不韦专权时就大势已定。后来大一统的中央集权的秦王朝的建立，吕不韦是当之无愧的奠基者之一。秦国用客可以专信，如商鞅、楼缓、张仪、魏冉、蔡泽、吕不韦、李斯等，如明人张燧《千百年眼》卷四所说，"皆委国而听之不疑"[56]，而论其功业，吕不韦可以与商鞅并居前列。值得我们特别注意的，是吕不韦的商人出身。

吕不韦是中国历史上以个人财富影响政治进程的第一人。从这一角度认识当时的社会与经济，或可有所新知。吕不韦以富商身份参政，并取得非凡成功，就仕进程序来说，也独辟新径。秦政治文化实用主义的特征，与东方文化"迂大而阔辩"[57] 风格大异。而商人务实即追求实利的精神，正与此相合。[58] 司

162

马迁笔下洛阳巨商白圭自称"权变""决断"类同"商鞅行法"[59]，也是发人深思的。

六、乌氏倮与巴寡妇清"名显天下"

瞿兑之《秦汉史纂》在关于秦"商业"的内容中，于"商业既繁，商人势力益大，进执国政"句后，先说吕不韦事迹，接着引录《史记》卷一二九《货殖列传》文字："《史记·货殖传》。乌氏倮畜牧及众。斥卖求奇缯物。间献遗戎王。戎王什倍其偿与之畜。畜至用谷量马牛。秦始皇帝令倮比封君。以时与列臣朝请。而巴寡妇清。其先得丹穴。而擅其利数世。家亦不訾。……秦皇帝以为贞妇而客之。为筑女怀清台。夫倮。鄙人牧长。清穷乡寡妇。礼抗万乘。名显天下。岂非以富耶。……"[60]

宋儒吕祖谦就乌氏倮和巴寡妇清事迹，又联系秦汉其他历史人物的表现和待遇，有这样的评论：

> 乌氏嬴，秦始皇令比封君，以时与列臣朝请。
>
> 巴寡妇清，始皇以为贞妇而客之，为筑女怀清□。
>
> 张长叔、薛子仲訾十千万，王莽皆以为纳言。
>
> 罗裒致数千万，举其半赂遗曲阳定陵侯，依其权力赊贷，郡国人莫敢负，擅盐井之利，期年所得自倍。
>
> 凡邪臣之以货事君，入于君者锱铢，而假君之势，入于己者丘山矣。乃反谓之忠，岂不惑哉？观罗裒之事，可以解其惑。[61]

以"罗裒之事"比况乌氏倮和巴寡妇清事，其实并不妥当。乌氏倮和巴寡妇清并非因"以货事君"得到地位和荣誉的"邪臣"。

元代学者陈高称此为史著"美谈"："昔巴寡妇清以财自守，秦始皇帝为筑台而礼之，作史者列之传纪，以为美谈。"[62]明代学者王立道则写道："予每读《史记·货殖传》至巴寡妇清，未尝不叹子长之多爱，而讥其谬也。夫传货殖，已非所以为训，清以一妇人，而且得托名不朽，贪夫婪人将日皇皇焉。畜聚积实，耻一妇人之不如，使天下见利而不闻义，则子长之罪也。"[63]他站在传统儒学义利观的立场上批评司马迁"传货殖"，推崇对"利"的追求，而"清以一妇人，而且得托名不朽"，更刺激了"贪夫婪人"们的逐"利"狂热。

明代学者王世贞曾经三次就秦始皇尊礼巴寡妇清事发表议论。他说："今夫秦皇帝至暴狠戾也，然贤巴寡妇清而尊之，为立女怀清台。"[64]似乎发现"秦皇帝至暴狠戾"的另一面，即有"尊""贤"为表现的重视道德的温和情怀。王世贞又说："昔者秦皇帝盖客巴寡妇清云，传称清寡妇，饶财，财能用自卫，不见侵。天子尊礼之，制诏有司筑女怀清台。夫秦何以客巴妇为也？妇行坚至兼丈夫任，难矣！客之，志风也，此其意独为右货殖乎哉？"[65]他理解秦始皇"客巴寡妇清"的积极意义，有"志风"即推崇巴寡妇清"行坚至兼丈夫任"的意图。此说当然不能简单否定，但是秦始皇的深层动机，大概还是司马迁所赞许的"不訾""饶财"的尊重。司马迁的原话值得我们认真品读："夫㑇鄙人牧长，清穷乡寡妇，礼抗万乘，名显天下，岂非以富邪？"

王世贞还曾发表如此的感叹："余始读秦皇帝礼巴寡妇清事，而卑秦风之不逮贫也。"[66]他有关"秦皇帝礼巴寡妇清事"与"秦风"之传统的内在关系的发现，是值得重视的。

有学者以为，"令乌氏㑇比封君，为巴寡妇筑怀清台是吕不韦当权时搞的名堂，不是秦始皇的本意"[67]，其说不符合《史记》卷一二九《货殖列传》"秦始皇帝令㑇比封君，以时与列臣朝请"，"清，寡妇也，能守其业，用财自卫，不见侵犯。秦皇帝以为贞妇而客之，为筑女怀清台"的记载。[68]其中"秦始皇帝""秦皇帝"称谓的使用，说明并非"吕不韦当权时搞的名堂"。

七、《货殖列传》所见成功秦商

《史记》卷一二九《货殖列传》写道："夫山西饶材、竹、谷、纑、旄、玉石；山东多鱼、盐、漆、丝、声色；江南出楠、梓、姜、桂、金、锡、连、丹沙、犀、玳瑁、珠玑、齿革；龙门、碣石北多马、牛、羊、旃裘、筋角；铜、铁则千里往往山出棋置：此其大较也。皆中国人民所喜好，谣俗被服饮食奉生送死之具也。故待农而食之，虞而出之，工而成之，商而通之。此宁有政教发征期会哉？人各任其能，竭其力，以得所欲。故物贱之征贵，贵之征贱，各劝其业，乐其事，若水之趋下，日夜无休时，不召而自来，不求而民出之。岂非道之所符，而自然之验邪？"[69]四个经济区中，司马迁首列"山西"。所谓"中国人民所喜好，谣俗被服饮食奉生送死之具"，皆"商而通之"。农、工、商、虞，如司马迁所说，"此四者，民所衣食之原也。原大则饶，原小则鲜。上则富国，下则富家。贫富之道，莫之夺予，而巧者有余，拙者不足"。"山西"商人之活跃，在史家视野中留下的深刻印象，又见于司马迁对于秦地成功商人的表扬。

《货殖列传》应是司马迁政治意识、经济意识、文化意识的集中表达。有人说，"就中有至理，有妙用，有深心"。[70]但是《货殖列传》既称"列传"，就有重要人物事迹的载录。司马迁首先记述了范蠡、子赣的经营成功。随即在白圭、猗顿、郭纵之后，即说到秦始皇时代对乌氏㑇、巴寡妇清声誉与地位的抬升。司马迁在当代史记录中，指出"汉兴，海内为一，开关梁，弛山泽之禁，是以富商大贾周流天下，交易之物莫不通，得其所欲，而徙豪杰诸侯强族于京师"的形势。在阐发经济地理学等论说之后，司马迁写道："请略道当世千里之中，贤人所以富者，令后世得以观择焉。"在所列举的"当世""贤人所以富者"之中，可以看到秦商的成功事迹。例如：

> 蜀卓氏之先，赵人也，用铁冶富。秦破赵，迁卓氏。卓氏见虏略，独夫妻推辇，行诣迁处。诸迁虏少有余财，争与吏，求近处，处葭萌。唯卓氏曰："此地狭薄。吾闻汶山之下，沃野，下有蹲鸱，至死不饥。民工于市，易贾。"乃求远迁。致之临邛，大喜，即铁山鼓铸，运筹策，倾滇蜀之民，富至僮千人。田池射猎之乐，拟于人君。

> 程郑，山东迁虏也，亦冶铸，贾椎髻之民，富埒卓氏，俱居临邛。

> 宣曲任氏之先，为督道仓吏。秦之败也，豪杰皆争取金玉，而任氏独窖仓粟。楚汉相距荥阳也，民不得耕种，米石至万，而豪杰金玉尽归任氏，任氏以此起富。富人争奢侈，而任氏折节为俭，力田畜。田畜人争取贱贾，任氏独取贵善。富者数世。然任公家约，非田畜所出弗衣食，公事不毕则身不得饮酒食肉。以此为闾里率，故富而主上重之。

> 塞之斥也，唯桥姚已致马千匹，牛倍之，羊万头，粟以万钟计。吴楚七国兵起时，长安中列侯封君行从军旅，赍贷子钱，子钱家以为侯邑国在关东，关东成败未决，莫肯与。唯无盐氏出捐千金贷，其息什之。三月，吴楚平，一岁之中，则无盐氏之息什倍，用此富埒关中。[71]

蜀卓氏和程郑迁居蜀地，在这里重新致富。以"大关中"的经济地理观判断[72]，他们是可以归入秦地商人之列的。任氏之先"为督道仓吏"，裴骃《集解》："韦昭曰：'督道，秦时边县名。'"[73]《汉书》卷九一《货殖传》"督道仓吏"，刘奉世曰："督道者，仓所在地名耳，犹后传注《汉宫阙疏》所称细柳仓也。"[74]其起家应在秦地。桥姚居边塞之地经营畜牧业成功，作为秦边塞居民的可能性是很大的。无盐氏于长安"赍贷子钱"，得以"富埒关中"。获"息什倍"之时在汉景帝时，我们不能排除其家在秦代已经积累的财富可以具有"出捐千金贷"之实力的可能。

司马迁还写道："关中富商大贾，大抵尽诸田，田啬、田兰。韦家栗氏，安陵、杜杜氏，亦巨万。"[75]"诸田"等富家，秦时迁居关中，他们在关中地区重新暴发，应依据原有资本和经营经验，而秦地适应商业发育的文化背景和经济生态，应当也是重要的条件。

《史记》卷三十《平准书》写道："天下已平，高祖乃令贾人不得衣丝乘车，重租税以困辱之。"[76]《汉书》卷一下《高帝纪下》的记载较为具体："（八年）春三月，行如雒阳。令……贾人毋得衣锦绣绮縠絺纻罽，操兵，乘骑马。"[77]可知汉高祖刘邦建国之初，曾经推行严厉的"抑商"政策。有经济史学者指出：

165

"原来在战国时期颇为发达的商业，到秦始皇统治期间曾一度趋于消沉。进入汉朝以后，又迅速地发展起来，并显示了特殊的繁荣，一时'富商大贾，周流天下，交易之物莫不通，得其所欲'，在中国古代封建社会中，成为商业的一个突出的发展时期。"[78] 商业是否"到秦始皇统治期间曾一度趋于消沉"是可以讨论的。而汉初"抑商"政策与秦代商业管理形式相比较，究竟是继承还是变换，也值得我们认真思考。

本文为：国家社会科学基金重大项目"秦统一及其历史意义再研究"（项目编号：14ZDB028）成果。

注　释

[1]刘学锴、余恕诚：《井泥四十韵》，《李商隐诗歌集解》，中华书局，1988年，第1404页。

[2]李剑农：《先秦两汉经济史稿》，生活·读书·新知三联书店，1957年，第120页。

[3]钱穆：《秦汉史》，生活·读书·新知三联书店，2004年，第6—7页。

[4]司马迁：《史记》，中华书局，1959年，第2230—2231页。

[5]林剑鸣：《秦史稿》，上海人民出版社，1981年，第185—186页。

[6]林剑鸣：《秦汉史》（上），上海人民出版社，1989年，第140—141页。

[7]郑良树：《商鞅及其学派》，上海古籍出版社，1989年，第171—172页。

[8]何汉：《秦史述评》，黄山书社，1986年，第98页。

[9]林甘泉主编：《中国经济通史·秦汉经济卷》，中国社会科学出版社，2007年，第592页。

[10]蔡万进：《秦国粮食经济研究》，内蒙古人民出版社，1996年，第111页。

[11]吴慧：《桑弘羊研究》，齐鲁书社，1981年，第31页。

[12]晋文：《桑弘羊评传》，南京大学出版社，2005年，第15页。

[13]宋叙五：《西汉的商人与商业》，新亚教育文化有限公司，2010年，第14页。

[14]安作璋主编：《中国史简编·古代卷》，高等教育出版社，2014年，第86页。

[15]傅筑夫、王毓瑚编：《中国经济史资料·秦汉三国编》，中国社会科学出版社，1982年，第483页。

[16]崔瑞德、鲁惟一编，杨品泉等译：《剑桥中国秦汉史》，中国社会科学出版社，1992年，第52—53页。

[17]韩复智主译本译文："商鞅的主要目标，是要建立一个由勤奋农民和训练有素的军队所组成的统一而强盛的国家；其军队的士兵，是由农民征募而来。商鞅鼓励农战的'本业'；抑制贸易和制造奢侈品的'末业'。其目标是要建立一个不受钻营私利润的商人和手工业者干扰；而是由满足现状，采取定居生活方式的勤劳农民，所组成的静态农业社会。事实上，当时所发生的许多社会或其他方面的改变，却阻挠了商鞅的理想实现。但是，汉朝初年，儒家学者所提出的改革，却有法家的反对私人商业交易活动的主张。此主张一直有效地阻止了工商业者，在日后中国社会中，取

得领导的地位。"DenisTvitchett·JohnK.Fairbank 编，韩复智主译：《剑桥中国史》第一册《秦汉篇，前 221—220》，南天书局有限公司 1996 年 1 月版，第 45 页。

[18]田昌五、安作璋主编：《秦汉史》，人民出版社，1993 年，第 24—25 页。

[19]何兹全：《秦汉史略》，上海人民出版社，1955 年，第 5 页、第 10 页。

[20]司马迁：《史记》，中华书局，1959 年，第 3261 页。《史记》卷一二九《货殖列传》："及秦文、(孝)[德]、缪居雍，隙陇蜀之货而多贾。献(孝)公徙栎邑，栎邑北却戎翟，东通三晋，亦多大贾。(武)[孝]、昭治咸阳，因以汉都，长安诸陵，四方辐凑并至而会，地小人众，故其民益玩巧而事末也。"司马迁：点校本二十四史修订本《史记》，中华书局，2013 年，第 3930 页。

[21]瞿兑之：《秦汉史篡》，中国联合出版公司，1944 年，第 74—75 页。

[22]班固：《汉书》，中华书局，1962 年，第 3681—3682 页。

[23]吕思勉：《秦汉史》，上海古籍出版社 1983 年 2 月，第 2—3 页。

[24]蒯伯赞：《中国史纳》第二卷，商务印书馆，2010 年，第 16 页、第 38 页、第 45 页、第 50 页。

[25]原注："《秦律·司空》规定一般人以劳役抵偿赀赎和欠官府债务，可以找年龄相当的人代替，唯有'作务及贾而负债者，不得代'。可见秦存在着经济上极不稳定，容易负债的小手工业者和小商人存在。"王云度、张文立主编：《秦帝国史》，陕西人民教育出版社，1997 年，第 138 页，第 132 页、第 144 页。

[26]范文澜说："法家一般也代表商贾（地主常兼作商贾）的利益，商鞅抑末是在秦国的特殊措施。"《中国通史》第一册，人民出版社，1978 年，第 190 页。

[27]祝中熹：《秦史求知录》上，上海古籍出版社，2012 年，第 311 页，第 315—316 页。

[28]余英时：《反智论与中国政治传统——论儒、道、法三家政治思想的分野与汇流》，《历史与思想》，台北联经出版事业公司，1976 年，第 22 页、第 24 页。

[29]郑良树：《商鞅及其学派》，上海古籍出版社，1989 年，第 172—173 页。

[30]高亨注译：《商君书注译》，中华书局，1974 年，第 27、第 34 页、第 44 页、第 51 页。据高亨《商君书作者考》，《垦令》"当是商鞅所作"，叙例第 24 页。

[31]高亨注："或说：'不远上当增亡国二字。'"《商君书注释》，中华书局，1974 年，第 76 页。

[32]高亨注译：《商君书注译》，中华书局，1974 年，第 57—58 页、第 61—62 页、第 73 页。

[33]通过《商君书》"去无用"理念，有益于理解秦文化重视"实用"的传统。参看王子今：《秦文化的实用之风》，《光明日报》2013 年 7 月 15 日；《秦"功用"追求的极端性及其文化影响》，《陕西历史博物馆馆刊》第 20 辑，三秦出版社，2013 年。

[34]高亨注译：《商君书注译》，中华书局，1974 年，第 74—75 页。

[35]高亨注译：《商君书注译》，中华书局，1974 年，第 93 页，第 111—112 页。

[36]高亨注译：《商君书注译》，中华书局，1974 年，第 156—157 页，第 163—164 页。据高亨《商君书作者考》，《算地》"很明确是作者献给秦君的书奏"。叙例第 18 页。

167

[37] 他的另一意见也值得注意:"《商君书·去强篇》明言:'农、商、官三者,国之常官也。'显然对商业并不歧视。"祝中熹:《秦史求知录》上,上海古籍出版社,2012年,第316页。

[38] 崔瑞德、鲁惟一编,杨品泉等译:《剑桥中国秦汉史》,中国社会科学出版社,1992年,第49页。韩复智主译本的译文是:"《商君书》(由好几个人所写的法家的重要著作)中,虽然注明是商鞅所写的,但是其中可能没有一篇是商鞅写的。此书有的部分,特别是较早的部分,或许能反应他的想法。因为上述材料的限制,以下只能概述商鞅的改革。……"Denis Twitchett, Michael Loewe 编,韩复智主译:《剑桥中国史》第一册《秦汉篇,前221—220》,第41页。今按:"或许能反应他的想法","反应"应为"反映"。

[39] 高亨注译:《商君书注译》,中华书局,1974年,叙例第15、第24页。

[40] 高亨注译:《商君书注译》,中华书局,1974年,前言第27页。

[41] 汤勤福:《商子答客问》,上海人民出版社,1999年,第177—182页。

[42] 如《商君书新注》说,商鞅的改革方案包括"实行重农抑商的法家政策,限制、打击奴隶主工商业者"。陕西人民出版社,1975年,第11页。

[43] 傅筑夫:《中国封建社会经济史》第一卷,人民出版社,1981年,第355页。

[44] 范文澜:《中国通史》第一册,人民出版社,1978年,第190页。

[45] 司马迁:《史记》,中华书局,1959年,第289页。

[46] 安作璋主编:《中国史简编·古代卷》,高等教育出版社,2014年,第85页。

[47] 司马迁:《史记》,中华书局,1959年,第2231页。

[48] 李存山:《商鞅评传——为秦开帝业的改革家》,广西教育出版社,1997年,第21页。

[49] 睡虎地秦墓竹简整理小组:《睡虎地秦墓竹简》,文物出版社,1978年,第55页、第57页。

[50] 睡虎地秦墓竹简整理小组:《睡虎地秦墓竹简》,文物出版社,1978年,第68页。

[51] 司马迁:《史记》,中华书局,1959年,第3261—3262页。

[52] 王子今、刘华祝:《说张家山汉简〈二年律令·津关令〉所见五关》,《中国历史文物》2003年1期。王子今:《秦汉区域地理学的"大关中"概念》,《人文杂志》2003年1期。

[53] 范文澜:《中国通史》第一册,人民出版社,1978年,第211页。

[54] 司马迁:《史记》,中华书局,1959年,第2505—2506页、第2508页、第2509页、第2513页。

[55] 陈奇猷校释:《吕氏春秋校释》,学林出版社,1984年,第705页。

[56] 〔明〕张燧:《千百年眼》,河北人民出版社,1987年,第53页。

[57] 司马迁:《史记》,中华书局,1959年,第2348页。

[58] 王子今:《秦文化的实用之风》,《光明日报》2013年7月15日。

[59] 司马迁:《史记》,中华书局,1959年,第3259页。

[60] 瞿兑之:《秦汉史纂》,中国联合出版公司,1944年,第75页。《史记》卷一二九《货殖列传》:"乌氏倮畜牧,及众,斥卖,求奇缯物,间献遗戎王。戎王什倍其偿,与之畜,畜至用

谷量马牛。秦始皇帝令倮比封君，以时与列臣朝请。而巴（蜀）寡妇清，其先得丹穴，而擅其利数世，家亦不訾。……秦皇帝以为贞妇而客之，为筑女怀清台。夫倮鄙人牧长，清穷乡寡妇，礼抗万乘，名显天下，岂非以富邪？"中华书局，1959年，第3260页。司马迁：点校本二十四史修订本《史记》，中华书局，2013年，第3929页，"巴（蜀）寡妇清"写作"巴寡妇清"。

[61]〔宋〕吕祖谦：《读汉史手笔》，《东莱别集》卷一五《读书杂记》四，文渊阁《四库全书》本。

[62]〔元〕陈高：《诸公赠赵夫人卷跋》，《不系舟渔集》卷一四《铭》，文渊阁《四库全书》本。

[63]〔明〕王立道：《跋叶母还金传》，《具茨文集》卷六《杂著》，文渊阁《四库全书》本。

[64]〔明〕王世贞：《王节妇项安人祠记》，《弇州四部稿》卷七五《文部·记》，文渊阁《四库全书》本。

[65]〔明〕王世贞：《明故郑母唐孺人墓志铭》，《弇州四部稿》卷九二《文部·墓志铭》，文渊阁《四库全书》本。

[66]〔明〕王世贞：《严节妇诸传》，《弇州四部稿》卷八五《文部·传》，文渊阁《四库全书》本。

[67]吴慧：《桑弘羊研究》，齐鲁书社，1981年，第31页。

[68]司马迁：《史记》，中华书局，1959年，第3260页。

[69]司马迁：《史记》，中华书局，1959年，第3253—3254页。

[70]〔明〕钟惺：《钟伯敬评史记》，明天启五年刻本，转自〔明〕葛鼎、金蟠：《史记》卷一二九，明崇祯十年刻本。

[71]司马迁：《史记》，中华书局，1959年，第3277—3278页、第3280—3281页。

[72]王子今：《秦汉区域地理学的"大关中"概念》，《人文杂志》2003年1期。王子今、刘华祝：《说张家山汉简〈二年律令·津关令〉所见五关》，《中国历史文物》2003年1期。

[73]司马迁：《史记》，中华书局，1959年，第3280页。

[74]司马迁：《史记》卷一二九考证，文渊阁《四库全书》本。

[75]司马迁：《史记》，中华书局，1959年，第3281页。

[76]司马迁：《史记》，中华书局，1959年，第1418页。

[77]班固：《汉书》，中华书局，1962年，第65页。

[78]傅筑夫、王毓瑚编：《中国经济史资料·秦汉三国编》，中国社会科学出版社，1982年，第357页。

（责任编辑：史党社　党士学）

《尉缭子》：秦始皇统一中国战争的治军宝典

（孙嘉春　陕西区域地质矿产研究院）

内容提要　本文在回顾了历代学者有关兵书《尉缭子》作者归属的争议后，对《尉缭子》作者为梁（魏）惠王时人和作者为梁惠王到秦始皇时人的两种论点予以质疑，提出并论证了"尉缭子"为曾与秦王嬴政（始皇）问对统一战争之计后，被任命为秦国国尉的大梁人尉缭，进而探讨了《尉缭子》对秦国建军和统一战争的重大作用，得出《尉缭子》是为秦国治军编著的一部军事教科书的结论。

关 键 词　《尉缭子》　国尉尉缭　秦始皇　秦统一战争　军事教科书

《尉缭子》作为传世两千多年的一部兵家宝典，其书的真伪和著作者所属一直成为史家聚讼。自南宋陈振孙《直斋书录解题》怀疑《尉缭子》的真实性后，该书曾被历代学人指谪为伪书，直到 1972 年在山东临沂银雀山一号汉墓出土《尉缭子》竹简残卷后，伪书一说终于涣然冰释。然而对《尉缭子》作者的争议至今学界仍众说纷纭难达共识。20 世纪后期以来，人们在秦俑学研究渐入佳境时，发觉秦兵马俑坑与《尉缭子》的光辉军事思想有着许多契合之处，笔者在破解秦俑之谜时，探骊得珠，使《尉缭子》成书时代和著者所属之争终于露出人所期于的端倪。

一、有关《尉缭子》作者和成书时代的争议

《尉缭子》一书的作者是尉缭，这在学界无有异议，争议的焦点是作者尉缭是梁惠王时的魏国人或是秦始皇时入秦的大梁人，甚或梁惠王时和秦始皇时尉缭为同一个人。

认为《尉缭子》作者为"梁惠王时人"尉缭的学者主要依据是《尉缭子》开篇《天官》有"梁惠王问尉缭子曰"这条史料中唯一的内证；如李解民译注的《武经七书》在《尉缭子》的《前言》中指出："本书首篇《天官》起始就

170

是‘梁惠王问尉缭子曰’‘尉缭子对曰’云云，颇似《孟子》《商君书》开篇”，进而引证书中“听臣言”“听臣之术”等语为作者向国君的进谏之言，书中提及的人物止于战国中期的吴起，涉及的国别仅齐、楚、魏，所言历史背景颇切合梁惠王晚年的魏国政局，认为“《尉缭子》基本上是战国后期的魏人之作”。[1]李兵编著的《中华兵书宝典》中的《尉缭子兵法》认为，魏（梁）惠王时，“各个学派的人物云集大梁（今开封市），熟知用兵谋略的尉缭即在这时候见魏惠王，而这部兵书即是根据他与魏惠王的谈话著成的”。[2]张秦洞主编《尉缭子新说》亦认为“《尉缭子》一书应该是梁惠王时人尉缭所著”，提出书中多次提到只有商鞅变法才能取得的“各国均应效仿好的制度”，《武议》篇提到“吴起与秦战”称赞吴起“舍不平陇亩”以及在秦志里没有将尉缭“像李斯等人物一样被记载下来”等论据予以证实其说。[3]

认为《尉缭子》作者为“秦始皇时人”尉缭的学者主要依据是《史记·秦始皇本纪》载：“大梁人尉缭来，说秦王曰：……以为秦国尉，卒用其计策，而李斯用事”。已故著名秦汉史学者林剑鸣先生在其名著《秦史稿》中指出，秦始皇在统一战争中“使用的战略和策略，与尉缭的军事思想十分吻合，从而可以知道指导秦国对外战争集团中，尉缭起着相当大的作用。春秋战国时，各国都有出色的军事家，如吴国的孙武，齐国的孙膑，魏国的吴起，等等。秦国若没有杰出的军事家，其胜利的取得是不可想象的。尉缭就是秦国杰出的军事家”。至于《尉缭子》开篇用“梁惠王问尉缭子曰”等语，作者认为“秦国的尉缭恰好又是魏国人，乃出于依托，不一定真有此事。在先秦诸子中，这是屡见不鲜的，依托黄帝者有之，依托老子者有之，在战国末年的作者，为什么不能依托梁惠王呢？”并进一步指出《汉书·艺文志》将《尉缭子》分别记入“杂家”和“兵家”两处，“新出土的竹简《尉缭子》就证明《尉缭子》就此一种，有人已论述了杂家《尉缭子》，就是兵家《尉缭子》”。[4]

著名军事史专家徐勇先生提出梁惠王时和秦始皇时尉缭为同一个人，在其主编的《先秦兵书通解》一书的“《尉缭子》通解”中通过考证，否定了《史记》中《魏世家》《赵世家》和《六国年表》记载的梁惠王在位三十六年卒于公元前333年的提法，另据《史记》的《田敬仲完世家》和《孟尝君列传》的记载推算，“梁惠王在位五十九年，卒于公元前310年”，“假设在大梁与梁惠王答对时尉缭不满二十岁，那他在秦始皇十年（前237）入秦时大约有九十岁”，提出“与梁惠王答对的尉缭和秦始皇十年入秦的尉缭是同一个人”的观点，并指出《尉缭子》今本前十二篇很可能陆续写成于战国中期的魏国，后十二篇则很可能是陆续写成于战国晚期的秦国。[5]

战国著名纵横家张仪，一生为秦国推行连横策略，活跃在列国政治舞台上，曾在秦惠文王时三任秦相，在魏（梁）惠王晚年一任魏相，如若尉缭为梁惠王晚年时人，梁惠王即使以常人之见，亦会将尉缭延揽在其手下，还可能与张仪组成最佳将相组合，为魏国干出一番有声有色的事业，然而在《史记·魏世家》等有关魏国的史料中却没有关于尉缭的一字记载。

另外，《汉书·艺文志》尉缭名下注"六国时人"亦可能是因《尉缭子》开篇载"梁惠王谓尉缭子曰"所致的附议而已。

二、秦始皇时尉缭应是兵家宝典《尉缭子》的不二作者

对《尉缭子》作者是"秦始皇时人"的论点可从以下几点予以论证：

1. 一些研究《尉缭子》的学者在著作中论及《尉缭子》作者与孟子同时，如周正舒等在《古代军旅常识》一书认为："与孟子同时代的尉缭，在《尉缭子·武议》中论述'胜兵'之道时，就说过：'天时不如地利，地利不如人和。'"[6]《尉缭子新说》在引述《史记·魏世家》载，梁惠王三十五年，"惠王数被于军旅，卑礼厚币以招贤者。邹衍、淳于髡、孟轲皆至梁。"继而说"我们有理由推测，尉缭大约也是在此前后被招聘到大梁，向梁惠王献上富国强兵之策的。而这些富国强兵之道对于力图振兴衰危的梁惠王来说是实用性很强的对策，这些对策也正是魏国力求变法图强的政治要求。"[7]其实《尉缭子·战威》在论述用兵之道的语境下指出："故曰：举贤用能，不时日而事利；明法审令，不卜筮而获吉；贵功养劳，不祷祠而得福。又曰：天时不如地利，地利不如人和。古之圣人，谨人事而已。"这里的"故曰""又曰"，是借"古之圣人"之言而论证作者提出的为将用兵之道的。引用"古之圣人"孟轲在《孟子·公孙丑下》的一段原文"天时不如地利，地利不如人和"，正好说明尉缭与孟轲并不是同时代的人，把孟子称"古之圣人"只能证明尉缭是比梁惠王后出很多年的人，反而证明《尉缭子》开篇谓"梁惠王问尉缭子曰"当是前述林剑鸣先生所指的"依托"之词。

中国历史上传播后世的军事理论杰作，几乎都是当时的军事家对其丰富的军事斗争实践的总结，多用其军事理论指导过兵戈相争的重大战役。梁惠王在历史上曾数败于齐、秦等国，假如他曾与大军事家尉缭真的问答过富国强兵之策，他即是一位平庸之君也绝不会放走魏国的这一杰出军事人才，同时在魏国军事斗争历史上必然会留下难以磨灭的业绩。然而在秦国却为尉缭军事思想的发挥张设了一个大显身手的平台。可见《尉缭子》的作者属秦（嬴政）始皇时尉缭更具有合理合情的社会背景。

2. 至于说《尉缭子》提及的人物止于战国中期的吴起和涉及的国别仅及齐、

楚、魏的问题，我们说今传《尉缭子》本身就是一个残缺的删节本，今本仅24篇，与《汉书·艺文志》所录的杂家本29篇或兵家本31篇相差5至7篇之多，更何况今本各篇的篇幅长短悬殊，如《重刑令》篇仅区区105字，《二十陵》篇135字，《武议》篇却长达940多字，古代典籍分篇分卷大致是按字数多少划分的；再如《兵教》和《兵令》都分为上、下两篇，这表明原本这两篇文字较长。那么为什么会出现各篇文字长短如此悬殊呢？唯一的答案是汉儒在整理先朝典籍时，出于政治需要，大幅删去了与秦始皇或秦统一战争有关的文字以避其嫌。《史记·萧相国世家》载："沛公至咸阳，诸将皆争走金帛财物之府分之，何独先入，收秦丞相御史律令图书藏之。……何进言韩信，汉王以信为大将军。"汉元年（前206），刘邦率军攻入咸阳，萧何在收藏秦律令图书时，兵书《尉缭子》当收入其囊中，并有可能传给韩信、张良等汉王旗下重臣。《汉志·兵书略》载："汉兴，张良、韩信序次兵法，凡百八十二家，删取要用，定著三十五家，诸吕用事而溢取之。武帝时军政杨扑捃摭遗逸，纪奏《兵录》，犹未能备"。这表明，在刘汉政权建立之初，张良和韩信整理历代兵书时，就已对《尉缭子》作了"删取"。经诸吕之乱后，该书就有可能散佚不全了。明确于此，一个传世的残本或节录本，未出现气势磅礴波澜壮阔的秦统一战争场面和情节，那就见怪不怪了。

3. 中国历史上一个新的王朝建立，为巩固自己的统治地位，往往要淡化前朝的政治影响。刘汉王朝建立当年（前206），就将秦都咸阳更名新城县，并于前200年废县；汉高帝，将安葬秦始皇的骊邑县改名新丰县；汉文帝九年（前171）将埋葬秦昭襄王、庄襄王的芷阳县改名霸陵县，西汉时甚至避谈汉高帝刘邦和汉宣帝刘询之名，将秦官相邦之称改作相国，《荀子》改名《孙子》等等，不一而足；汉儒在厘定《尉缭子》一书时，为避"暴秦"之嫌，借故尉缭原籍大梁以及梁惠王曾问对邹衍、淳于髡、孟轲的故实，移花接木，张冠李戴，将"秦王（政）问尉缭子曰"，改作"梁惠王问尉缭子曰"，并删去大量与秦始皇和秦统一战争有关的文字以便斯作留传，其恻隐之心出乎预料之外，却在于情理之中。

4. 《史记》中未为尉缭立传，这可能因为尉缭作为一名聪明睿智的军事战略家、教育家，他会吸取商鞅、白起、吕不韦等为秦国发展壮大建立过卓著功勋的政治家、军事家不得善终的历史教训，他出于对秦王"得志亦轻食人，……秦王得志于天下，天下皆为虏矣，不可与久游。"（《秦始皇本纪》）的提防警惕心态，明哲保身，韬光养晦，低调做人，只在庙堂之上运筹帷幄，参与军国大事，兼涉对秦军的军事教育训练，未像王翦、蒙恬等领兵的军事实践家那样功名显赫。另外有学者列举《武议》篇两次提到"吴起与秦战"来非难《尉缭子》作者为秦始皇时人的观点时，如能研究一下《韩非子·初见秦》中那位说客历数"大王"轻信误国的过失，就不会怀疑秦王纳谏的胸襟了。更何况，尉缭原籍魏国大梁，当然更了解曾任魏将的军事家吴起的事迹，说句"吴起与秦战"更无关宏旨了。

5. 至于《史记》中无尉缭列传，这可能与司马迁当时未掌握尉缭的详细资料有关，甚至手头连《尉缭子》这本兵书都未收集到。在《孙子吴起列传》中有关兵圣孙武的记载也仅寥寥 400 余字，远少于吴起列传的 1100 多字。能在《秦始皇本纪》中以 178 字的篇幅记载尉缭事迹已属难能可贵了。在春秋战国时期，曾担任过秦国国尉的人，有记录的仅昭襄王时的白起和秦始皇时的尉缭。白起为战国四大名将之首（其他三人为秦国王翦和赵国的廉颇、李牧），尉缭与白起同列，作为秦统一战争时期的最高军事统领，由他自己或率同其部下编纂一部兵书《尉缭子》，以训练和指导秦国军事斗争集团当是顺理成章的。秦国连年征战六国的军事实践丰富了尉缭的军事思想，同时尉缭的军事思想又指导了秦国的军事斗争并不断由胜利走向胜利，只有秦国波澜壮阔的统一战争实践才能丰富升华《尉缭子》的军事理论，才使其与《孙子兵法》成为春秋战国时期双峰并峙的伟大军事著作。由此可见历史上只能有一个尉缭，即时任秦国最高军事统领国尉和编著《尉缭子》一书的尉缭。

6. 至于说尉缭是跨越梁（魏）惠王和秦始皇（嬴政）时代的同一个尉缭亦是于理不通。当年公孙痤曾向魏惠王推荐卫鞅（商鞅）遭到魏惠王的拒绝，后来秦孝公重用商鞅，推行变法，奖励耕战，使秦国空前强盛，此后秦国多次伐魏，曾虏魏公子卬，魏惠王献河西之地于秦，迫使魏惠王把国都从安邑（今山西夏县西北禹王城）迁徙到大梁（今河南开封），从此魏惠王也被称为梁惠王。魏惠王三十年，即前 341 年，魏国与齐国交兵，齐国俘虏了魏太子申，杀了将军庞涓，此后，如果真有尉缭这一年方弱冠的军事天才生逢其时，能拿其大作《尉缭子》的前半部面见梁惠王，历史必将改写，在《史记·魏世家》中必将留下显赫的战绩记录。然而在有关魏国历史中却无大军事家尉缭其人及《尉缭子》军事思想的蛛丝马迹。可见尉缭与魏惠王毫无瓜葛可言。再则若有九十多岁的尉缭入秦，姑且不说其智力如何，仅就体力而言也是难以担当秦国国尉大任的。

7. 唐代颜师古注《汉书》所引西汉著名学者刘向《别录》曰："缭为商君学"。刘向，西汉后期的博学大家，乃汉高祖刘邦"同父少弟"刘交（受封楚元王）的玄孙，汉成帝时率领群儒典校汉朝"中秘"藏书，整理修订了先秦至西汉大量的历史典籍，对前朝遗书如《尉缭子》《韩非子》及其作者的生平著述当了然于胸。《史记·秦本纪》载：庄襄王元年（前 249），"东周君与诸侯谋秦，秦使相国吕不韦诛之，尽入其国。秦不绝其祀，以阳人地赐周君，奉其祭祀。"

《史记·周本纪》亦载，汉武帝封泰山，"东巡狩至河南，求周苗裔，封其后嘉三十里地，号曰周子南君，比列侯，以奉其先祭祀。"至今姬周后裔仍繁衍生息。而嬴秦帝国就不那么幸运了，"项羽引兵西屠咸阳，杀秦降王子婴，烧秦宫室，火三月不灭；将其货宝妇女而东"（《史记·项羽本纪》），而楚、汉灭秦祭祀，后裔或"西屠咸阳"而亡，或隐姓埋名，在史书和赵宋时编纂的《百家姓》中竟再无嬴姓踪迹。嬴秦祭祀既已荡然无存，绝祀后谁还敢再整理秦王朝最高军事长官尉缭的遗作《尉缭子》中悍然称谓"秦始皇（或秦王政）问尉缭子曰"？刘向婉转地以"缭为商君学"五字为秦国改革家商鞅政治军事学说的继承和发扬光大者——尉缭的《尉缭子》作一脚注，已堪称字字千金。

8.《尉缭子》书中涉及"威制天下"的言论。如"黄帝刑德，可以百胜，有之乎？"（《天官》）"富治者，车不发轫，甲不出暴，而威制天下。"（《兵谈》）"独出独入者，王霸之兵也"，"使民扬臂争出农战，而天下无敌矣！"（《制谈》）"故兵不血刃而天下亲焉"（《武议》）"苍苍之天，莫知其极。帝王之君，谁为法则？往世不可及，来世不可待，求己者也。""所谓天子者四，一曰神明，二曰重光，三曰洪叙，四曰无敌。此天子之事也。"（《治本》）"百人被刃，陷行乱阵；千人被刃，擒敌杀将，万人被刃，横行天下。"（《兵教下》）如此大气磅礴的豪言壮语，如此鼓动天下一统的抱负霸气，只能适合秦国的国势和雄才大略志在兼并六国的秦始皇，梁惠王是难以与其姝匹的。

9.《尉缭子·兵谈》曰："患在百里之内，不起一日之师；患在千里之外，不起一月之师；患在四海之内，不起一岁之师。"这里对秦统一中国战争做了相当准确的战略预判，即战胜一个诸侯国的战争，只作一年就可取胜的打算。秦国从公元前230年到前221年，九年期间不仅先后灭掉韩、赵、燕、魏、楚、齐六国，还平定了衍生的代、荆（昌平君）、越等国，秦取得了统一中国战争的全面胜利，与《尉缭子》的英明预见相契合不是偶然的巧合，而是时任秦国国尉的军事战略家尉缭与秦王嬴政正确的战略预判相一致的必然结果。

三、《尉缭子》军事思想对秦国治军和统一战争的影响

秦王嬴政为尉缭提供了一个充分发挥其军事才能的平台，秦国波澜壮阔的军事斗争实践丰富和升华《尉缭子》的军事理论，同时《尉缭子》军事思想又指导秦国的统一战争从胜利走向胜利，最终把秦王嬴政扶上了中国第一个中央集权制帝国的"始皇"宝座。纵观秦国兼并六国战争的史实和《尉缭子》的军事理论，两者有着密不可分的正相关契合关系，可以说《尉缭子》对秦全面治军和统一战争胜利发挥了不可磨灭的历史推动作用。

1.尉缭关于战争性质和原因的定义为秦兼并六国战争提供了一个合法的

理论依据。《兵令上》曰："兵者，凶器也；争者，逆德也。事必有本，故王者伐暴乱，本仁义焉。战国则以立威、抗敌、相图，而不能废兵也。"这是说：兵器是杀戮的凶器，战争是违背道德的恶行。任何事件的产生都有它的根本原因，所以王者之师讨伐暴乱，本来就是伸张正义之举。列国之间为树立国威、互相敌对和图谋称霸的目的，才导致战争不能停息。《孟子·尽心下》言："春秋无义战"，春秋战国时期（前770—前221），诸侯割据，兵连祸接，为天下苍生带来无穷的祸难，百姓们早就盼着天下太平的一天。秦始皇在统一中国后，令丞相、御史历数韩王联合赵、魏挑衅秦国，赵王背叛秦国攻击太原并与韩、魏合谋击秦，荆（楚）王背约袭击秦之南郡，燕王太子丹阴谋派荆轲刺杀秦王，齐王与秦绝交为乱，等等与秦国为敌的不义举动，始皇帝认为，"寡人以眇眇之身，兴兵诛暴乱，赖宗庙之灵，六王咸伏其辜，天下大定，"（《秦始皇本纪》）秦国消灭六国是顺应天下民心的天经地义的正义战争。这里《尉缭子·兵令上》之"故王者伐暴乱，本仁义也"与秦始皇谓"兴兵诛暴乱"发动统一战争的理论依据是契合一致的。

2.《兵令上》指出："兵者以武为植，以文为种；武为表，文为里。能审此二者，知胜败矣。文所以视利害，辩安危；武所以犯强敌，力攻守也。"在军队建设上，明确政治和军事的辩证关系，认为在战争的进程中，军队是取胜的手段，政治是胜利的根本。军事是战争的表象，政治是战争的本质。明确了军事和政治之间的辩证关系，才能把握战争的胜败规律。政治是用来明察利害和分辨安危的，而军事是用来战胜强敌、用实力决定进攻或防守的。《荀子·强国》载荀况入秦后的所见所闻："入境，观其风俗，其百姓朴，其声乐不流污，其服装不挑，甚畏有司而顺，古之民也。及都邑官府，其百吏肃然莫不恭俭、敦敬、忠信而不楛，古之吏也。入其国观其士大夫，出于其门，入于公门，归于其家，无有私事也，不比周，不朋党，偶然莫不明通而公也，古之士大夫也。观其朝廷，其闲听决百事不留，恬然如无治者，古之朝也。故四世有胜，非幸也，数也。"荀况记录的秦国良好的社会环境可能是其学生李斯到秦国寻求发展的机会，亦是尉缭赴秦大显身手的动因。尉缭"以为秦国尉，卒用其计谋，而李斯用事"。秦王政为其提供用武之地，同时也为《尉缭子》超越先贤明晰政治与军事的辩证关系创造了良好的客观条件。

3. 重视军队的教育训练和完善武器装备。《尉缭子》提出"治兵者，若秘于地，若邃于天"（《兵谈》），"凡兵，有以道胜，有以威胜，有以力胜。讲武料敌，使敌之气失而师散，虽形全而不为之用，此道胜也；审法制，明赏罚，便器用，使民有必战之心，此威胜也，破军杀将，乘闉发机，溃众夺地，成功乃返，此力胜也。王侯知此以三者胜，毕矣。"（《战威》）不露声色地秘密训练军队，将讲授军事知识、训练军队提高战斗力和深入分析掌握敌情提高到"道胜"的高度，以整肃军纪，严明赏罚，改善武器装备，以威慑敌人，与《孙子兵法》谓"不战而屈人之兵"有异曲同工之妙。笔者曾著两篇论文[8]论证了尉缭、李斯与秦王嬴政决策在骊山北麓创建兵马俑坑用以军事教学训练，在丽山园设立备战基地以大规模生产各类兵器和军需用品的论点，可供参考，此不赘述。仅举一例，《兵令上》曰："常陈（同阵）皆向敌，有内向，有外向，有立陈，有坐陈。夫内向所以顾中也，外向所以备外也，立陈所以行也，坐陈所以止也。"这段论述简直是三座秦俑坑布局结构的创意设计。三座俑坑向东布列，"常陈皆向敌"，面向关东六国的假想敌，为秦军规定了军事斗争的目标和任务。一号坑东侧发现三面战鼓遗迹，近6000件兵马俑按11个纵队向东排列，似为左、中、右三军"立陈所以行也"的军阵写照，军阵中左、右、后三侧各有一排兵俑面向北、南、西边排列，形成陈表，体现了"外向所以备外也"的警戒状态。二号坑分布1300多件兵马俑和89乘战车分别由射兵小营、车兵小营，车、步、骑兵混编小营和车、步兵小营组成一个严密整齐的庞大军营，是训练部队"兵之教，令分营居陈"（《兵令上》）的驻军写照。三号坑由68个兵俑分别在"且"字形北区和"土"字形南区相对站立，是"内向所以顾中也"的写照，体现了军伍社宗中用以教育军人"用命赏于祖；不用命，戮于社"（《尚书·甘誓》）的情景。在前篇论文之中，笔者曾申明："可以大胆预言：秦俑坑西侧那座南北向甲字形大墓非长期担任秦国最高军事首脑的尉缭莫属。将尉缭安葬在曾为大秦帝国诞生发挥过奠基者和助产士作用的俑坑旁，当是秦始皇对一代杰出的军事战略家、理论家和教育家尉缭的最高追封与褒奖"。笔者深信，有朝一日这座甲字形大墓得到发掘，一部完整的《尉缭子》简牍或有望重见天日，本文所论也将得到明确证实。

4. 尉缭发展了商鞅"国之所以兴者，农战也"（《商君书·农战》）和"变法修刑，内务耕稼，外劝战死之赏罚"（《史记·秦始皇本纪》）的思想，提出"吾用天下之用为用，吾用天下之制为制。修吾号令，明吾刑赏，使天下非农无得其实，非战无所得爵。使民扬臂争出农战，而天下无敌矣。故曰：'发号出令，信服国内'（《制谈》）"，"万乘农战，……农战不外索权"（《武议》），这些奖励耕战的举措，无疑对秦国富国强兵起到了一定的促进作用。同时，尉缭将商鞅的"十伍连坐法""编户制度"引入秦军编制，无疑大大地加强了秦国军事斗争集团的战斗力。从商鞅到尉缭，秦国重视农战的大政方针一以贯之，"缭为商君学"，名副其实是一脉相承的。

5. 从严治军，制定完备的军事制度和军事纪律。《制谈》篇曰："凡兵，制必先定，制先定则士不乱；士不乱，则刑乃明。"在先秦军事家中，尉缭十分重视军队的制度建设。《尉缭子》由第十三篇至二十篇，用长达八个篇章为秦军制定了军事史上完备的军事训练、内务、纪律、战斗的条例条令。在军事训练中开设既严格又讲究实效的训练科目，大大地提高秦军指战员的军事素质和战斗力。

6. 提出"权敌审将"和"举贤任能"的用将之道，对秦军指挥系统做出重大改革。《攻权篇》曰："将帅者，心也；群下者，支节也。其心动以诚，则支节必力；其心动以疑，则支节必背"，"权敌审将，而后用兵。"指出在一支军队里，将帅好比人的头脑，士兵好比人的四肢；将帅用心专一热诚，部队就有强大的战斗力，将帅用兵疑虑重重，指战员就不能协调一致地作战；战前全面分析研究敌情，针对敌方特点，挑选出能够胜任的将帅，然后才能出兵。"举贤任能，不时日而事利"（《战威》），挑选出能身先士卒的良将，充分发挥其军事指挥才能，即使不用占卜问卦选择吉日出战，照样能打胜仗；"夫将者，上不制于天，下不制于地，中不制于人"，倡导赋予在外征战的将帅临机决断一切的指挥权。

秦昭王时，秦国将国家安危系于一人，依赖白起领军，打遍天下无敌手，在赵、楚联军合击秦军的紧要关头，白起与秦王在决策上出现分歧，称病抗命出征，被应侯和秦王逼迫自杀，这一深刻的历史教训无疑为此后各代秦国君臣留下了深刻的记忆。尉缭先进的治军用兵和择将用将理论，为秦国军队建设带来勃勃生机，使秦军出现将才辈出群星闪耀的局面，涌现出王翦、桓齮、杨端和、内史腾、羌瘣，辛胜、蒙武、王贲、蒙恬、蒙毅和章邯等一大批独当一面指挥过重大战役的将领，使秦始皇统一中国战争取得全面胜利，从而创造了中国军事史上罕见的治军奇迹。这里还应指出，尉缭以白起等人为借鉴，运筹帷幄，不直接统领秦军作战，只有同时代伐楚讨封的王翦和此后功成身退的汉初张良才能深悟其妙也。

综上可见，秦始皇时的国尉尉缭当是《尉缭子》一书的真正作者，兵家宝典《尉缭子》不啻是一部教育训练秦军的军事教科书，本说是耶？非耶？敬请方家教正。

注释：

[1] 骈宇骞：《武经七书》，中华书局，2007年，第189页。

[2] 李兵：《中华兵书宝典·尉缭子兵法》，京华出版社，2006年，第193页。

[3] 张秦洞：《尉缭子新说》，解放军出版社，2001年，第5页。

[4] 林剑鸣：《秦史稿》，中国人民大学出版社，2009年，第267页。

[5] 徐勇：《先秦兵书通解》，天津人民出版社，2002年，第360－364页。

[6]周正舒、徐金发：《古代军旅常识》，军事科学出版社，1991年，第42页。

[7]张秦洞：《尉缭子新说》，解放军出版社，2011年，第3页。

[8]孙嘉春：《兵马俑坑：一座为大秦帝国奠基的军校遗址》，《军事历史》2011年第4期。《丽山园：秦始皇统一中国战争的备战基地》，《军事历史》2013年第4期。

（责任编辑：李　宇　史党社）

读书札记二则

（张维慎　陕西历史博物馆科研管理处）

内容提要　《史记》中的"阬杀""击阬"并不只是"消灭"或"处死"的意思，它的确切含义应为诱敌于似阬的洼地或谷地而屠杀。《淮南子》"渭水多力宜黍"之"多力"，不大可能是"强调其宜于航运的特点"，而是因渭水富含有机质泥沙而指"多（肥）力"，这样"宜黍"也就落到实处了。

关 键 词　《史记》　阬杀　击阬　《淮南子》　多力

（一）《史记》"阬杀""击阬"解读

《史记》卷七十三《白起王翦列传》载：

> 括军败，卒四十万人降武安君。武安君计曰："前秦已拔上党，上党民不乐为秦而归赵。赵卒反覆，非尽杀之，恐为乱。"乃挟诈而尽阬杀之，遗其小者二百四十人归赵。

对于上文中的"阬"字，沙畹等学者认为"实际上只是'消灭'或'处死'的意思"[1]如果按沙畹等学者所理解，那么上文"阬杀"的"阬"就是多余的了；实际上，"阬杀"的"阬"并不多余，它是用作状语，指以何种方式杀人，如"射杀""毒杀"等。"阬杀"也可简称"阬"（又作"坑"）。"阬"有狭义与广义之别。狭义的"阬"，确为"活埋"的意思，它只适用于处死极少数人或个别人。而广义的"阬"，其定义如王凤阳先生所说，做名词用时，"坑"表示的是地表下陷的空虚部分，在古代不指小坑而指大而深的洼地；做动词用时，"坑"在古代则指大规模地活埋人。[2]笔者认为，王凤阳先生对于"坑"用作名词时的解释是正确的，而对于"坑"用作动词时的解释是不准确的。"坑"用作动词时，先把众人诱至或赶往大而深的洼地或山谷（即"坑"），使众人难有反抗的机会，然后用或焚烧或射杀或刺杀或活埋的办法大规模地屠杀，这就是"阬杀"。赵卒有40多万人，怎么一下子就能"尽阬杀之"，原来是秦军"挟诈"把如此众多的士卒诱到谷地或洼地杀死的。于是，"阬"就有了欺骗的意思。

又《史记》卷七《项羽本纪》载：

> 项羽乃召黥布、蒲将军计曰："秦吏卒尚众，其心不服，至关中不听，事必危，不如击杀之，而独与章邯、长史欣、都尉翳入秦。"于是楚军夜击阬秦卒二十余万人新安城南。

《正义》引《括地志》云："新安故城在洛州渑池县东一十三里，汉新安县城也。即阬秦卒处。"清顾祖禹《读史方舆纪要》卷四十八《河南三》载："新安城，在今县西。《括地志》：秦新安故城在今渑池县东二十五里。项羽夜击坑秦卒二十余万人于新安城南，盖在其地。是后东徙。"[3]虽然唐张守节、清顾祖禹对新安故城与其时渑池县的距离认识有差异，但对新安故城在渑池县东的方位认识，二人则是一致的。从《中国历史地图集·西汉司隶部》可以看出，汉渑池县与新安县均在谷水之阳（北），且新安县距谷水更近。据《太平寰宇记》卷五《河南道五·渑池县》载，"谷水，在（渑池）县南二百步。"因新安比渑池县距谷水更近，所以新安与谷水的距离当在二百步以内甚至更短。也就是说，与渑池县同在谷水之阳（北）的新安，向南紧靠谷水。这样说来，新安南为谷水谷地，地势低洼，秦卒处于这样的地形，被楚军"夜击阬"也就不难理解了。事实正是如此，20万秦卒本来就是章邯骗降的，项羽对秦降卒不放心，在夜色掩护下，让楚军对处在新安城南（洼地或谷地）的秦降卒进行了突然袭击。所以"夜击阬"与"夜阬击"意思基本相同，"夜"是表时间的，"夜击阬"的"阬"是状语在后，而"夜阬击"的"阬"是状语提前，它们的意思都是：楚军在夜色的掩护下对处在新安南（似阬的洼地或谷地）的秦卒进行了袭杀。

（二）《淮南子》"渭水多力宜黍"之"多力"解读

研究秦汉交通时，有些专家从《太平御览》转引了《淮南子》的一段话："渭水多力宜黍。"并解释说："所谓'多力'，可能即强调其宜于航运的特点。"[4]对于以上解释，笔者认为可以商榷。窃以为，"渭水多力宜黍"之"多力"，是指"多（肥）力"而言，而不是说航运的。正是因为渭水泥沙大而"多（肥）力"，才适宜于种黍。

《淮南子》卷四《地形训》载：

> 汾水濛浊而宜麻，济水通和而宜麦，河水中浊而宜菽，雒水轻利而宜禾，渭水多力而宜黍，汉水重安而宜竹，江水肥仁而宜稻，平土之人慧而宜五谷。

181

从上面的引文来看，《淮南子》在说"渭水多力而宜黍"时，同时还说了"汾水……宜麻""济水……宜麦""河水……宜黍""雒水……宜禾""汉水……宜竹""江水……宜稻"的话，这说明作者是在阐述各水的特点以及适宜浇灌的农作物，并不是说航运的。

史念海先生指出：西汉"当时农田灌溉收效最好的应是引渭水和引泾水所开凿的诸渠。"[5] 在这里，我们先以战国秦就修建的引泾水的郑国渠来说明问题。

秦王嬴政之所以能扫灭群雄而统一全国，固然与商鞅变法的成功有关，同时也与他不杀韩国水工郑国并支持他在关中完成大型水利工程郑国渠的修建有关。郑国渠修成后，它的流经地域"大体包括今泾阳、三原、临潼、富平、蒲城、渭南、白水等县"，涉及的范围相当广阔。此地干旱少雨，地下水埋藏又浅，农田因缺乏浇灌而盐碱化，严重地影响了农业生产。凿渠引水，便是化恶土为良田的一项重要措施。[6] 泾水泥沙含量大，用它灌溉，"既供给作物所需水分，淤泥又可供给作物所需肥分，可以改良盐碱地。"[7] 史念海先生指出：郑国渠"所经过的地区本是一片盐碱土地，是不适于种植农作物的。由于郑国渠的开凿成功，盐碱土地得到渠水的冲洗，过去荒芜的原野变成稼禾茂盛的沃土。"[8] 李令福博士也进一步指出："郑国渠不是浇灌农田，而主要在于引浑淤地，改良低洼盐碱，扩大耕地面积，使关中东部低洼平原得到基本开发。"[9] 朱伯康、施正康先生认为："泾水从陇东高原带下含有大量有机质的泥沙，淤灌农田，既可改良盐碱地，又提高了土壤肥力。这大概就是郑国渠使关中变沃野的奥秘。"[10] 由于大量的"泽卤之地"被改造成了可以灌溉而高产的良田，于是关中平原成为"沃野"而无"凶年"，"秦以富强，卒并诸侯"。白渠是赵中大夫白公于太始二年（前95）建议修建的。与郑国渠一样，白渠从郑国渠渠口南侧之谷口（即瓠口）引泾水，向东南斜行，流经今泾阳、三原、高陵，至栎阳（今陕西临潼东北）入渭水，渠长200里，溉田4500余顷。由于坡降较大，白渠不像郑国渠容易淤塞，渠下农田深得其利。为了纪念赵中大夫白公，遂把此渠命名为"白渠"或"白公渠"。因白渠与郑国渠比邻又地位仅次于后者，因而后人常常把它们合称为"郑白渠"，是"关中农业区的命脉"，[11] 当地百姓还作歌歌颂两渠道："田于河所？池阳谷口。郑国在前，白渠起后。举臿为云，决渠为雨。泾水一石，其泥数斗。且溉且粪，长我禾黍。衣食京师，亿万之口。"这里"且溉且粪，长我禾黍"一句，把泾水的肥田作用描写得淋漓尽致。东汉史学家班固也在《两都赋》中盛赞道："郑白之沃，衣食之源，堤封五万，疆场绮分。沟塍刻镂，原隰龙鳞。决渠降雨，荷插成云。五谷垂颖，桑麻敷棻。"可见，郑国渠与白渠所带泾河的肥沃泥沙，已成为当地百姓的衣食之源。姚汉源先生指出："西汉灌溉事业，关中地区最为发达。……西汉引北方多泥沙河流灌溉是水沙并用：引水浸润，引泥沙肥田，所谓'且溉且粪'已为民间所熟悉。有的地区引山洪淤灌，更着重利用泥沙。"[12] 可见，用泥沙肥田是郑白渠的共同特点。

郑白渠的水源来自泾水。既然用泥沙肥田是郑白渠的共同特点，也是关中变沃野的奥妙所在，追根溯源，这是因为"泾水一石，其泥数斗"而富含有机质泥沙的缘故。同为黄河支流的渭水，其情况又如何呢？我们不妨以渭水为水源的漕渠来说明问题吧！

西汉时，关中大型水利工程的修建，肇始于漕渠，正如史籍所载：

> 是时郑当时为大农，言曰："异时关东漕粟从渭中上，度六月而罢，而漕水道九百余里，时有难处。因渭穿渠起长安，并南山下，至河三百余里，径，易漕，度可令三月罢；而渠下民田万余顷，又可得以溉田：此损漕省卒，而益肥关中之地，得谷。"天子以为然，令齐人水工徐伯表，悉发卒数万人穿漕渠，三岁而通。通，以漕，大便利。其后漕稍多，而渠下之民颇得以溉田矣。

据此可知，由于当时关东漕运自黄河西至长安要经渭水，但渭水多沙且河流弯曲浅狭，而且航道长达 900 余里，不便航行。元光六年（前 129），大司农郑当时建议修建漕渠，从长安城的西北开凿一条与渭水并行的航运渠道，向东通到黄河，路程仅 300 余里，可节省一半运输时间。武帝采纳了他的建议，令齐人水工徐伯负责技术勘测，征发数万士卒挖漕渠，历时三年建成。修建漕渠的目的固然是为了漕运，但漕渠修成后，"渠下之民颇得以溉矣"，灌溉的农田达万余顷，"比白渠多一倍以上，约与当时的成国渠相当"[13]，而且"益肥关中之地"（郑当时语）。

漕渠修成后之所以"益肥关中之地"，这与其水源渭水富含有机质泥沙可以淤灌而改良盐碱地不无关系。因而，《淮南子》"渭水多力宜黍"之"多力"，应理解为"多（肥）力"较为妥当，这样，"宜黍"也就落到实处了。

注释：

[1] 崔瑞德、鲁惟一编：《剑桥中国秦汉史》，中国社会科学出版社，1992 年，第 67 页。

[2] 王凤阳：《古辞辨》，中华书局，2011 年，第 36 页。

[3] 顾祖禹：《读史方舆纪要》，贺次君、施和金点校，中华书局，2005 年，第 2259 页。

[4] 林甘泉：《中国经济通史·秦汉（下）》，经济日报出版社，2007 年，第 605 页。王子今：《秦汉交通史稿》（增订版），中国人民大学出版社，2013 年，第 162 页。

[5] 史念海：《中国的运河》，陕西人民出版社，1988 年，第 76—77 页。

[6] 郭松义：《水利史话》，社会科学文献出版社，2011 年，第 16—17 页。

[7]姚汉源：《中国水利发展史》，上海人民出版社，2005年，第52页。

[8]史念海：《河山集》，生活·读书·新知三联书店，1963年，第52—54页。

[9]李令福：《论淤灌是中国农田水利发展史上的第一个重要阶段》，《中国农史》2006年第2期。

[10]朱伯康、施正康：《中国经济史》（上卷），复旦大学出版社，2005年，第192页。

[11]朱伯康、施正康：《中国经济史》（上卷），复旦大学出版社，2005年，第192页。

[12]姚汉源：《中国水利史》，上海人民出版社，2005年，第72页。

[13]朱学西：《中国古代著名水利工程》，商务印书馆，1997年，第19页。

（责任编辑：陈昱洁　李　宇）

秦文字研究的回顾与展望

（王　辉　陕西省考古研究院）

内容提要： 本文是一个提纲，对二千年来，特别是新中国成立六十七年来秦文字研究，包括金文、石刻、简牍、陶文、玺印封泥、货币、漆木器文字研究已取得的成绩和存在的问题做了概述，也对今后的研究提出了中肯的期望。

关 键 词： 秦文字研究　回顾　展望

秦文字研究已经走过了二千年的道路。近当代，特别是改革开放以来，在这一研究领域已取得了辉煌成绩，但仍有弱点及不足，有待继续深入发展。本人曾长期致力于此，愿谈一点粗浅的体会与看法。

一、1949 年以前的研究简况

1. 《史记·秦始皇本纪》已著录秦始皇泰山、琅邪、之罘、东观、碣石、会稽六种刻石及秦二世诏书。峄山刻石《秦本纪》未著录，然唐封演《封氏闻见记》记其为"李斯小篆"，并说其时已有摹刻本。杜甫《李潮八分小篆歌》："峄山之碑野火焚，枣木传刻肥失真。"《汉书·艺文志》六艺略春秋类下著录"《奏事》二十篇"，颜师古注："秦时大臣奏事及刻石名山文也。"则颜氏以为《奏事》中有秦刻石的内容。

2. 许慎《说文》篆文、籀文大多来源于秦文字。如"史"字三晋玺印作𠭆（《古玺汇编》1725）、楚郭店简《老子》甲作𠭊（《楚文字编》5 页），秦青川牍作𠭆、泰山刻石宋拓本作𠭆，与《说文》小篆作𠭆同。又如"商"字三晋玺印作𠾐（《玺汇》1484）、曾侯乙钟作𠾐，秦封泥"商丞之印"作𠾐，与《说文》小篆作𠾐同，而秦秋秦公镈、秦公一号大墓编磬"商"字作𠾐，与《说文》籀文𠾐近。这说明许慎已对秦篆做过一番整理与研究。

3. 颜之推《颜氏家训》记隋开皇三年长安发现两诏铜权，颜氏指出据诏文可知，《史记》有的本子秦丞相"隗林"乃"隗状"之讹。

4. 石鼓文一般认为发现于唐初的天兴县，轰动朝野。韦应物、杜甫、韩愈大加赞咏，虞世南、褚遂良、欧阳询、李嗣真、张怀瓘、窦蒙喜其书法。唐人对石鼓文有初步了解，大多断其时代为周宣王。

5. 宋人金石著录书，如吕大临《考古图》、薛尚功《历代钟鼎彝器款识法帖》已著录石鼓文、秦公钟（盠和钟）、平阳斤权、遣磬，及宋嘉祐年间出土于凤翔开元寺的诅楚文。苏轼、欧阳修、赵明诚等都曾加以研究。诅楚文时代有秦惠文王及昭王二说。盠和钟、杨南仲，欧阳修、赵明诚以为此乃秦景公时物。郑樵等已认定石鼓文为秦物。

6. 元、明两代对石鼓文研究较多，但成绩平平。杨慎等对石鼓文的缺字补多不可靠。

7. 清人研究秦文字的成绩远超前代。清金石著录书，如吴大澂《恒轩所见所藏吉金图》、刘心源《奇觚室吉金文述》、端方《陶斋吉金录》等著录邵宫盙，以及诸多兵器、度量衡器。有关石鼓文文字、音训、章句、考释的成果极为丰硕，如朱彝尊《石鼓考》、震钧《石鼓文集注》等。对诅楚文的真伪，清人有争论，多数学者认为不伪。

8. 民国时期，秦文字研究逐渐从一般的金石文字研究中分离出来。1914年，以罗振玉《秦金石刻辞》为其开端。1931年，容庚《秦金文录》专录秦代金文，材料丰富。民国初年，甘肃天水地区出土秦公簋，王国维为之跋，此后郭沫若《两周金文辞大系图录考释》等也有考释。王氏后又作《秦都邑考》《秦郡考》，皆为名文。王氏提出战国时秦用籀文、六国用古文说，影响巨大，虽不尽全面，但大体如是。民国时石鼓文研究名家辈出，罗振玉、王国维、马衡、郭沫若、唐兰、张政烺、罗君惕、马叙伦各有宏论。马衡《石鼓为秦刻石考》论定石鼓为秦物。郭沫若考定诅楚文为惠文王后元十三年（前312）物。华学涑《秦书集存》（1922）是最早的秦文字编。

二、1949 年以后的重要发现及研究

1949 年至今的六十七年间，秦出土文字资料的数量，特别是战国至秦代的秦文字资料数量，是此前两千年的数十倍乃至上百倍。除金文、石刻外，又有符节、陶文、玺印封泥、简牍、钱币、帛书、漆木器文字等，其中多有重大发现；而其研究成果也远超前人。以下摘要列举其成果及不足。

（一）金文

1. 传世器不其簋盖及山东滕县出土不其簋器、盖铭文，前人多以为时代为周，陈梦家首指为秦器，李学勤说"不其"即秦庄公其，我和陈平都同意李

说并加补充。也有学者（如梁云）说非秦器，但不能肯定"不其"究竟何指。

2. 秦公簋、盠和镈钟铭"先祖""十又二公"讨论甚多，或说"先祖"指襄公，"十又二公"应从文公数起，作器者是景公，但远非定论。

3. 宝鸡太公庙秦公镈、编钟一般认为是秦武公器，"王姬"或说是武公妻或说是其母，未有定论。

4. 1993年以后甘肃礼县大堡子山出土鼎、簋、壶、钟数十件，流散至伦敦、巴黎、纽约、日本等，少数在甘博、上博，曾引起轰动，讨论文章很多。大堡子山秦墓地后经发掘。但"龏公""簶公"究竟何指，说法不一，只能肯定是春秋初年。

5. 传世有秦子戈、矛。"秦子"是谁？1986年陈平文认为是文公太子静公，拙文则认为前出字可能性大。后大堡子山出土秦子钟、澳门萧春源藏秦子簋盖，"秦子"再次热议，有20余文。多数认为是静公，我个人的看法也有改变。近时仍有讨论，或认为是宣公，争论远未结束。

6. 度量衡器、诏版断句、释读讨论较多。

7. 兵器出土极多，不乏重要者：

（1）兵器所见监制丞相或相邦有：樛斿、张仪、奂、殳（金投）、触（寿烛）、魏冉、樗里疾、吕不韦、启（昌平君）、颠（昌文君）、李斯、隗状。商鞅兵器有六件，称"大良造庶长"，相当相邦。

（2）封君或卿大夫造兵器有：高陵君弩机、疑穰侯魏冉的王二十三年家丞禹戈，珍秦斋藏秦政（正）白（伯）丧戈或说是立前出子的大庶长弗忌，仍可讨论。

（3）中央机构寺工、少府、属邦、诏事监造兵器甚多。

（4）郡守监造兵器以上郡守造为多，已见上郡守有：樗里疾、匽氏、间、向寿、司马错、白起、李冰，庆、暨（王锜）、定、鼂（窜）。其他郡如内史、汉中、北地、上党、河东、蜀、邯郸、南阳、琅邪、九原，有的仅有造地或置用县名，无守名。

8. 虎符

（1）杜虎符真伪原有争论，今已肯定此为惠文君称王前物。

（2）阳陵虎符作卧虎形。

（3）新郪虎符或说是汉器，我曾举三点理由证其为秦物无疑。

9. 车马器如大后车曹、秦陵铜车马部件文字对研究车之构造、马具、车马系架方式皆有帮助。

（二）玺印封泥

秦玺印封泥研究，早先成绩较小。很长时间没能从"周秦印（封泥）""秦汉印（封泥）"中分离出来，20世纪80年代末到90年代初，王人聪、孙慰祖和我做过一些工作，成绩也很有限。1995年以来，西安北郊相家巷等地陆续发现秦封泥，是20世纪末的重大考古发现之一，足可与秦兵马俑及睡虎地秦简的发现相媲美，一时形成研究热潮。李学勤、孙慰祖、施谢捷、周晓陆、傅嘉仪、刘庆柱、刘瑞、史党社和我都曾致力于此，目前已有论文、专著、博士论文200余篇（部），涉及职官、地理、书法、封泥形制、断代诸方面。据王伟《秦玺印封泥职官地理研究》统计，秦封泥截至2013年已发现1159种，6727枚。

秦封泥曾经由中国社科院汉长安城考古队及原西安市文管会（现西安博物院）发掘，弄清了地层关系。但后者资料至今未刊布，殊为遗憾。

目前仍有多枚封泥的含义难于确知，如"容趋丞印""行平官印"。随着秦封泥热，市场上也出现了少量伪品。

秦私印、成语印研究也有进展。

（三）陶文

秦陶文多出土于秦都城，如雍城、栎阳、咸阳遗址及秦陵园如始皇陵、秦东陵，以及阿房宫遗址，关中多地秦墓，关中以外地区仅有零星发现。因此，秦陶文的研究以陕西学者为主，最早有系统的研究者为陈直（《关中秦汉陶录》及其续集），最有成就者为袁仲一（《秦代陶文》《秦陶文新编》）。1949年以后的秦陶文多为考古发掘所得，因而时代明确。《秦陶文新编》实收陶文3258条（截至2005年），多有漏收。王恩田《陶文汇编》对秦陶文有所补充，陕西近年出版的几种考古报告，如《西安北郊秦墓》《西安尤家庄秦墓》也刊布了约200条秦陶文。

秦陶文有戳印，有刻画。前者多为阴文，为阳文秦印所戳印，如阳文秦印有"东市""㟭市"，同类陶文有"丽市""云市""栎市""杜市"等。秦陶文与玺印封泥多有相同者，如"大匠""都船""都水""丽山飤官"等。秦陶文研究对研究秦官制及制陶手工业作坊的发展状况有重大价值。

户县出土秦封宗邑瓦书、秦陵赵背户村出土修陵工人墓志瓦文学者讨论较多，但至今仍有个别字未能准确了解其意义，如"一里廿辑"之"辑"。

秦陶文中春秋时代仍有刻画符号而非文字。

（四）石刻

1. 凤翔南指挥村秦公一号大墓出土残磬铭文 26 条。拙文据"天子匽喜，龚（共）趄（桓）是嗣""隹（惟）四年八月初吉甲申"定此为秦景公四年（前 573）物。此已为学者所公认。西北大学王建新说应为哀公物，但并未举出几条理由。磬铭"高阳有灵，四方以鼏平"，高阳指古帝颛顼，《史记·秦本纪》"秦之先，帝颛顼之苗裔"，与磬铭合。拙文则认为这种传说是秦人的自我攀附，是秦人向华夏靠拢的反映，并非信史。过分疑古不对，一味相信传说史料也不足取。

2. 宋人著录遹磬，我曾疑其为伪，常任侠、李纯一以为是西周后期至春秋时物。李学勤称"怀后磬"，以为"可能出自秦公夫人墓内""器主乃春秋时期一代秦公的夫人"。铭为宋人摹本，有些文句仍待讨论，如"□之配，厥益曰鄩"。

3. 传陕西出土秦骃祷病玉版为秦惠文王骃（《史记》讹作驷）因病祭祷华山所作，其所反映的祭神仪节与诅楚文有若干相似之处。玉版作圭形，与诅楚文作璋形［由"著（书）者（诸）石章（璋）"推测］相近。学者对玉版文字多有讨论，但仍对一些字词、语句，如"东方有士姓为刑法氏其名曰陉"的意义有待讨论。

4. 大陆及港台仍有多人研究石鼓文，徐宝贵《石鼓文整理研究》涉猎广、论述深，"是迄今为止关于石鼓文的最全面最深入的一部著作"（裘锡圭序语）。也有一些非学术的著作。

石鼓文的时代久争不决，但分歧逐步缩小。现在绝大多数学者认为石鼓文时代为春秋晚期，但仍有学者坚持"战国惠文王说"，甚或"周宣王说"。拙文《由"天子""嗣王""公"三种称谓说到石鼓文的时代》及《补记》《〈石鼓文·吴人〉集释——兼再论石鼓文的时代》主张石鼓文作于秦景公五年（前 572）后，主要理由是文字风格、内容、称谓、语汇特点。徐宝贵意见大体相同，徐文对文字特点的分析更加深入。

5. 诅楚文真伪续有争论，陈炜湛力证其伪，赵平安、陈昭容以为不伪，陈炜湛之说不可信。姜亮夫、孙作云、陈世辉、陈伟续有研究。"十八世"或说起自秦穆公，至惠文王止，共十八代。

6. 林剑鸣、康宝文、吴福助、臧知非及日人鹤间和幸对秦刻石内容、结构、宣扬的思想文化续有讨论。

（五）漆木器

1. 秦公一号大墓出土一件小漆筒，墨书"寂（紫）之寺（持）簧"4字，指明此器是紫祭天时所持用的笙或竽类，大概同于后世的遣册。

2. 湖北睡虎地、关沮及四川青川出土漆器上多有针刻或烙印文字，如"成亭""咸亭""士五（伍）军""大女子□""小男子""上造□""包（匏）"之类，学者讨论极多。某亭、某市标明产地，说明该批产品经过市场检验，已经征税，可以出售；"小女子""小男子"殆漆工子女，是学徒。匏为制作漆器工艺。

3. 2010年西安市公安局缴获漆豆一件，残漆豆座三件，铭"八年相邦薛君造，雍工师效，工大人申""八年丞相殳造……""大官"。拙文考定"薛君"是孟尝君，"殳"为见于《史记·秦本纪》之"金受"（受为殳之讹）、《战国策·东周策》之"金投"。器主当是秦昭襄王。漆豆虽小，但对秦考古及历史研究皆有重大意义。

4. 抗战期间长沙出土漆奁（或称卮）铭"廿九年大后詹事丞向……"。"大后"商承祚隶作"六月"，误。"詹事"为黄盛璋、李学勤所定，詹事"掌皇后、太子家"。器主为秦宣太后。1999年湖南常德出土"十九年太后詹事"漆盒，文例相似，殆同批工匠所制。

（六）简牍

秦出土简牍数量大、内容广，其重要性仅次于楚简牍。

1. 睡虎地秦简有《编年记》，类似《秦记》，亦为墓主喜之家谱。《语书》乃法律教育文告。法律文书既有法律条文，也有法律解释、案例汇编，证明秦已有完整的法律体系。李学勤、于豪亮、刘海年、高恒、高敏、林剑鸣、栗劲、马先醒、堀毅多有研究，已有专书数部。但仍有些问题没有定论，如"隶臣妾"是否奴隶。近时有学者对秦律分类加以汇辑、解释。《日书》有甲、乙二种，饶宗颐、曾宪通、刘乐贤、王子今、吴小强、工藤元男等有专书，其他论文甚多，但分节、解释分歧仍多。《为吏之道》是官吏学习教材，有浓厚的儒家色彩，有儒法道融合倾向，个别词语的解释仍有争论。睡虎地4号秦墓出土两件木牍家书，接近口语，对研究语言学史极为重要。

2. 放马滩秦简牍出土于1986年，2009年始完整发表，因其图版不清，故释文错误较多。近时《秦简牍合集》放马滩简分册出版，情况始有改观。

木板地图6块，绘有山、水系、沟溪、地名，是中国最早的古地图，何双全、李学勤、张修桂、曹婉如、徐日辉、藤田胜久多有讨论，雍际春有专书。文字释读多有争论。如第一块A面之"邦丘"，邦或释封；第四块B面"泰桃""中桃""小桃"，桃或释析，或释相。地名"略"或说即不其簋之"罍"，亦即后世之略阳川。"呬"或说指今东柯河。多数地名不能确指。地图如何拼接，涉及地域范围是渭水流域还是嘉陵江上游，则至今未有共识。

M1出土一则有志怪色彩的记事，或名《墓主记》，或名《丹》，或名《邸丞赤谒御史书》。时代或说是秦王政八年（前239）；或说是昭襄王三十八年（前269）；或说是惠文王后元八年（前319）；或说此篇是赵物，邸、北地皆赵地名，时代为赵惠文王八年（前291），有待讨论。

《日书》甲、乙两种，乙篇内容较多。何双全、吴小强、刘乐贤、晏昌贵及多篇网上论文讨论热烈，包括分章、缀连、考释，可讨论的问题仍多。

3. 龙岗简

龙岗简有刘信芳、梁柱《云梦龙岗秦简》，胡平生等《龙岗秦简》两种本子，后者对释文有订正，标题、墓主、时代亦有新见。

前者将龙岗简分作五类，后者以为只有"禁苑"一类其说近是，但亦有误说。如说简116"吏行田赢"之"行田"为行猎，杨振红则说是授田。胡平生读"爽"为"壖"，甚是。但仍有很多说法值得进一步讨论，如说简35"风荼"即封菟，是虎的别名，又说可能读犎牰，是一种野牛。皆可疑。

木牍一枚，或称"冥判"，或称"案例"，或称"告地策"，刘国胜认为其类似今日之案件判决书，殆是。刘氏以为"辟死"是墓主名。

龙岗简牍的时代上限可到秦统一前，下限至二世二年（前208）。胡平生说也可到汉高祖三年（前204），但理由不很充足。

4. 青川牍

青川牍2枚，是秦武王二年（前309）王命丞相甘茂、内史匽氏更修为田律的记载，于豪亮、李昭和、李学勤、林剑鸣、徐中舒、张金光、杨宽、黄盛璋、胡平生等讨论甚多，但其田亩制度、"畛"的含义、阡陌在田亩的哪一端等问题至今未有定论。

5. 岳山牍

岳山牍2枚，属《日书》，是水、土、木、火、金（钱）、人、牛、马、羊、犬、豕、鸡的良日、忌日，与睡虎地《日书》简、放马滩《日书》简相关条目有同有异。此牍文字较少，讨论者亦少，杨芬和我有文讨论个别字词。

6. 关沮（周家台）简牍

关沮简有秦始皇三十四年（前213）、三十六年（前211）、三十七年（前210），三种历谱，列各月的大小、朔日干支，有的干支下记当日或当月所发生之事。历谱有学者认为应称"历日"。所记朔日干支或有误（与张培瑜《中国先秦史历表·秦汉初朔闰表》比对），其与汉初所传颛顼历的关系也值得讨论。

二世元年（前209）木牍正月称"端月"，值得注意。

《日书》有"二十八宿占""求斗术""五时段""戎磨（历）日"及线图4种。其中"戎磨日"分一月三十日为五单元，每单元六天又分"大彻""小彻""穷"三类，推求吉凶。

简347—353为祭祷先农术，记祀先农时间、物品、祝词、过程等。"先农"是后稷还是炎帝，众说不一。

7. 岳麓简

岳麓书院藏秦简1300余枚，现只公布了一部分。

《二十七年质日》《三十四年质日》《三十五年私质日》整理者说"即执日，主要内容为政事记录"，实际上仍是历日，记事只是附带性质。"私质日"具有私人记事性质。所记主要是"腾"与"爽""野"的事迹，三人的关系不明，我曾推测"腾"为"爽"之父，"爽"为这批简的主人，亦即墓主，也有很多不同意见。

《为吏治官及黔首》或称《官箴》，与睡简《为吏之道》同类，而语句有同有异。于洪涛、廖继红、陈伟、张新俊、方勇、汤志彪、凡国栋、刘云、朱红林等讨论极多，仍有一些词语未得确诂。

《占梦书》后称《梦书》，是对所梦的占语式的解读及理论阐述。陈剑、高一致、凡国栋、袁莹等有讨论，但有的词语，如"燔络"何意，仍无定论。

《数》与张家山汉简《算数书》略同，有可能是《九章算术》的前身。肖灿、朱汉民分其内容为九类，许道胜、李薇等有讨论。

《奏谳书》是江陵、州陵、胡阳等地守丞对有关刑事奏谳、审议和裁决的记录。岳麓简还有很多律令，但只公布了部分条文。

陈松长、王伟等对岳麓简所见秦郡名有讨论。

8. 王家台简

王家台简1993年出土，至今未公布图版，仅王明钦《王家台秦墓竹简概述》有介绍。

《归藏》简《概述》公布有53条释文。王明钦、连劭名、王宁、邢文、柯鹤立、王葆玹和我都有文讨论。《归藏》体例已格式化，简本"卜""贞卜"传世本皆作"筮"，可能反映了先秦卜筮不分的现象。《归藏》与《周易》的关系不明，王明钦说《周易》继承《归藏》，也有学者持反对意见。《归藏》的时代或说是殷商，证据不足；或说是孔子时；我则以为不成书于一时，亦不成于一人之手。简本约成书于战国中晚期之际，而传本更在其后。

《政事之常》先画图表，后书文字。图表中间书"员（圆）以生枋（方），正（政）事之常"，点明主题。第二圈文字略同睡简《为吏之道》中部分内容，第三圈文字是对第二圈文字的解释与说明，第四圈文字是进一步的阐释。学者对个别词语及其思想观念有所讨论。

《日书》及法律条文仅有少数条文公布，讨论较少。

9. 里耶简牍

里耶秦简牍出土于 2002 年，据说有文字者约 17000 余枚，除简报、《选释》之外，《里耶秦简（壹）》及《里耶秦简牍校释（第一卷）》公布了共 2629 枚简牍释文。

里耶简牍的主要内容为迁陵县政府档案，涉及人口、土地、赋税、吏员、刑徒登记、文书构成及传递、追讨资债、书同文字、仓储管理、邮驿及津渡管理、兵器调配、民事纠纷等。抄写时间约在统一前不久至秦末。李学勤、彭浩、王焕林、张春龙、龙京沙、陈伟、陈松长、于振波、晏昌贵、锺炜、邢义田、藤田胜久、曹旅宁等研究较多，目前仍方兴未艾。

笥牌文字 5 条，记有年月、经办官员、物品、移送地点等，如 8：774："卅四年四月尽九月仓曹当计禾稼出入券。已计及县相付受（授）廷第甲"。

封泥匣文字 200 余枚，记始发及发往地点、物品名、数量，由此知秦有封泥匣。

邢义田等讨论秦简牍的文书构成、笔迹、存放形式。文书有年、月、朔、干支，撰者职官、名，文书经手者署名后加一"手"字。上行文书称"敢言之"，平行文书用"敢告"，下行或退还文书用"却之"。

阳陵司空腾追缴赀债文书多枚，涉及债权方、债务方、券书，何双全、宋艳萍、马怡等有讨论。"阳陵"何指，未能定论。

简 16：5 为"传送委输"简，涉及兵器传输、征用隶臣妾、城旦春、居赀赎赀等，黄展岳有讨论。

卜宪群等讨论了秦乡里吏员的设置和行政功能。

里耶秦简涉及很多郡、县、乡名，有的引起争议。"洞庭郡""苍梧郡"文献失载，陈伟、赵炳清、周振鹤等讨论热烈，然二郡始置时间、范围及与长沙、黔中郡的关系至今未能厘清。

里耶古城壕出户籍简多枚，记户主及其妻妾、兄弟、子女等，张荣强、刘欣宁、王子今、黎石生等有所讨论。"南阳"或说为迁陵乡名。

祠先农简 22 枚，记祠先农的物品、祭祀后的分胙等，与关沮简不尽同。宋超、田旭东等有所讨论。"先农"是谁，仍未定论。

里耶 8：461 木方（原编 455 号）张春龙、龙京沙、胡平生、游逸飞、陈侃理、郭永秉等有文讨论。游文将其内容分为 11 组，陈文说木方内容与"书同文字"，即秦统一后的文字字形和用字习惯相关，有所突破。但对个别词语，如"曰酔曰荆"，"酔"究竟应该读"吴"还是"楚"，还可再讨论。

（七）货币

秦惠文王"初行钱"，即方孔圆钱秦半两，此前通行圆孔圆钱，即一两钱和半睘钱。此外，还通行布和黄金。有的封君如吕不韦、长安君、泾阳君曾铸文信钱、长安钱、两甾钱。

秦半两钱研究者较多，既有学者亦有古钱收藏者。黄锡全、吴良宝、朱活、王泰初、何清谷、蔡迈进、吴镇烽各有专文，王雪农、刘建民《半两钱研究与发现》一书是集大成之作。今人已能从铸口茬、重量、文字特点等区分战国秦半两和秦统一后半两。

（八）字体、构型、隶变

秦文字上承西周文字，籀文、篆文去殷周文字较六国文字为近。秦文字较保守，异于六国文字的求变求新。从春秋初到战国末，秦文字不断规整化与简化。如"中"宁石鼓文作￥，封泥作￥，"秦"字秦公鼎作￥，秦骃玉版作￥，"四"字秦公簋作￥，睡虎地简作￥。秦文字也有繁化，如"有"字秦公镈"克明有心"作￥，而"匍有四方"作￥。繁化多关乎意义分化，且数量较少。对秦文字的特点及其演变，陈昭容《秦文字发展序列——从汉字发展历史看秦文字的传承与演变》、王辉《秦文字在汉字发展史中的相对位置》曾加分析。

对秦始皇的"书同文字"，讨论文章极多，"文革"中一度热得离谱，改革开放后始归学术层面。北文《秦始皇"书同文字"的历史作用》、陈昭容《秦系文字研究》、赵平安《论秦国历史上的三次"书同文"》分析深入。是用小篆还是隶书统一，是正字形还是正用字，是字体统一还是命令的格式、内容统一，久争不决，但"书同文字"是"罢除东土区域性文字不与秦文合者"，已为多数人所公认，里耶木方内容也证明了这一点。

讨论秦文字构形的有徐筱婷《秦系文字构形研究》、郝茂《秦简文字系统之研究》，何家兴也有相关文章。

有多人据秦文字俗体探讨隶书的起源。裘锡圭《从马王堆一号汉墓"遣册"谈古隶的一些问题》、赵平安《隶变研究》、陈昭容《隶书起源问题重探》见解深刻。多数学者认为：就隶书风格而言，战国东西土文字都有相同的经历；就隶书的结构而言，基本上是在秦文字俗体的基础上发展起来的。秦隶发生的时间，或以为可推至战国晚期早段的秦骃玉版、青川木牍，甚或中期；也有的人认为仅可推至战国晚期。

194

杨宗兵曾分析过秦文字的草书及草化。

三、今后的展望

（一）资料的整理与刊布

对于秦文字的资料整理，原先有的拖得时间很长。放马滩简二十多年后始完整发表，王家台简至今未完整发表，西安文管会发掘出土秦封泥至今未刊布。近几年的岳麓简、里耶简则刊布较快。现在有了新的仪器，有国家重大项目的支持，有年轻的学术力量，希望能加快已有资料的刊布，或对已整理刊布的资料重新整理。武汉大学简帛研究中心与几个博物馆合编《秦简牍合集》已开了一个很好的头，其他如金文、陶文、玺印封泥可做的工作还很多，希望能得到支持。

（二）工具书的编纂

一般的战国文字工具书，如何琳仪《战国古文字典》、汤余惠《战国文字编》限于体例，收秦文字较少。袁仲一《秦文字类编》收字较多，有辞例，但用摹本，不尽准确，辞例较少，且出版时间已过近三十年，无法反应秦文字的最新面貌。刘信芳《睡虎地秦简文字编》、张守中《睡虎地秦简文字编》、张世超等《秦简文字编》、方勇《秦简牍文字编》、许雄志《秦印文字汇编》各有成就，但只收简牍或玺印封泥或简牍中的一部分，难于反映秦文字的全貌。2015年，由我主编的《秦文字编》出版，该书收录了3269字，远多于以上各书，各字形后均有文例，有些词语有简要注释或新注另加按语，实际上有文编、字典两种功能。该书成稿于2006年，对此后的新说有所吸收，但远远不够。注释或用原整理者的旧说，不尽准确，已有文讨论。本人希望能再做续编，反映最近几年的材料和研究进展，也更正原书的一些错误。做文字编是一件出力不讨好的事，但本人多年沉浸于此，还是希望能把此事做下去。

索引、引得一类的书只看到张显成主编《秦简逐字索引》一种，该书只收睡虎地、放马滩、关沮、龙岗四种，希望能继续做下去。又杨广泰《新出封泥汇编》所附录该编封泥所见职官、郡县乡名音序索引，但其封泥含秦汉两代，不尽为秦。

（三）综合研究有待深入

1. 金、石、印、陶、简应做综合研究

现在秦文字资料已多，金、石、印、陶、简既相对独立，又密切相关，研究者可以有着重点，但必须对各类材料有通盘了解，这样才能左右逢源。

青川木牍："王命丞相戊（茂）、内史匽□□更修为田律。""匽"后一字或释民，或释取，或释身，黄文杰释氏，黄说是。珍秦斋藏十四年□平匽氏戟铭："十四年□平匽氏造戟。"无锡博物馆藏、飞诺艺术品工作室藏二件十四年上郡守匽氏戈，皆有"匽氏"，证明释氏是。

"内史"见睡简、里耶简、金文、封泥，综合判断，可知其为郡一级行政机构。

新郪虎符或说是汉物，因据《汉书·地理志》汝南郡下应劭注"秦伐魏取郪丘，汉兴为新郪"，新郪应是汉置县。但杨广泰藏封泥"新郪丞印"，既有秦印，又有汉印。二者出于二地，风格截然不同，可见"新郪"未必汉置。

2. 与其他系文字研究应结合

战国文字分为五系（或说六系），秦系与其他系有显著差异，但无可否认它们皆来源自商周文字，没有本质不同，故研究秦文字一定要参考其他文字的研究成果。

珍秦斋藏二十三年相邦冉戈内上套一鸟秘冒，西安市文研所亦藏一鸟秘冒，二冒皆三晋物，铭有"𨻻（得工）"，黄盛璋和我都主张"得工"，与秦"寺工"有渊源。

江西遂川出土二十二年临汾守戈，铭有"临汾守暊"，临汾是河东郡县，而河东郡治安邑。"临汾守"是什么意思，不太明白。"临汾"是郡名？"临汾守"是县之守令？赵器有十五年守相杜波剑，里耶简多见某守（如迁陵守），三者有无关系，值得深思。

秦哀公又称毕公，楚简《系年》称"秦异公"，"毕"与"异"应为一字之讹。

秦公大墓磬铭"高阳有灵"，高阳即颛顼。瑞顼传说葬于濮阳，楚简《系年》"飞廉东逃于商盖氏。成王伐商盖，杀飞廉，西迁商盖之民于邾虘（圉），以御奴虘之戎，是秦先人"亦说秦人东来。此是秦人攀附，是楚人一家之言，还是历史真实？有待论证。

3. 古文字学、考古学、历史学及其他学科结合

出土文字与考古、历史有密切关系自不待言。秦封泥初发现时出土地点不明，是秦是汉亦有争论，后中国社科院考古所汉城队做了发掘，才弄清了地层，确定是秦。出土地相家巷村或说即秦甘泉宫亦即南宫。

传世"皇帝信玺"封泥时代或说是汉或说是秦，定为汉物的理由之一是秦无封泥匣，而该封泥用了封泥匣。里耶出土多枚秦封泥匣，证明这条理由不成立。

八年相邦薛君、丞相殳漆豆为公安缴获物，由其文字内容可知出土于秦东陵，对判定东陵各墓主人有重大意义。薛君、金投的认定，也廓清了一些历史迷雾。

196

法律文书、数术、历日、日书、病方、占梦书、归藏简、木版地图也要求有法律学家、数学家、天文学家、医学家、哲学或思想学家、历史地理学家、民俗学家、音乐学家参与，才能更加深入。

4. 语言学的研究有待加强

长期以来，秦文字研究的重点是文字考释与秦史、秦文化的研究，语言学方面的研究相对薄弱。崔南圭《睡虎地秦简语法研究》、冯春田《秦墓竹简选择问句分析》、石峰《秦简中的系词"是"》、朱湘蓉《〈睡虎地秦墓竹简〉通假辨析九则》及《秦简语言性质初探》（其博士论文也对睡简单词、复词、音韵、语法有分析），虽已取得一些成绩，但从总体上看，仍显得分散、零星，不成系统，有待加强。

5. 书法艺术的研究有待加强

古今虽有不少学者探讨石鼓文、诅楚文，乃至简牍、玺印、封泥的书法艺术，但多玄虚、抽象，不得要领。这一方面的研究仍待加强。

（四）希望能有一个秦文字研究中心

现在有各种各样的研究中心。为了进一步推动秦文字研究工作，希望能有一个秦文字研究中心。陕西为秦文字资料出土最多的地方，研究秦文字，是陕西人义不容辞的义务，如果陕西能有一个秦文字研究中心，是再好不过的事情。但我也知道，这只是一个奢望，几乎不可能实现。一个真正的中心，要有资料，有设备，有团队，有资金，有领导的支持，这绝非一介书生所能办到的。三十多年来，我研究秦文字，出过几本书，但纯属个人行为，没有一个社科基金项目，也不是单位项目，没有助手，没有资金，仅凭个人精神支撑，有些事便无法做好。希望其他省能有这样一个中心。

附记：本文涉及资料较多，故不一一加注。拙著《秦文字通论》已由中华书局出版，于此多有引申，请予批评。

（责任编辑：朱学文　陈　洪）

建国后六十年间秦文字的发现和研究

（王　伟　陕西师范大学文学院）

内容提要　1949 年至 2009 年的六十年间，秦文字资料层出不穷，秦文字及其相关研究不断深化。本文将此间的秦文字研究分为"建国后40 年"和"20 世纪 90 年代以来"两个阶段，在介绍秦文字的出土情况的同时，较详尽地概括和评述了秦文字的各项研究成果，并对秦文字的研究做了总结和展望。

关 键 词　秦文字　发现和研究　概况

秦文字是战国文字的重要组成部分，同样有着载体多样、数量丰富和内容重要的特点。将秦文字的发现与研究情况做一总结，对秦文字和秦历史文化的研究有重要的推动作用。此前，我们已经陆续对 1949 年之前的秦文字研究、20 世纪以来秦玺印封泥的发现与研究以及 1949 年以后秦简牍的发现与研究情况做了一些总结。[1]今将建国后 60 年间除秦简牍之外的秦铜器铭文（兵器题铭、诏版权量）、陶文瓦当、帛书、金银器、漆木杂器、石刻、货币、秦"书同文"及隶书形成等相关文字理论的研究情况再做概述如下。

一、建国后 40 年间秦文字的发现和研究（1949 年—1989 年）

建国以后，随着考古事业的蓬勃发展，科学发掘的文字资料层出不穷。秦文字资料也相伴而来，大量出土。

（一）秦文字资料出土概况

这一时期，秦铜器铭文、兵器题铭、诏版权量、陶文、金银器、漆木杂器等均有重要资料出土。

（1）秦始皇陵园周围遗址和兵马俑坑出土的文字资料

秦始皇兵马俑一号坑、丽山飤官遗址、临潼上焦村秦墓、始皇陵封土附近的建筑遗址、赵背户村修陵人墓地、秦东陵、韩峪乡刘庄村战国秦墓等处出土了众多的兵器铭文、陶文、陶俑刻文和车马器刻文。[2]

（2）秦都城考古发掘出土资料

秦故都雍城凤翔县八旗屯战国墓葬、凤翔县高庄秦墓、南指挥村秦墓等处，考古发掘出土陶文、年宫、械阳宫瓦当和石磬刻文等。[3]

秦都咸阳渭城区长陵车站北秦手工业作坊遗址、渭城区长兴村（长陵车站南）秦手工业作坊遗址、秦阿房宫遗址、塔儿坡战国秦墓、窑店镇黄家沟村等地，出土大量秦铜器、陶文和诏版权量等文字资料。[4]

（3）其他秦遗址、墓葬出土文字资料

出土文字资料的秦墓葬有多处。[5]此外还有：陕西宝鸡太公庙、凤阁岭、陕西旬邑转角村、礼泉药王洞乡、西安市山门口公社北沈家桥村、三桥镇后围寨、秦阿房宫遗址、甘肃秦安县、灵台县景家庄，宁夏固原，山西屯留、左云县，河南洛阳市、宜阳县、登封八方村，河北易县百福村燕下都遗址、围场县，山东文登、淄博市，湖南长沙市左家塘秦墓、马王堆汉墓、岳阳市，湖北云梦，四川涪陵小田溪、青川县，江苏盱眙县东阳公社，江西遂川，内蒙古准格尔旗、赤峰市、乌兰察布市，辽宁新金县、宽甸县、辽阳市，广州东郊罗岗秦墓等地。另外，甘肃镇原、陕西宝鸡、陕西西安、山西太原、北京、天津等地从废铜中拣选或征集的带铭文的秦文物也有多件。

秦半两钱出土数量较大，范围分布广。秦故都雍城、咸阳、秦始皇陵园，以及陕西、甘肃、四川、河南、山西、内蒙古等地均有出土。[6]

（二）研究概况

裘锡圭、曾宪通、唐钰明、江村治树等在综述古文字资料的发现和整理研究概况时，对秦文字资料的发现和研究均有涉及。[7]何琳仪《战国文字通论》对秦文字的研究状况有系统的概括论述。[8]

（1）铜器铭文（兵器题铭、诏版权量）研究

秦金文的资料选编、汇集和综合研究著作都开始出现。[9]李学勤对秦铜器铭文的作了长期深入的研究，其《战国时代的秦国铜器》[10]是秦金文研究比较系统的奠基之作；《战国题铭概述》[11]中较系统论述了秦系题铭的相关问题；《秦国文物的新认识》[12]确认了不其簋是最早的一件秦国青铜器，排定了春秋前中期秦器序列，考释了新出的秦郡县所造兵器铭文，讨论了秦咸亭陶文的意义；《东周与秦代文明》[13]是论述春秋战国至秦代的考古资料的综论著作，书中有专章论述秦的考古资料，其中多处涉及对秦出土文字资料的论述。

1978年太公庙村的秦公钟、秦公镈出土之后，因为铭文明确记有前辈学者计算"十又二公"时未计入的"静公"，由此引发了对秦公钟、秦公簋以及

新出土秦公及王姬镈钟诸器时代和"十又二公"所涉及秦公世系的讨论。[14]

秦兵器铭文资料的公布和研究络绎不绝。[15]黄盛璋[16]、陈平[17]、袁仲一[18]、王辉[19]、张占民[20]等人对秦兵器铭文的相关研究较为深入系统。寺工问题讨论持续深入;[21]台湾学者林清源在《两周青铜勾兵铭文汇考》[22]中对秦兵器铭文相关问题多有主见。

秦国杜虎符自1973年在西安市郊发现以来,引起了学术界的重视,先后发表多篇研究文章,对杜虎符的真伪、铸造年代等问题,提出了不少颇有价值的见解。[23]陈直等对秦其他符节也有研究。[24]

国家计量总局编的《中国古代度量衡图集》汇集秦权量、诏版资料较为齐全,[25]诏版铭文词语也有学者做进一步的考释研究。[26]

（2）帛书、金银器、漆木杂器研究

马王堆汉墓3号汉墓出土的五种医学帛书的抄写年代被学者定于"秦始皇称帝期间（前221至前211）"[27],马王堆汉墓帛书整理小组也认为五种医书"书法秀丽,字体近篆,在马王堆帛书中是较早的一种,抄写年代约在秦汉之际"。[28]90年代之前,马王堆汉墓医学帛书研究专著有3部,论文有110多篇。[29]此外,邢义田也辑录了马王堆汉墓医学帛书研究论著。[30]

黄盛璋对30年代洛阳金村出土的记有秦昭王年号的两件漆樽银足铭文做了研究;[31]30年代长沙出土的廿九年漆樽,以往认为是楚器,裘锡圭据铭文字体和相邦仪戈铭文辞例,始定为秦器[32]。李学勤先生曾先后论述过四次,最终将铭文全部读通。[33]

《云梦睡虎地秦墓》对出土的漆器刻画、烙印文字都做了初步的整理研究。肖亢达通过研究睡虎地秦墓漆器针刻漆木杂器上的刻画文字,探讨了秦代地方官营手工业,[34]左德承编绘了云梦睡虎地出土的秦漆器图录[35]。青川郝家坪秦墓还出土几件漆器铭文(《文物》1982年1期)有"成亭",可能是"成都亭"的简称。[36]此外,研究秦漆器文字还有李如森、陈振裕等人。[37]

（3）陶文（瓦当）研究

传世秦陶文主要见于《古陶文春录》《陶文编》《古陶字汇》等工具书。[38]秦陶文研究随着秦各遗址考古工作的展开而逐渐起步。[39]综合研究著作是袁仲一《秦代陶文》,[40]该书收录各地出土的600余种、1610件秦陶文,既有研究考证,又有陶文拓片。书中《秦代陶文概说》和《秦代陶文在古文字学上的意义》两文,对秦陶文有系统而深入的论述,此书也收录了一些秦瓦当文字。此外,袁仲一较早对秦始皇陵西侧赵背户村刑徒墓地出土的瓦文发现的18件墓志瓦文做了研究。[41]

50年代陈直《秦陵陶券与秦陵文物》中称为"陶券"的秦封宗邑瓦书,

至八十年代后半期才有尚志儒、郭子直、袁仲一、李学勤等学者开始陆续研究，[42]包括文字考释和相关史地考证等。

陈直《秦汉瓦当概述》论及了秦汉瓦当研究的起源和发展，还指明了秦汉瓦当的特点和分类及造瓦手法、断代等；[43]专门辑录瓦当的著作有好几部[44]。由于秦文字瓦当发现的较少，专门研究秦文字瓦当的论文极少。[45]

（4）秦石刻文字研究

石鼓文仍是秦文字研究的热点。商承祚《石刻篆文编》是战国秦汉石刻的单字汇编，其中收录"秦雍十碣"文字，谓之"石碣"。[46]建国后至 80 年代初，由于"文革"的干扰，大陆地区石鼓文研究处于停滞状态，论文仅数篇，[47]研究石鼓文的主力军是台湾学者[48]。80 年代以后，大陆的石鼓文研究逐渐复苏，研究成果有专著 3 部[49]，郭沫若《石鼓文研究》[50]和《诅楚文考释》再版，研究论文数篇[51]。这一时期海外研究石鼓文的有日本的松井如流、赤塚忠、福雄雅一和美国的马几道等人。[52]这一时期，学者讨论的重心仍然是石鼓年代问题。李学勤首先将石鼓年代限定在一个大致的范围内，提出石鼓大约为春秋中晚期（晚于秦穆公时的秦公簋）。[53]

研究诅楚文的有姜亮夫、孙作云、陈世辉、陈伟等人。[54]陈炜湛从文字、情理、史实、词语四个方面论《诅楚文》出于唐宋间好事之徒所伪作，[55]其结论后来经学者辩驳，今已少有人信从。

专论秦始皇刻石的有康宝文《秦始皇刻石题铭研究》。[56]其他秦石刻文字研究主要集中于泰山刻石的研究，但囿于材料有限，研究并无重要突破。[57]

（5）货币文字研究

秦只用圆钱，品种相对单一，货币文字只记重量，而没有铸造地名。秦货币主要以出土的报道为多。[58]吴镇烽、康石父、蔡运章、陈振裕、李如森、蒋若是等学者对秦始皇统一货币、秦半两钱的断代等相关问题做了研究。[59]

（6）文字理论的研究（"书同文"与隶书形成、文字构形与字形演变）

"书同文"与隶书的形成 70 年代初，出现了一系列讨论秦"书同文"作用和意义的文章，对"书同文"的历史作用和意义多有阐发。[60]最早研究秦代隶书问题的是裘锡圭，[61]他认为隶书分为古隶和八分两个阶段，古隶是八分形成之前的隶书，战国秦篆是形成隶书的基础；秦始皇以小篆为标准字体来统一六国文字，而隶书为辅助字体，秦始皇的"书同文"实际上是以隶书统一了文字。

睡虎地秦简的出土使隶书的形成继续成为讨论的焦点，其中也涉及"书同文"的基础，众多的学者参与了讨论。[62]吴白匋认为睡虎地秦简是真正的秦隶，秦隶远祖可推到周代。秦始皇统一文字以隶书为主，当时篆隶并用，并无正规与否的区别。[63]朱德熙认为，秦汉简帛书"填补了汉字发展史上的一个重要缺环，使大家熟悉了秦隶的面貌，并了解到隶书实际上在战国时代的秦国就已初步形成。"[64]尹显德据秦武王二年的四川青川郝家坪木牍文字认为，青川战国木牍虽比云梦秦简早80年，但是和当时的金文、石刻比较，有不少差别，却与秦简的秦隶极为相似，而把隶书形成上推至战国中后期。[65]钟鸣天、左德承更进一步认为，青川木牍几乎没有篆书痕迹，隶书已经存在一个时期了；[66]以上探索基本得到了学术界肯定。此外，台湾学者谢宗炯《秦书隶变研究》是较早涉及隶变的综合研究。[67]

文字构形与字形演变。李学勤《秦简的古文字学考察》[68]指出秦简文字考释的三个要点：第一，秦简文字一般不难释，"然而，简中还有个别难于读释、不见于后世的隶楷的字。"第二，"秦简有大量假借字，与六国古文和汉初文字相同。"第三，"秦简有不少简俗字"。并且指出，秦简文字中存在少数六国古文的写法。这些论述为秦简文字、秦文字的理论研究明确了方向。谢光辉较早对秦文字形体做了综合研究；[69]王美宜就云梦睡虎地11号秦墓竹简文字的通假现象加以整理、分析，对它的形成做了初步探讨[70]。此外汤余惠、林素清、许学仁等在各自的论著中也对秦文字相关问题做了研究。[71]

二、20世纪90年代以来秦文字的发现和研究（1990年—2009年）

（一）秦文字资料出土概况

20世纪90年代以来秦文字资料的出土有成批、数量大、资料重要等特点。

（1）甘肃礼县大堡子山早期秦文化遗址出土文字资料

甘肃礼县大堡子山早期秦文化遗址自20世纪90年代初遭到大规模盗掘，出土器物很快流散到海外，其中很多器物上有珍贵铭文，如秦公鼎、秦公簋、秦公钟、秦公壶、秦公镈、秦子镈、秦子编钟等。2006年礼县大堡子山遗址乐器坑又出土秦子镈钟。就目前掌握的资料来看，大堡子山、圆顶山秦人墓地等处出土的有铭文的器物数十件，分别藏于甘肃省博物馆、礼县博物馆，香港、台湾的公私机构，并有部分藏于日本和英国的公私机构。

（2）其他秦遗址、墓葬出土文字资料

出土文字资料的主要是秦墓葬遗址，如秦故都咸阳和西安近郊以及秦始皇陵园等处。[72]特别值得一提的是，2004年西安市长安区神禾原大墓出土了一批秦文字资料，据已经公布的资料来看，有石磬刻铭"北宫乐府"和"卫"、封泥"内史之印"、茧形壶刻铭"私官"，K8出土青铜车马器刻铭"五十九年""卅四年"和"左廊"等。此外，数十件陶文中有"北宫""今宜春厨"，[73]这批资料尚在整理中。

秦货币出土络绎不绝，咸阳、凤翔、秦始皇帝陵等各处均有出土。[74]

（二）秦文字资料的研究概况

曾宪通、裘锡圭、冯时、董莲池等人回顾各时期古文字研究历程时都涉及了秦文字的研究概况。[75] 马先醒、徐卫民、赵立伟等对秦文字的出土与研究情况做了综述。[76] 徐畅对秦刻石帛书研究、赵超对秦铭刻文字研究、陈伟武对秦出土文献语言研究，都做了一定程度的总结。[77]

较早着手系统整理和研究秦文字资料的是王辉，相关著作有《秦铜器编年集释》《秦文字集证》《秦出土文献编年》及续补四篇，还有《秦出土文献编年订补》等；[78] 论文集有《一粟集》和《高山鼓乘集》，[79] 两书共收专门讨论秦文字的论文 50 余篇。最近又有《秦文字编》和《秦文字通论》相继出版，前者集字编、字典、索引为一体，是最新的秦系文字字形汇编，后者是秦文字及其研究的系统总结。[80]

袁仲一在秦文字的工具书编撰和陶文研究方面成就显著，著有《秦文字类编》《秦文字通假集释》和《秦陶文新编》。[81]《类编》是 90 年代之前出土秦文字的总汇。该书对当时所见的秦系文字资料做了尽可能的收录，上编摹录字形，下编摘抄例句，为秦系文字的历时和共时比较提供了便利。《集释》收录了历年出土的青铜器铭文、刻石、简牍、陶文、封泥及部分印玺等出土文字的通假字，对通假字的读音、字义做了注释，并利用先秦及汉代等时期的金石简牍和古文献资料，补充了有关例证。最近出版的《秦陶文新编》，[82] 收录了 2005 年之前的秦陶文 3370 件，该书上编是陶文出土情况的介绍、拓片文字的诠释和综合研究，下编是所收陶文的图版，是目前收录资料最全面、研究最深入的秦陶文专著。

台湾地区是研究秦文字的一个重镇。20 世纪 90 年代以来的秦文字研究涉及的研究对象有秦简、秦玺印封泥和金文等，研究内容主要是秦简文字及其构形演变、语法以及一些综合研究。其中综合论著有台湾张慧珍《秦官制研究——出土文字与传世文献的比较研究》，[83] 陈昭容《秦系文字研究》[84] 和《秦系文字研究：从汉字史的角度考察》[85] 等；此外，日本江村治树《春秋战国秦汉时代出土文字资料の研究》[86] 对秦文字资料也做了综合研究。

（1）铜器铭文（兵器题铭、诏版权量）研究

汇集秦金文资料和综合研究的著作除了王辉《秦铜器编年集释》《秦文字集证》和《秦出土文献编年》之外，还有《秦汉金文汇编》等。[87] 澳门珍秦斋主人积极从事秦文字资料的收集、刊布和研究，其资料已经汇集成《珍

秦斋藏金·秦铜器篇》[88]等。其所收藏的秦铜器和兵器有 20 余件，器物时代涵盖了春秋早期至秦统一之后，其中一些器物的铭文，如秦子簋盖，对研究秦文字及秦史有极为重要的意义。台湾学者胡云凤、施拓全、洪燕梅对秦金文也有专门研究。[89]

甘肃礼县新出秦公诸器的研究随着流落海外的资料不断公布而高潮迭起，[90]魏春元对前一阶段的研究做了总结[91]。"秦子"诸器的研究随着新资料的出土而争论不断，陈平、王辉、李学勤、董珊、王伟、赵化成等均有论述。[92]兵器铭文研究注重材料的勾稽、铭文的释读以及相关制度的联系。[93]研究秦兵器的纪年和地名的有苏辉《秦、三晋纪年兵器研究》、朱力伟《东周与秦兵器铭文中所见的地名》和王文静《新出战国燕秦兵器铭文研究》[94]等。

侯学书、赵瑞云等人专门讨论秦诏版，[95]陈昭容对兵甲之符有系统深入的研究。[96]

（2）帛书、金银器、漆木杂器研究

马王堆汉墓五种医学帛书的研究主要侧重于医学技术和药物名称等方面的探讨，专门考释文字的文章不多。[97]陈松长辑录的论著目录较为齐全。[98]

秦有铭金银器、漆器材料较少，研究者主要有黄盛璋、龙朝彬、徐龙国等。[99]

（3）陶文（瓦当）研究：

随着秦陶文的发现逐步增多，陶文研究也逐步深入。[100]按出土地分类编排的《古陶文汇编》和《新编全本季木藏陶》都收录部分秦陶文；[101]专门汇集秦陶文资料的是《陶文图录》[102]第六卷"秦国与秦代"。此外，一些私家藏品中也屡见秦陶文刊布。

秦陶文资料的最新汇集是《秦陶文新编》。[103]该书搜集了 1974 年至 2005 年之前秦始皇陵园、秦都咸阳、秦都雍城及其他地区陆续出土的砖瓦、陶器和陶俑、陶马上的一些刻画及戳印文字，共计 3370 件陶文。上编是陶文出土情况的介绍、拓片文字的诠释和秦陶文综述；下编是所收陶文的图版。有关秦陶文的出土和研究概况可参看该书《陶文综述》部分，秦陶文研究论著目录可参看该书附录部分。《秦陶文新编》是目前收录资料最全面、研究最深入的秦陶文专著。

周宝宏《古陶文形体研究》对"春秋战国秦陶文"有专门的讨论。[104]刘秋兰《秦代陶文研究》[105]目前是唯一以秦陶文为题的学位论文。此外，傅嘉仪对秦陶文也有概括性论述。[106]

黄盛璋、饶尚宽、傅嘉仪、吕佩珊等分别从不同角度对秦封宗邑瓦书做了进一步研究。[107]

这一时期，著录瓦当文字的有《秦汉瓦当文》《秦汉瓦当》《古瓦当文编》

等。[108] 呼林贵、焦南峰、徐卫民、姜彩凡等人对秦文字瓦当结合考古资料进行了确认和较系统的研究。[109]

（4）秦石刻文字研究

石鼓文的研究进入了新时期，研究论著仍层出不穷，但学术水平良莠不齐。[110]研究内容涉及石鼓年代、石鼓诗内容、次序、字数、出土地等方面。[111] 石鼓年代研究逐渐深入、细致化、理性化，年代考证的目标由具体归属为某公（王）某年，逐渐转向根据秦文字发展的序列而给出一个相对的年代框架，主要有春秋中晚期之际说（秦景公）[112]、春秋晚期（秦哀公）[113]、春秋战国之间说[114]，也有日本学者认为石鼓做于战国中期[115]。张勋燎、徐畅、杨宗兵、倪晋波等人对石鼓文研究做了回顾和总结。[116]

有关石鼓文的硕士博士学位论文有赖炳伟《石鼓文综述》、杨宗兵《石鼓文及其制作缘由、年代新探》、李向阳《秦石鼓文与渔猎文化研究》和蔡秋莹《石鼓文研究》[117]等。香港书画名家易越石《石鼓文通考》2009年已在大陆出版，是其石鼓文研究成果的汇总。[118]

石鼓文研究的最新成果是《石鼓文整理与研究》。[119]该书分为研究篇和资料篇，主要内容包括：石鼓发现及发现后的遭遇，石鼓的质地、材料来源及其形制，石鼓及十篇诗的命名，石鼓文的次序，石鼓文的拓本、摹刻本、影印本、摹写本，石鼓文的字数，石鼓文的年代，石鼓文的渔猎内容，石鼓文的学术及艺术价值，石鼓文字考释，历代有关石鼓文研究资料，论著目录及引书目录，每字在各鼓中出现次数统计表、石鼓文偏旁排谱等。

诅楚文研究经历了"拨乱反正"，赵平安、裘锡圭、陈昭容先后撰文，讨论诅楚文的时代及真伪问题，认为诅楚文不伪，将诅楚文的时代定在战国中晚期。[120]另外，郭会格《〈诅楚文〉再研究》[121]对前阶段的诅楚文研究做了总结。

秦骃玉版研究成果丰硕，李零、李学勤、连劭名、曾宪通、王辉、李家浩等，以及台湾学者周凤五、徐筱婷、洪燕梅、吕佩珊[122]等都撰文做了考释。侯乃峰、王美杰对秦骃玉版研究状况做了阶段性总结。[123]

秦刻石综合性的论著有吴福助《秦始皇刻石考》[124]、吕佩珊《秦石刻文字分期研究》[125]和刘鲲《东周玉石文字研究》[126]等。综述类论文有林志强《战国玉石文字述评》和王建莉《战国玉石文字研究述略》，[127]也有多篇论文研究秦石刻文字[128]。

1986年凤翔秦公一号大墓发掘结束，秦公大墓出土的石磬铭文资料终于在十年后发表，其文学术价值得以充分揭示。[129]

《考古图》著录的"磬"铭文系宋人摹本，文字多错讹，一向无人注意。王辉怀疑其伪[130]；后经过李学勤、徐宝贵讨论后认为其形制、字体风格、词语等与春秋时秦文字风格相符合。[131]

（5）货币文字研究

综述秦货币研究的有蔡万进、水出泰弘、张文芳等；[132]秦货币研究主要是秦半两钱的整理与研究；[133]秦货币屡有出土，以半两钱数量为最多。《半两钱研究与发现》是集大成之作。[134]此书上编有《半两钱铸行情况的历史考察》和《半两钱的铸造工艺与半两钱的分类断代》两个章节。作者既从历史的角度审视半两钱，阐述各个时期半两钱的历史定位；又在蒋若是半两钱范断代研究的基础上，以范铸工艺为基础，以不同时期的半两钱铸造工艺保留下来的技术特征为依据，对半两钱进行分期断代。下编则分 10 个门类，对不同时期的半两钱进行个别剖析。

黄锡全《先秦货币通论》有专门讨论秦国货币的章节。[135]吴良宝《中国东周时期金属货币研究》中对"秦国圆钱"也有专门讨论。[136]此外，封君铸钱、两甾钱、文信钱、圜钱始铸年代、黄金货币等问题均有涉及。[137]

（6）文字理论的研究（"书同文"与隶书形成、文字构形与字形演变）

以出土文字资料为依据来研究秦"书同文"政策的讨论仍在继续，讨论内容包括籀文、小篆、隶书之间的继承关系、秦文字发展的序列等问题。[138]天水放马滩秦简部分资料公布后，毛惠明再次论证隶书最晚流通于战国时代，在秦统一前已初步成熟。[139]陈昭容的一系列文章对秦文字发展序列、小篆与籀文的关系、秦代书体、隶书起源等重要问题做了深入系统的研究。[140]赵平安对隶变的起因、现象和规律、影响、性质和特点、途径和方法等问题做了系统研究，勾画出战国至汉初文字的发展脉络。[141]

秦文字字体和文字构形的研究逐渐为学者关注。综合研究秦文字字体及构形的有陈昭容、黎东明、郝茂、徐筱婷等，[142]也有将秦文字与他国或其他时代文字比较研究的，[143]还有研究春秋战国字体时涉及秦文字字体的论著[144]。这些研究或宏观或微观地总结了秦系文字的特征。

徐莉莉整理了马王堆三号墓的《足臂十一脉灸经》《五十二病方》等医书部分的通假字，对其中的同声符替代的纷繁现象加以考察，于其性质、成因、时代特点及分类标准等做了研究。[145]此外，也有学者针对秦代简帛用字做专门的研究。[146]

三、秦文字研究的总结和展望

秦文字的发现与研究肇始于隋唐时期，历经宋元明清，至近代而始有逐渐独立的趋向。20 世纪中期以后，随着秦文字资料的不断发现，尤其是大批的秦简、封泥文字资料和大量铜器、兵器铭文的接连出土，秦文字无论是数量上还是质量上，都成为战国文字资料的大宗，也成为战国文字研究的重要领域。纵观秦文字的发现与研究历史，可以看出秦文字研究的特点有如下几点：

1. 注重文字资料的断代辨识。如石鼓文的断代研究自唐代发现始，数千年来几乎从未间断过。秦公、秦子诸器的断代研究、大量兵器题铭的释读与器物断代研究始终是研究者首先关注的对象。

2. 秦文字的释读与秦相关制度和历史文化研究结合紧密。秦文字易于辨认而其内容往往文献无据，如秦封泥上的大量职官、宫室苑囿名称和地名，有些从未见于文献记载，是探讨秦职官地理的珍贵史料；秦简中《日书》中的占卜、避忌内容和苛细的法律条文，为探讨秦社会状况、法律制度提供了第一手材料。

3. 秦文字资料的汇集和编年工作与时俱进。1999年《秦铜器铭文编年集释》汇集秦金文270器，《秦出土文献编年》收集1999年以前出土的秦文献资料2145条，之后又陆续有《续补》四篇，收录秦出土文献3493条；新修订的《秦出土文献编年订补》收录2013年5月之前的秦文献资料共计4282条。袁仲一《秦代陶文》收录1985年之前的秦陶文600余种，1600余件；《秦陶文新编》汇集2005年之前的秦陶文3000余件，并有系统深入的研究。此外拙著《秦玺印封泥职官地理研究》一书全面统计了存世的秦官印，其中秦封泥1053种，秦玺印218种。这些全面、条理化的资料汇集为进一步的研究打下了基础。

我们认为今后的秦文字研究应在已取得成果的基础上，在以下几个方面向前推进：

1. 加快材料的保护、整理与刊布。天水放马滩秦简时隔20多年才将资料全部公布，由于竹简保护情况不佳，图版较模糊，使进一步的研究工作更加困难。希望里耶秦简、岳麓秦简和北大秦简的资料能尽快刊布，以便学术界展开研究。

2. 加强各科研机构之间的合作，开展秦文字资料的整合研究。近几年来有大宗的秦文字资料先后出土，如西安北郊相家巷和六村堡出土的秦封泥，数量超过6000枚；湘西龙山里耶出土的秦简36000余枚，岳麓书院购藏的2000余枚秦简，关中秦各个遗址墓葬出土的大量陶文等。这些资料的整理研究需要学术界的通力合作。武汉大学简帛研究中心陈伟先生主持的"秦简综合整理与研究"是一个很好的范例。

3. 有必要组建一个秦文字或秦出土文献研究中心，使秦文字研究有序开展。

4. 加强秦文字正俗体对比研究，以及秦（简）文字与楚（简）文字和其他四系的比较研究等。

以上所论挂一漏万，个别重要资料虽有所跟进，但认识不准确、不妥当之处在所难免，敬请读者批评指正。

注释：

[1] 王伟：《20 世纪以来的秦玺印封泥研究述评》，《陕西历史博物馆馆刊》（第 17 辑），三秦出版社，2010 年。王伟：《秦文字的发现和研究简史（1949 年之前）》，《中国文字研究》（第十五辑），大象出版社，2011 年。王伟：《建国以来秦简的发现与研究》，《简帛语言文字研究》（第六辑），巴蜀书社，2012 年。

[2] 陕西省文物管理委员会：《秦始皇陵调查简报》，《考古》1962 年第 8 期。陕西省临潼县文化馆：《秦始皇陵附近新发现的文物》，《文物》1973 年第 5 期。赵康民：《秦始皇陵北二、三、四号建筑遗迹》，《文物》1979 年第 12 期。秦鸣：《秦俑坑兵马俑军阵内容及兵器试探》，《文物》1975 年第 11 期。秦始皇陵秦俑坑考古发掘队：《临潼县秦俑坑试掘第一号简报》，《文物》1975 年第 11 期。始皇陵秦俑坑考古发掘队：《秦始皇陵东侧第二号兵马俑坑钻探试掘简报》，《文物》1978 年第 5 期。秦俑坑考古队：《秦始皇陵东侧第三号兵马俑坑清理简报》，《文物》1979 年第 12 期。秦俑考古队：《临潼上焦村秦墓清理简报》，《考古与文物》1980 年第 2 期。秦俑坑考古队：《秦始皇陵东侧马厩坑钻探清理简报》，《考古与文物》1980 年第 4 期。始皇陵秦俑坑考古发掘队：《秦始皇陵西侧赵背户村秦刑徒墓》，《文物》1982 年第 3 期。始皇陵秦俑坑考古发掘队：《陕西临潼鱼池遗址调查简报》，《考古与文物》1983 年第 5 期。始皇陵考古队：《秦俑一号坑第二次发掘简报》，《文博》1987 年第 1 期。秦始皇陵考古队：《秦始皇陵西侧"丽山飤官"建筑遗址清理简报》，《文博》1987 年第 6 期。陕西省考古研究所：《秦始皇陵兵马俑坑一号坑发掘报告 1974—1984 上》，文物出版社，1988 年。陕西省考古研究所、秦始皇兵马俑博物馆：《秦始皇帝陵园考古报告 1999》，科学出版社，2000 年。陕西省考古研究所，秦始皇兵马俑博物馆：《秦始皇帝陵园考古报告 2000》，文物出版社，2006 年。陕西省考古研究院、秦始皇兵马俑博物馆：《秦始皇帝陵园考古报告 2001—2003》，文物出版社，2007 年。

[3] 陕西省文物管理委员会：《建国以来陕西省文物考古的收获》，《文物考古工作三十年》，文物出版社，1979 年。尚志儒：《凤翔县高庄战国秦墓发掘简报》，《文物》1980 年第 9 期。宝鸡市博物馆、宝鸡县图博馆：《宝鸡县西高泉村春秋秦墓发掘记》，《文物》1980 年第 9 期。雍城考古队：《陕西凤翔高庄秦墓地发掘简报》，《考古与文物》1981 年第 1 期。秦都咸阳考古队：《咸阳市黄家沟战国墓发掘简报》，《考古与文物》1982 年第 6 期。尚志儒、赵丛苍：《陕西凤翔八旗屯西沟道秦墓发掘简报》，《文博》1986 年第 3 期。

[4] 陕西省考古研究所：《秦都咸阳考古报告》，科学出版社，2004 年。

[5] 陕西省文管会秦墓发掘组：《陕西户县宋村春秋秦墓发掘简报》，《文物》1975 年 10 期。湖北孝感地区第二期亦工亦农文物考古训练班：《湖北云梦睡虎地十一座秦墓发掘简报》，《文物》1976 年 9 期。秦俑考古队：《临潼上焦村秦墓清理简报》，《考古与文物》1980 年第 2 期。秦俑坑考古队：《秦始皇陵东侧马厩坑钻探清理简报》，《考古与文物》1980 年第 4 期。驻马店地区文管会、泌阳县文教局：《河南泌阳秦墓》，《文物》1980 年第 9 期。

[6] 四川省博物馆：《四川船棺葬发掘报告》，文物出版社，1960 年。王儒林：《河南南阳

市发现半两钱范》,《考古》1964年第6期。魏仁华:《河南南阳发现一批秦汉铜钱》,《考古》1964年第11期。李复华:《四川郫县红光公社出土战国铜器》,《文物》1976年第10期。尚志儒:《凤翔出土一批秦半两钱》,《陕西日报》1980年3月17日。左忠诚、郭德发:《渭南县发现秦半两钱范和"栎市"陶器》,《考古与文物》1981年第2期。四川省博物馆等:《青川县出土秦更修田律木牍——四川青川县战国墓发掘简报》,《文物》1982年第1期。何泽宇:《四川高县出土"半两"钱范母》,《考古》1982年第1期。秦都咸阳考古队:《咸阳市黄家沟战国墓发掘简报》,《考古与文物》1982年第6期。项春松:《内蒙古赤峰地区发掘的战国钱币》,《考古》1984年第2期。卢茂村:《贵池出土的"秦半两"钱范简介》,《安徽金融研究》1987年第2期。陈尊祥、路远:《首帕张堡窖藏秦钱清理报告》,《中国钱币》1987年第3期。张海云:《陕西临潼油王村发现秦"半两"铜母范》,《中国钱币》1987年第4期。田亚岐:《凤翔出土秦代半两钱铜范》,《陕西日报》1987年10月19日。

[7]裘锡圭:《解放以来古文字资料的发现和整理》,《文物》1979年第10期。曾宪通:《建国以来古文字研究概况及展望》,《中国语文》1988年第1期。唐钰明:《古文字资料的语法研究述评》,《中山大学学报》(哲学社会科学版)1988年第4期。江村治树:《战国新出土文字资料概述》,《战国时代出土文物の研究》,京都大学人文科学研究所,1985年。

[8]何琳仪:《战国文字通论》,中华书局,1989年。

[9]于省吾:《商周金文录遗》,科学出版社,1957年版。张双庆:《秦金石铭刻文字研究》,香港中文大学研究院中文学部硕士论文,1975年。《秦始皇金石刻辞注》注释组:《秦始皇金石刻辞注》,上海人民出版社,1975年。上海书画出版社:《秦铭刻文字选》,上海书画出版社,1976年。马非百:《秦集史》,中华书局,1982年,第753-775页。

[10]李学勤:《战国时代的秦国铜器》,《文物参考资料》1957年第8期。

[11]李学勤:《战国题铭概述》,《文物》1959年第7-9期。

[12]李学勤:《秦国文物的新认识》,《文物》1980年第9期。

[13]李学勤:《东周与秦代文明》,文物出版社,1984年。

[14]卢连成、杨满仓:《陕西宝鸡县太公庙村发现秦公钟、秦公镈》,《文物》1978年第11期。孙常叙:《秦公及王姬镈、钟铭文考释》,《吉林师范大学学报》1978年第4期。李零:《春秋秦器试探——新出秦公钟、镈铭与过去著录秦公钟、毁铭的对读》,《考古》1979第6期。吴镇烽:《新出秦公钟铭考释与有关问题》,《考古与文物》1980年第1期。伍士谦:《秦公钟考释》,《四川大学学报》(哲学社会科学版)1980年第2期。林剑鸣:《秦公钟、镈铭文释读中的一些问题》,《考古与文物》1980年第2期。张天恩:《对"秦公钟考释"中有关问题的一些看法》,《四川大学学报》(哲学社会科学版)1980年第4期。李学勤:《秦国文物的新认识》,《文物》1980年第9期。王辉:《秦器铭文丛考》,《文博》1988年第2期。李学勤:《秦公簋年代的再推定》,《中国历史博物馆馆刊》第13、14辑,文物出版社,1989年。

[15]张政烺:《秦汉刑徒的考古资料》,《历史教学》2001年第1期。作铭:《最近长沙出

土吕不韦戈的铭文》，《考古》1959年第9期。于豪亮：《四川涪陵的秦始皇二十六年铜戈》，《考古》1976年第1期。童恩正、龚廷万：《从四川两件铜戈上的铭文看秦灭巴蜀后统一文字的进步措施》，《考古》1976年第7期。彭适凡：《江西遂川出土秦戈铭文考释质疑》，《江西社会科学》1982年第5期。袁仲一：《秦中央督造的兵器刻辞综述》，《考古与文物》1984年第5期。傅天佑：《对秦〈石邑戈〉铭文解释的商榷》，《江汉考古》1986年第3期。张占民：《秦兵器题铭考释》，《古文字研究》第十四辑，中华书局，1986年，第61-68页。

[16]黄盛璋：《试论战国秦汉铭刻中从"酉"诸奇字及其相关问题》，《古文字研究》第十辑，中华书局，1983年；《寺工新考》，《考古》1983年第9期；《新出秦兵器铭刻新探》，《文博》1988年第6期；《秦兵器制度及其发展、变迁新考（提要）》，《秦文化论丛》第三辑，西北大学出版社，1994年。

[17]陈平：《"蜀月"、"蜀守"与"臬月"小议——涪陵廿六年秦戈两关键铭文释读辨正》，《文博》1985年第5期；《秦子戈、矛考》，《考古与文物》1986年第2期；《试论春秋型秦兵的年代及有关问题》，《考古与文物》1986年第5期；《试论战国型秦兵的年代及有关问题》，《中国考古学研究论文集——纪念夏鼐先生考古五十周年》，三秦出版社，1987年。

[18]袁仲一：《秦中央督造的兵器刻辞综述》，《考古与文物》1984年第5期。

[19]王辉：《秦器铭文丛考》，《文博》1988年第2期；《关于秦子戈、矛的几个问题》，《考古与文物》1986年第6期；《读〈秦子戈、矛考〉补议书后》，《考古与文物》1990年第1期；《二年寺工壶、雍工敤壶铭文新释》，《人文杂志》1987年第3期；《秦器铭文丛考续》，《考古与文物》1989年第5期。

[20]张占民：《秦兵器题铭考释》，《古文字研究》第十四辑，中华书局，1986年。

[21]无戈：《"寺工"小考》，《人文杂志》1981年第3期。秦兵：《〈寺工小考〉一文资料补正》，《人文杂志》1983年第1期。黄盛璋：《寺工新考》，《考古》1983年第9期。陈平：《〈"寺工"小考〉补议》，《人文杂志》1983年第2期。

[22]林清源：《两周青铜勾兵铭文汇考》，台北私立东吴大学中国文学研究所硕士论文，1987年。

[23]黑光：《西安市郊发现秦国杜虎符》，《文物》1979年第9期。吕树芝：《秦国杜县虎符》，《历史教学》1981年第6期。马非百：《关于秦国杜虎符之铸造年代》，《文物》1982年第11期。朱捷元：《秦国杜虎符小议》，《西北大学学报》（哲学社会科学版）1983年第1期；胡顺利：《关于秦国杜虎符的铸造年代》，《文物》1983年第8期。戴应新：《秦杜虎符的真伪及其有关问题》，《考古》1983年第11期。陈尊祥：《杜虎符真伪考辨》，《文博》1985年第6期。

[24]侯锦郎：《新郪虎符的再现》，《故宫寄刊》十卷一期，1975年。陈直：《秦兵甲之符考》，《西北大学学报》（哲学社会科学版）1979年第1期。

[25]国家计量总局：《中国古代度量衡图集》，文物出版社，1981年。

[26]戴君仁：《跋秦权量铭》，《中国文字》第12期，1964年。陈梦家：《战国度量衡略说》，《考古》1964年第6期。紫溪：《古代量器小考》，《文物》1964年第7期。商承祚：《秦权使用及辨伪》，

《学术研究》1965 年第 3 期。马承源：《商鞅方升和战国量制》，《文物》1972 年第 6 期。史树青、许青松：《秦始皇二十六年诏书及其大字诏版》，《文物》1973 年第 12 期。骈宇骞：《始皇廿六年诏书"则"字解》，《文史》第 5 辑，1978 年。巫鸿：《秦权研究》，《故宫博物院院刊》1979 年第 4 期。丘光明：《试论战国容量制度》，《文物》1981 年第 10 期。孙常叙：《则、澧度量则、则誓三事试解》，《古文字研究》第七辑，中华书局，1982 年。张文质：《秦诏版训读异议》，《河北师范大学学报》(哲学社会科学版)1982 年第 3 期。程学华：《秦始皇陵园发现的斤权与秦代衡制》，《文博》1985 年第 4 期。朱捷元：《关于"两诏秦椭量"的定名及其它》，《文博》1988 年第 4 期。

[27] 李裕民：《马王堆汉墓帛书抄写年代考》，《考古与文物》1981 年第 4 期。王辉：《出土医学简帛札记》，《庆祝武伯纶先生九十华诞论文集》，三秦出版社，1991 年。

[28] 马王堆汉墓帛书整理小组：《马王堆汉墓帛书（四）》，文物出版社，1985 年。

[29] 陈松长：《马王堆帛书研究论著目录》，《简帛研究文稿》，线装书局，2008 年。

[30] 邢义田：《秦简简牍与帛书研究文献目录》，《秦汉史论稿》，东大图书股份有限公司，1987 年。

[31] 黄盛璋：《新出战国金银器铭文研究（三题）》，《古文字研究》第十二辑，中华书局，1985 年。

[32] 裘锡圭：《从马王堆一号汉墓"遣册"谈关于古隶的一些问题》，《考古》1974 年第 1 期。

[33] 李学勤：《战国题铭概述》，《文物》1959 年第 7-9 期；《论美澳收藏的几件商周文物》，《文物》1979 年第 12 期；《东周与秦代文明》，文物出版社，1984 年，第 289-290 页；《海外访古记（一）》，《文博》1986 年第 5 期。

[34] 肖亢达：《云梦睡虎地秦墓漆器针刻铭记探析——兼谈秦代"亭"、"市"地方官营手工业》，《江汉考古》1984 年第 2 期。

[35] 左德承：《云梦睡虎地出土秦汉漆器图录》，湖北美术出版社，1986 年。

[36] 罗开玉：《秦在巴蜀的经济管理制度试析——说青川秦牍、"成亭"漆器印文和蜀戈铭文》，《四川师范大学学报》(社会科学版)1982 年第 4 期。沈仲常、黄家祥：《从出土的战国漆器文字看"成都"得名的由来》，《四川文物》1985 年第 4 期。

[37] 潜斋：《秦汉漆文诠次》，《故宫学术季刊》一卷四期，1984 年。李如森：《战国秦汉漆器铭文浅论》，《天津社会科学》1987 年第 5 期。陈振裕：《湖北出土战国秦汉漆器文字初探》，《古文字研究》第十七辑，中华书局，1989 年。

[38] 顾廷龙：《古陶文香录》，国立北平研究院总办事处，1936 年。金祥恒：《陶文编》，台北艺文书馆，1964 年。徐谷甫、王延林：《古陶字汇》，上海书店，1994 年。

[39] 陈直：《考古论丛：秦陶券与秦陵文物》，《西北大学学报》（哲学社会科学版）1957 年第 1 期。吴梓林：《秦都咸阳遗址新发现的陶文》，《文物》1964 年第 7 期。袁仲一：《秦代的市、亭陶文》，《考古与文物》1980 年第 1 期。袁仲一：《秦代中央官署制陶业的陶文》，《考古与文物》1980 年第 3 期。袁仲一：《秦民营制陶作坊的陶文》，《考古与文物》1981 年第 1 期。李先登：

《河南登封阳城遗址出土陶文简释》，《古文字研究》第 7 辑，中华书局，1982 年。袁仲一：《论秦的厩苑制度——从秦陵马厩坑的刻辞谈起》，《古文字论集》（一），1983 年。刘庆柱、李毓芳：《秦都咸阳遗址陶文丛考》，《古文字论集》（一），1983 年。袁仲一：《秦代徭役性的官营制陶作坊的陶文》，《陕西省考古学会第一届年会论文集》，1983 年。姚生民：《陕西淳化出土秦汉市亭陶文陶器》，《考古与文物》1984 年第 3 期。俞伟超：《秦汉代的亭市陶文》，《先秦两汉考古学论集》，文物出版社，1985 年。王学理：《亭里陶文的解读与秦都咸阳的行政区划》，《古文字研究》第十四辑，中华书局，1986 年。郑超：《战国秦汉陶文研究概述》，《古文字研究》第十四辑，中华书局，1986 年。陈全方、尚志儒：《秦都雍城新出陶文研究》，《文博》1987 年第 4 期。刘占成：《秦兵马俑陶文浅析》，《中国考古学研究论集》，三秦出版社，1987 年。刘亮：《周原发现秦陶印文》，《考古与文物》1988 年第 2 期。程学华：《秦始皇陵园鱼池遗址发现"丽山茜府"陶盘》，《考古与文物》1988 年第 4 期。

[40] 袁仲一：《秦代陶文》，三秦出版社，1987 年。

[41] 袁仲一、程学华：《秦始皇陵西侧刑徒墓地出土的瓦文》，《秦俑研究文集》，陕西人民美术出版社，1990 年。

[42] 尚志儒：《秦封宗邑瓦书的几个问题》，《文博》1986 年 6 期。郭子直：《战国秦封宗邑瓦书铭文新释》，《古文字研究》第十四辑，中华书局，1986 年。袁仲一：《读秦惠文王四年瓦书》，《中国考古学会研究论集——纪念夏鼐先生考古五十周年》，三秦出版社，1987 年。李学勤：《战国秦四年瓦书考释》，《李学勤学术文化随笔》，中国青年出版社，1999 年。

[43] 陈直：《秦汉瓦当概述》，《文物》1963 年第 11 期。

[44] 陕西省博物馆：《秦汉瓦当》，文物出版社，1964 年。罗振玉、程敦：《秦汉瓦当文字》，齐鲁书社，1981 年。西安市文物管理委员会：《秦汉瓦当》，陕西人民美术出版社，1985 年。陕西省考古所研究秦汉研究室：《新编秦汉瓦当图录》，三秦出版社，1986 年。《中原文物》编辑部：《秦汉瓦当》，《中原文物》特刊之八 1987 年。钱君匋、张星逸、许明农：《瓦当汇编》，上海人民美术出版社，1988 年。徐锡台、楼宇栋、魏效祖：《周秦汉瓦当》，文物出版社，1988 年。

[45] 张丽华：《秦汉文字瓦当赏析》，《美术研究》1989 年第 4 期。

[46] 商承祚：《石刻篆文编》，科学出版社，1957 年。

[47] 唐兰：《石鼓年代考》，《故宫博物院院刊》1958 年第 1 期。段颙：《论石鼓乃秦德公时遗物及其他》，《学术月刊》1961 年第 9 期。商承祚《〈石刻篆文编〉字说（二十七则）》，《中山大学学报》（哲学社会科学版）1980 年第 1 期。

[48] 那志良：《石鼓通考》，台湾《中华丛书》委员会，1958 年。张光远：《先秦石鼓存诗考》，中华大典编印会，1966 年；《石鼓诗之文史论证》，台湾 1968 年。苏莹辉：《石鼓文刻于秦灵公三年说补正》，《大陆杂志》5 卷 12 期，1952 年。戴君仁：《石鼓文的时代文辞及其字体》，《大陆杂志》5 卷 7 期，1952 年；《重论石鼓的时代》，《大陆杂志》26 卷 7 期，1963 年；《石鼓文偶笺》，《中国文字》6 卷 23 册，1967 年；《石鼓文偶笺之二》，《中国文字》10 卷 42 册，

1971 年 12 月。张光远：《石鼓文的认识》，《中华文化复兴月刊》1972 年第 7 期。严一萍：《吴人——读石鼓文小记》，《中国文字》11 卷 48 册，1973 年。刘啸月：《石鼓文考释》，《中华文化复兴月刊》1977 年第 10 期。

[49] 罗君惕：《秦刻十碣考释》，齐鲁书社，1983 年。邓散木：《石鼓斠释》，中华书局，1985 年。周鼎：《石鼓文》，江苏广陵古籍刻印社，1987 年。

[50] 郭沫若：《郭沫若全集·考古编第九卷·石鼓文研究》，科学出版社，1982 年。

[51] 李仲操：《石鼓最初所在地及其刻石年代》，《考古与文物》1981 年第 2 期。韩伟：《北园地望及石鼓诗之年代小议》，《考古与文物》1981 年第 4 期。黄奇逸：《石鼓文年代及相关诸问题》，《四川大学学报丛刊第 10 辑·古文字研究论文集》，四川人民出版社，1982 年。琦枫：《我国最早的三种石刻》，《紫禁城》1982 年第 5 期。泮振允：《石鼓与籀文》，《书法研究》1983 年第 2 期。韩长耕：《先秦石鼓简说》，《史学史研究》1984 年第 4 期。许若石：《我国最早的石刻文字——石鼓文》，《光明日报》1984 年 5 月 1 日。

[52] 松井如流：《周石鼓文解说》，东京二玄社影印安国本，1958 年。赤塚忠：《石鼓文の新研究》，《甲骨学》第十一号，1976 年。福雄雅一：《石鼓文解说及释文》，二玄社影印后劲本，1985 年。马几道：《秦石鼓》（华裔学志丛书第 19 种），文物出版社，1988 年。

[53] 李学勤：《东周与秦代文明》，文物出版社，1984 年。

[54] 姜亮夫：《秦诅楚文考释——兼释亚驼大沈久湫两辞》，《兰州大学学报》1980 年第 4 期。孙作云：《秦〈诅楚文〉释要——兼论〈九歌〉的写作年代》，《河南师大学报》1982 年第 1 期。陈世辉：《〈诅楚文〉补释》，《古文字研究》第十二辑，中华书局，1985 年。潘啸龙：《从〈诅楚文〉看楚怀王前期的朝政改革》，《江汉论坛》1986 年第 10 期。施蛰存：《秦刻石·诅楚文》，《文史知识》1987 年第 3 期。吴郁芳：《〈诅楚文〉三神考》，《文博》1987 年第 4 期。陈伟：《〈诅楚文〉时代新证》，《江汉考古》1988 年第 3 期。

[55] 陈炜湛：《诅楚文献疑》，《古文字研究》第十四辑，中华书局，1986 年。

[56] 康宝文：《秦始皇刻石题铭研究》，香港中文大学硕士论文，1988 年。

[57] 李锦山：《泰山无字碑考辨》，《文物》1975 年第 3 期。冯佐哲等：《秦刻石是秦始皇执行法家路线的历史见证》，《考古》1975 年第 1 期。吴汝煜：《反复辟的宣言，新事物的赞歌——读秦始皇的七篇刻石辞》，《徐州师院学报》1976 年第 2 期。公木：《李斯秦刻石铭文解说》，《理论学习》1978 年第 1 期。张光远：《秦国文化与史籍作石鼓诗考》，《故宫文物月刊》1979 年第 2 期。方冶：《明拓〈峄山刻石〉》，《书法丛刊》1981 年第 1 期。璟芬：《我国现存最早的碑刻——泰山刻石》，《文物天地》1981 年第 3 期。王晓亭、翟所淦：《秦〈泰山刻石〉历险记》，《文物天地》1981 年第 3 期。无闻：《现存秦汉魏晋篆隶石刻表》，《词典研究丛刊》1981 年第 3 期。王晓亭：《瑰丽多彩的泰山石刻》，《书法》1981 年 4 期。琦枫：《秦刻石及其拓本的流传》，《紫禁城》1982 年第 4 期。李域铮：《峄山刻石》，《西安晚报》1983 年 7 月 9 日。雒长安：《秦"峄山刻石"》，《文博》1984 年第 2 期。稻叶一郎：《秦始皇的巡狩和刻石》，《书记》1989 年第

25 期。文字文化研究所编：《石鼓与秦汉碑刻》，东京文字文化研究所 1989 年。王学理：《始皇刻石与摩崖遗风》，《成都大学学报》1989 年第 1 期。

[58] 沈仲常、王家祐：《记四川巴县冬笋坝出土的古印及古货币》，《考古通讯》1955 年第 6 期。王儒林：《河南南阳市发现半两钱范》，《考古》1964 年第 6 期。尚志儒：《凤翔出土一批秦半两钱》，《陕西日报》1980 年 3 月 17 日。项春松：《内蒙古赤峰地区发现的战国钱币》，《考古》1984 年第 2 期。陈尊祥、路远：《首帕张堡窖藏秦钱清理报告》，《中国钱币》1987 年第 3 期。

[59] 稻叶一郎著，王广琦、李应桦等译：《关于秦始皇统一货币的问题》，《河北师大学报》1979 年第 4 期。吴镇烽：《半两钱及其相关的问题》，《考古与文物丛刊》第三号，1983 年。康石父：《先秦半两钱的发现及其他》，《考古》1985 年第 6 期。蔡运章：《秦国货币试探》，《中州钱币》1986 年第 3 期。吴镇烽：《关于秦半两钱几个问题的研究》，《陕西金融·钱币专辑》第十辑，1988 年增刊。陈振裕：《湖北秦汉半两钱的考古发现与研究》，《江汉考古》1988 年第 3 期。李如森：《战国秦汉圜钱的起源与演变》，《史学集刊》1988 年第 4 期。蒋若是：《秦汉半两钱系年举例》，《中国钱币》1989 年第 1 期。

[60] 陈直：《秦始皇六大统一政策的考古资料》，《历史教学》1963 年第 8 期。王世民：《秦始皇统一中国的历史作用——从考古学上看文字、度量衡和货币的统一》，《考古》1973 年第 6 期。禹斌：《秦始皇统一文字的历史意义》，《光明日报》1973 年 9 月 25 日。伟明：《秦始皇“书同文字”的历史作用》，《光明日报》1973 年 11 月 6 日。北文：《秦始皇“书同文字”的历史作用》，《文物》1973 年第 11 期。俞伟超、高明：《秦始皇统一度量衡和文字的历史功绩》，《文物》1973 年第 12 期。李谱英：《孔孟学派反对秦始皇统一文字》，《光明日报》1974 年 2 月 10 日。宇文钧：《秦始皇统一文字的功绩》，《人民日报》1974 年 7 月 25 日。张涤华等：《论秦始皇的“书同文”》，《光明日报》1974 年 8 月 25 日。鲁谷瑶：《批判苏轼之流攻击秦始皇统一文字的谬论》，《光明日报》1974 年 9 月 10 日。钟汉：《战国历史上第一次汉字改革——论秦始皇的“书同文字”》，《山东师院学报》1975 年第 1 期。尺蠖：《读陶希圣先生“李斯始发明篆书”》，台湾《“中央”日报》1975 年 7 月 27 日。向曙：《试为“李斯始发明篆书”进一解》，台湾《“中央”日报》1975 年 8 月 5 日。陶希圣：《李斯发明篆书问题平议》，《中华文化复兴月刊》1975 年第 11 期。谭世保：《秦始皇的“车同轨”“书同文”新评》，《中山大学学报》（哲学社会科学版）1980 年第 4 期。

[61] 裘锡圭：《从马王堆一号汉墓“遣册”谈关于古隶的一些问题》，《考古》1974 年第 1 期。

[62] 陈绍棠：《从近年出土文字史料看秦代书同文的基础及其贡献》，《新亚书院学术年刊》1976 年第 18 期。浦野俊则：《秦、汉简牍帛书的书体和隶书之形成》，《二松学舍大学论集》，1979 年。马子云：《秦代篆书与隶书浅说》，《故宫博物院院刊》1980 年第 4 期。言巩达：《试论秦隶及其在书法史上的地位》，《南京艺术学院学报》（音乐与表演版）1981 年第 2 期。晁福林：《如何评价秦始皇“书同文”的历史作用》，《学习与探索》1981 年第 2 期。徐无闻：《小篆为战国文字说》，《西南师范学院学报》（人文社会科学版）1984 年第 2 期。徐勇：《略论小篆字体的产生和流变——兼评秦始皇以小篆统一文字的历史作用》，《天津师大学报》1985 年第 2 期。

韩复智：《关于秦始皇"书同文字"的问题》，《傅乐成教授纪念文集》，台湾学生书局，1985年。
张标：《"书同文"正形说质疑》，《河北师范大学学报》（社会科学版）1986年第1期。王路：《秦始皇统一文字质疑》《湖北师范学院学报》（哲学社会科学版）1987年第2期。董志翘：《从出土战国文字材料看"隶变"》，《淮北煤师院学报》（社会科学版）1987年第4期。

[63]吴白匋：《从出土秦简帛书看秦汉早期隶书》，《文物》1978年第2期。

[64]朱德熙、裘锡圭：《七十年代出土的秦汉简册和帛书》，《语文研究》1982年第1期。

[65]尹显德：《小篆产生以前的隶书墨迹——介绍青川战国木牍兼说"初有隶书"问题》，《书法》1983年第3期。

[66]钟鸣天、左德承：《从云梦秦简看秦隶》，《书法》1983年第3期。

[67]谢宗炯：《秦书隶变研究》，"国立"成功大学历史语言研究所硕士学位论文，1988年。

[68]中华书局编辑部：《云梦秦简研究》，中华书局，1981年，第336—345页。

[69]谢光辉：《秦文字形体研究》，中山大学硕士学位论文，1988年。

[70]王美宜：《睡虎地秦墓竹简通假字初探》，《宁波师专学报》（教育科学版）1982年第1期。

[71]汤余惠：《战国文字形体研究》，吉林大学博士学位论文，1984年。林素清：《战国文字研究》，台湾大学中文研究所博士论文，1984年。许学仁：《战国文字分域与断代研究》，"国立"台湾师范大学国文学研究所博士论文，1986年。

[72]西安市文物保护考古所：《西安南郊秦墓》，陕西人民出版社，2004年。咸阳市文物考古研究所：《任家咀秦墓》，科学出版社，2005年。陕西省考古研究所：《西安北郊秦墓》，三秦出版社，2006年。陕西省考古研究院、秦始皇兵马俑博物馆：《秦始皇帝陵园考古报告2001—2003》，文物出版社，2007年。陕西省考古研究院：《西安尤家庄秦墓》，陕西科学技术出版社，2008年。

[73]张天恩《新出秦文字"北宫乐府"考论》，《周秦文化研究论集》，科学出版社，2009年。段清波：《关于神禾原大墓墓主及相关问题的讨论》，《考古与文物》2009年第4期。丁岩：《神禾原战国秦陵园主人试探》，《考古与文物》2009年第4期。

[74]李厚志、孙志文：《咸阳长陵车站出土秦钱》，《中国钱币》1991年第2期。赵丛苍、延晶平：《凤翔县高家河村出土的窖藏秦半两》，《考古与文物》1991年第3期。林泊：《秦始皇帝陵发现秦铸钱作坊》，《秦陵秦俑研究动态》1993年第1期。党顺民：《西安同墓出土长安、文信钱》，《中国钱币》1994年第2期。袁林、和广汉：《西安北郊明珠花园秦墓出土半两钱》，《西安金融》2003年第11期。方成军：《安徽池州发现秦"半两"钱铜范》，《安徽钱币》2008年第3期。

[75]曾宪通:《四十年来古文字学的新发现与新学问》，《学术研究》1990年第2期。裘锡圭:《古文字研究五十年》，《中国教育报》1999年9月28日第7版。冯时:《中国古文字学研究五十年》，《考古》1999年第9期。董莲池:《二十世纪中国学者的战国文字研究》，《古汉语研究》2000年第4期。丁秀菊:《20世纪战国文字研究的反思》，《南昌大学学报》（人文社会科学版）2006年第1期。张向民:《20世纪战国文字研究述要》，《现代语文》（语言研究版)2007年第3期。

[76]马先醒:《近二十年秦文字的出土与篆研》,《秦文化论丛》第三辑,西北大学出版社,1994年。徐卫民:《出土文献与秦文化研究》,《河南科技大学学报》(社会科学版)2006年第1期。赵立伟:《出土秦文献文字研究综述》,《聊城大学学报》(社会科学版)2008年第3期。黄留珠:《近二十年大陆秦文化研究评述》,《中国史研究动态》1995年第10期。田静:《十年来秦始皇陵考古与秦文化研究评述》,《西安财经学院学报》2009年第1期。

[77]徐畅:《春秋战国刻石简牍帛书书法概论》,《中国书法全集4·春秋战国刻石简牍帛书》,荣宝斋,1996年。赵超:《中国古代铭刻与文书研究五十年》,《考古》1999年第9期。陈伟武:《出土文献之于古汉语研究十年回眸》,《古汉语研究》1998年第4期。

[78]王辉:《秦铜器铭文编年集释》,三秦出版社,1990年。王辉、程学华:《秦文字集证》,台湾艺文印书馆,1999年。王辉:《秦出土文献编年》,新文丰出版公司,2000年;《〈秦出土文献编年〉续补(一)》,《秦文化论丛》第9辑,西北大学出版社,2002年。王辉、王伟:《〈秦出土文献编年〉续补(二)》《秦文化论丛》第13辑,三秦出版社2006年。王辉、杨宗兵:《〈秦出土文献编年〉续补(三)》《秦文化论丛》第14辑,三秦出版社2007年。王辉、王伟:《〈秦出土文献编年〉续补(四)》,《秦文化论丛》第15辑,三秦出版社,2008年。王辉、王伟:《秦出土文献编年订补》,三秦出版社,2014年。按,《订补》已经收集秦出土文献4282条。

[79]王辉:《一粟集——王辉学术文存》,台湾艺文印书馆,2002年;《高山鼓乘集——王辉学术文存二》,中华书局,2008年。

[80]王辉:《秦文字编》,中华书局,2015年。王辉、陈昭容、王伟:《秦文字通论》,中华书局,2014年。

[81]袁仲一、刘钰:《秦文字类编》,陕西人民教育出版社,1993年;《秦文字通假集释》,陕西人民教育出版社,1999年;《秦陶文新编》,文物出版社,2009年。

[82]袁仲一、刘钰:《秦陶文新编》,文物出版社,2009年。

[83]张慧珍:《秦官制研究——出土文字与传世文献的比较研究》,"国立"中山大学中国文学系硕士论文,2006年。

[84]陈昭容:《秦系文字研究》,东海大学中文研究所博士论文,1996年。

[85]陈昭容:《秦系文字研究:从汉字史的角度考察》,"中央"研究院历史语言研究所专刊(一〇三),2003年。

[86]江村治树:《春秋战国秦汉时代出土文字资料の研究》,汲古书院,2000年。

[87]冈村秀典:《秦汉金文の研究视角》,《古代文化》43卷第9期。王镛:《中国书法全集九·秦汉金文陶文卷》,荣宝斋,1992年。孙慰祖、徐谷甫:《秦汉金文汇编》,上海书店出版社,1997年。

[88]萧春源:《珍秦斋藏金·秦铜器篇》,澳门市政厅,2006年。

[89]胡云凤:《秦金文文例研究》,私立静宜大学中国文学系硕士论文,1990年。施拓全:《秦代金石及其书法研究》,"国立"高雄师范大学国文研究所硕士论文,1991年。洪燕梅:《秦金文研究》,"国立"政治大学中国文学系博士论文,1998年。

[90]张政烺：《"十又二公"及其相关问题》，《顾颉刚先生九十诞辰纪念论文集》，巴蜀书社，1990年。李学勤、艾兰：《最新出现的秦公壶》，《中国文物报》1994年10月30日。陈昭容：《谈甘肃礼县大堡子山秦公墓地及文物》，《大陆杂志》第95卷5期。王辉：《也谈礼县大堡子山秦公墓地及其铜器》，《考古与文物》1998年第5期。陈平：《浅谈礼县秦公墓地遗存与相关问题》，《考古与文物》1998年第5期。李永平：《新见秦公墓文物及相关问题探识》，《故宫文物月刊》1999年第5期。李朝远：《上海博物馆新藏秦器研究》，《上海博物馆集刊》第9期，上海书画出版社，2002年；《伦敦新见秦公壶》，《中国文物报》2004年2月27日第7版。

[91]魏春元：《大堡子山秦公陵园墓主研究综述》，《天水师范学院学报》2008年第3期。

[92]陈平：《秦子戈、矛考》，《考古与文物》1986年第2期。王辉：《关于奉子戈、矛的几个问题》，《考古与文物》1986年第6期。李学勤：《论秦子簋盖及其意义》，《故宫博物院院刊》2005年第6期。董珊：《秦子姬簋盖初探》，《故宫博物院院刊》2005年第6期。王伟：《从秦子簋盖词语说到秦子诸器——兼与董珊先生商榷》，《宁夏大学学报》(人文社会科学版)2008年第3期。王辉：《秦子簋盖铭文补释》，《华学》第九、十辑，上海古籍出版社，2008年。赵化成、王辉、韦正：《礼县大堡子山秦子"乐器坑"相关问题探讨》，《文物》2008年第11期。

[93]黄盛璋：《秦俑坑出土兵器铭文与相关制度发复》，《文博》1990年第5期。陈平、杨震：《内蒙伊盟新出十五年上郡守寿戈铭考》，《考古》1990年第6期。李学勤：《秦孝公、秦惠文王时期铭文研究》，《中国社科院研究生院学报》1992年第5期。邹宝库：《释辽阳出土的一件秦戈铭文》，《考古》1992年第8期。周世荣：《湖南战国秦汉魏晋铜器铭文补记》，《古文字研究》第十九辑，中华书局，1992年。陈松长：《湖南张家界出土战国铭文戈小考》，《古文字研究》第二十五辑，中华书局，2004年。董珊：《论阳城之战与秦上郡戈的断代》，《古代文明》第3卷，文物出版社，2004年；《珍秦斋藏秦伯丧戈、矛考释》，《故宫博物院院刊》2006年第6期。

[94]苏辉：《秦、三晋纪年兵器研究》，中国社会科学院研究生院硕士学位论文，2002年。朱力伟：《东周与秦兵器铭文中所见的地名》，吉林大学硕士学位论文，2004年。王文静：《新出战国燕秦兵器铭文研究》，安徽大学硕士学位论文，2009年。

[95]侯学书：《秦诏铸刻于权量政治目的考》，《江海学刊》2004年第6期。赵瑞云、赵晓荣：《秦诏版研究》，《文博》2005年第2、3期。

[96]陈昭容：《战国至秦的符节——以实物资料为主》，《史语所集刊》66本1分，1995年；《秦系文字研究：从汉字史的角度考察》，"中央"研究院历史语言研究所专刊（一〇三），2003年，第247—268页。

[97]王辉：《出土医学简帛札记》，《庆祝武伯纶先生九十华诞论文集》，三秦出版社，1991年。

[98]陈松长：《简帛研究文稿·马王堆帛书研究论著目录》，线装书局，2008年。

[99]黄盛璋：《秦二十九年漆奁》，《中国文物报》1990年1月15日第3版。淄博市博物馆：《山东临淄商王村一号战国墓发掘简报》，《文物》1997年第6期。龙朝彬：《湖南常德出土"秦十七年太后"扣器漆盒及相关问题探讨》，《考古与文物》2002年第5期。徐龙国：《山东临淄战

国西汉墓出土银器及相关问题》，《考古》2004年第4期。

[100]刘占成：《秦东陵陶文补释》，《考古与文物》1990年第5期。齐鸿浩：《黄龙发现秦陶文》，《秦陵秦俑研究动态》1991年第3期。陈晓捷：《临潼新丰镇刘寨村秦遗址出土陶文》，《考古与文物》1996年第4期。岳起：《咸阳塔尔坡秦墓新出陶文》，《文博》1998年第1期。黄吉军、黄吉博：《谈"河市"、"河亭"和秦墓断代》，《中原文物》1998年第2期。王望生：《西安临潼新丰南杜秦遗址陶文》，《考古与文物》2000年第1期。

[101]高明：《古陶文汇编》，中华书局，1990年。周进集藏、周绍良整理、李零分类考释：《新编全本季木藏陶》，中华书局，1998年。

[102]王恩田：《陶文图录》，齐鲁书社，2006年。

[103]袁仲一、刘钰：《秦陶文新编》，文物出版社，2009年。

[104]周宝宏：《古陶文形体研究》，社会科学文献出版社，2002年。

[105]刘秋兰：《秦代陶文研究》，台湾师范大学国文研究所硕士论文，1994年。

[106]傅嘉仪：《历代印陶封泥印风·秦印陶概述》，重庆出版社，2011年。

[107]黄盛璋：《秦封宗邑瓦书及其相关问题考辨》，《考古与文物》1991年第3期。饶尚宽：《再论秦封宗邑瓦书的日辰与历法问题》，《考古与文物》1993年第2期。傅嘉仪：《战国秦"封宗邑瓦书"及其书法》，《书法研究》1996年第5期。吕佩珊：《秦骃玉版与秦封邑瓦书文字研究》，逢甲大学中国文学系编《第七届中区文字学学术研讨会论文集》，2004年12月。

[108]伊藤滋：《秦汉瓦当文》，东京金羊社，1995年。韩天衡：《古瓦当文编》，上海世界图书出版社，1996年。傅嘉仪：《秦汉瓦当》，陕西旅游出版社，1999年；《中国古代瓦当艺术》，上海书店，2002年。

[109]呼林贵、刘合心：《新发现"商"字瓦当的时代浅议》，《秦文化论丛》第七辑，西北大学出版社，1999年。焦南峰、王保平、周晓陆等：《秦文字瓦当的确认和研究》，《考古与文物》2000年第3期。徐卫民：《秦瓦当概论》，《历史月刊》2001年第2期。姜彩凡：《秦文字瓦当述略》，《秦文化论丛》第十辑，三秦出版社，2003年。

[110]尹博灵：《石鼓文鉴赏》，江苏教育出版社，1992年。李铁华：《石鼓新响》，三秦出版社，1994年。杨文明：《石鼓文全集》，云南人民出版社，1999年。赵经都：《石鼓文新解》，紫禁城出版社，2002年。刘星：《石鼓诗文复原》，暨南大学出版社，2004年。鲍汉祖：《石鼓笺释》，凤凰出版社，2007年。王美盛：《石鼓文解读》，齐鲁书社，2006年。

[111]徐宝贵：《石鼓文诗句"四介既简"试解》，《中国文化研究所学报》第21卷。李仲操：《石鼓出土及其在唐宋的聚、散、迁》，《人文杂志》，1993年第2期。胡建人：《石鼓和石鼓文考略——兼论郭沫若的襄公八年说》，《宝鸡文理学院学报》(哲学社会科学版)1994年第3期。赖炳伟：《石鼓文年代再研究》，《吉林大学古籍所建所十五周年纪念文集》，吉林大学出版社，1998年。徐宝贵《〈石鼓文·车工篇〉"弓兹以寺"考释》，《华学》第三辑，紫禁城出版社，1998年；《石鼓文的次序》，《中国古文字研究》第一辑，吉林大学出版社，1999年。赖炳伟：《石鼓文字数考》，

《古文字研究》第二十二辑，中华书局，2000年。徐自强：《唐兰对石鼓文的研究及其相关问题》，《故宫博物院院刊》2001年第4期。杨宗兵：《石鼓制作缘由及其年代新探》，《中国历史文物》2004年第4期。王辉《石鼓文年代再讨论》，《黄盛璋先生八秩华诞纪念文集》，中国教育文化出版社，2005年。徐宝贵：《石鼓文〈作原〉石的佚失及成白俱在唐时》，《考古与文物》2008年第3期。倪晋波：《秦系文字的时间序列与石鼓文的勒制年代》，《扬州大学学报》（社科版）2010年第2期。

[112]王辉：《由"天子、嗣王"公三种称谓说到石鼓文的时代》，《中国文字》新20期；《〈石鼓文·吴人〉集释——兼再论石鼓文的时代》，《中国文字》新29期。徐宝贵：《石鼓文年代考辨》，《国学研究》第三卷，北京大学出版社，1997年。

[113]易越石：《石鼓文书法与研究》，香港志莲净苑，1998年。徐畅：《石鼓文刻年新考》，《考古与文物》2003年第4期。易越石：《石鼓文通考》，上海人民出版社，2009年。

[114]陈昭容：《秦公簋的时代问题——兼论石鼓文的相对年代》，《史语所集刊》64本4分，1993年；《秦系文字研究：从汉字史的角度考察》，"中央"研究院历史语言研究所专刊（一〇三），2003年，第193—212页。裘锡圭：《关于石鼓文的时代问题》，《传统文化与现代化》1995年第1期。

[115]平势隆郎：《新编史记东周年表·史记东周纪年の再编について》，东京大学东洋文化研究所，1995年。筱田幸夫：《石鼓文制作年代考》，《二松学舍大学论集》，1997年。小南一郎：《石鼓文制作の年代背景》，《东洋史研究》第56卷第1号。

[116]张勋燎：《唐代关于石鼓文的研究及其评价》，《徐中舒先生九十寿辰纪念文集》，巴蜀书社，1990年。徐畅：《石鼓文年代研究综述》，《中国书法全集》（四），荣宝斋，1996年。杨宗兵：《石鼓文及其时代研究评述》，《考古与文物》2006年第3期。倪晋波：《1923年以来的"石鼓文"研究述要》，《宝鸡文理学院学报》（社会科学版）2006年第4期。

[117]赖炳伟：《石鼓文综述》，吉林大学硕士学位论文，1997年。杨宗兵：《石鼓文及其制作缘由、年代新探》，北京师范大学硕士学位论文，1997年。李向阳：《秦石鼓文与渔猎文化研究》，陕西师范大学硕士学位论文，2007年。蔡秋莹：《石鼓文研究》，"国立"政治大学中国文学系硕士论文，2002年。

[118]易越石：《石鼓文通考》，上海人民出版社，2009年。

[119]徐宝贵：《石鼓文整理与研究》，中华书局，2008年。

[120]赵平安：《诅楚文辨疑》，《河北大学学报》1992年第2期。裘锡圭：《诅楚文"亚驼"考》，《文物》1998年第4期。陈昭容：《从秦系文字演变的观点论诅楚文的真伪及其相关问题》，《史语所集刊》62本4分；《秦系文字研究：从汉字史的角度考察》，"中央"研究院历史语言所专刊（一〇三），2003年，第213—246页。

[121]郭会格：《〈诅楚文〉再研究》，北京师范大学硕士学位论文，2007年。

[122]李零：《秦驷祷病玉版的研究》，《国学研究》第六卷，北京大学出版社，1999年。李学勤：《秦玉牍索隐》，《故宫博物院院刊》2000年第2期。连劭名：《秦惠文王祷词华山玉简文研究》，《中国历史博物馆馆刊》2000年第1期；《秦惠文王祷词华山玉简文研究补正》，《中国历史博物馆馆刊》

2000 年第 2 期。周凤五：《〈秦惠文王祷词华山玉版〉新探》，《史语所集刊》72 本 1 分。曾宪通：《秦骃玉版文字初探》，《考古与文物》2001 年第 1 期。王辉：《秦曾孙骃告华大山明神文考释》，《考古学报》2001 年第 2 期。李家浩：《秦骃玉版文字研究》，《北京大学中国古文献研究中心集刊》第二辑，燕山出版社，2001 年。徐筱婷《秦骃玉版研究》，"国立"花莲师范学院语教系《第十三届全国暨海峡两岸中国文字学学术研讨会论文集》，万卷楼图书有限公司，2002 年。洪燕梅：《秦曾孙骃玉版研究》，铭传大学"第六届中国训诂学全国学术研讨会"论文，2003 年 3 月 20 日—21 日。吕佩珊：《秦骃玉版与秦诅楚文文字研究》，高雄师范大学国文系、中国文字学会编《第十六届中区文字学国际学术研讨会论文集》，2005 年 4 月 29 日—30 日。

[123] 侯乃峰：《秦骃祷病玉版铭文集释》，《文博》2005 年第 6 期。王美杰：《秦骃玉版研究》，东北师范大学硕士学位论文，2007 年。

[124] 吴福助：《秦始皇刻石考》，文史哲出版社，1994 年。

[125] 吕佩珊：《秦石刻文字分期研究》，"国立"高雄师范大学国文学系硕士论文，2005 年。

[126] 刘鲲：《东周玉石文字研究》，福建师范大学硕士学位论文，2006 年。

[127] 林志强：《战国玉石文字述评》，《中山大学研究生学刊》1990 年第 4 期。王建莉：《战国玉石文字研究述略》，《集宁师专学报》2000 年第 1 期。

[128] 林剑鸣：《秦始皇会稽刻石辨析》，《学术月刊》1994 年第 7 期。孙小平：《论泰山刻石和琅琊刻石拓本反映的不同书风》，《重庆师院学报》1996 年第 4 期。鹤间和幸：《试复原秦始皇东巡刻石文》，《秦俑秦文化研究》，陕西人民出版社，2000 年。金其桢：《秦始皇刻石探疑》，《北京大学学报》2001 年第 6 期。臧知非：《秦始皇会稽刻石与吴地社会新论——林剑鸣先生秦始皇会稽刻石辨析补正》，《秦文化论丛》第十一辑，三秦出版社，2004 年。韩祖伦：《秦始皇纪功刻石的文字学价值》，《秦文化论丛》第十一辑，三秦出版社，2004 年。

[129] 王辉：《秦公大墓石磬残铭考释》，《史语所集刊》67 本 2 分。马振智：《秦公大墓石磬文字连缀及有关问题》，《陕西历史博物馆馆刊》第九辑，三秦出版社，2002 年。

[130] 王辉：《磬辨伪》，《古文字研究》第十九辑，中华书局，1992 年。

[131] 李学勤：《秦怀后磬研究》，《文物》2000 年第 1 期。徐宝贵《怀后磬年代考》，《古文字研究》第二十四辑，中华书局，2002 年。

[132] 蔡万进、寇川、陈国友：《建国以来两甾钱的发现和研究》，《中国钱币》1998 年第 2 期。水出泰弘著、秦仙梅译：《秦半两钱》，《秦俑秦文化研究》，陕西人民出版社，2000 年。张文芳、吴良宝：《二十世纪先秦货币研究述评》，《中国钱币论文集》第四辑，中国金融出版社，2002 年。

[133] 朱活：《谈巴蜀秦半两》，《四川文物》1990 年第 1 期。关汉亭：《秦半两钱币图说》，《中国钱币论文集（二）》，中国金融出版社，1992 年。蒋若是：《秦钱论》，《陕西金融·钱币专辑》，1993 年。钱屿：《秦半两概述》，《钱币博览》1994 年第 1 期。蒋若是：《论秦"半两钱"》，《华夏考古》1994 年第 2 期。胡薇：《半两钱的分期问题》，《钱币博览》1994 年第 3 期。汪庆正：《"半两"考议》，《上海博物馆集刊》第 6 期，上海古籍出版社，1992 年。何清谷：《秦币探索》，《陕西

师大学报》1996 年第 1 期。杨式昭：《秦半两钱》,《历史文物月刊》2000 年第 5 期。袁林、和广汉：《秦代墓出土半两钱断代问题》,《西安金融》2002 年第 9 期。王泰初：《秦惠文王半两钱的发现与研究》,《西部金融·钱币研究增刊》,陕西省钱币学会秘书处,2009 年。

[134] 王雪农、刘建民：《半两钱研究与发现》,中华书局,2005 年。

[135] 黄锡全：《先秦货币通论》,紫禁城出版社,2001 年。

[136] 吴良宝：《中国东周时期金属货币研究》,社会科学文献出版社,2005 年。

[137] 郭若愚：《秦"半两"和"两甾"钱的时代和特征》,《中国钱币》1990 年第 2 期。臧知非：《秦"初行钱"的几个问题》,《秦陵秦俑研究动态》1993 年第 1 期。蔡培桂：《试论"文信钱"与吕不韦》,《山东师大学报》(社科版)1995 年第 4 期。王善卿：《"珠重一两"钱》,《西安金融》1995 年第 6 期。杜勇：《秦圜钱始铸年代考辨》,《陕西师大学报》1996 年第 1 期。包明军：《河南南阳市出土"两甾"钱》,《中国钱币》1996 年第 2 期。林文勋：《春秋战国至秦汉黄金货币性质新释》,《云南学术探索》1996 年第 3 期。李祖德：《试论秦汉的黄金货币》,《中国史研究》1997 年第 1 期。何清谷：《战国晚期秦国的封君铸钱》,《秦文化论丛》第九辑,西北大学出版社,2002 年。姜宝莲等：《秦半两钱陶范母的发现与相关问题》,《秦文化论丛》第十辑,三秦出版社,2003 年。吴荣曾：《秦汉时期的行钱》,《中国钱币》2003 年第 8 期。罗卫：《先秦铸币"文信"与"长安"》,《收藏界》2008 年第 9 期。党顺民：《"两甾"钱考证》,《西部金融·钱币研究增刊》,陕西省钱币学会秘书处,2009 年。

[138] 吴椿年：《"书同文字"政策的实施及其失败：从出土文物看秦始皇统一全国文字的工作》,《江海学刊》1990 年第 4 期。张铁民：《秦权量诏书并非隶书》,《中国文物报》1991 年 10 月 20 日。吴椿年：《论"初有隶书"》,《社会科学探索》1991 年第 3 期。黄大荣：《试论"隶变"及其对汉字发展的作用》,《贵州文史丛刊》1992 年第 4 期。潘良桢：《秦代文字与书艺略论》,《复旦学报》1992 年第 5 期。张玉金：《隶变中偏旁变形的文化成因》,《历史教学》1992 年第 8 期。袁仲一：《从考古资料看秦文字的发展演变》,《秦汉论集》,陕西人民出版社,1992 年。何清谷：《西周籀文与秦文字》,《西周史论文集》,陕西人民教育出版社,1993 年。古敬恒、孙建波：《小篆对籀文的省改与秦人的思想倾向》,《徐州师院学报》1994 年第 1 期。牛克诚：《简册体制与隶书的形成》,《中日书法史论研讨会论文集》,文物出版社,1994 年。赵平安：《论秦国历史上的三次"书同文"》,《河北大学学报》(哲学社会科学版)1994 年第 3 期。史鉴：《秦系文字与"书同文"》,《语文建设》1995 年第 5 期。林允富：《从秦"书同文"和唐"正字学"看繁体字的回潮》,《西北大学学报》1996 年第 1 期。傅嘉仪：《战国秦"封宗邑瓦书"及其书法》,《书法研究》1996 年第 5 期。陈昭容：《秦"书同文字"新探》,《史语所集刊》68 本 3 分。李学勤：《失落的文明·秦统一文字与隶书的兴起》,上海文艺出版社,1997 年。王子今：《秦代民间简字举例》,《秦文化论丛》第六辑,西北大学出版社,1998 年。何燕：《秦的文字统一政策及其得失》,《浙江师范大学学报》(社科版)1999 年第 5 期。黄文杰：《篆隶字形来源问题探讨》,《论衡丛刊》第一辑,中山大学出版社,1999 年。陈昭容：《秦代书同文的意义及其影响》,《历史文物月刊》2001 年第 1 期。

李裕民：《重评秦始皇统一文字》，《晋阳学刊》2001 年第 4 期。李文福：《从秦权铜版诏书看秦隶》，《中国文物报》2002 年 6 月 19 日。丛文俊：《论隶书研究》，吉林大学博士学位论文，1991 年。李文夫：《从秦权铜版诏书看秦隶》，《中国文物报》2002 年 6 月 19 日第 8 版。陈一梅：《论秦的文字制度》，《西北大学学报》（哲学社会科学版）2005 年第 6 期。陈一梅：《"自尔秦书有八体"献疑》，《文博》2005 年第 6 期。

[139] 毛惠明：《从天水秦简看秦统一前的文字及其书法艺术》，《书法》1990 年第 4 期。

[140] 陈昭容：《秦书八体原委——附论新莽六书》，《中国文字》新 21 期；《秦"书同文字"新探》，《历史语言研究所集刊》68 本 3 分；《隶书起源问题重探》，《南大语言文化学报》，1997 年第 2 期；《秦文字发展序列——从汉字发展历史看秦文字的传承与演变》，《兵马俑秦文化》，台北国立历史博物馆，2000 年。

[141] 赵平安：《隶变研究》，河北大学出版社，1993 年。

[142] 陈昭容：《秦系文字研究》，东海大学中文研究所博士论文，1996 年。黎东明：《秦系文字研究》，首都师范大学书法所博士学位论文，1999 年。郝茂：《秦简文字系统之研究》，新疆大学出版社，2001 年。徐筱婷：《秦系文字构形研究》，国立彰化师范大学国文研究所硕士论文，2001 年。谢光辉：《秦文字形体研究》，《古文字与汉语史论集》，中山大学出版社，2002 年。洪燕梅：《论秦文字之繁化现象》，第十四届中国文字学全国学术研讨会论文，2003 年 3 月。杨宗兵：《秦文字字体研究》，北京师范大学博士学位论文，2005 年。楼兰：《睡虎地秦墓竹简字形系统定量研究》，华东师范大学硕士学位论文，2006 年。

[143] 宋珉映：《〈秦简〉文字与〈说文〉小篆字形比较研究》，北京师范大学博士学位论文，1997 年。王丽惠：《秦、楚金文书体比较研究》，"国立"政治大学中等学校教师在职进修班硕士论文，2005 年。洪燕梅：《秦金文与〈说文〉小篆书体之比较》，《政大中文学报》2006 年第 5 期。

[144] 罗卫东：《春秋金文构形系统研究》，上海教育出版社，2005 年。陈立：《战国文字构形研究》，台湾大学中国文学研究所博士论文，2004 年。吴欣洁：《春秋金文形构演变研究》，台湾成功大学中国文学系硕博士班硕士论文，2004 年。唐莉：《战国文字义符系统特点研究》，陕西师范大学硕士学位论文，2004 年。张晓明：《春秋战国金文字体演变研究》，齐鲁书社，2006 年。

[145] 徐莉莉：《〈马王堆汉墓帛书〉（肆）中的声符替代字研究》，《语言文字学刊》第一辑，汉语大词典出版社，1998 年。

[146] 朱翠萍：《秦代简帛用字研究》，中国人民大学硕士学位论文，2006 年。

（责任编辑：李　宇　史党社）

秦俑一号坑第三次考古发掘新出陶文浅析

兰德省　秦始皇帝陵博物院陶质彩绘文物保护国家文物局重点科研基地
　　　　陕西省陶质及彩绘文物保护修复工程技术研究中心
王东峰　秦始皇帝陵博物院陶质彩绘文物保护国家文物局重点科研基地
　　　　陕西省陶质及彩绘文物保护修复工程技术研究中心
申茂盛　秦始皇帝陵博物院
孔　琳　西北大学文博学院
金玉云　陕西省陶质及彩绘文物保护修复工程技术研究中心

内容提要　秦俑一号坑第三次考古发掘新出土的兵马俑自保护修复以来，在清理陶俑陶马过程中，发现了许多陶文。这些陶文有数字、有工名、有刻画、有戳印，分布于不同部位，或隐或现。这些工匠创造了伟大的秦代艺术，从他们身上折射出秦代社会的另一个侧面，对进一步研究秦代的政治、军事、文化、法律及典章制度有重要的意义。

关 键 词　一号坑　陶文

前言

2009 年 6 月，秦兵马俑一号坑第三次考古发掘（T23）以来至 2015 年底，共保护修复陶俑 100 多件，陶马 2 匹。我们在保护修复这批兵马俑的过程中发现了许多制作痕迹的残留，信息资料丰富，为进一步研究秦代的政治、军事、文化、法律及典章制度提供了新的依据。尤其是陶文，有数字、有工名、有刻画、有戳印，分布于不同部位，或隐或现，记录了秦代陶工（工匠）在制作兵马俑过程中的艰辛。正是这些工匠创造了秦代伟大的陶塑艺术，在已保护修复的 100 多件陶俑残片上遗留陶文 75 处，2 件陶马残片上遗留陶文 2 处。

一、陶文分类

根据已保护修复的兵马俑残片，将陶文分为两类：数字类和工名类。

（一）数字类

发现数字的陶俑、陶马残片共计43件，21种，全部是刻画文，字体均为小篆。刻画的部位不固定，大部分集中在底袍，左右披膊，左右袖口及踏板处。陶马上的数字刻于马腹部。

数字种类有：三、四、五、六、七、八、十、十一、十三、十三仝四、十四、二十（廿）、廿一、廿五、廿六、三十（卅）、卅五、卅九、六十四、七十一、八十。

这些数字并不是陶俑、陶马的统一编号。首先，不是每一件陶俑上都有刻画数字；其次，同一个数字在一件俑上出现的次数也不止一次，如T23G9~32、T23G10~53俑上数字"五"均刻画了2处，一处位置在踏板正面，一处位置在踏板背面；而且，同样的数字发现不是一个而是多个，如数字"四"计有3件，"八"计有2件，"七"计有7件，"五"计有9件等。这表明以上数字的性质都是随手刻画的编号，即陶工在塑造陶俑的过程中为了便于统计数量，是陶工对自己作品的计数。

为方便统计，目前一号坑T23出土陶俑、陶马陶文上数字内容见下表：

序号	陶文内容	件数	陶俑编号	序号	陶文内容	件数	陶俑编号
1	三	2	G10~58, G10~88	12	廿	1	G9~15
2	四	3	G9~17, G10~57, G8~4	13	廿一	1	G9~24
3	五	9	G9~19, G9~32（2处），G10~45, G10~53（2处）G10~57, G10~58, G10~82	14	廿五	1	G9~20
4	六	1	T23G9~C1③	15	廿六	1	G9~19
5	七	7	G10~28, G10~43, G10~57（2处），G10~82, G11~58（2处）	16	卅或米	2	G9~22, G10~15
6	八	2	G10~75, G11~48	17	卅五	1	G9~32
7	十	1	G9~2	18	卅九	1	G11~4
8	十一	1	G10~14	19	六十四	1	G10~36
9	十三	2	G9~21, G10~14	20	七十一	1	G10~27
10	十三仝四	2	G10~15, G10~38	21	八十	1	G10~35
11	十四	2	G10~30, G10~42	总计		43	

（二）工名类

目前一号坑T23方发现的陶工名类陶文共计33件，24种。多数为刻文，并发现4枚印文。其中印文字体比较规整，刻画文字比较草率。陶工名类陶文可分为如下两类：

1. "宫某"类中央直属陶机构工名，共6枚，5种。

"宫臧"一枚，发现于T23G11~3袍底，字体为小篆，印文；

"宫係"一枚，发现于T23G11~58袍底，字体为小篆，印文；

"頗"一枚，发现于T23G11~58胸甲，字体为小篆，刻画文，为"宫頗"省文；

"宫疆"一枚，发现于T23G11~22袍底，字体为小篆，印文；

"宫積"一枚，发现于T23G11~48袍底，字体为小篆，印文；

"宫係"一枚，发现于T23G11~25袍底，字体为小篆，刻文。

为方便统计，目前一号坑T23出土陶俑"宫某"类陶工名内容见下表：

序号	陶文内容	件数	陶俑编号
1	宫臧	1	T23G11~3
2	宫係	2	T23G11~58，T23G11~25
3	頗	1	T23G11~58
4	宫疆	1	T23G11~22
5	宫積	1	T23G11~48
总计		6	

根据《秦始皇陵兵马俑坑一号坑发掘报告1974－1984（上）》，"宫某"类陶工名类陶文大量见于秦建筑出土的砖瓦上，例如"宫臧""臧"见于陕西宝鸡市镇南湾秦宫遗址出土的5件筒瓦和板瓦上，"宫係""係"多见于秦始皇陵出土的砖瓦上，而历年来秦始皇陵园出土的砖瓦上也多见"宫某"字样的陶文戳记，如"宫水""宫毛""宫章"等等。可以推断，印有"宫某"类陶文的陶工，其来源是属于原宫司空辖属制陶作坊烧造砖瓦的工匠，由于技艺娴熟经验丰富，被征调于兵马俑烧造[1]。

特点："宫某"类陶文，多印文，即使是刻文也是笔画规整、刻画清晰，刻划押印的位置比较统一，大都在底袍底部不显眼的位置，显示出极强的规律性、纪律性。"宫某"类陶俑塑造水平较高，造型合理，体型魁梧，神态勇猛，显示出制作者的高超技艺，为熟练陶工手下的艺术精品。

2. 其他类地方作坊陶工名

T23出土的陶文中，有陶工名共计19个，大部分仅有人名，为刻划文，字体均为小篆，字迹草率，未发现在人名前冠有官署名和县邑名的陶工名，具体来源于何处情况不明，以理推之，其来源不外乎中央宫廷或地方，现发现的文字内容有：

"弋口上"一枚，发现于左手腕，字体为小篆，为刻画文；

"小遬"二枚，分别发现于踏板正面及踏板处，字体为小篆，均为刻画文；

"衛"一枚，发现于腹甲右侧，字体为小篆，为刻画文；

"申"一枚，发现于踏板正面，字体为小篆，为刻画文；

"木"一枚，发现于脖颈，字体为小篆，为刻画文；

"悲"一枚，发现于踏板正面，字体为小篆，为刻画文；

"辰"二枚，分别发现于底袍及踏板，字体为小篆，均为刻画文；

"氐"四枚，分别发现于踏板侧面及脖颈，字体为小篆，均为刻画文；

"屈"二枚，均发现于踏板正面，字体为小篆，为刻画文；

"高"二枚，均发现于足踏板，字体为小篆，为刻画文；

"文"一枚，发现于右袖口，字体为小篆，为刻画文；

"巳"一枚，发现于下颌处，字体为小篆，为刻画文；

"车"一枚，发现于马左脸部，字体为小篆，为刻画文；

"蟜"一枚，发现于足尖，字体为小篆，为刻画文；

"冉"一枚，发现于发卡，字体为小篆，为刻画文；

"北"一枚，发现于右臂，字体为小篆，为刻画文；

"工"一枚，发现于左手腕处，字体为小篆，为刻画文。

为方便统计，目前一号坑 T23 出土陶俑、陶马上的陶工名内容见下表：

序号	陶文内容	件数	陶俑编号	序号	陶文内容	件数	陶俑编号
1	弋口上	1	G9~21	11	文	1	G11~35
2	小遬	2	G10~12，G10~27	12	巳	1	G10~82
3	衛	1	G10~13	13	车	1	T23G9~C2 ②马
4	申	1	G10~35	14	蟜	1	G10~78
5	木	1	G10~35	15	冉	1	G11~3
6	悲	1	G10~36	16	庫／七庫	2	G10~45，G11~35
7	辰	2	G10~28，G10~41	17	马	1	G10~15
8	氐	4	G10~40，G10~61，G10~67，G10~75	18	北	1	G11~23
9	屈	2	G10~42，G10~82	19	工	1	G8~3
10	高	2	G10~15，G10~79	总计		27	

其中此次 T23 发现的陶工名"庫""七庫""工"均是第一次见于秦俑陶文，"庫""七庫"这两枚分别发现于 T23G11~35 右袖褶以及 T23G10~45 胳膊的刻文，

属于同一陶工的不同署名。

3. 关于 T23 陶工的身份问题，有以下几点推测：

这 19 个陶工名中的"弋""申""辰""高""文""衞""木""北""工"等 9 个人名，在秦都咸阳的宫殿遗址、制陶作坊遗址出土的筒瓦、板瓦上，秦始皇帝陵陵园出土的砖瓦上、秦代大墓的随葬品上都有发现，时代大约属于秦始皇时期。其中有可能有同名异人的情况，但同名者如此之多恐怕不是偶然巧合，说明这些人可能原来就是烧砖瓦陶器的陶工，因其有丰富的制陶经验，被征调来从事兵马俑的制作，也就是说这些陶工名有很大可能是中央宫廷制陶作坊或地方制陶作坊陶工提名的简化式。[2] 如：

陶工名中的"高"多见于始皇陵园瓦上的"左司高瓦"印文，此人可能来源于左司空的制陶作坊。

"弋""文""申""衞"这几个陶工名，见于秦始皇帝陵及秦都咸阳宫殿遗址出土的砖瓦上，而因为这两处烧造砖瓦者基本上都是中央官署制陶作坊的陶工，所以这两个陶工虽然不能明确指出其来源于何种官署机构，但不是来源于地方，而是来源于中央宫廷的制陶作坊。

"辰""木"这两个陶工名，多见于咸阳出土的陶器，"北"在秦都咸阳制陶工具或陶拍上均有发现，为制陶工匠名。[3]"工"见于南指挥村秦公一号大墓的 M2：6 陶簋上发现的刻文，亦可能是陶工的姓或名。[4] 可见这几人当来源于咸阳地区的民营制陶作坊。

经过上述分析，陶工 19 人中有 5 人可能来源于中央官署的制陶作坊，4 人可能来源于地方的制陶作坊，另外还有 10 人来源何处暂不明确，但大体上来说，他们的来源不外乎中央官署制陶作坊和地方民营或市亭制陶作坊，这一点是可以肯定的。

（三）押印文及刻符

T23 出土的陶文中，不单有可辨识的数字、工名，还有部分不可辨识的押印文和刻符。其内容有：

押印文一枚，发现于 T23G9~21 踏板（左上角）；

刻符一枚，发现于 T23G10~15 脖颈处；

刻纹一枚，发现于 T23G8~3 左袖口处。

刻符和押印文多次发现于一号坑考古发掘，目前意义不明，这可能是陶工在制作陶俑时随意刻画或押印上的图案，具体意义暂时无法确定。见下表：

T23G9~21	押印文	踏板（左上角）	刻文	
T23G10~15	刻符	脖颈	刻文	
T23G8~3	刻文	左袖口处	刻文	

二、一号坑第一、二、三次考古发掘已发现陶文对比

（一）数字类陶文对比

T23陶俑、陶马上所发现的数字类陶文，其形制及计数规律，基本上延续了一号兵马俑坑东端的五个方出土发现陶文数字的规律，但在细部上有所改变和不同。见下表[5]：

序号	陶文内容	一号坑T(1、2、10、19、20)出土件数	T23出土件数	总计	序号	陶文内容	一号坑T(1、2、10、19、20)出土件数	T23出土件数	总计
1	三	5	2	7	12	廿	2	1	3
2	四	20	3	23	13	廿一	0	1	1
3	五	32	9	41	14	廿五	1	1	2
4	六	13	1	14	15	廿六	1	1	2
5	七	10	7	17	16	卅或米	1	2	3
6	八	9	2	11	17	卅五	2	1	3
7	十	20	1	21	18	卅九	0	1	1
8	十一	1	1	2	19	六十四	1	1	2
9	十三	2	2	4	20	七十一	0	1	1
10	十三仐四	0	2	2	21	八十	1	1	2
11	十四	5	2	7	总		126	43	169

1. 十以内的数字写作一、二、三、四、五、六、七、八、十。与之前的考古发现基本相同。其中三多为竖写；"四"字多数写成"四"，个别写成"三"；

228

"七"字的写法和甲骨文、金文的书体相同，写作"+"。

2. 十以上百以下的数字，大部分采用竖书，个别横书。二十、三十写作"廿""卅"，几十几的数字较之前不加"十"字表示法有所变化，出现了"六十四""七十一"这样明确的表示方法。

3. 未出现百以上的计数数字。

根据统计，数字类陶文十以内（包括十）的数字最多，共有 25 枚，占发现总数的 58%，与《陶文新编》载录对比（数字类陶文 226 例，十以内的 150 例，占总数的 66%）波动不大；十以上二十以下（包括二十）的较为少见，之前发掘仅见 22 例，占总数的 9.7%，此次发掘 8 枚，占总数的 19%；二十以上三十以下的数字 5 例，占总数不足 12%，但与《陶文新编》全本载录 7 枚，占总数不足 4% 相比有大幅上升，同样，之前发现概率最低的三十以上数字，此次考古发现 5 枚之多，占比也有大幅上升。[6] 但基于现在得到的数据还很有限，具体的结论需要更多的考古发现来支撑。

（二）工名类陶文对比

T23 发现的陶工名类陶文，较之前一号坑考古发现的陶工名类陶文，有以下几点异同，见下表[7]：

序号	陶文内容	一号坑 T(1、2、10、19、20)出土件数	T23出土件数	总计	序号	陶文内容	一号坑 T(1、2、10、19、20)出土件数	T23出土件数	总计
1	宫臧	12	1	13	14	高	2	2	4
2	宫係	11	2	13	15	文	2	1	3
3	宫彊	8	1	9	16	巳	1	1	2
4	宫積	5	1	6	17	车	0	1	1
5	頗	1	1	2	18	蟜	1	1	2
6	弋口上	0	1	4	19	冉	0	1	1
7	小遫	2	2	1	20	庫／七庫	0	2	2
8	衞	0	1	2	21	马	0	1	1
9	申	1	1	1	22	北	10	1	11
10	木	0	1	2	23	工	1	1	2
11	辰	2	2	4	24	悲	0	1	1
12	氏	0	4	4					
13	屈	4	2	6	总		63	33	96

1. "宫某"类中央直属机构陶工名类的发展与演变

"宫某"类陶文字体工整清晰，字体为小篆，位置多在陶俑衣下摆隐蔽处，本次出土陶文中"宫臧""宫係""宫彊""宫積"为印纹，"頗"为刻画文，字体均为小篆，印纹规则，刻划纹清晰整齐。

　　一号坑第一次考古发掘与第三次考古发掘出土"宫某"类陶文字体对比见下表[8]：

内容	一号坑第一次考古发掘		一号坑第三次考古发掘
宫疆	 T1K88	 T19G11~6	 T23G11~22
宫積	 T19G10~38	 T20G10~52	 T23G11~48
宫臧	 T20G9~62		 T23G11~3
頗	 T1G4~40		 T23G11~58
宫係（印文）	 T19G10~46	 T20G9	 T23G11~58
宫係（刻文）	 T1G3~5		 T23G11~25

　　通过对比一号坑第一次考古发掘出土的"宫某"类陶文字体可见，此次发

掘出土的印纹与一号坑之前发掘的陶文字体基本一致。可以确定，一号坑陶俑为同一批陶工在一段时间内陆续烧制。

联系第三次考古发掘成果，G11过洞"宫某"类陶文的出土数量是一号坑的高峰。经统计，距今为止，G11过洞共发现带有陶文的陶俑计6件，而"宫某"类陶文的就发现了6枚（其中G11~58带2枚），占总量的83%，这在一号坑发掘过程中非常特殊。

2. 其他类地方作坊陶工名的发展与演变

"弋""小邀""申""辰""北""工"等其他类陶工名与之前一号坑发现的陶工名一致，"悲""车"见于二号坑考古发掘，均为刻画文，字体小篆，字迹草率，签名位置多在脖颈、足踏板、底袍等不显眼的位置，虽然字迹笔画不尽相同，但重名率相比其他工名要高，可能是属于同一工匠或同一组工匠的作品。

"衡""木""氏""库""马"等陶工名在一号坑之前发现的陶文中并未发现，为T23首次发现。其中"衡""木"等名见于秦宫殿遗址以及咸阳出土陶器上，可能是首次征调于兵马俑制作的地方民营或市亭制陶作坊熟练陶工。

一、二号坑第一次考古发掘与第三次考古发掘出土陶工名陶文字体对比见下表[9]：

内容	第一次考古发掘	一号坑第三次考古发掘	
小邀	T19G8~47	T23G10~12	T23G10~27
申	T19G8~55	T23G10~35	
辰	T2G3~116	T23G10~28	T23G10~41

231

北			
	T1G1~13	TIK~86	T23G11~23
工			
	一号坑残片		T23G8~3
高			
	T19G9~22	T23G10~79	T23G10~15
车			
	二号坑		T23G9~C2 ②马
屈			
	T2G3~117	T23G10~42	T23G10~82
悲			
	二号坑（002819）		T23G10~36

3. 目前 T23 未发现冠以来源地的陶工名类，如"咸阳衣""咸庆""稚一"

232

等类表现形式。

三、总结

在陶俑、陶马身上戳印或刻画陶工的名字是秦"物勒工名，以考其诚"的制度反映，本是统治者为了便于检查陶工制作陶俑数量与质量的一种手段，但它却给我们留下了一大批出身于社会下层的艺术匠师的大名。根据第三次考古发掘出土的陶文信息可以获知，这批陶工除来自原中央官署制陶作坊及地方制陶作坊的工匠外，还有部分是被新征调而来的地方民营或市亭制陶作坊的陶工。他们依循熟练陶工的指挥，按照统治者所设计的内容和要求统一制作、烧制陶俑，在制作兵马俑这一庞大的系统工程中，采用以熟练工师带领一批工人在一定的范围内开设一个制陶作坊或窑厂作坊，根据上级下达的任务，组织和指挥陶俑的塑造、焙烧、彩绘等全盘工作的方法，监管有序、组织严密、赏罚分明。正是这批陶工创造了秦俑艺术，他们名字的发现，具有重要的历史意义和艺术价值。

注释:

[1] 袁仲一：《秦兵马俑的考古发现与研究》，文物出版社，2014 年，第 400 页。

[2] 袁仲一：《秦兵马俑的考古发现与研究》，文物出版社，2014 年，第 400 页。

[3] 袁仲一、刘钰：《秦陶文新编》（上编），文物出版社，2009 年，第 125 页。

[4] 袁仲一、刘钰：《秦陶文新编》（上编），文物出版社，2009 年，第 125 页。

[5] 依据陕西省考古研究所、始皇陵秦俑坑考古发掘队：《秦始皇陵兵马俑坑一号坑发掘报告 1974 — 1984（上）》第 198 页陶俑上的刻画数字统计表改制，文物出版社，1988 年。

[6] 秦始皇帝陵博物院编著：《秦始皇帝陵博物院 2012》，三秦出版社，2012 年，第 366 页。

[7] 依据袁仲一：《秦兵马俑的考古发现与研究》表一七改制，文物出版社，2014 年。

[8] 袁仲一、刘钰：《秦陶文新编》，参考第一次考古发掘陶文内容，文物出版社，2009 年。

[9] 袁仲一、刘钰：《秦陶文新编》，参考第一次考古发掘陶文内容，文物出版社，2009 年。

（责任编辑：陈昱洁　李　宇）

"八体"联珠，篆隶合璧
——《秦文字编》评述

（彭裕商　四川大学历史文化学院）

近三年来，王辉先生接连有《秦出土文献编年订补》（三秦出版社2014年）、《秦文字编》（中华书局2015年）和《秦文字通论》（中华书局2016年）等三部著作问世，可谓新的"秦书三种"。其中《秦文字编》（全四册）是王辉先生主编，杨宗兵等编著，于2015年4月由中华书局出版，该书收录了2006年之前的秦铜器、兵器、石刻、简牍、帛书、钱币、陶文、玺印封泥、金银器和漆木器等各类秦文字资料中的字形，其中正编收录单字3269个，另附待释字308个、刻画符号335个；附录之"引器时代索引"收录秦文字资料2900余条，全书所涉图片约85000张，总计约400万字。

《秦文字编》是秦文字字形汇编的最新成果，自出版以来广受学术界瞩目。近日翻阅一过，深感此书资料丰富、体例创新、取舍得当。以下仅就其某些方面略作评述。

一、资料的丰富性和完整性

20世纪20年代初出版的华学涑《秦书三种》之《秦书集存》是最早的秦文字编，该书搜罗秦金石文字，"依许氏部次列之"，所创体例虽好，但当时所能收录的秦文字资料实极有限。此后，随着秦文字资料的不断出土，先后有陈振裕、刘信芳《睡虎地秦简文字编》（湖北人民出版社1993年），袁仲一、刘钰《秦文字类编》（陕西人民教育出版社1993年），张守中《睡虎地秦简文字编》（文物出版社1994年），许雄志《秦印文字汇编》（河南美术出版社2001年），方勇《秦简牍文字编》（福建人民出版社2012年）等。这些秦文字字编或复印剪贴，或精于摹写，或有辞例和必要的训释，对相关学术研究发挥了重要作用；但或因当时的排版技术限制，或是原始资料尚未完整刊布，导致这些秦文字字编有的只采用摹写字形，有些只收录某一门类字形，有些成书较早，许多重要资料未及采录，留下缺憾，尤其是没有一部资料搜集相对完整、全面反映秦文字各种书写风格全貌、字形保持原样、辞例相对完整和附有必要训释的秦文字编。

《秦文字编》的正式编纂始于 2005 年，当时许多重要的秦文字资料，如相家巷出土秦封泥、里耶秦简（部分）等均已陆续刊布，是编将各类秦文字资料汇于一编，正所谓"篆隶合璧"，不仅能全面反映出土秦文字的全貌，并可基于此比较各类秦文字的结构异同和书写风格等。此外，还可以顺推汉代及汉以后文字的端绪，对研究秦隶与汉隶以及隶书起源等问题提供翔实可靠的字形依据。

二、体例新颖

此前的几部秦文字字编，或因成书较早而所收资料数量有限，或因专于一类而不能篆隶兼顾，或因排版技术限制而全用摹写影印。随着秦文字资料出土数量的激增和计算机输入技术的进步，加之《楚文字编》（华东师范大学出版社 2003 年）、《上海博物馆藏战国楚竹书（1~5）文字编》（作家出版社 2007年）《齐文字编》（福建人民出版社 2010 年）、《新金文编》（作家出版社 2011 年）、《新见金文字编》（福建人民出版社 2012 年）、《三晋文字编》（作家出版社 2013 年）等古文字字编陆续出版所确立的范例，吸收诸家所长，编纂一部资料全面完整、采用扫描字形、附有辞例和简要训释的新型秦文字字编成为可能。

《秦文字编》就是在这样的背景下确立了几条原则，即反映秦文字全貌、字形尽量扫描、每个字形下附有辞例和有简明扼要的注释等。与此前的秦文字专门字编比较，此书所收材料的范围、品类及各字头下罗列的字形远胜于前，各字形下均附有辞例，提供简要注释，并时有订正或另加作者按语，可以说此书兼字编和辞典之功用；正可谓"前修未密，后出转精"，《秦文字编》体例上的优点将为古文字尤其是秦汉文字研究者提供极大的便利。

三、取舍稳妥

"文字编"类工具书能在体例限定范围内展示多变的汉字字形，故受到古文字研究者的喜爱；另一方面，古文字类文字编的编纂属于高风险工作，大到相关资料的选择，小到对字形的隶定和释读，很容易出现纰漏。又因体例所限，文字编在字形隶定、释义等方面表露出来的倾向性无法注释或深入阐发，对已有研究观点的取舍或折中也同样无法说明理由，而且工具书的平实可靠与学术新成果的采纳也往往难以平衡。

《秦文字编》一书在原始资料的选择、字形隶定、注释的选用等方面均平实而不激进，稳妥而有所抉择。例如0343"达"字条下注文说"或隶作'连'"，即已注意到有学者释此字为"连"，但因字形模糊，故未否定释"达"；0569"龚"字加按语说：字不清晰，也可能隶定作"龏"。有学者已依据岳麓简《为吏治官及黔首》异文认为当释作"龏"。0698"庸"字条下将释作"庸"注"或释为'祗'今按释'祗'较有道理"。又如0726条按语说亦有学者隶作"眚"，读"省"。又如睡虎地秦简《法律答问》"当三环之下"，"环"原整理者读"原"，意为宽宥从轻，后来张家山汉简整理者、钱理群、夏利亚提出各自的看法，钱先生说"环"训返还，可能较好。此类问题形成定论有一个过程，似仍有讨论余地。

作者在新成果的吸收和学术界各种说法的取舍等方面是有所作为的，只是工具书的性质是"求同"，而不是学术论文或学术著作那样"存异"，何况有些释字和注释的意见并没有得到公认，工具书如大量采用这些新成果则有不严谨之嫌。

任何著作都有其主客观方面的局限。《秦文字编》一书是在杨宗兵博士的博士后出站报告基础上修订而成，原稿初成于2006年，自写作、成书到出版已有十年，续出新资料和新研究成果的吸收在校稿阶段已不可能一蹴而就，有待于日后补充修订。《秦文字编》卷帙浩繁，头绪纷纭，加上其工具书性质和体例的限制，使得全书在字形隶定、释读和图片处理等方面仍存在一些问题，已经有学者提出一些很好的意见，但这显然不会影响该书的学术价值。

《说文·叙》云"秦书有八体"，《秦文字编》将各类秦文字资料汇为一编，可谓"篆隶合璧，'八体'联珠"的集大成之作。当然，学术研究从来不会一劳永逸，大多数学术成果都是本领域阶段性的成果。相信《秦文字编》的出版能有力推动秦文字及其相关领域研究的进展。

（责任编辑：陈昱洁　李　宇）

汉代有角神兽研究

（潘攀　北京大学考古文博学院）

内容提要：有角神兽通常以角及角的数量为主要辨识特征，角带有特殊内涵；其有别于牛、羊、鹿等现实有角动物，是被人们主观赋予神异性的传说或幻想神兽。汉代是这类有角神兽被定型并传播的关键时期，其形象通过画像砖石、壁画、器物装饰、立体雕塑等各类图像遗存保留下来；经与相关文献对照补证，可观察其基本形制、内涵寓意等在汉代产生、流变、定型及传播的基本过程。本文即在梳理此过程的基础上，进一步探讨如西汉麒麟形象、天禄辟邪关系、符拔原型、天鹿寓意、兕及獬豸辨析等争议问题；最终认识到"以角造神"是汉文化信仰中人们常用的造神方式之一，方法多样，且在强化"角"的神异性背后寄予了复杂的意图。

关 键 词：汉代　角　神兽　儒家　谶纬　造神

有角神兽，泛指一种有角、并被人为赋予特殊神异属性的动物，角的数量有别，是辨别其内涵的最重要标准。目前关于我国古代有角神兽的专题研究不多。林沄先生曾讨论过欧亚草原地区一类装饰有角、钩喙、蹄足神兽的金属牌饰，认为它们至迟在战国已出现于我国北方草原地区而后流行于汉代，并提议将这类虚幻动物命名为有角神兽。[1]而事实上，有角并非这类虚幻动物最重要的身体特征，其钩喙、长卷尾以及翻转的后蹄等形制因素更具特色，称其为"有角神兽"不免以偏概全。

本文所论有角神兽，专指来源或定型于我国、富有本土文化内涵的一类有角神异动物，[2]它们成型并传播流行的关键时期正是汉代。汉人在升仙、谶纬等迷信思想影响下产生的独特宇宙观与生死观，成为孕育各类有角神兽的思想沃土；汉代遗留的图像材料相对丰富，有些还有榜题文字相佐，有利于弥补文献证据的不足，更直观地认识各类有角神兽的形制及演化过程。

汉代有角神兽中，如麒麟、辟邪、天禄等已多有研究涉及，但讨论的年代背景多集中在汉代较晚时期及以后，对它们产生并逐渐发展成熟的过程往往涉及不足；而对于如符拔、獬豸、角端、兕、天禄虾蟆等汉代流行的有角神兽则涉及更少，因而无法对汉代的有角神兽进行综合对比分析，更无法宏观审视"角"的深层内涵及汉人"以角造神"的方式及目的。

本文将从文献记载与汉代出土的实物资料两方面入手，逐个解析麒麟、辟邪、天禄、符拔、天禄虾蟆、角端、兕、獬豸、三角兽等汉代典型有角神兽的来源、形制演变及内涵寓意等，在此基础上尝试解决如西汉麒麟形象、天禄辟邪关系、符拔原型、天禄寓意、兕及獬豸辨析等争议问题，最终观察汉文化信仰中人们常用的"以角造神"方式，及在借助"角"为道具来神化动物的行为背后所暗含的真正意图。

一、麒麟

（一）麒麟在汉代的内涵

甲骨文中就有"麐"，为"麟"的同义古字，从字形中也可以看出这种传说动物与鹿的亲密关系，《说文》亦云："麟，大牝鹿也。"

麟惯被视为仁贤之兽。《逸周书·王会解》曰："规规以麟，麟者，仁兽也。"《诗经·国风·麟之趾》云："麟之趾，振振公子。于嗟麟兮。麟之定，振振公姓。于嗟麟兮。麟之角，振振公族。于嗟麟兮。"故"麟趾"也多用来比喻子孙多贤。

战国出现"麒麟"连称，有时亦写作"骐驎"，[3] 暗指其外形又与马的部分相似。从王充的《论衡·讲瑞》中可体会出骐驎与鹿、马的双重紧密关系："麕而角者，则是骐驎矣。……夫凤皇，鸟之圣者也；骐驎，兽之圣者也。……马有千里，不必骐驎之驹；鸟有仁圣，不必凤皇之雏。"单从文献记载来看，汉代的麒麟、骐驎常呈混用状态，无明显指代差别。

文献记载中与麟相关最著名的典故，是西狩获麟导致春秋绝笔事件。[4] 此事在西汉被大肆宣扬，麒麟成为迷信化新儒学自我粉饰、迎合帝王及争取政治话语权的重要道具。后来的汉武帝获麟事件，亦是在这种观点引导下的人为产物，据《汉书·郊祀志》载："后二年，郊雍，获一角兽，若麃 [5] 然。有司曰：'陛下肃祗郊祀，上帝报享，锡一角兽，盖麟云。'"随后，这种迷信化的新儒学又与谶纬说结合，在两汉之际的特殊政治文化土壤中生根发芽，并盛行于东汉一代，麒麟也成为汉人信仰的重要祥瑞神兽之一。

汉代也出现过对这种偏激迷信导向的反对声音，如东汉王充就在《论衡·异虚》中指出，所谓上帝所赐的一角兽，实际上是原本两角的野兽共抵一角（并角），是一种自然基因变异，继而揭示出宣扬此言论背后的真正政治企图："汉孝武皇帝之时，获白麟，戴两角而共抵，使谒者终军议之。军曰：'夫野兽而共一角，象天下合同为一也。'"

这些被强化到一角上的特殊寓意，加之其原本就携带的忠善仁义标签，最终奠定了麒麟在汉代神兽中的至高地位。这种地位直接体现于四灵、五灵体系中。

《礼记·礼运》云："麟凤龟龙，谓之四灵。"随后四神（青龙、白虎、朱雀、玄武）与四灵概念产生了部分重合混淆，加上阴阳五行观的影响及王莽篡位的谋划造势，故至迟在两汉之际，四灵与四神体系产生融合，形成由龙、凤（朱雀）、白虎、龟（玄武）、麒麟组成的"五灵"神兽信仰体系，麒麟被安排到了最中心的位置。

东汉一代，由于最高统治者的支持，谶纬成为"国宪"，包括麒麟在内的各种祥瑞神兽在举国上下得到推崇。麒麟常与凤组合，《焦氏易林》中就多见以麟凤为主题的谶言卦辞，如"凤凰在左，麒麟处右。仁圣相遇，伊吕集聚。时无殃咎，福为我母。""麟凤所游，安乐无忧。君子抚民，世代千秋。""麒麟凤凰，善政得祥；阴阳和调，国无灾殃。"《金石索·石索》中也曾引《隶续》所录东汉中期山东任城《汉山阳麟凤碑》一例（图一），左侧麒麟为鹿身、牛尾、头顶一角，右为凤凰，下刻六十四字碑赞，与《焦氏易林》卦辞大意相同。

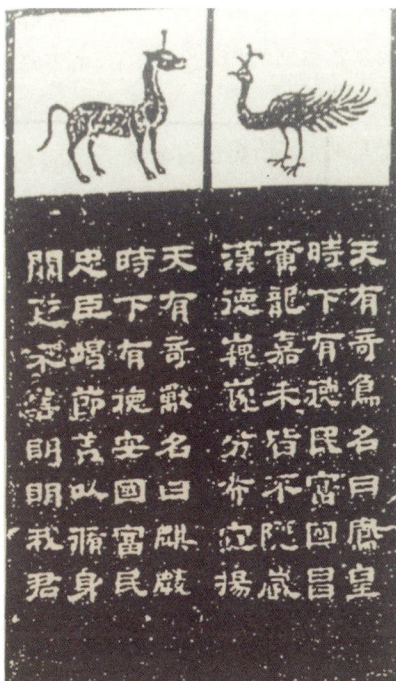

图一　山东任城《汉山阳麟凤碑》

（二）汉代麒麟图像的形制演变

关于麟的形象，先秦文献中只含糊地表示其外形似鹿或马或有角等。推测麟的原型可能是一种现实存在的鹿科动物，因某种基因变异而出现异常的身体特征——一角，[6] 而见过或能认出这种神异动物的人非常有限。

对麒麟仁义品德及一角特质的大肆宣扬是在汉代。为证明其存在的真实性，麒麟不能继续保持神秘无形的状态，造势者需要对包括一角在内的完整麒麟形象进行细化落实。按《说苑·辨物》云："麒麟麇身、牛尾，圆顶一角，合仁怀义，音中律吕，行步中规，折旋中矩，择土而践，位平然后处，不群居，不旅行，纷兮其有质文也，幽闲则循循如也，动则有仪容。"又《宋书·符瑞志》："麒麟者，仁兽也。牡曰麒，牝曰麟。不刳胎剖卵则至。麇身而牛尾，狼项而一角，黄色而马尾。含仁而戴义，音中钟品，步中规矩，不践生虫，不折生草，不食不义，不饮洿池，不入坑阱，不行罗网。明王动静有仪则见。牡鸣曰逝圣，牝鸣曰归和，春鸣曰扶幼，夏鸣曰养绥。"

东汉晚期的山东嘉祥武梁祠顶画像中，就有与此描述大致相符的麒麟图像，并附榜题："麟不刳胎残少则至。"（图二）《金石索·石索》引洪适《隶续》所录汉代麒麟碑图像（图三），与武梁祠麒麟的造型非常相似，突出特征都是鹿身、牛尾、头顶一角、角端有肉。这应该就是麒麟在汉代最终演变出的成熟形制，且从无到有，这中间必然经历了人们对其长期的内涵认知与外形选择过程。

图二　带榜题的麒麟形象（摘自巫鸿《武梁祠》）

图三　带榜题的麒麟形象（摘自清代冯云鹏、冯云鹓《金石索》）

1.西汉的疑似麒麟形象

西汉时，人们对麒麟的形象依然莫衷一是。汉长安城武库遗址出土过一件玉雕，其上神兽形似大角山羊、颔下有须、身有翼，最明显的特征是头顶独角。[7]江西南昌海昏侯墓、广西西林普驮铜鼓墓出土的金属牌饰[8]上也有类似的动物形象，但都无翼（图四）。

武帝时出现的"协瑞"之物——麟趾金，旨在借用麒麟的祥瑞神兽身份和麟趾的古典寓意表达祈求升仙的美好愿望，只是模拟了现实鹿科动物的蹄形而已（图五）。

河南鄢陵一块散存画像砖上刻有羽人乘骑一马身、有翼、头顶一弯角的神

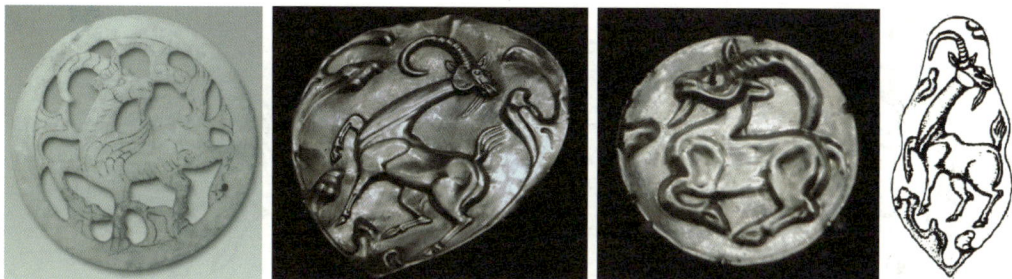

图四　西汉的疑似麒麟形象

（1 西汉，汉长安城武库出土玉雕；2、3西汉中晚期，江西南昌海昏侯墓出土银饰；4西汉，广西西林普驼铜鼓墓出土铜牌饰。）

图五　西汉中晚期，江西南昌海昏侯墓出土麟趾金

兽图像（图六），年代在两汉之际，与西汉那种疑似麒麟的羊身形制不同，可能与当时人们对骐骥之名的字面理解有关。

2. 东汉的麒麟

东汉的麒麟已被确定了独角特征，且根据独角的形制区别，可分为角端无肉、有肉两类。

第一类：角端无肉，长角弯曲且多带螺旋纹，多羊身（图七）。能看出它们与西汉那类羊身麒麟在形制上的一脉相承。而之所以能将其确认为麒麟的主要证据，则来自东汉一类装饰五灵纹饰的铜镜，麒麟往往与青龙、白虎、朱雀、玄武同时出现（图八），而这种羊身麒麟，也是麒麟在铜镜纹饰中的典型形象（图九）。

图六　西汉晚至东汉初，河南鄢陵散存画像砖

由此上推，图四中那类羊身独角神兽，应就是西汉时的麒麟形象。

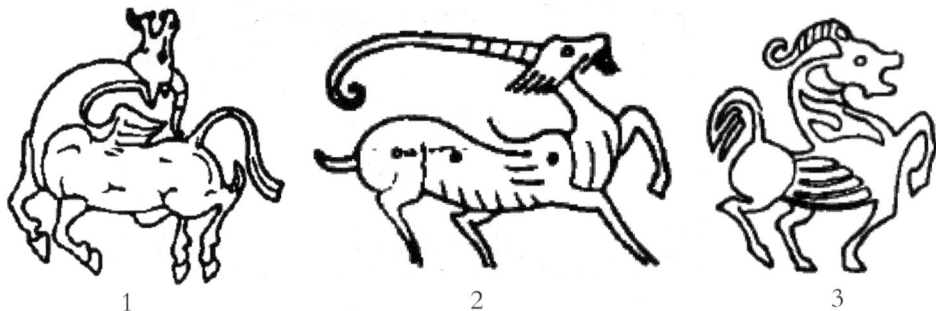

图七 东汉独角、角端无肉的麒麟形象

（1 朝鲜平壤贞柏里古坟出土银饰；2 四乳禽兽带纹镜纹饰；3 陕西潼关吊桥杨氏茔地 5 号墓出土铜牌饰）（图像摘自孙机《几种汉代的图案纹饰》）

图八 东汉早期, 河南洛阳烧沟 M1023 出土五灵纹规矩镜（左下圆圈内为羊身麒麟形象）

（图像摘自孙机《几种汉代的图案纹饰》）

图九 东汉铜镜中的典型麒麟形象

（图像摘自周世荣《中华历代铜镜鉴定》[9]）

第二类：角端有肉，肉的形制有别；按身体特征，又可分为鹿身和马身，也正对应了"麒麟""骐骥"两种写法。

鹿身麒麟：东汉较早时期，角端肉部尚不明显，至东汉中晚期以后，肉结构在图像中被突显，且兽身多有翼，常与凤成对出现。东汉时四川地区还有一种鹿身、双翼、头顶有夸张灵芝状肉部的麒麟形象，有榜题称之为"天鹿"或"天禄"。天鹿可能是为表达"天界神鹿"含义的民间叫法，而天禄则是天鹿的吉祥谐音，和与辟邪配对的天禄不是一回事。这类麒麟有时还会通过角端是否带肉来突显两性差别——雄性有灵芝状肉而雌性没有，但这种做法只在四川地区流行，其他地区鲜见（图十）。

图十　东汉肉角鹿身的麒麟形象

（1 东汉早中期，南阳麒麟岗墓北主室立柱画像石；2 东汉早中期，陕西绥德黄家塔 M7 后室门框画像石；3 东汉，四川泸州七号石棺侧板；4 东汉，山东费县潘家童墓画像石；5 东汉，河南偃师出土鎏金铜像；6 东汉中晚期，四川彭山双河崖墓石棺侧板；7 东汉，四川新津六号石棺头档。）

马身骐驎：流行时间晚于鹿身麒麟，主要见于东汉中晚期的四川及苏鲁豫皖邻近地区，这种形制也可在早期找到原型。与鹿身麒麟一样，起初角端肉部不明显，约在东汉较晚时期，独角上才固定表现出明显肉部。马身亦分有翼、无翼，可能分别对应强调"仙界神兽"和"瑞应符谶"两种内涵；后者的典型图像见江苏徐州缪宇墓，作马身、无翼、头顶一角、角端有正心形肉，旁附榜题"骐驎"；其前方还有一只带"福德羊"榜题的写实羊形象，墓内其他位置还有"青龙""玄武""朱鸟"等祥瑞神兽的图像与榜题[10]（图十一）。

汉代这几种典型麒麟形制，尤其是西汉时的羊身麒麟和马身骐驎，似乎可以尝试为其找到形象渊源。

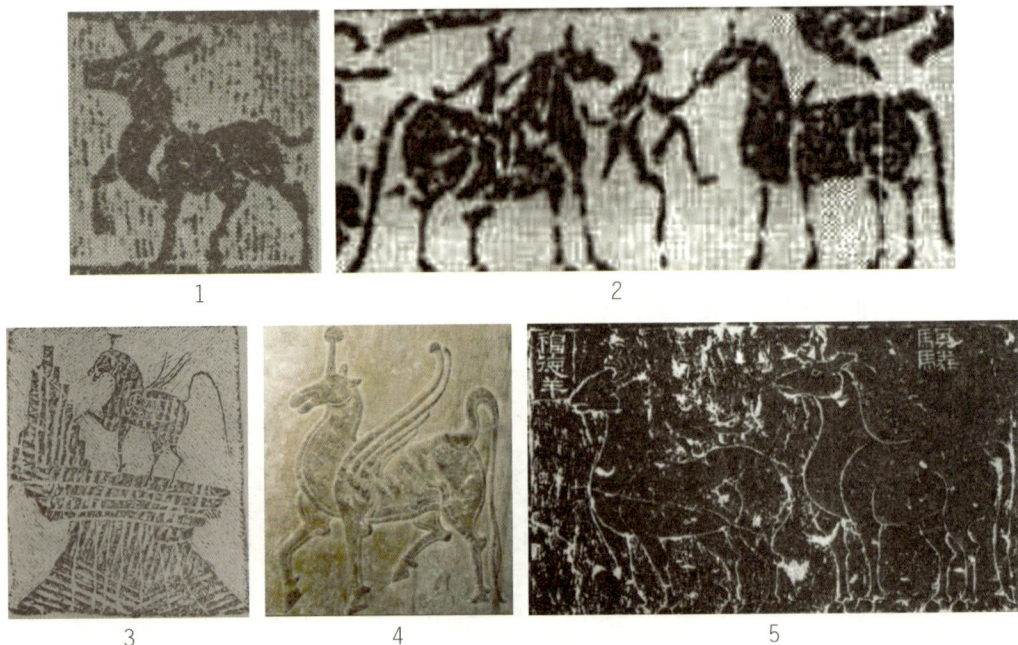

图十一　东汉肉角马身的骐骥形象

（1 东汉中期，河南邓县长冢店墓门楣画像石；2 东汉晚期，江苏徐州茅村墓前室西壁画像石；3 东汉晚期，四川彭山三号石棺画像；4 东汉晚期，四川昭觉县石阙画像；5 东汉中晚期，江苏徐州缪宇墓后室门画像石与榜题。）

蒙古国海尔汗苏木高勒毛都匈奴贵族墓地 M20 出土过十四件银质马珂，分圆形、葫芦形两种。其正面图案均为一种独角马身神兽，颌下有须，旁饰云气纹。

图十二　蒙古出土的匈奴银马珂

（图片摘自付琳《独角马造型的考辨——从朝阳袁台子出土动物形铜饰谈起》[12]）

其中，圆形的独角较短，四腿跟部有翼，葫芦形的独角较长，无翼[11]（图十二）。可以看出，它们与西汉的羊身麒麟从姿态造型上看十分相似，但马的主体身形又似乎与马身骐骥有关；后两者很可能是汉朝与西北草原地区文化交流的证据和产物，汉人受到这种奇异独角神兽造型的启发，参照它们来表现形象一直含混不清的本土传说神兽——麒麟，甚至起初可能直接就将它们辨识为麒麟。至于这批匈奴独角神兽的形制渊源，则需向更广的地域寻找。

正如唐代韩愈在《获麟解》中所言："麟之为灵，昭昭也。咏于诗，书于春秋，杂出于传记百家之书。虽妇人小子，皆知其为祥也。然麟之为物，不畜于家，不恒有于天下。其为形也不类。非若马牛犬豕豺狼麋鹿之状然。然则虽有麟，不可知其为麟也。角者吾知其为牛，鬣者吾知其为马，犬豕豺狼麋鹿，吾知其为犬豕豺狼麋鹿，惟麟也不可知。"世间本就没有麒麟，有的只是关于它的传说和寓意，以及各时代人们主观赋予它可被普遍辨识的典型形象。而汉代正是麒麟形象从无到有，从意识信仰到具象崇拜的重要阶段：从西汉时受草原文化独角兽形象影响而产生羊身麒麟与马身骐骥的雏形，后逐渐演变出本土化的鹿身麒麟、马身骐骥，再因对一角特征的逐渐强化导致角端肉部的突显，最终得以演变出麒麟的成熟形制。

二、天禄、辟邪、符拔与天禄虾蟆辨析

（一）辟邪、天禄

辟邪原意指一种邪恶作风或脾性，或写作僻邪，[13]另亦有辟除邪恶之意，[14]作为神兽名的辟邪显然取意后者。天禄则有两种内涵：一为"天鹿"的吉祥谐音，

1

2

图十三

（1东汉晚期，山东沂南北寨墓立柱画像石；2东汉晚期，河北定县M43出土掐丝金嵌宝神兽；左独角，右双角）

可能是麒麟或其他外形似鹿动物的别称；二是取天降福禄之意，并与辟邪配对。

　　辟邪、天禄作为神兽组合流行的时间约在东汉较晚时期，二者的字面意义十分符合汉人对祥瑞神兽兆吉除凶的普遍寄予。目前发现的汉代天禄、辟邪组合实物亦集中在东汉较晚时期。如山东沂南北寨东汉晚期墓中发现有一双角、一独角的两翼兽相随而行的图像，应就是天禄、辟邪的艺术化形象。[15] 河北定县 M43 东汉晚期墓中出土了两件掐丝嵌宝石金兽，兽身有翼，一独角、一双角，据简报称，两兽出土于棺椁所在的中室，可能是墓主随身佩戴之物；[16] 据《后汉书·舆服志》载："自公主封君以上皆带绶，以采组为绲带，各如其绶色。黄金辟邪，首为带镮，饰以白珠。" M43 的墓主推测为中山穆王刘畅，他使用这种黄金嵌宝石的天禄、辟邪，正与《舆服志》所记之礼仪规制相符（图十三）。

　　东汉还常将天禄、辟邪石刻造像置于地面（图十四），它们与狮、虎、麒麟等东汉常见石雕一样，都带有象征等级、装饰或护卫之意。如《封氏闻见记》载："秦汉以来，帝王陵前有石麒麟、石辟邪、石象石马之属；人臣墓前有石羊、石虎、石人、石柱之属，皆以表饰坟垄如生前之象仪卫耳。"

图十四　东汉的天禄、辟邪石刻造像

（1 洛阳伊川彭婆石像；2 南阳宗资墓前石像一对，《集古录》卷三记其膊上有天禄、辟邪刻字；3 洛阳涧西孙旗屯石像一对；一双角、一独角）

　　综上可见，汉代天禄、辟邪的共同外形特征是有角、兽身似狮、多有翼、张口、昂首、颌下长须、脸部有鬃毛；若一兽单独出现时，必为双角，只有成组出现时才有一独角、一双角的区分。《亦政堂重修考古图》中录有汉代"辟邪镫"图，其兽双角、狮身、无翼、四趾、颈颌及尾端有鬃毛[17]（图十五）。若依此推断，单独作双角狮身出现的，可称其为辟邪。

这种单独出现的双角辟邪在汉代最常见的功能即作器座（图十六）。据《通典·乐四·八音》载："钟悬谓之旋……玄谓：'今时旋有蹲熊、盘龙、辟邪。'"这或可作为双角为辟邪的又一佐证。

图十五　《亦政堂重修考古图》辑汉代"辟邪镫"图

图十六　汉代的辟邪器座

（1 美国赛克勒美术馆藏铜器座；2 东汉，陕西宝鸡北郊东汉墓出土滑石器座；3 国家博物馆藏铜器座；4 东汉，美国洛杉矶县立艺术博物馆藏彩绘陶器座；5 西汉晚期，咸阳渭陵出土玉器；6 东汉中期偏晚，河南淮阳北关 M1 出土石承盘；7 东汉，四川雅安点将台墓出土石插座）

但孙机先生曾提及浙江出土过的一面铜镜，上有一独角翼兽，旁附榜题"辟邪"（图十七），且根据汉镜铭文中"距虚辟邪除群凶"之句，的确又可以将这种一角神兽认作辟邪。[18]

若一角为辟邪，两角的自然就是天禄；下文将论及的天禄虾蟆也是两角，

247

图十七　浙江出土铜镜上的辟邪形象与铭文

似乎天禄也有证据显示可与双角形制匹配。如此看来，汉代辟邪、天禄的角数划分似乎并没有十分严格的规定，至今也未能在文献或出土资料中找到具有信服力的实证。

从外形上看，天禄、辟邪都与狮子有关。狮子约在西汉中晚期从西域进贡入汉，后逐渐被汉人认识并列为祥瑞神兽。在汉墓地面石刻、出土器物纹饰及画像上常可见到带有镇恶辟邪寓意的狮子形象，有时还有双翼，突显出其神兽属性。

但狮子是现实动物，无论是翼还是角，都是人们主观添加的。照此推断，天禄、辟邪或许就是以狮子为原型，为其加角后的神异化形象。早期单独出现的双角狮身神兽只是神异化的狮子，后来才被给予带有吉祥寓意的名字以便与狮子有所区别；而一角的狮身神兽出现的更晚一些，不论从名字还是外形都是为了与双角狮身神兽匹配；故到了后来当它们同时存在时，人们甚至已经说不清哪个一角、哪个双角了。所以到了东汉较晚时期，还能见到无角狮子与一角、双角的天禄、辟邪同时出现，都表达了同样的功能寓意。

（二）符拔与天鹿

符拔，文献中有时又写作扶拔、桃拔或桃枝，应都是对一种外来动物名称的汉语音译。李零先生曾推测符拔是狮子的一种，或指狮子的产地"排特（即乌弋山离）"。[19] 但根据文献记载，如《后汉书·西域传》："章帝章和元年，遣使献师子、符拔。符拔形似麟而无角。"《班梁列传》："月氏尝助汉击车师有功，是岁贡奉珍宝、符拔、师子。"足见狮子与符拔虽常连记，但语序有别，且对符拔外形"似麟无角"的描述也与狮子大相径庭。

林梅村先生提出符拔来自"乌弋山离"，并支持法国汉学家沙畹关于符拔译自古希腊文boubalis（一种羚羊）的观点，认为这种羚羊为偶蹄目牛科动物，主要生活于非洲和欧亚大陆，其雄兽都有独特的向后弯曲的角，雌兽少部分有角。[20]

虽难确定古希腊文boubalis的动物确指，但可能指某一种属羚羊的说法较为合理。羚羊与狮子一样主要生活于欧亚非草原，其外形亦符合《后汉书·西域传》中对符拔"似麟无角"的描述，对象可能是雌羚（有的有不明显双角，有的无角）。实物证据或可参考河北定县M122出土的一件满饰祥瑞神兽的错金银铜管，[21] 其上能辨识出一只罕见的鹿形动物（图十八），外形与雄羚相似，

1 自然界中的雌、雄羚

2 铜管上的符拔形象

图十八　汉代的符拔图像极其原型

尤其是头顶的弯月状双角。这类铜管属东园秘器，是汉代宫廷造匠为高等级墓主定制的礼仪性随葬器物，宫廷工匠有机会见到外国进贡的珍稀动物，因此铜管上各种珍稀动物的形象都较为生动写实。那么这只形似雄羚的动物很可能就是汉代符拔的图像遗存。

林文还提出天禄又名天鹿，其艺术原型是扶拔。[22]根据上下文，可确定林所说的天禄是与辟邪配对的狮身神兽。也就是说，他认为狮身天禄的艺术原型是外域的一种羚羊。推测其依据可能是唐宋时期的一些文献记载，如《通典·边防八·条支》曰：“而有桃拔、狮子、犀牛。注曰：桃拔，一名符拔，似鹿，长毛，一角者或为天鹿，两角者或为辟邪。”又《太平御览·四夷部十八·西戎六·乌弋山离》：“《汉书》曰：乌弋山离国……有桃枝。注曰：桃枝似鹿，或名天禄。”

这里有必要说明，作为狮身神兽的天禄和作为天鹿的吉祥谐音的天禄是两个不同概念。“天鹿”一词的用法与含义则更复杂：①麒麟别称。②直译成神鹿或仙鹿，原型是鹿，表现在图像中可能是带双翼或作为仙人坐骑的鹿形象，如《抱朴子·外篇·博喻》：“乘黄、天鹿，虽幽饥而不乐刍秣于濯龙之厩。”③可谐音为天禄，原型是鹿、麒麟或其他被认为带有神性的鹿形动物；那么与狮子一同引进于外域、外形似麟或鹿的符拔很可能也被别称为天鹿，又再谐音成天禄。④反之，与辟邪配对的天禄也可能会被误记为天鹿。

上述《通典》注中提到的“桃拔，一名符拔，似鹿，长毛，一角者或为天鹿，两角者或为辟邪”，一方面暗显出符拔曾别称天鹿的证据，另一方面也显示了后世对作为天鹿谐音的天禄和作为与辟邪配对的天禄的理解混淆。

这些后世文献中对天禄、天鹿的各种混乱记载，显然都源于对它们原始含义的理解不准确不全面所致。经本文梳理总结，它们在汉代的关系大致如下：

天禄　　吉祥谐音

配对　　　　　　天鹿

狮身神兽

辟邪　　麒麟等"神异"　　神鹿、仙鹿

鹿科动物别称

（包括符拔）

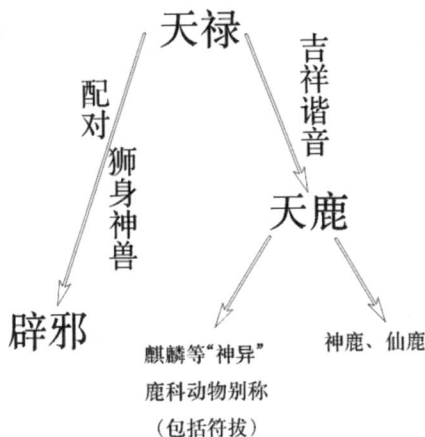

总结来看，符拔、扶拔、桃拔、桃枝等名称都是对地名"排特"（乌弋山离）的不同汉语音译，其实物应该都是当时广泛分布于欧亚非大陆、后进贡入汉的一种羚羊，其雄性双角、雌性有不明显的双角或无角，正应和文献中对符拔"似鹿"或"似麟无角"的记载。符拔入汉后曾被汉化别称为天鹿，后又谐音为更富吉祥色彩的天禄。也正因此，导致后世将其与狮身有角神兽天禄的混淆。实际上在汉代，符拔与天禄、辟邪，甚至狮子都没有直接关系，有角神兽天禄的艺术原型是符拔的说法也无法成立。

（三）天禄虾蟆

文献中还提过一种"天禄虾蟆"，如《后汉书·孝灵帝纪》载："复修玉堂殿，铸铜人四，黄钟四，及天禄虾蟆，又铸四出文钱。"又《后汉书·宦者列传》："又铸天禄虾蟆，吐水于平门外桥东，转水入宫。" 汉代出土的天禄、辟邪实物并不能看出有可以吐水的功能迹象，所以不太可能分读为"天禄"和"虾蟆"；而虾蟆原指蟾蜍，[23] 汉代出土材料中发现的那种形似蟾蜍的异兽，往往还带双翼和角，与汉代写实的蟾蜍形象有别（图十九）。所以如李零先生所论，天禄虾蟆应连读指代一种神兽，[24] 是对虾蟆形象的神异祥瑞化改造。根据目前所见器物判断，其出现时间至迟在西汉晚期。

三、其他一角、三角神兽

（一）一角神兽

（1）角端（又写作角 lù 端／角貒 tuān 等）

角端的特征是一角长于鼻上、外形似猪。先秦两汉文献中鲜见"角端"，推测"角"是后世所创的象形字。[25] 如司马相如《天子游猎赋》云："兽则

1

2

3

4

图十九　汉代的天禄虾蟆与蟾蜍

（1 西汉，日本泉屋博古馆藏鎏金镶嵌铜镇；2 东汉，江苏徐州彭城王刘恭墓出土鎏金镶嵌铜砚盒；
3 西汉晚期，陕西咸阳汉渭陵出土玉器；4 东汉：四川广元汉墓出土石摇钱树底座）（图片1—3来
自李零《入关与出塞》）

麒麟角端……"郭璞注："角端似貊，角在鼻上，中作弓。"《后汉书·乌桓
鲜卑列传》："（鲜卑）又禽兽异于中国者，野马、原羊、角端牛，以角为弓，
俗谓之角端弓者。"《康熙字典·角部》："《魏志·鲜卑传》：端牛角为弓，
世谓之角端者也。按角端即角觡，谓一角正立不斜，故名角端。角，古音禄，《字
林》《正韵》作角，非。"

　　吉林榆树老河深和内蒙古扎赉诺尔鲜卑墓地出土的铜带扣上都有疑似角
端的形象，身有双翼，蹄部前后分开。[26] 山东沂南北寨东汉晚期墓立柱上也
有类似鼻上有角的神兽，[27] 只是更抽象，与墓葬本身的雕刻风格有关（图
二十）。

　　结合文献记载和出土资料来看，角端的动物原型应来自北方草原地区的鲜
卑文明，而这种双翼瑞兽形制或可追溯到更远的翼兽艺术流行区。角端之"角"
在汉代谐音为"禄"，"端"又有"正直不斜"之意，也正因此使之渐被汉人
接受，成为流行的祥瑞神兽之一。

　　2. 兕与獬豸

　　兕为一种大型猛兽，如《论语注疏·季氏》："《尔雅》云：'兕，似牛。'

图二十　汉代的角端

(1 两汉之际, 吉林榆树老河深 M56 出土鎏金铜带扣; 2 内蒙古扎赉诺尔墓群出土铜带扣; 3 东汉晚期, 山东沂南北寨墓中室中心柱画像石。)

郭璞云:'一角,青色,重千斤。'《交州记》曰:'兕出九德,有一角,角长三尺余,形如马鞭柄。'"《山海经》中九处提到兕,如《海内南经》:"兕在舜葬东,湘水南,其状如牛,苍黑,一角。"可见它与现实动物犀牛外形相似,却更强调了"一角"。

兕与犀牛一样,皮甲可作器,亦可以形制器。这两种动物在古代常被混淆。美国学者 Berthold Laufer 曾著文区分过二者关系,得出二者区别是:兕身体似水牛,而犀似猪,并引用了 Giles 的观点,认为兕是一种牛科动物(a bovine animal)。[28]

汉代出土资料中有一种长独角、拱背低首作搏斗状的牛形兽,或以形制器,或装饰于墓葬中。之前多将这种独角兽释为獬豸,认为角作抵触状是为了表达能辨是非的内涵。

獬豸,又写作解廌、鮭觥(读音均为 xie zhi,去声),外形似羊或牛,头顶一角,以一角触人可以明辨曲直、执法定罪。如《后汉书·舆服志》:"獬豸神羊,能别曲直,楚王尝获之,故以为冠。"《论衡·是应》:"鮭觥者,一角之羊也,性知有罪。皋陶治狱,其罪疑者,令羊触之。有罪则触,无罪则不触。斯盖天生一角圣兽,助狱为验,故皋陶敬羊,起坐事之。此则神奇瑞应之类也。"

甘肃酒泉下河清 M18 出土一件铜兽,出土时位于这座未被盗扰的双室墓的

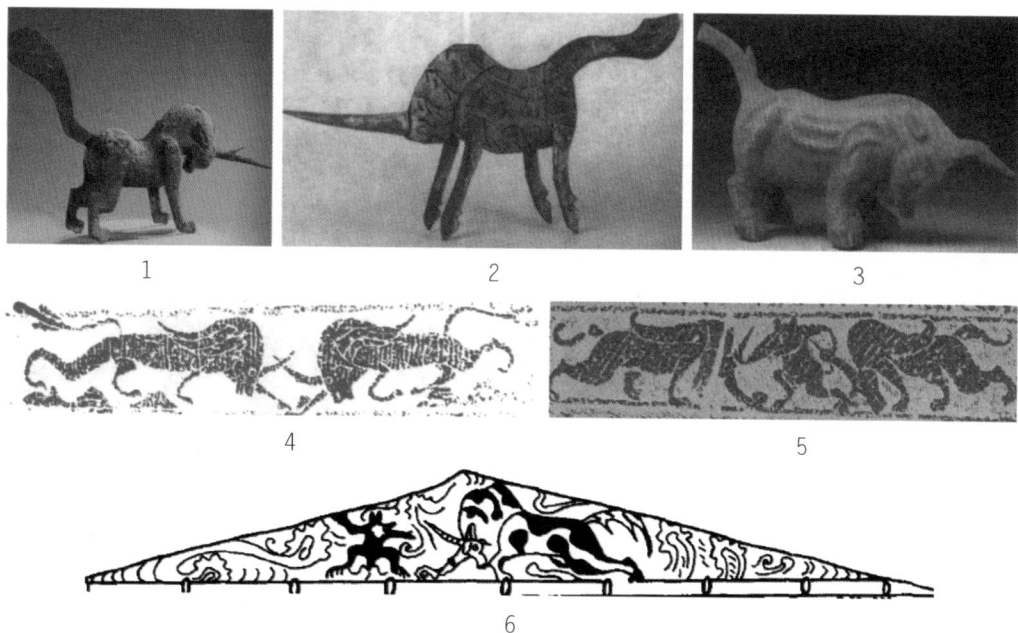

图二十一　汉代的兕形象

（1 东汉，甘肃酒泉下河清 M18 出土铜兽；2 东汉，甘肃武威磨嘴子 M54 出土木兽；3 东汉早期，
陕西勉县红庙墓出土灰陶兽；4 王莽至东汉初，南阳陈棚墓门槛画像；5 东汉中期，河南邓县长冢
店墓门楣画像；6 东汉早期，内蒙古凤凰山 M1 后壁起坡壁画）

前室入口处中央，[29] 其尖利的长角正对墓葬入口，镇墓意图明显，与獬豸可辨是非的功能联系牵强。其他这类神兽形象也多放置或装饰于墓门位置（门槛、门楣或起坡等）（图二十一），这种或俯首一角前抵，或搏斗的姿势，都明显在突出此兽强悍勇猛的战斗力。

符合勇猛又擅于用角抵触的神兽，是兕。如《淮南子·兵略训》："故良将之卒，若虎之牙，若兕之角，若鸟之羽，若蚈之足，可以行，可以举，可以噬，可以触。"两兕相斗的场面在扬雄的《太玄经·遇》中也有描述："次八，两兕斗（斗），一角亡，不胜丧。测曰，'两兕斗（斗）'，亡角丧也。"司马光《集注太玄经》释之："如两兕相遇方斗，而一亡其角，必不胜而丧身矣。角，以喻御侮之士也。"

汉人将勇猛善斗的兕放置或装饰于墓葬中，无疑寄托了望其镇墓除恶的用意，相较可明辨是非的獬豸来说更解释的通。而根据文献

图二十二　东汉晚期，山东沂南北寨墓中室中心柱西面画像

记载，兕的外形更似牛而獬豸如羊，汉代的獬豸形象或可参考山东沂南画像石墓中图像（图二十二），与文献中"神羊"、"一角之羊"的描述更为吻合。

4.其他

文献中还涉及其他典型一角神兽资料汇如下表：

表 1　文献中记载的其他典型一角神兽综览

名称	身体特征	特殊含义
猙	状如赤豹，五尾一角，其音如击石。（《山海经·西山经》）	
駮	状如马而白身黑尾，一角，虎牙爪，音如鼓音。（《山海经·西山经》）	食虎豹，可御兵
䑏疏	状如马，一角有错。（《山海经·北山经》）	辟火
䮷马	牛尾而白身，一角其音如呼。（《山海经·北山经》）	
辣辣	状如羊，一角一目，目在耳后，……其鸣自訓。（《山海经·北山经》）	
麠	大鹿也。牛尾一角。（《说文》）	
豻	胡地野狗（《说文》）；似狐而黑身，长七尺，头生一角，老则有鳞。（《康熙字典》）	能食虎豹
騏	如马，一角，不角者騏。（《尔雅·释兽》）	
一角兽	一角。（《宋书·符瑞志》）	天下平一则至

其中如駮、䑏疏、騏等都是独角马身，难免与前述马身骐驎难辨，只是成熟期的骐驎独角上端会有明显的肉部，而其他独角马身神兽则不见，且更多地保留了马的身体特征。在山东沂南北寨画像石墓中还能找到疑似独角鹿身的麠形象。河南洛阳卜千秋墓顶壁画中飞腾于云气纹中的一角怪兽形象较奇特少见，[30] 或为文献中所记的豻（图二十三）。

但这些一角神兽与《山海经》中记载的很多怪异动物一样，未能在汉代得到普遍流行，出土材料中也并不常见。

（二）三角神兽

汉代的三角神兽图像出现较晚，约在东汉中晚期谶纬极盛之时，这与三角

图二十三　汉代其他一角神兽

(1 东汉，铜俑；2 东汉晚期，山东沂南北寨墓中心柱西画像石；3 西汉中晚期，河南洛阳卜千秋墓后壁顶脊壁画)

兽在文献中出现的时间也大致相符。目前所见的汉代三角神兽图像仅出现于鲁南苏北地区的墓葬装饰中，如江苏徐州新沂瓦窑墓[31]、山东莒县沈刘庄墓，[32]两处三角神兽形制相似，均为兽身、低首、翘尾、背部有前后排列的三只利角刺向前方。可以看出，三角并非长于头顶，而是前后排列于兽身背部，兽头部位似乎还有一个前冲的角；神兽整体姿态与兕相似，推测二者作用相同，后者是对兕或一角兽神性的进一步强化，如山东诸城前凉台墓出土的铜兽，就与兕从形制、材质上看都很相似（图二十四）。

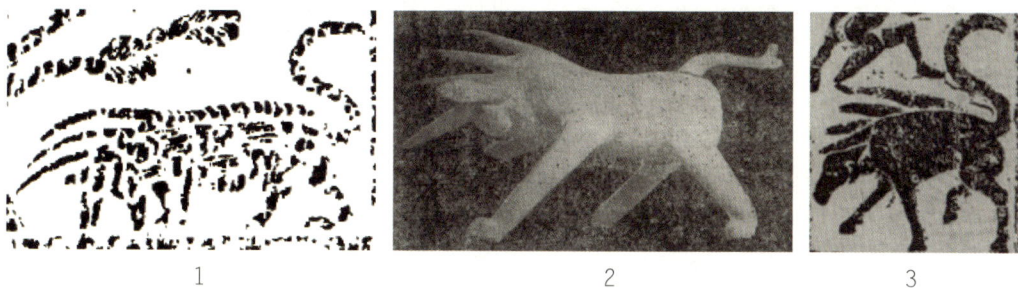

图二十四　汉代的三角神兽

（1 东汉中晚期，江苏徐州新沂瓦窑墓后室北壁画像；2 东汉晚期，山东诸城前凉台墓出土铜兽；3 东汉晚期，山东莒县沈刘庄墓立柱画像）

四、结语

与有翼神兽之"翼"一样，有角神兽的关键在于"角"。而不论翼还是角，都来源于自然界真实动物的生理特征，而非凭空臆造，人们只是搬运了这些身体特征并借此进行有目的的改造、重组和渲染，人为地将普通动物神异化为神兽。

总结来看，汉代常用的"以角造神"方式主要有以下几种：

一是对本就有角的现实或传说动物进行神化渲染，尤其利用并宣扬"角"的特殊寓意，以满足汉代社会的特殊需求。

典型例子如麒麟、兕、獬豸等。麒麟就是在汉代特殊的政治需求及主流思想引导下，放大其传统的"和怀仁义"内涵，并进一步将一角渲染出"设武备而不为害"、"天下合同为一，明海内共一主也"等具备意识引导企图的复杂寓意；兕和獬豸的一角也被宣扬出勇猛、除凶、辨是非等神性功能，以满足人们对祥瑞神兽的精神需求。

二是给原本无角的现实动物或神兽，通过加角的外形改造方式将之神异化或使神性强化。

典型例子如天禄虾蟆和三角兽。前者是人们通过对现实蟾蜍形象的改造——加上角、翼等带有神异色彩的道具，将其变为祥瑞神兽；后者则是在谶纬极盛时被臆造出的众多符应神兽之一，角的数量增加，突显了人们试图增强其神性的用意，亦更暗示出角在汉人造神行为中充当的重要道具角色。

三是对引入的外域珍稀有角动物进行神化渲染，除了对角的重视，神化行为还体现在它们带有汉化吉祥色彩的谐音名字上。

典型例子如符拔（天鹿—天禄）、角端（禄、端）、天禄（天降福禄）和辟邪（辟恶除凶）（后两者都以狮子为原型）。罕见珍贵是汉人关注到这些动物的最初原因，而它们符合汉特色瑞兽标准的外形和吉祥通俗的汉名，则是它们得以被逐渐传播和普遍接受的主要原因。

总之，汉代有角神兽的流行是特殊时代背景的产物，"角"是它们彰显祥瑞神性的重要特征，并与翼的功能相似，在汉人的造神活动中充当着重要的道具角色。

注释

[1] 林沄：《欧亚草原有角神兽牌饰研究》，《西域研究》2009 年第 3 期。

[2] 汉代最常见的神兽龙就多有角，且有一角、双角之分；考虑到汉龙形制复杂，角的存在及数量也并非辨识其内涵的最重要标准，如蛇身或兽身、翼、尾、须、鳞、爪等身体特征都是辨识汉龙的重要因素，本文暂不涉及。

[3]《战国策·秦攻魏取宁邑》载："有覆巢毁卵，而凤皇不翔；剖胎焚夭，而骐骥不至。""骐骥"也可指一种良马，如"骐骥騄（绿）耳"。

[4] 如《春秋繁露·随本消息》："西狩获麟，（子）曰：'吾道穷，吾道穷。'三年，身随而卒。阶此而观，天命成败，圣人知之，有所不能救，命矣夫。"又《史记·孔子世家》："鲁哀公十四年春，狩大野。叔孙氏车子锄商获兽，以为不祥。仲尼视之，曰：'麟也。'取之。曰：'河不出图，雒不出书，吾已矣夫！'颜渊死，孔子曰：'天丧予！'及西狩见麟，曰：'吾道穷矣！'"

[5] 麃，音 páo，同"麠"，指一种像獐的独角兽。《尔雅》云："大麃，牛尾一角。"

[6] 有学者认为早期麟的实物可能是头生独角的雌性麋鹿，今仍有母鹿异化长出独角的事例，多因遗传变异或激素分泌失常所致。见王靖：《春秋"西狩获麟"考》，《西南科技大学学报》（哲学社会科学版）2013 年第 30 卷第 5 期。

[7] 中国社会科学院考古研究所：《汉长安城武库》，文物出版社，2005 年，第 75、77 页、图版四。孙机先生认为它就是汉武帝所获之"并角"麒麟，并进一步提出汉代的麒麟分角端带肉和不带肉两类，见孙机：《几种汉代的图案纹饰》，《文物》1982 年第 3 期。但孙机先生文中所附麒麟图像的独角中部有一条明显的分割线，经笔者查阅《汉长安城武库》报告后，发现原物并没有这样的"并角"形制，而是如图四第 1 幅所示的独角。

[8] 广西壮族自治区文物工作队：《广西西林县普驮铜鼓墓葬》，《文物》1978年第9期。

[9] 周世荣：《中华历代铜镜鉴定》，紫禁城出版社，1993年，第32页。

[10] 南京博物院、邳县文化馆：《东汉彭城相缪宇墓》，《文物》1984年第8期。

[11] Chimiddorzh Erool-Erdene, Animal Style Silver Ornaments of the Xiongnu Period, XiongNu Archaeology: Multidisciplinary Perspectives of the First Steppe Empire in Inner Asia: 333-340, Germany: Freiburger Graphische Betriebe-Freiburg, 2011.

[12] 付琳：《独角马造型的考辨——从朝阳袁台子出土动物形铜饰谈起》《文博》2012年第2期。

[13]《孟子·滕文公上》："苟无恒心，放辟邪侈，无不为已。"《大戴礼记·劝学》："是故君子靖居恭学，修身致志，处必择乡，游必就士，所以防僻邪而道中正也。"

[14]《急就篇》："玉玦环佩靡从容。射魅辟邪除群凶。"

[15] 南京博物院、山东省文物管理处：《沂南古画像石墓发掘报告》图版40，文化部文物管理局出版，1956年，第109页。

[16] 定县博物馆：《河北定县43号汉墓发掘简报》，《文物》1973年第11期。

[17] 吕大临编、黄晓峰鉴定、亦政堂藏板：《亦政堂重修考古图》，清乾隆十七年黄氏亦政堂刊本，1752年。

[18] 孙机：《汉代物质文化资料图说》，文物出版社，1991年，第420页；《汉镇艺术》，《文物》1983年第6期。

[19] 李零：《入山与出塞》，文物出版社，2004年，第113—115页。

[20] 林梅村：《汉唐西域与中国文明》，文物出版社，1998年，第96—98页，沙畹论证见：douard. Chavannes, Dix inscriptions chinoises de l'Asie centrale d'après les estampages de M. Ch.-E. Bonin. Paris: Impr. Nationale. 1902:232. 林文中将古希腊文boubalis译成英文antelope和中文"叉角羚"，但现存另一种中文名也叫叉角羚的动物英文却为Antilocapra americana，且主要生活于美洲，与林文中所述生活于欧亚大陆和非洲草原的叉角羚有别，故本文暂不采用叉角羚译名。

[21] Wu Hung, A Sanpan Shan Chariot Ornament and the Xiangrui Design in Western Han Art, Archives of Asian Art, Vol. 37: 42, University of Hawaii Press for the Asia Society, 1984.

[22] 林梅村：《汉唐西域与中国文明》，文物出版社，1998年第96页。

[23] 如《史记·龟策列传》："日为德而君于天下，辱于三足之乌。月为刑而相佐，见食于虾蟆。"

[24] 李零：《入山与出塞》，文物出版社，2004年，第116—117页。

[25] 角的出现与演变情况可参考陈明富：《"角"音义及相关考》，《汉字文化》2012年第1期。

[26] 吉林省文物工作队、长春市文管会、榆树县博物馆：《吉林榆树县老河深鲜卑墓群部分墓葬发掘简报》，《文物》1985年第2期。郑隆：《内蒙古扎赉诺尔古墓群调查记》，《文物》1961年第9期。

[27] 南京博物院、山东省文物管理处：《沂南古画像石墓发掘报告》，文化部文物管理局出版，

1956 年，图版 66。

[28] Berthold Laufer, History of the Rhinoceros, Chinese Clay Figures, Part 1: Prolegomena on the History of Defensive Armor: 89—101, Chicago: Field Museum of Natural History,1914.

[29] 甘肃省文物管理委员会：《酒泉下河清第 1 号墓和第 8 号墓发掘简报》，《文物》1959 年第 10 期。

[30] 洛阳博物馆：《洛阳西汉卜千秋壁画墓发掘简报》，《文物》1977 年第 6 期。原报告中认为此神兽是枭羊。

[31] 徐州博物馆、新沂县图书馆：《江苏新沂瓦窑汉画像石墓》，《考古》1985 年第 7 期。

[32] 苏兆庆、张安礼：《山东莒县沈刘庄汉画像石墓》，《考古》1988 年第 9 期。

（责任编辑：史党社　党士学）

鲜卑的源流及相关问题

（史党社　秦始皇帝陵博物院）

一、序言

鲜卑是我国北方东胡系的著名族群，它的兴起，应与东北、内蒙古东部大兴安岭附近地区有密切关系，后来曾向不同方向迁徙，逐渐与当地的汉人等族群融合。魏晋以后，鲜卑成为我国北方的著名族群之一，五胡十六国中，前燕、西燕、后燕、南燕、西秦、南凉，此外还有吐谷浑、代（北魏），以及东西魏、北齐、北周，都为鲜卑所建，其中北魏以统一北方而最为著名。

关于鲜卑的起源、迁徙发展、与汉匈族群的融合等问题，学术研究已有相当的进展，这主要得益于考古资料（包括人种资料）的累积，但同时还存在一些争议。对于鲜卑源流这样的重大命题，有不同说法是正常的。马长寿先生在《乌桓与鲜卑》一书中，把鲜卑分为北部鲜卑和东部鲜卑，北部鲜卑即拓跋鲜卑，东部鲜卑则分为慕容、宇文与段三部[1]，林幹先生的《东胡史》继承了这个分类体系[2]。有的考古学者也按照这样的分法，去分析考古遗存[3]。林沄先生并不同意这个分法[4]。王明珂等学者也认为，大约起源于东北的拓跋鲜卑，与《后汉书·乌桓鲜卑列传》所记载的鲜卑关系可能并不大[5]。

本文想在此前研究的基础上，对鲜卑源流研究状况加以评述，并对相关问题略陈浅见。

二、鲜卑来源研究的新进展——考古学文化与体质方面的证据

体质人类学主要研究的是人的体质特征，特别是人类的进化和变异的过程及机制，还有体质与文化的关系[6]。在考古工作中出土的人骨，是进行体质研究的最主要的资料。中国考古学并不完全缺乏体质人类学的传统，从二十世纪二十年代殷墟的发掘即是如此，例如李济对于安阳出土人骨的研究[7]，不过这个传统似乎在新中国成立后曾经中断。历史与民族学者，也有重视体质资料者，例如在王士元那篇著名的文章——《观察历史的三个窗口》中，所强调的研究

历史的三个"窗口"，除了进化（历史）语言学外，其他的两个方面——人类学（特别是考古学与体质人类学）、遗传学，其实都与体质有关[8]。民族史学者姚大力先生也有类似文章《谁来决定我们是谁——关于中国民族史研究的三把钥匙》，他所说的"三把钥匙"，与王士元类似，即分子人类学、比较历史语言学、民族社会学，二人都强调了体质研究对于族群历史研究的作用[9]。回想起来，在中国历史学界、民族学界，包括考古学界，这个良好的视角的流行并变成一种经常的手段，大约只是最近一二十年的事情。

经过中国考古学者与体质人类学者多年的努力，对于鲜卑的来源，已经有比较多的资料和比较可靠的结论，即鲜卑是与匈奴、东胡、蒙古等同系的人群，主体人群的来源，属于大蒙古人种下的北亚类型。

较早发表的鲜卑或其祖先的人种资料，有二十世纪五六十年代发掘的内蒙古呼伦贝尔盟陈巴尔虎旗完工墓地[10]、新巴尔虎右旗扎赉诺尔墓地[11]、昭乌达盟（今赤峰市）巴林左旗南杨家营子墓地[12]。三处墓地的年代大约为汉代，完工墓地的年代较早，或可到战国时期。

潘其风、韩康信认为，三组人骨从人种来说，"在大人种方面都归属蒙古大人种，并且与现代亚洲蒙古人种各分支中的西伯利亚（北亚）、北极和东亚蒙古人种有程度不同的接近关系。完工组显出与北极蒙古人种相似的成分居多，可能还含有一些西伯利亚和东亚蒙古人种的因素。扎赉诺尔组主要是西伯利亚蒙古人种和北极蒙古人种的混血类型，某些个体上反映出较强的西伯利亚蒙古人种的性状，同时不排除在某种程度上还杂有一些东亚蒙古人种的因素。南杨家营子组的情况同扎赉诺尔有些相类似，但在该组所见之西伯利亚蒙古人种的性状更趋明显。"[13]

朱泓结合扎赉诺尔墓地第三次发掘的人骨，将扎赉诺尔居民分为两个种族类型：A组代表了一种以西伯利亚血统为主体的类型；B组可归属于西伯利亚人种和北极人种的混血类型。扎赉诺尔A组的居民在体质特征上与外贝加尔地区的匈奴人最为相似，B组则接近完工居民，这使扎赉诺尔墓地的居民似乎处于一种介于完工居民和匈奴人之间的过渡位置上。考虑到公元前一世纪北匈奴西迁后，大量匈奴人并入鲜卑，"自号鲜卑"的事实，扎赉诺尔居民可能正是这个融合的结果。他认为，完工组居民所具有的以北极蒙古人种为主要体质因素的特征，可能代表了拓跋鲜卑的祖先类型，而扎赉诺尔、南杨家营子等人群中那些明显的西伯利亚人种成分，应是匈奴人或与匈奴人具有相同种系渊源的部族基因流入的结果，是民族融合过程中出现的那部分以匈奴族遗传因素为主的混血后代，或者就是鲜卑族群中那些"自号鲜卑"的北匈奴成员[14]。

体质人类学的研究结果表明，先秦时期我国东北地区（包括内蒙古东北部）

的古代居民，是以"古东北类型"和"古华北类型"为主的，"古东北类型"的人群包括：新开流文化居民、小河沿文化居民、夏家店下层文化中的主要居民（第二、第三分组）、西团山文化居民、庙后山文化类型（或称马城子文化）居民、平洋墓葬居民、郑家洼子青铜短剑墓居民以及关马山石椁墓居民、水泉墓地居民，等等；"古华北类型"的人群包括：高台山文化居民、顺山屯文化类型居民，夏家店上层文化居民和大甸子第一分组所代表的那部分夏家店下层文化居民等。二者都以高颅为特征，与现代东亚蒙古人种类似。从汉代开始，东北地区的人种地理分布发生了较大的变化，增加了一种新的种族类型因素，即西伯利亚（北亚）蒙古人种因素，除了汉代的鲜卑，还有魏晋以后的契丹，都属于这个族系[15]。

其实，北方地区与北亚人种交流的这个过程，在先秦时期已经开始了。自新石器时代直到商周，东到内蒙古中南部、宁夏南部，西到甘肃河西走廊东部沙井文化的分布区，都存在北亚与南方人群人种交流的证据。西周春秋前期，东北地区有山戎那样的族群，在被齐桓公征伐后衰落，他们是夏家店上层文化的主人。山戎的人种，还属于上文所说的"古华北类型"。春秋以后，与山戎年代前后相接的是东胡和匈奴，人种与山戎不同，不是当地土著，而是南下的"西伯利亚（北亚）类型"人群，与本文所讨论的鲜卑同系。从人种资料观察，匈奴本体大约是东周时期开始南下至于华北的。东胡被认为是鲜卑和乌桓的祖先，与匈奴同属于"胡"，可能也是东周时期南下的。

除上文所述三处墓地之外，陆续还有一些被认为是鲜卑的人骨资料发表，并有相应的研究成果。虽然关于一些资料的族属，还有与之相联系的鲜卑的源流等还有不同说法，但所谓的东部鲜卑与拓跋鲜卑、契丹族的人类学特征都比较接近，显示他们有共同的基本的种系渊源[16]。笔者看来，这些从体质、人种角度对于鲜卑来源探索的成果，主要可归纳为以下两个方面。

第一，从一个侧面支持了文献所记乌桓、鲜卑为东胡之后的论断。

关于鲜卑为东胡之后，文献多有记载。《三国志·魏书》注引魏晋史家王沈《魏书》说：

> 鲜卑，亦东胡之余也，别保鲜卑山，因号焉。其言语习俗与乌丸同。其地东接辽水，西当西城……鲜卑自为冒顿所破，远窜辽东塞外，不与余国争衡，未有名通于汉，而（由）自与乌丸相接。至光武时，南北单于更相攻伐，匈奴损耗，而鲜卑遂盛。

《后汉书·乌桓鲜卑列传》记载大致相同：

> 鲜卑者，亦东胡之支也，别依鲜卑山，故因号焉。其言语习俗与乌桓同。唯婚姻先髡头，以季春月大会于饶乐水上，饮宴毕，然后配

合……汉初，亦为冒顿所破，远窜辽东塞外，与乌桓相接，未常通中

国焉。光武初，匈奴强盛，率鲜卑与乌桓寇抄北边，杀略吏人，无有

宁岁。

其他文献，不一而足。现在，体质方面的证据，说明此类文献记载是基本可信的。现在的学者从体质方面排除了完工墓地居民为鲜卑祖先的可能，认为完工墓地与平洋墓葬等居民一样，都属"古东北类型"，与属"西伯利亚类型"的鲜卑不同。并且，通过对林西井沟子墓地文化与人骨的研究，就把东胡与鲜卑联系起来了。

位于黑龙江省泰来县的平洋墓葬，年代在战国时代，下限可到西汉[17]，曾被考古学者认为是拓跋鲜卑之祖东胡的墓地[18]，但体质学者的研究，否定了这个说法。潘其风先生认为，平洋墓葬的人种类型，主要为东北亚蒙古人种（即北极蒙古人种），同时也与北亚蒙古人种和东亚蒙古人种相关，并且在北方草原地区各古代组中，与完工墓地最为接近，所以两者可能来自一个共同的祖先类型。[19]朱泓认为平洋墓葬人骨种系为"古东北类型"，这种类型的人群在内蒙古东部、东北地区曾有悠久的渊源，是东北地区远古的土著，或至少是土著之一。[20]陈靓通过对内蒙古中东部、辽宁西部、吉林西北部十一批鲜卑人骨资料，采用聚类分析和主成分分析的方法，认为鲜卑的人种构成有较强的一致性，多为圆颅、低颅、阔颅以及宽面，面部非常扁平的西伯利亚人群，而完工墓地人骨颅形与鲜卑材料差异明显，结合考古文化，排除了完工墓地居民为鲜卑的可能性[21]。

完工墓地、平洋墓葬等处的古居民，都属于"古东北类型"，即当地土著，近年发掘和认定的林西县井沟子墓地，与此是不同种系的人群。

井沟子墓地位于内蒙古赤峰市林西县，年代大概在春秋晚期到战国早期，是目前赤峰地区发现的最早的畜牧经济类型遗存，墓地用牲情况普遍，主要有马、牛、羊、驴、骡，以马为最多。另外还有鹿、獐、狐狸等野生动物以及水生动物，还有大量骨镞，反映了畜牧经济的主导地位，渔猎为辅助手段[22]。从年代、分布地域、文化面貌看，许多学者都把井沟子墓地看作东胡的遗存[23]，原来把夏家店上层文化看作东胡遗存的说法已经难以成立。从人种学上，朱泓等学者对井沟子人骨进行的研究表明，井沟子东周居民低颅、阔面、面部扁平度很大等西伯利亚蒙古人种的特征，与已知的鲜卑、蒙古人的种族特征十分接近。在母系遗传上与现代的北亚人群及古代的拓跋鲜卑人有着比较近的亲缘关系，对食谱的分析也表明畜牧业在井沟子居民经济类型中的主导地位。[24]

第二，关于鲜卑的人种归属，已经有比较明确的认识。

虽然对一些墓地、人骨的族属还有不同说法，但通过对一些相对族属可靠

的人骨分析，鲜卑的人种问题已经基本解决，主体即属低颅阔面的西伯利亚蒙古人种。例如内蒙古乌兰察布盟察右后旗三道湾墓地，年代为东汉，根据葬俗与随葬品分析，应为鲜卑的墓葬。其中保存较好的 10 例头骨的研究表明，三道湾鲜卑居民具有短而阔的颅型、宽阔的面型及典型的低颅高面性质，基本的种系成分，应属西伯利亚蒙古人种 [25]。

至今，大部分学者都承认了对鲜卑，包括拓跋鲜卑人种的这个看法。

三、鲜卑源流的一些问题

关于鲜卑起源的历史，相关的文献属于正史的，主要有五世纪前期刘宋史家范晔所著《后汉书·乌桓鲜卑列传》、六世纪中叶北齐史学家魏收所著的《魏书》，此外还有《三国志》《宋书》《南齐书》《晋书》《北齐书》《北周书》以及《北史》等；其他类型的文献有《通典》《资治通鉴》《文献通考》《读史方舆纪要》等等。其中，《后汉书·乌桓鲜卑列传》，可能与魏晋史家王沈之《魏书》所记鲜卑文字同源。《后汉书·乌桓鲜卑列传》加上《魏书·序纪》，是我们研究鲜卑的最主要的资料，前者《后汉书》比较平实，有综述性质；后者《魏书·序纪》大概因为政治需要，主观造作成分较大，并是单述拓跋一支的历史的。在研究鲜卑的源流时，前者显然具有更高的可信度，与鲜卑渊源相关度更高。

在讨论鲜卑的来源时，体质人类学的成果已经告诉我们，鲜卑、乌桓应该就是东胡后裔，许多学者们所遵从的这个体系应是可信的，他们的主体，应与其他"胡"一样，是东周时代南下的北亚人群，秦汉之际被匈奴征伐而向东迁徙、臣服，此后逐渐发展，并向南、向西流动。关于鲜卑源流的不同说法，集中在后起的拓跋鲜卑身上。

最初的鲜卑与乌桓，生活于内蒙古草原东南的西拉木伦河、老哈河流域，乌桓在南，即老哈河流域；鲜卑在北，即西拉木伦河流域，此处的鲜卑即马长寿先生所说的东部鲜卑，分段、宇文、慕容三部，与后来兴起于大兴安岭北部的拓跋鲜卑不同。

鲜卑的历史，给我们展现了中国历史上民族融合的历史，例如鲜卑与匈奴的关系，就是一个很好的例子。北匈奴西迁后，留在草原上十余万的匈奴人，也加入了鲜卑。不过，有了这样的历史，也"扰乱"了鲜卑的族源研究。马长寿先生说，拓跋鲜卑是鲜卑与草原上的匈奴杂交的结果，鲜卑父、胡母所生子孙，称为拓跋鲜卑，拓跋鲜卑本身就是鲜卑与匈奴融合而产生的 [26]。于长春等人研究后认为，拓跋鲜卑与匈奴之间有着较近的遗传关系，暗示拓跋鲜卑在两次南迁的过程中与匈奴发生基因交流的情况是存在的 [27]，这支持了马先生等人的看法。林沄先生考证，拓跋本是匈奴一部，入了鲜卑，并且后来自认为鲜卑正宗，是故才有《序纪》这样拓跋鲜卑历史的杜撰行为[28]。笔者虽不完全同意林先生之说，但认为也不足以就此推翻林说。作为南匈奴后裔的宇文氏，从阴山东徙，到西拉木伦河一带统治了当地的鲜卑，以后宇文氏即不称匈奴，而称为鲜卑。不同族群的交流与融合，大约是历史的常态；同时，由于这种融合等复杂族群互动过程的存在，给我们看清鲜卑的源流带来了困难，这主要集中在对拓跋鲜卑源流的研究上。

（一）《魏书·序纪》所记拓跋鲜卑起源解析

拓跋鲜卑是鲜卑中后起的一支，上文已经提到有学者认为它与《后汉书·乌桓鲜卑列传》中的鲜卑的关系不大，故在探索鲜卑渊源时，我们并不能把《魏书·序纪》中所记拓跋鲜卑的历史，作为整个鲜卑族群的历史。在鲜卑的历史中，《后汉书》所记鲜卑历史年代更早，是"源"，《序纪》所记较晚，只能当作"流"而已。阅读《序纪》，可以使我们再次看到边缘族群力求通过祖先故事的"嫁接"，从而进入中原的实例。

历史学者田余庆[29]、姚大力[30]等先生曾经对《序纪》的成书加以探索。《魏书·乐志》说：

> 凡乐者乐其所自生，礼不忘其本，揿庭中歌《真人代歌》，上叙祖宗开基所由，下及君臣废兴之迹，凡一百五十章，昏晨歌之，时与丝竹合奏。郊庙宴飨亦用之。

其中的《真人代歌》，田余庆先生认为可能就是《隋书·经籍志》所记小学类的《国语真歌》十卷，所谓的"国语"即鲜卑语。《旧唐书·音乐志》以及《新唐书·礼乐志》中也有记载，前者叫"真人代歌"，后者叫"真人歌"。《代歌》为何入史，田先生认说得很透彻：

> 也许还可以这样认定，代歌是经过拓跋君主有意筛选甚或部分改造的燕魏之际鲜卑歌，筛选是按照道武帝个人意志进行的，目的是用口碑资料中的拓跋（也不排除鲜卑它部如慕容等）传说，编成歌颂先人功烈的歌谣，于代人中广为传播，为道武帝的帝业制造舆论。《乐志》所说代歌中"祖宗开基"、"君臣废兴"的具体内容，道武帝正需借鉴，是他在创业时期朝夕思虑的大问题。

田先生认为，《代歌》作为拓跋历史"人相传授"的史诗，来源于拓跋部民，后来成了邓渊修《代记》（又称《高祖记》）的主要资料，《代记》是《序纪》所载拓跋早期的历史的基本素材，二者是同源的，《序纪》就是由《代记》整理而来的。田先生所说的这个过程可表述为：《代歌》→《代记》→《序纪》。

按照民族学、人类学的观点，一个民族的历史书写，总是有一定的美化成分，《代歌》又经几重改编，然后才成了《序纪》的相关内容，所以也该如此。可是，既为"史诗"，在添油加醋之外，也必含有可信的成分。

《序纪》所载拓跋历史，以笔者之见，可以明显观察得到来自拓跋史诗的，是从力微到诘汾的这一段历史。其中又以成帝毛、宣帝、圣武帝诘汾三人故事为主。

毛的故事是："聪明武略，远近所推，统国三十六，大姓九十九，威震北方，莫不率服。"

宣帝的故事是："南迁大泽，方千余里，厥土昏冥沮洳。谋更南徙，未行而崩。"

诘汾则受献帝邻之命继续南迁："山谷高深，九难八阻，于是欲止。有神兽，其形似马，其声类牛，先行导引，历年乃出。始居匈奴之故地。"

匈奴故地就是原来北匈奴之地，居于匈奴故地之后，南迁的过程完成，也与中原交接，历史的脉络比较清楚，英雄史诗的起源故事也当就此结束，所以神化、虚构的成分，都当在此之前，例如诘汾与神女同居生力微之事。我们大概可以这样划分，在诘汾以前，拓跋的历史属于传说史诗时代，后来则进入信史时代了。

笔者认为，即使是传说历史，仍然应有可据信的成分，是研究拓跋历史的最主要的材料。例如，我们去读拓跋的历史，可发现"南迁"为其令人注目的历史过程；即使假托为黄帝之后，也只是说"昌意少子，受封北土"而已，没有否定自己的"北土"来源，所以，拓跋鲜卑出自"北土"，应该是历史的真实。

除了出自拓跋本身流传的《代歌》那样的资料外，《序纪》关于拓跋来源的另一段历史，即黄帝至始均那段最早的"历史"，显然是属于中原的古史系统的，《序纪》的作者把黄帝推为拓跋之祖，以成帝毛为黄帝后裔始均的六十七世孙。并且，这个说法应是来自《代记》，田余庆先生就认为，这是由邓渊整合而成的；或如姚大力先生所说是崔宏，而邓渊只不过写入《序纪》而已。通过这个过程，拓跋这样"北土"的边缘族群，自然获得了中原的族群身份。历史中的许多边缘族群，都经历了这样一个与中原历史"嫁接"的建构过程，从而与中原民族拥有了共同的祖先，也与中原融为一体。还有一点须加注意，拓跋鲜卑自认出自"北土"，似乎与人种学的证据暗合。

总结起来，《序纪》所载拓跋起源的历史，是中原黄帝古史系统与拓跋自己史诗故事"对接"的结果，大约是在建国之初，由上层的精英阶层完成的。虽然崔宏、邓渊之流为汉人，但以黄帝为祖，应是拓跋的上层也承认和认同的。

顺便提一下，嘎仙洞石室祝文，产生年代在太平真君四年（443），要晚于《代记》的成书，从族群身份的角度看，都有主观造作的嫌疑，与《代记》所记拓跋鲜卑来源相似，祝文并不一定是拓跋来源的"实录"。[31] 就是石室本身，也有出于同样原因而人为"认定"的明显嫌疑。

除了田、姚那样的历史、民族史学者，考古学者也从考古与文献等角度出发，讨论了拓跋的历史。对相关考古学文化归属的异议，直接影响了对于拓跋鲜卑历史的探索。

考古学者的路径，是从考古学文化的角度，结合文献记载，再加上体质研究，去探索拓跋鲜卑的历史。他们的研究，有意无意之间，其实是受到了《序纪》的影响的。

宿白先生认为，完工与扎赉诺尔墓地，大约是拓跋祖先推寅（宣帝）"南迁大泽方千余里，厥土昏莫沮洳"（《魏书·序纪》）前后的遗迹，大泽即呼伦池，旁有沼泽（沮洳），拓跋祖先自北向西南迁移，先抵完工附近，遇阻沼泽而西及扎赉诺尔，故可知完工墓地要早于扎赉诺尔墓地[32]。宿先生最早确定完工等墓地为鲜卑的墓葬，对后来的学者产生了很大影响。同时的其他学者也有异议，例如安志敏就认为，扎赉诺尔墓地的主人，并非鲜卑[33]。

潘其风、韩康信先生只认为扎赉诺尔居民或是早期的拓跋鲜卑，而完工、南杨家营子墓地的主人还有待讨论[34]。朱泓起先认为三处墓地都是拓跋鲜卑的墓葬，以完工略早，扎赉诺尔次之，南杨家营子最晚，大约相当于东汉时期，三处墓地在时空关系上，恰与拓跋鲜卑南移后又西迁的过程相吻合[35]，后来则又跟随陈靓，否定了完工墓地属鲜卑的看法[36]。乔梁认为，战国至西汉较早阶段，呼伦贝尔草原是汉书二期文化分布区，空间距离和文化阻隔可能说明拓跋鲜卑与拓跋鲜卑山的鲜卑可能并无联系。[37] 林沄先生肯定了魏坚"完工墓地应为和匈奴文化有密切关系并受鲜卑影响的遗存"，以及潘玲"完工墓地主要还有汉书二期文化和西汉匈奴文化两种文化成分"的看法，指出了完工墓地与外贝加尔匈奴文化的联系[38]。潘玲后来又撰文论证，完工墓葬的年代属于西汉时期，以东北的土著文化汉书二期文化为主体，并受较多匈奴文化的影响，而扎赉诺尔墓地主要为匈奴文化，年代在东汉前期，二者都包含有匈奴文化因素，具有一定的相似性[39]。孙危则明确提出完工墓地匈奴说，与之相距不远（约 40 千米）的扎赉诺尔墓地，二者墓主并非同族。[40]

完工墓地曾是探索拓跋鲜卑历史的重要坐标，如果从人种学、考古学文化面貌方面否认了它与拓跋鲜卑历史的联系，那么以前诸如宿先生根据完工等墓地假设的拓跋鲜卑的起源和迁徙路线，都会发生动摇。但完工、扎赉诺尔等墓地所表现的与匈奴文化的联系，又印证了文献中拓跋与匈奴的扯不断的联系。从这个角度看，考古学与人种学的研究成果，反而削弱了二者与《序纪》的联系，即加深了我们对《序纪》所说拓跋历史的怀疑，这又从侧面证明了拓跋历史所具有的"嫁接"和虚构成分。

（二）拓跋鲜卑与匈奴的关系问题

拓跋部始祖居于大鲜卑山之时，"统国三十六、大姓九十九"，说明此时就是不同来源的人群包含其中。到了南迁到匈奴故地定襄郡的盛乐之时，此时已有所谓的八部大人，鲜卑包含的族群成分有拓跋鲜卑、匈奴、丁零、柔然、徒何鲜卑、乌桓以及其他族群，所以拓跋鲜卑的考古学文化，具有一定的匈奴文化因素，是完全可以理解的，这并不妨碍拓跋氏被称为鲜卑。

林沄先生认为，拓跋是否鲜卑，是有疑问的。他怀疑，拓跋本是匈奴种，南朝人把拓跋称为"索头"，是因为"披发左衽，故呼为索头"（《南齐书·魏虏传》），他们的发式与以髡发为特点的鲜卑是不同的，这些人就是王沈《魏书》所记匈奴西迁后，留在北方的余种，也是"自号鲜卑"的。此外，还有完工墓地的文化归属等证据（见上文），都可使人怀疑拓跋的真正来源。他说："这一支（引者按指拓跋）原是匈奴的鲜卑因为统一了中国北部，便自命为真正的正宗鲜卑，把拓跋氏的起源传说作为先辈的起源传说了"。[41] 笔者认为，其实对于鲜卑（包括其中的匈奴种自称鲜卑者），南人称为"索头"，还是应如马长寿先生的理解，是表达轻蔑之义而已，并非说他们就一定是"披发左衽"的，这句话是表达"蛮夷"之义的传统流行说法，不能据此来说明"索头"的发型，或进一步说明其族属。再者，若拓跋果出匈奴，可我们在他们自己的传记中，却可发现他们对匈奴的轻蔑甚至漫骂。例如《序记》记载：

> （始祖力微）三十九年，迁于定襄之盛乐。夏四月，祭天，诸部君长皆来助祭，唯白部大人观望不至，于是徵而戮之，远近肃然，莫不震慑。始祖乃告诸大人曰："我历观前世匈奴、蹋顿之徒，苟贪财利，抄掠边民，虽有所得，而其死伤不足相补，更招寇雠，百姓涂炭，非长计也。"于与魏和亲。

拓跋力微若为匈奴，想来怎么样也不会说自己的祖上"苟贪财利，抄掠边民"而使百姓涂炭的。本条足以说明，拓跋鲜卑的来源本非匈奴，至少他们自身认为与匈奴无涉。

（三）相关理论思考——体质、文化与族群

这其实牵涉到一个十分重要的理论问题，即族群认同和主观构建问题。有两个方面最为重要，一是体质，二是文化。

在分析特定族群的源流时，体质资料确实给我们提供了有利的支撑，甚至如上文王士元等先生所说，是判断族群源流的"钥匙"，对于北方族群匈奴、鲜卑、蒙古等的研究，就十分依赖体质资料，例如对匈奴、鲜卑来源的研究，体质资料的公布和研究，是其最突出的成果与进展之一。

虽然如此，笔者认为，相似的体质特征，并不能天然地形成共同的族群认同，而自认为同一族群的人，也可能有着不同的体质。体质虽然对我们探索鲜卑的来源有利且有用，但却不一定是构成族群的必要和充分条件，在探索鲜卑的源流时，体质研究可以给我们提供一定的证据，但体质与族群是既有联系又有区别的不同概念，二者并不是一种对等的关系。我们必须充分认识到体质资料的相对性，它并不比其他资料——例如文献资料显得更"实"，而应看作仅仅是材料的一种而已。总体看来，体质因素在探索鲜卑起源之时，作用比较突出，但在划分族群时，作用却是有限的，年代越靠后，越是如此。

我们观察到的鲜卑的源流，"源"已比较清楚，但"流"却复杂得多，后世的鲜卑，是不同来源的人群混合、融合的结果。在所谓的"鲜卑"内部，有差异的人群之间、鲜卑与外部别的互动族群的认同变化，以及决定这些认同变化的内外族群关系，就显得十分重要。鲜卑族群之"流"，给我们了一幅复杂的图景，研究两个侧面的族群关系——内部的与外部的，或许才是我们应该重视的焦点，体质资料的作用，应该是有限的。

文化与族群的关系，也与体质类似。鲜卑的文化，与匈奴、汉文化都存在联系，自身面貌也比较复杂，考古学者试图分出谱系，然后再结合文献、历史地理、体质等等因素，以找出鲜卑的来源[42]。现在的人类学理论认为，共同的文化与祖先传说（血缘与此本质为一，共同的血缘，是用来论证共同的祖先的），是构成族群最主要的条件，但一直存在着一个问题：这些文化因素，都是我们这些第三者以"他者"的眼光"强加"给古代的族群的。现代人类学理论关于具有"民族"含义的族群构成，还重视族群成员的自我认同，而不仅仅是文化、体质等客观因素，主客观因素相结合，然后才可形成民族或族群。族群的精英、知识阶层，至少要通过这两个因素的重构、解释等等手段，来构建自己的族群认同，嘎仙洞石室祭文，反映的就是拓跋上层的这种努力，而文化也须是上层精英"认定"和提倡的那些因素，才是我们最应该关心的，而不是当今考古学者所说的单纯的考古学文化因素。

历史上的鲜卑，曾有东西方向的移动，拓跋鲜卑，起源于"北土"，南迁并与不同族群互动和融合，最后消失在中原"汉族"之中。鲜卑的文化面貌多面，族群认同曾发生变化，也是可以想象得到的。例如它与匈奴的纠结，还有后来的汉化，就是族群认同发生变化的深厚背景。只要我们肯定现代族群理论所具有的同时重视主客观因素的特征，那么，就如同中国历史上许多具有"民族"意义的族群一样，鲜卑族群既不是"古已有之"，也不是完全出于"想象"，而是主客观因素共同作用的结果。

四、结论

本文评述了关于鲜卑来源研究的新成果，并对相关问题提出了自己的看法，结论可以总结为以下几条。

（一）从最新的体质资料来看，鲜卑（包括拓跋鲜卑）属于大蒙古人种下的北亚蒙古人种。

（二）上述体质方面的结论也证明了鲜卑与东胡的渊源关系，它们应该是同系的人群，文献的记载可能是正确的。

（三）拓跋鲜卑的起源，可能与匈奴无关。

（四）对于鲜卑源流的探索，我们应该拥有族群理论视野，注意吸收人类学的相关成果。已知的关于鲜卑来源的研究，体质与文化是最受关注的两个方面，但我们应从族群主观认同构建的角度，充分考虑这两种材料的相对性。

本文是为"首届乌桓鲜卑文化国际学术研讨会"（2015 年 8 月，内蒙古阿鲁科尔沁）所作论文，主要观点曾在会议发表。本文为国家社科重大攻关项目"秦统一及其历史意义再研究"子课题（项目编号 14ZDB028）"秦的崛起与统一"阶段性成果。

注释：

[1] 马长寿：《乌桓与鲜卑》，广西师范大学出版社，2006 年。

[2] 林幹：《东胡史》，内蒙古人民出版社，2007 年。

[3] 宿白：《东北、内蒙古地区的鲜卑遗迹——鲜卑遗迹辑录之一》，《文物》1977 年第 5 期；孙危：《内蒙古地区鲜卑墓葬的初步研究》，《内蒙古文物考古》2001 年第 1 期。

[4] 林沄：《林沄学术文集》（二），科学出版社，2008 年，第 88 — 93 页。

[5] 王明珂：《游牧者的抉择——面对汉帝国的北亚游牧部族》，广西师范大学出版社，2008 年，第 196 — 197 页。

[6] 庄孔韶：《人类学通论》，山西教育出版社，2002 年，第 76 页。

[7] 李济：《关于殷商人的体质人类学的评述》，《中国现代学术经典·李济卷》，河北教育出版社，1996 年，第 664 — 675 页。

[8] 王士元：《观察历史的三个窗口》，《依旧依然见南山：香港城市大学 20 周年文史论文集》，香港城市大学出版社，2004 年，第 11 — 39 页。王先生的人类学分类，显然受北美人类学体系的影响。

[9] 姚大力：《谁来决定我们是谁——关于中国民族史研究的三把钥匙》，《东方早报》

2011 年 3 月 20 日 B04 版。

[10]潘行荣：《内蒙古陈巴尔虎旗完工索木发现古墓葬》，《考古》1962 年第 11 期；内蒙古自治区文物工作队：《内蒙古陈巴尔虎旗完工古墓清理简报》，《考古》1965 年第 6 期。

[11]郑隆：《内蒙古扎赉诺尔古墓群调查记》，《文物》1961 年第 9 期；内蒙古文物工作队：《内蒙古扎赉诺尔古墓群发掘简报》，《考古》1961 年第 12 期。

[12]中国科学院考古研究所内蒙古工作队：《内蒙古巴林左旗南杨家营子的遗址和墓葬》，《考古》1964 年第 1 期。

[13]潘其风、韩康信：《东汉北方草原游牧民族人骨的研究》，《考古学报》1982 年第 1 期。

[14]朱泓：《扎赉诺尔汉代墓葬第三次发掘出土颅骨的初步研究》，《人类学学报》1989 年第 2 期；《从扎赉诺尔汉代居民的体质差异探讨鲜卑族的人种构成》，《北方文物》1989 年第 2 期。

[15]朱泓：《中国东北地区的古代种族》，《文物季刊》1998 年第 1 期。

[16]朱泓：《中国东北地区的古代种族》，《文物季刊》1998 年第 1 期。

[17]赵宾福：《汉书二期文化研究——遗址材料和墓葬材料的分析与整合》，《边疆考古研究》（第 8 辑），科学出版社，2009 年，第 98 — 116 页；潘玲：《平洋墓葬的年代与文化性质》，《边疆考古研究》（第 1 辑），科学出版社，2002 年。

[18]杨志军、郝思德、李陈奇：《平洋墓葬》，文物出版社，1990 年；郝思德、杨志军、李陈奇：《平洋墓葬族属初论——为纪念苏秉琦先生从事考古工作 55 周年而作》，《北方文物》1989 年第 3 期。

[19]潘其风：《平洋墓葬人骨的研究》，《平洋墓葬》，文物出版社，1990 年，第 187 页。

[20]朱泓：《中国东北地区的古代种族》，《文物季刊》1998 年 1 期。

[21]陈靓：《匈奴、鲜卑和契丹的人种学考察》，吉林大学博士论文，2003 年，第 62 — 101 页。

[22]吉林大学边疆考古研究中心、内蒙古文物考古研究所：《2002 年内蒙古林西县井沟子遗址西区墓葬发掘纪要》，《考古与文物》2004 年第 1 期。

[23]王立新：《探索东胡遗存的一个新线索》，《边疆考古研究》（第 3 辑），科学出版社，2005 年，第 84 — 95 页。

[24]朱泓、张全超：《内蒙古林西县井沟子遗址西区墓地人骨研究》，《人类学学报》2007 年第 2 期；朱泓、张全超、常娥：《探寻东胡遗存——来自生物考古学的新线索》，《吉林大学社会科学学报》2009 年第 1 期；陈全家：《内蒙古林西县井沟子遗址西区墓葬出土的动物遗存研究》，《内蒙古文物考古》2007 年第 2 期。

[25]朱泓：《察右后旗三道湾汉代鲜卑族颅骨的人种学研究》，《中国古代居民体质人类学研究》，科学出版社，2014 年，第 369 — 379 页。

[26]马长寿：《乌桓与鲜卑》，广西师范大学出版社，2006 年，第 3、12 页。

[27]于长春、谢力、张小雷、周慧、朱泓：《拓跋鲜卑和匈奴之间的遗传学分析》，《遗传》2007 年第 10 期。

[28]林沄：《林沄学术文集》（二），科学出版社，2008年，第88—93页。

[29]田余庆：《〈代歌〉、〈代记〉和北魏国史——国史之狱的史学史考察》，《历史研究》2001年第1期。下引田说出处同。

[30]姚大力：《论拓跋鲜卑部的早期历史——对〈魏书·序纪〉》，《北方民族史十论》，广西师范大学出版社，2007年，第1—17页。下引姚说出处同。

[31]石室及祭文的记载，见《魏书》之《乌洛侯传》《礼志》。

[32]宿白：《东北、内蒙古地区的鲜卑遗迹——鲜卑遗迹辑录之一》，《文物》1977年第5期。

[33]安志敏：《关于内蒙古扎赉诺尔古墓群的族属问题》，《文物》1964年第5期。

[34]潘其风、韩康信：《东汉北方草原游牧民族人骨的研究》，《考古学报》1982年第1期。

[35]朱泓：《从扎赉诺尔汉代居民的体质差异探讨鲜卑族的人种构成》，《北方文物》1989年第2期。

[36]朱泓：《东胡人种考》，《文物》2006年第8期。

[37]乔梁：《鲜卑遗存的认定与研究》，《中国考古学的跨世纪反思》（下），商务印书馆，1999年，第483—508页。

[38]林沄：《林沄学术文集》（二），科学出版社，2008年，第88—93页。

[39]潘玲：《完工墓地的文化性质和年代》，《考古》2007年第9期。

[40]孙危：《鲜卑考古学文化研究》，科学出版社，2007年，第114—115页。

[41]林沄：《林沄学术文集》（二），科学出版社，2008年，第88—93页。

[42]许永杰：《鲜卑遗存的考古学考察》，《北方文物》1993年第4期。

（责任编辑：李　宇　史党社）

271

基于软件开发实践谈秦兵马俑数字化信息资料网栏目及内容构建

（孟中元　秦始皇帝陵博物院）

内容提要　秦陵博物院 2011 年立项科研课题"信息技术在博物馆科学管理中的应用"，通过对独立开发的 2002 至 2006 年运行于互联网上的秦兵马俑网站再进行独立软件深层次开发，创建了秦兵马俑数字化信息资料网。本文基于软件开发实践，论述了秦兵马俑数字化信息资料网的创建，介绍了网站的功能模块。

关　键　词　秦兵马俑　网站建设　数字博物馆　数字图书馆　办公自动化

博物馆网站是结合实体博物馆通过互联网实现博物馆所具有的文物收藏、展览、研究、教育、休闲等职能的最佳平台。博物馆网站建设是博物馆各项工作的重中之重，特别是在对社会公众宣传教育、文物藏品数字化展示、学术研究与交流、知识与信息共享、网络集成化办公、网上电子商务等诸多方面，博物馆网站发挥着极为重要的作用。随着信息技术的发展进步，数字博物馆、数字图书馆、网络办公自动化、网上电子商务等功能可融合为一体形成一个集成化信息平台，而秦兵马俑数字化信息资料网的开发和完善，从技术上达到了融合数字博物馆、数字图书馆、网络办公自动化三大功能于一体，成为面向会员知识共建共享的一站式集成化信息发布与维护管理平台。以下通过秦兵马俑数字化信息资料网建设的实践来谈谈博物馆网站栏目及内容的构建。

一、秦兵马俑数字化信息资料网创建的简介

2011 年通过秦陵博物院学术委员会立项的"信息技术在博物馆科学管理中的应用"科研课题项目，历经四年多时间完成，于 2014 年 7 月结项，2015 年 8 月最终完成网站系统开发，目前在我院局域网正式运行。课题的研究成果

包括两项，其一是理论研究部分，撰写出近50万字的《博物馆的科学管理与信息技术应用》书稿；其二是信息技术应用的实践部分，对前8年自主开发的秦俑博物馆互联网站系统进行深层次再开发。成立了由吴永琪、罗文利、张文立、田静几位专家学者组成的课题组。网站开发设定的目标是以建立秦俑、秦文化信息资料库和为广大社会公众及博物馆业务人员提供秦俑、秦文化知识与信息服务为目的，以此加强博物馆的宣传力度和提升博物馆在学术研究和业务管理信息化方面的水平。在网站栏目的设计规划方面，采纳了课题组成员提出的指导性和建设性意见，借鉴敦煌研究院网站的开发模式，与秦陵博物院官方网站的开发着重点不同，创建了秦兵马俑数字化信息资料网。

原秦俑博物馆网站是在当时博物馆负有上亿元贷款、博物馆经济状况非常困难的时期，在当时博物馆领导的组织策划下，由本馆技术人员独立进行软件编程开发，经过刻苦攻关，在未动用博物馆软件开发经费的情况下，利用半年时间完成了整个网站系统的建立，开设了中文简体、中文繁体、英文版、日文版，构建起当时国内博物馆界比较完善的网站系统，栏目设计规划详细，且具备了比较丰富的信息资料。自2002年互联网上线试运行，2003年1月正式上线运行，到2007年连续运行达五年之久，并进行不断的技术改进。经过网站首页上的统计，从2003年1月到2007年5月间，网站总访问量达320余万人次。自主开发的中国秦汉史研究会信息网以秦俑博物馆网站为依托，为提升秦俑博物馆的学术地位发挥了重要作用，访问人数共计130余万人次。本馆网站在2005年访问排名一度位居alexa.com统计的全国博物馆（院）第3名，且长期处于第3名到第5名的位置，保持着在互联网上安全高效运行，为秦俑博物馆创建国家一级博物馆和AAAAA景区评比起到了重要作用。

秦兵马俑数字化信息资料网的创建是在原秦俑博物馆网站的基础上，经过软件深层次开发，广泛吸收了国内著名博物馆网站开发的经验，汲取本馆网站两次改版的经验和教训的基础上，对网站栏目进行了细化和版面美化设计，网站中文版采用了目前流行的ASP+ACCESS网站开发架构，结合使用了ASP、jQuery、JavaScript、VbScript、ActionScript等多种编程语言开发工具，经过一年八个月不间断的刻苦钻研和不懈努力而完成的。

受秦陵博物院主管科研工作的领导委托，由西北大学信息与科学技术学院资深教授洪蓬先生（1997年秦兵马俑考古发掘信息处理系统项目国家文物局专家鉴定组成员）做了技术评审，评审意见认为：

秦兵马俑数字化信息资料网包含了中文版、英文版、日文版和以该网站为依托的中国秦汉史研究会信息网，整个系统是一个功能齐全、资料信息丰富的大型博物馆网站系统平台。网站中文版采用了目前流行的 ASP+ACCESS 网站开发架构，结合使用了 ASP、jQuery、JavaScript、VbScript、ActionScript 等多种编程语言开发工具，网站栏目设计层次分明，栏目规划详细，结构合理，功能模块齐全，内容丰富，信息量大，涵盖了秦俑、秦文化的信息资料，涉及博物馆工作的各个方面。从网站展示的信息和具有的功能来看，已具备数字博物馆、数字图书馆、办公自动化 OA 所具有的基本功能，成为以秦俑、秦文化研究为基础，以研究、宣教、陈列以及业务、行政、办公管理信息化、自动化为核心的集成化平台。

通过对秦兵马俑数字化信息资料网的前台展示和后台维护各个功能模块的完整测试，系统运行安全、高效、正常，在测试中没有发现错误和设计中的安全漏洞，网站系统的开发设计思路清晰，总体设计科学合理，在安全性上采用了多种成熟的技术手段保障了系统的安全。秦兵马俑数字化信息资料网在开发设计中有所创新，这主要表现在：网站栏目和菜单的创建可按照要求有程序生产，实现了网站栏目和内容构建的自动化；将流行的一些新技术应用到网站开发中，增强了网站的展示效果；网站设计功能齐全，满足了社会公众获取秦俑、秦文化的知识需求，也增强了博物馆与社会公众的交流；网站系统资料信息全面，收录了大量的秦俑、秦文化研究的学术信息，具有较强的学术性。总之，秦兵马俑数字化信息资料网的创建在技术上达到自主开发博物馆网站的国内领先水平，能满足未来博物馆网站系统的安全、正常、高效运行。

二、秦兵马俑数字化信息资料网的功能模块介绍

秦兵马俑数字化信息资料网是一个大型博物馆网站信息资料系统，其功能强大，基本实现了集成数字博物馆、数字图书馆、办公自动化 OA 应用的功能，贯通了与无线互联网的交互通信，使其奠定了由数字博物馆向智慧博物馆发展过渡的技术基础。

网站展示分为公共信息展示部分、会员功能区及 OA 办公部分。公共信息展示部分不需要用户事先注册，会员功能区需要用户注册审计后才能使用。OA 办公区针对本馆的行政及业务办公流程，以期达到网络自动化办公的目的。网站管理采用用户实名注册审计制，由系统管理员审核，包括用户、会员、系统管理员、管理员、信息员、局领导、院领导、部门领导等几个权限。博物馆的员工通过注册自动具有会员权限。从用户到会员需要一定数量的积分和条件。博物馆同行对历史、文物、考古、博物馆有浓厚兴趣的专家学者可实名注册申请通过审核成为会员。不同的级别具有不同的功能权限，具体实施可按网站管理细则设定和执行。网站采用后台管理、前台展示的模式，实现了前台网站展

示的所有信息可通过系统管理员进入后台管理维护中心进行维护管理。网站展示的公共模块的栏目可根据需要由程序自动生成，内容可随时进入管理后台进行添加、编辑与维护。

网站首页设博物馆动态、秦俑风采、精品文物、博物馆概况、典藏精品、陈列展示、宣传教育、科研信息、学术论坛、服务指南、知识资料、办公平台等12个大的栏目。大栏目下层共分设有95个子栏目。

1. 新闻动态栏目：设立了视频新闻、图片新闻、博物馆动态、考古动态、考古发现、科研动态几个子栏目。网站首页上设有焦点新闻、展览公告等。首页上方有动态显示广告部分，左面有精品文物动态图片展示，首页中间部位是秦俑一号坑、二号坑、三号坑、秦陵铜车马、秦始皇陵园考古主题陈列部分的介绍，下方底端有滚动式精品文物展示，这些均可在后台进行数据库内容更新。网站设有秦兵马俑微博可向公众发布动态信息。

2. 在博物馆概况栏目中设立领导致辞、领导介绍、历史沿革、机构设置、博物馆大事记、爱教基地、秦陵考古大事记等。该栏目下设有开馆周年纪念文集，已收录了开馆25周年、30周年、35周年的纪念文集中的文章。设立的博物馆工作资料栏目则涵盖更为广泛，包括了博物馆业务、行政办公、后勤、经营等各部门的资料信息，以文字、PPT、DOC、PDF等文件型、照片图库型进行归档，可设立会员阅读权限，设立属于会员公开或具有阅读权限才能阅读。可将博物馆已发文件、各部门资料信息归档进行科学管理。建立了博物馆已发文件、博物馆已收文件栏目，本馆会员可按权限浏览查看这类文件。并设立博物馆年鉴栏目可在线阅读。

设立的秦陵考古大事记页面，可不断追加Flash展示信息。其中三维全景展示栏目，展示有秦俑一号坑、二号坑、三号坑，以及博物馆参观环境的多个三维全景展示。用户可以在互联网环境下进行考古遗址等的虚拟三维实景体验，通过QuickTime浏览，用鼠标操作在三维虚拟环境中漫游。

3. 陈列展览栏目：以文物出版社出版的秦始皇兵马俑博物馆大型图录的全部文字、图片内容经过栏目的科学规划设计，分成秦俑一号坑、秦俑二号坑、秦俑三号坑、秦陵铜车马、秦始皇陵园的陈列展示，增加了秦陵考古、秦兵马俑一号坑第三次发掘的最新资料信息。首页右面有频道动态切换的博物馆展览信息。有馆史陈列、历年来博物馆临时陈列、兵马俑全国巡回展的介绍。

网上虚拟展览栏目，将从各博物馆网站收集到的某个时代的文物图文信息以及博物馆历次临时展览的文物建立数据库，把这些积累起来的文物藏品数据库中按照设定的主题从管理后台挑选文物，由网站平台自动创建网站页面组织网上虚拟展览，文物的照片、文字内容以几种特效展示的方式进行网上陈列，增强了展示效果。通过这种手段制作出"晋文化珍品网上虚拟展"作为实例；建有新展预告、对外文物展出等信息。

设计制作出临时展览展示页面的模板，经过对资料的编辑可方便快捷地动态制作出美观的博物馆临时陈列展示版面，菜单栏目可由程序自动生成，通过后台编辑界面向菜单栏追加图文信息，通过这种手段制作出"真彩秦俑展""泱泱大国——齐国历史文化展"等网页介绍作为实例。另外，网站展示的一些主要信息可分享到微信、微博等多个网络媒体空间，面向社会公众进行广泛宣传。

4. 宣传教育栏目：有专业介绍的秦陵考古发掘、秦兵马俑介绍、秦俑百题等资料信息，有秦历史、秦战争、秦人物、秦成语典故等信息；建有秦兵马俑图库，可分类存储博物馆的各类照片资料或从互联网上获得的有关秦兵马俑的图片资料。可建立图片分类栏目，如秦俑一号坑第三次考古发掘、秦兵马俑二号坑、博物馆工作资料的图片库等，以收集存档博物馆工作资料的图片。

开发在线语音介绍，较全面地用在线语音播放形式介绍了秦兵马俑的重要文物。开发语音在线导览，可通过计算机或移动客户端扫描二维码登录进行语音导览，文字介绍既可通过将微信介绍的浏览器链接收藏到 QQ 收藏夹，通过后台编辑维护界面粘贴链接即可调用微信平台上的文字介绍，也可以输入图文信息进行发布，也适合于制作博物馆举办的临时展览的文物的语音导览。目前已将秦始皇帝陵博物院微信平台上的全部语音导览信息和临时展览信息通过手机上网浏览、mp3 录音的手段，通过程序追加，建立起可在互联网平台上点播和移动客户端点播的语音导览。这一功能可将计算机上网、手机上网，利用微信导览和计算机导览密切结合起来，为广大的社会公众服务。

开发在线视音频栏目，可转载或发布互联网上存在的大量与秦文化研究相关的如历史文物考古专题片、学术讲座在线视频和音频学术报告等，分专题片、视频学术讲座、音频学术讲座、新闻报道栏目建立起视音频资料信息库。采用360 云平台和优酷视频平台播放存储本馆发布的或互联网上转载的视音频信息。

网站将秦陵博物院向观众公开的宣传专题片和语音导览放在首页显著位置，社会公众不仅可通过计算机也可通过手机等移动客户端进行宣传专题片的播放和语音导览。参观博物馆公众还可通过扫描博物馆门票上印制网站二维码或在博物馆参观区显著位置张贴的网站二维码，利用博物馆现有的无线移动网络环境进行视频播放和语音导览。

5. 精品文物和秦俑风采栏目中包括了现博物院该栏目的全部内容。

6. 网站的典藏精品栏目将陕西数字博物馆、百度百科博物馆资源进行整合，建有典藏文物分类介绍、馆藏精品文物介绍、文物幻灯 Flash 展示栏目。文物幻灯 Flash 展示实现了将博物馆馆藏精品文物图片、介绍网页图文和语音讲解融合起来，以美观的界面展现给公众。

7. 科研信息和学术论坛栏目：建有科研工作概况、科研动态、学术讲堂、专家学者、专家博客、论著论文目录、科研论文、论文推介、学术出版物、论著推介、文献检索、文保科研基地、科研课题等子栏目。

现已收录科研论文包括文字版和论文推介栏目中的 PDF 版共 700 多篇，从中国知网上收录了大量秦俑、秦文化研究的著名专家学者的论文，经过网站管理员和注册会员的添加可以不断充实学术论文资源库。在论著推介栏目可发布介绍与兵马俑研究、文物考古、博物馆相关的论著信息。

设有博物馆专家博客、学术论坛，申请成为用户以上权限的可在学术论坛发帖进行学术交流，博物馆各领域专家可在专家博客发布科研博客文章。为完善管理，论坛发帖可设置为经审核才能公布。在学术讲堂栏目可发布专家的视频学术报告等信息。目前收录了曹玮的"秦始皇与秦帝国"、段清波的"秦始皇陵园设计理念"等几部视频学术报告。文献检索栏目设有独立开发的历史文献全文检索系统，可在线全文检索《史记》《汉书》等 7 部历史文献，为秦汉史研究学者提供文献检索服务。另外收录了与秦汉文化研究相关的历史文献，可实现多个文献间的全文检索，极大地方便了研究人员。在专家学者栏目建立秦俑、秦文化研究专家学者资料库，与学术论文库建立联系，学者论文可按多条件进行检索，可列出与主题词相关的全部论文。成为会员的专家学者可编辑修改自己的介绍资料，可向科研论文、论著推介栏目发表本人或收藏的非本人的文字型和 PDF 版论文，也可向论著推介栏目发表出版的论著信息；另外设立有学术出版物栏目，可检索《秦始皇帝陵博物院》《秦文化论丛》《秦陵秦俑研究动态》三种出版物上的文章目录，且做到了点击目录直接可浏览论文；网站上转有田静编辑整理的秦汉史研究论文论著目录信息，为从事秦汉史研究的业务人员提供信息。网站建立了文保科研基地、科研课题信息的栏目，可全方位介绍秦始皇帝陵博物院国家彩绘文物保护重点科研基地的资料信息，对秦始皇帝陵博物院历年来的科研课题信息进行展示和存档。

8. 设立会员即时在线交流。会员之间可相互发送图文声像信息，另外建立有站内邮件，具有用户以上级别可向网站注册用户发送站内邮件，具有电子信箱功能，以方便会员之间的交流和沟通。

9. 在知识资料栏目下建立了博物馆微生活和美文欣赏子栏目。实现了在计算机达到类似手机微信的功能，可以微信形式发布图文信息，同时又可以将博物馆微生活的信息发布到微信平台上，实现了交互通信。既可发布信息，也可以分享链接形式转载互联网、微信平台上的大量的与秦俑、秦文化以及历史、文物、考古、博物馆等相关学术资源信息，以扩大社会观众的知识面，增加其获取历史、文物、考古和博物馆知识的兴趣。这一栏目的建立实现了所有互联网资源包括移动平台上学术信息的整合。建立了秦兵马俑公众号，可发布与本馆工作相关的信息，已将百度上的有关秦兵马俑的知识点以秦兵马俑公众号的形式发布进行资源整合。美文欣赏栏目分为文物藏品、历史文物考古专题片、青铜器鉴赏、玉器鉴赏、漆器鉴赏知识等相关的许多类别，通过微信平台、360图书馆及互联网媒体已整合收录这类文章270篇，并将栏目信息归纳设立几个公众号，会员可以进行关注和推送浏览。

建有历史知识、文物知识、考古知识、博物馆知识栏目。系统预先设定哪些知识可以编辑修改，哪些禁止修改。具有用户以上级别可在线编辑修改知识资料，也可追加补充知识资料。建立了专业的在线考试模块，可按照单选、多选、填空、问答论述等题型建立文物、历史、考古与博物馆知识的在线考试题库，可在线追加编辑及修改试题信息和通过编辑试题文本文件向数据库自动批量追加试题，可实现随机抽题和按顺序抽题，进行历史考古、文物、博物馆知识考试，限时答卷后即可直接显示出正确答案信息和自己填写的答题信息，并显示考试成绩，通过这一模块可激发社会公众学习历史、文物、考古与博物馆知识的兴趣。

建立起文物欣赏栏目，可广泛收集互联网上的相关文物图文信息，在全国范围内的博物馆网站所展示的文物藏品数据库信息中已收集了商、周、战国、秦、汉这个时间段的文物精品1265件，可按文物名称、时代、类别、用途、收藏地进行组合检索，从而建立起一个比较完善的包括全国博物馆范围内的精品文物的数字博物馆平台。通过文物欣赏这一栏目，不仅可为博物馆虚拟陈列提供以文物数据库为支持的虚拟展示素材，也可以为社会公众提供文物知识信息以弘扬中华民族悠久的历史文化，也可使研究者通过对文物藏品检索对收藏在各博物馆的某个时代、某个类别的文物进行比较研究。

建有学术资源上传、资源下载栏目，可将一些历史、文物、考古、博物馆研究的互联网上的电子书以及相关资料上传供会员下载学习。具有会员以上级别可用积分下载学术资源，上传学术资源可自动获取一定积分，通过这一方式增加会员学习知识、分享知识的热情，以此达到数字博物馆知识共享，为学术研究提供知识与信息服务。

10. 通过OA办公模块实现了收文和发文的自动化处理功能，使公文的核稿、会签、审核、阅办、复核、收文发文到归档整个过程实现了自动化处理，且支持密码登录签章、手写签字功能。发文流程也实现了收文拟签、阅批、承办、发文、归档等的自动化处理，可实现博物馆的网络化自动化办公，通过这一手段可实现公文整个流程的自动化处理和科学的管理。

通过网站平台可实现用户、会员之间的在线交流，也可以做到局领导、博物馆领导、部门领导之间的请示汇报和通信信息的传递。部门领导、馆领导、局领导之间的信息传递可实现 DES 对称加密密文传送，只有双方知道密码方可解密查看信息，保证了重要通信的信息安全与保密性。社会公众可在线留言、投诉、咨询由信息员收集这方面的资料。网站首页设置有网站内容投诉和内容纠错功能信息收集功能，以处理公众反映的网站上出现的投诉内容和错误信息的修改，以实现纠错和完善网站的功能。通过这些手段可与社会公众进行广泛交流，查找博物馆工作中存在的问题进行整改，利用互联网网站更好地开展博物馆的社会教育活动。

通过办公自动化OA的开发实现了稿件在线投稿及评审流程的自动化处理，馆科研成果及课题从申报、评审到归档整个流程实现了自动化处理和科学的管理。可进行每年度的馆科研成果和馆科研课题的在线评审，且评审信息密文保存，只有评委本人告知加密密码方可显示评审原文，限制了系统管理员的权限，保证了科研成果和科研课题评审进程管理的科学性。馆内业务人员也可将年度业务汇报文稿上传发布，业务汇报信息可供业务人员学习交流。注册成为用户以上级别的可通过网站向《秦始皇帝陵博物院》《秦陵秦俑研究动态》在线投稿，评委可在线评审，投稿人可查询了解稿件评审的整个进程及处理结果。增加了 OA 共享文档模块，馆业务、行政、后勤等部门建立部门文档，注册会员可建立自己的共享文档，以实现数字博物馆的知识管理功能。

11. 网站首页设有网上在线调查，可编辑调查栏目项，以柱形图的形式统计观众调查的结果，并设有专业的调查问卷编辑制作系统，可按各类要求制作出在线问卷调查。网站首页设计有实时统计功能，可统计出在线人数，总访问量、年、月、日的网站访问量。首页设有在线客服服务，通过博物馆游客服务 QQ 可在线与观众实时交流，了解公众的需求。设有参观预约表单提交和处理功能，信息员可查看公众提交的参观预约情况。网站首页左边设立有博物馆友情链接，包括文字和图片链接，以方便与兄弟博物馆之间建立关系，通过链接形成博物馆网站群的效应，为广大社会公众提供方便，同时也可提高博物馆的关注度。在服务指南栏目设有参观指南和服务设施介绍。为了方便社会公众参观，在首页提供兵马俑景区实时天气预报，并设有博物馆参观景区附近的景区华山、华清池、临潼博物馆、西岳庙的介绍、酒店餐饮等场所的信息，并有百度地图做导游指示。

12. 网站设中文繁体版，可通过购买信使繁简通服务进行中文简体／繁体实时转换，从而满足港台等地公众的需求。网站还设有英文版和日文版，其中英文版以一本比较专业的图录全部图文内容进行分类制作出网络版面展示；日文版以两本比较专业的图录全部图文内容（其一为袁仲一先生著）经过版面设计制作进行日文版的展示。网站首页和主页分别设有两种不同形式的网站导航，以方便公众浏览。

在网站信息安全管理上，采用了数据库加密、防入侵检测、用户实名注册身份认证、多级别多权限管理、验证码验证等多种成熟的技术手段，结合制定出的网站管理细则，使得具有网站管理权限的人员切实履行好职责，以保障网站系统进入互联网后安全高效运行。

三、开发秦兵马俑数字化信息资料网的意义

博物馆网站是配合实体博物馆的陈列展览向社会公众传播知识文化、开展公众教育的最佳平台。博物馆网站建设是博物馆数字化、信息化建设中的重要内容，也是进一步构建数字博物馆乃至智慧博物馆的基础。博物馆网站和实体博物馆密切结合起来，在面向公众提供知识和信息服务，实现博物馆的文物收藏、展览、研究、公众教育等职能方面发挥着重要作用。

博物馆网站建设应保持可持续发展，在网站系统的开发中通常采用两种做法，其一是在博物馆原有的网站上继承下来并完善起来得到发展，采用网站改版进行全新设计；其二是针对博物馆新版网站不能完全涵盖原旧版网站的资料信息内容而采取新旧版本并行的模式，如大都会艺术博物馆、敦煌研究院等。

秦兵马俑数字化信息资料网，本馆拥有知识产权，且能根据需要可持续扩展，使功能不断完善，可追加相应栏目版块，以便于日后再次开发升级。进行博物馆网站的自主开发，在技术上和管理上不会受制于人，且可以锻炼本馆的IT队伍，对于博物馆未来信息化的发展有着重要作用。在互联网上开通秦兵马俑数字化信息资料网不仅可实现数字博物馆、数字图书馆、办公自动化OA的功能，而且可利用无线移动网络将数字博物馆提升为智慧博物馆，为博物馆的提档升级做出实实在在的工作。

博物馆信息化是一项有始无终、任务艰巨的工作，秦兵马俑数字化信息资料网的开发和完善也是如此。创建秦兵马俑数字化信息资料网，其目的在于经过今后不懈的努力将其逐步建设成一个秦俑、秦文化研究的学术资料信息库，可以为广大社会公众开展宣传教育活动，为广大社会公众提供知识与信息服务，为博物馆的学术研究服务，以提升博物馆行政、业务管理与学术研究的信息化水平。

（责任编辑：陈昱洁　李　宇）

他山之石——港台部分博物馆一瞥

（何宏　秦始皇帝陵博物院）

内容提要　博物馆作为一个开放的学习平台，在策划展览和教育活动时，除了严守学术水平之外，还要贴近时代脉搏，加入创新思维，打破传统框架和界限，让博物馆全面接触观众。博物馆需要以创新思维、崭新科技和专业精神，推动其事业的全面发展。港台地区博物馆教育与展览策划的理念与做法有许多值得我们借鉴之处。

关键词　博物馆　展览　策划　教育

2015年5月10日－5月22日香港中文大学文物馆主办了第二届"博物馆专业培训工作坊"，主题为"展览策划与教育"。这次工作坊，主办方一共邀请了20位来自香港、内地、台湾及海外的博物馆专家为学员做多场专题演讲，以案例形式分享展览策划与发展博物馆教育工作的多元经验。我有幸与其他17位来自内地及港澳的博物馆及艺术机构专业人员共同研修，充分投入到这次极具意义的培训课程，达到了开阔视野，提升工作理念，增强个人专业知识的目的。

本次培训的课程围绕博物馆展览策划与社会教育的主题，既有展览实例剖析又有教育案例策划，主要有香港特别行政区康乐及文化事务署副署长吴志华的《如何吸引观众以及在博物馆中培养学习气氛》，香港中文大学艺术系及中国文化研究所文物馆访问学者嵇若昕的《微展览：以扬州博物馆国宝为例》《21世纪博物馆大型特展的规划》，美国波士顿的亚洲艺术中心主任白铃安的《博物馆建筑展品的教育元素》，香港古物古迹办事处执行秘书萧丽娟的《博物馆教育的新天地》，香港艺术馆虚白斋藏中国书画馆馆长司徒元杰的《以教育为本的博物馆策展方略》，台北故宫博物院教育展资处处长林国平的《博物馆科技创新应用典范》，台湾历史博物馆馆长张誉腾的《新博物馆·新时代·新角色》等多方面的授课内容。同时，组织研修人员前往香港历史博物馆、香港文化博物馆、香港中文大学文物馆、台北故宫博物院、台湾历史博物馆等11座博物馆、美术馆现场教学，收到了很好的效果。

需要特别指出的是，工作坊特意为学员布置了命题作业，引导学员通过讨论和专题报告的形式丰富学习经验。专题报告的内容来自稽若昕教授所出的命题作业——微展览。即选定一件主展品，在既定的 72 平方米的长方形展厅中策划一个小型展览。工作坊将来自内地及港澳地区的 18 位学员分为六组进行专题讨论与汇报，每组 3 位成员：其中 1 名内容设计人员、1 名形式设计人员、1 名教育推广人员。我与来自广东省博物馆的吴昌稳老师、香港中文大学的黄慧怡老师同为一组。我们以"相看两不厌——明清瓷上绘画与传统绘画的对视"为题，做了专题汇报。我们从背景资料、策展理念、策展思路、展览结构、形式设计、教育活动、文创产品七个方面进行了汇报。专题汇报后，由五位指导嘉宾进行点评。他们分别来自中华世纪坛艺术教育部、香港中文大学中国文化研究所文物馆等单位。五位专家分别对我组的展览策划方案提出了意见与建议，一方面林苗苗女士认为策展方案完整，观众研究部分的融入以及观众体验式参与展览有利于观众的博物馆教育实践。另一方面，姚进庄副教授、许晓东副教授、稽若昕教授对专题汇报中的展览题目、教育理念以及目标观众的设定相关问题提出了疑问，我与吴昌稳老师分别做出了回答。

本次培训有许多值得思考的案例，本文选取部分相关案例予以讨论。稽若昕教授曾是张大千先生的私人秘书，并曾担任台北故宫博物院策展人。她策划过一系列大型临时展览，包括"蒙元展""康熙展""乾隆展"等，均取得了成功，所以她在工作坊做的演讲为"21 世纪博物馆大型特展的规划"，这个演讲对大陆博物馆大型临时展览的策划与实施具有非常好的借鉴意义。

稽教授认为大陆博物馆的临时展览仍然有很大的改进空间，至少在内容研究、表现风格和观众互动方面还可以多吸取西方发达国家和港台博物馆的理念。稽教授一开始就提到："如何利用众多材质的藏品推广博物馆教育工作，又能兼顾文物保存，是博物馆策展人员必须思考的问题。一项成功的大型临时展览，必须达到内行看门道，外行看热闹才算是成功的展览。因此，策划一个以馆藏品为主的展览，首先需选定题目，接着构思展示方式，展览可依时代先后、纹饰类别、制作方法、制作地域等等来确定，一项常态展览往往注重文物发展系列，但是大型特展则不一定。"2001 年在台北故宫博物院举办的《大汗的世纪——蒙元时代的多元文化与艺术》当时取得很大成功。稽教授讲，她之所以选择这样一个题材来做，就是因为考虑到当时正流行《帝国时代》这款电脑游戏，很多年轻人对其中的蒙古帝国感到好奇，所以一定也会对相关题材的展览产生兴趣。

经过对蒙元历史的深入探讨以及对台北故宫博物院院藏文物的精心研究与

筛选，稽教授把展览分为"黄金氏族""多民族的士人""班智达的智慧"和"也可兀兰——伟大的艺匠"这几个部分。展览强调蒙元时代多元文化现象的存在，这是蒙元时期与众不同的特色，同时展览还用文物实证分析多元文化生成的原因，让观众对蒙元史产生理性认识。组织这样一个大型临时展览需要花费策展人和研究人员大量心血，他们必须对展品与相应的历史文化背景有深刻的了解，才能从众多藏品中挑选合适之物展出，同时归纳分析隐藏在展品背后的重要信息，将凌乱的历史片段整合在一起以通俗易懂、生动有趣的形式展现给观众。所以说出色的策展人一定是出色的文物艺术鉴赏家。策展人需要对文物产生深厚真实的感情，能够在展品身上洞悉历史，并且带着这份诚挚的感情把它们呈现给世人。只有这样，展览才会打动观众。

香港艺术博物馆虚白斋藏中国书画馆馆长司徒元杰先生是一位杰出的艺术展览组织者。《清明上河图》来到香港，自然会引起香港市民的瞩目，在此基础上，为了强化展览教育，司徒馆长特别注重对细节的研究。他巧妙地把画中反映的古代生活与香港的当代生活结合起来进行对照，拉近了国宝与观众的距离，让观众产生亲切感，从而加深了对展览和文物的印象。比如，司徒馆长发现《清明上河图》中有"饮子"店铺，实际上"饮子"就是凉茶，而香港现在就有很多凉茶店，于是他用一些店铺照片与图画做比较，让人一目了然，深感惊讶。再者，《清明上河图》中有码头工人计件领取工钱的记录，那么香港在 20 世纪初的时候也有类似情况，这也被司徒馆长挖掘了出来，用有趣的方法展现出来。为了拉近《清明上河图》与香港市民的距离，司徒馆长索性用了一张现代人画的香港风景长卷，起名《香港上街图》，二者对比展出，可谓绝佳的创意。这个展览案例告诉我们，策展人需要怀有细腻的情感，善于发现细节，捕捉令人意想不到的瞬间，这样才能给观众带来新奇和惊喜。

司徒馆长最为动心的展览是他策划的《吴冠中画展》。他为此展览策划了很多颇具影响力的公关活动，比如邀请吴冠中先生亲临香港写生，进行电视现场直播，事后组织学校学生到吴先生绘画的地方写生等。吴冠中先生评价说："我站在香港艺术馆自己的里程展前，像站在一面大镜子前照见了自己的真容，起先感到惊喜和害怕，接着是恐惧，原来自己的五脏六腑也被透视出来了，我已被俘。"可见香港艺术博物馆对他的研究多么深刻，展览也必定准确把握住了艺术的内涵和灵魂，注定是一个真实而动人的作品。司徒馆长谈到他与吴冠中先生的友情时几乎潸然泪下，令在场听众感动不已。我想，这位策展人做到了与展示对象的超凡默契，他的内心情感细腻到如此地步，保证了展览的成功举办。正是这份真挚的情感，深深打动了吴冠中先生和家人。2010 年 6 月吴冠中先生去世之后，他的儿子再次把父亲的画作捐赠给香港艺术博物馆。

可以说，港台的博物馆充满了浓郁的人情味，充满了对展品的尊重和对观众的尊重。他们特别注重细节，令我印象深刻的是香港文化博物馆举办的一个李小龙纪念展。结尾的时候用投影在墙上打出水波的影子，当观众近距离撩动水波时，就会出现涟漪，同时浮现出李小龙的话语，一下子把观众和李小龙的距离拉近了。我认为这是香港博物馆人用真情真心做展览的表现，随时随地注重打动观众的内心世界。

台北故宫博物院教育展资处处长林国平先生《博物馆科技创新应用典范》的讲座介绍了台北故宫近年来对数字媒体和新技术的利用，把故宫藏品的精美与魅力充分展现了出来。林国平先生播放的《国宝娃娃》视频用三维动画形式把宋代瓷孩儿枕塑造成了一个可爱机敏的国宝娃娃，这个娃娃把玉鸭、辟邪、《元世祖狩猎图》、同安船、玉白菜、热兰遮城、郑成功、平埔族人等台北故宫文物或者台湾历史串联起来，可以让观众对某些展品产生浓厚兴趣，并留下深刻印象。该部片子做工极为细腻，必定是工作者花费大量时间认真研究的结果。其实除了这部片子，台北故宫大量有趣的文创产品，如著名的"朕知道了"贴纸等看似简单，其实都是故宫人员倾情创意的产物。这些产品一方面满足了观众带走精美展品的欲望，为台北故宫创下巨额收入；另一方面也树立了台北故宫的良好社会形象，让观众觉得台北故宫并不只是一个珍藏古董的地方，还是一个充满活力的创意天堂。现代博物馆要走的应该就是这样的路，千万不能把自己定位为古董仓库，而是要以观众为本，成为一个社会最富有激情、最富有想象力的地方。如此一来，博物馆提升国民素质、开启国民智慧的目的才能很好地实现。

教育作为博物馆的灵魂，不但是博物馆人的神圣使命，也是博物馆融入社会、赢得社会赞誉的重要手段。港台地区博物馆的教育活动十分发达。教育对象广泛，不仅有处在受教育阶段的学生，还经常举办针对包括老人、残疾人、失业人员、新移民等弱势群体的教育活动。活动类型则包括创意工作坊、历史剧场、音乐会、设计比赛等在博物馆内和到社区、学校举办的多种多样的形式，从而让人们透过展览及教育活动，培养自主导向的终身学习，这是本次研修后所获的最大的启发与思考。

香港文化博物馆的教育理念是"以物为先，以人为本"，他们是按照观众的不同年龄、不同身份、不同需求来设置教育活动的。面对学校学生的教育活动从幼稚园到小学、中学、高中、大专等，有详细的年龄划分。教育活动有参观导赏、粤剧体验、参观设计工作室、版画研习四部曲等内容多样。针对学校老师则有非物质文化遗产教学分享会。针对特定族群的活动更是丰富多彩。有配合临展面向亲子家庭的"小先锋节目"，让他们体验古代奥林匹克运动会内容。

有面向居港各族裔的"笑族颜开""裔不可挡""唱和——粤剧粤曲"。针对老年人有博物馆长者学堂；针对情侣、夫妇有"1＋1文化伴侣"项目；针对中产及专业人士有爵士乐演奏、酒红色的生活系列活动等。香港文化博物馆还配备有专用的教育室，供观众参观前后在此进行互动讨论。该博物馆根据本馆特色，把历史与艺术结合在一起，让都市中的香港人于轻松休闲中感悟文化。

为纪念香港回归15周年，由香港康文署和陕西省文物局主办的《一统天下：秦始皇帝的永恒国度》展览2012年7月在香港历史博物馆开幕，这是香港历年来规模最大的一次秦兵马俑展。萧丽娟女士特别以此为主题，为我们做了讲座《博物馆教育的新天地》。该馆的办展理念十分明确"服务社会、观众至上"。他们注重观众互动，努力给观众全新体验。为扩大影响，馆方以多元及普及的渠道设计、宣传展览。除了常规的新闻发布会、电视节目外，还在地铁站、巴士站、码头做了灯箱、橱窗、电车广告和户外巨型海报。配合传统中秋节以"秦城俑现"为主题举办大型兵马俑灯笼组合，Q版兵马俑作为Logo出现在展厅、报告厅。

这个展览的教育推广形式多元、有特色。馆方团队发挥创意思维，设计实施了34项系列教育推广活动，针对不同年龄参观者有时装设计比赛、机械人工作坊、秦俑动画、漫画及录像设计比赛等。包括开展面向香港中小学生的校际比赛，活动有面向高小、初中和高中的兵马俑文物纪念品设计比赛，面向初中和高中的秦始皇历史漫画绘画比赛，面向高小、初中和高中的"我最喜爱的展品"征文比赛。各组均设冠军、亚军、季军和优异奖各一名，高中组获奖学生可参加西安历史文化考察之旅。还有针对亲子家庭的冰皮月饼制作、传统花灯扎制等活动，旨在激发年轻人的创意设计和积极参与公共艺术活动的兴趣。

为了推广展览蕴含的历史和考古知识，馆方邀请10多名来自英国、日本、中国内地和香港等地专家学者举办学术会议，与听众分享秦人历史文化、兵马俑、遗址和文物保护等方面的最新研究成果，大受欢迎。此外，馆方与香港教育局合作举办教师研讨会，由馆方专家讲解展览背景、展品故事和历史文化等。他们还以轻松的手法编写参观展览全攻略、展览图录、小册子、折页和中小学生"展览工作纸"，以浅显易懂的文字和图像、多媒体影像来解说深奥专业的历史、考古知识，目的都是贴近公众。为了吸引年轻人和社交网络公众，馆方专门为展览设计了Twitter和Facebook网页，提供展览最新消息、展览精品介绍、票务情况、随时报告和更新展览最新动态等，增进观众了解秦代文物的兴趣。

在展厅里，每天有志愿者进行多场次英语、粤语讲解。除此外，展厅有丰富多彩的互动项目，如"秦俑试身室""故事手工作坊：秦俑陶塑工艺""复活的军团：兵马俑模型制作""考古学家之路：古代文物发掘"等。该馆还表现出了对特殊群体的体贴和关怀，特别推出"博物馆共融计划"。通过手语传译、口述影像导览、模型制作和触摸兵马俑陶塑模型等工作坊，与听障、视障、智障及身体残疾人士分享"一统天下"展览。该展览正是以严谨的学术研究为基础，配合崭新的、具有启发性的手法，演绎展览主题和文物背后的历史，最终入选 2014 年首届"中国博物馆教育示范案例"。

参观台湾博物馆，印象最为深刻的是它的儿童教育。台湾博物馆收藏有众多原住民的藏品，基于唤醒族群的文化记忆和文化尊重，台湾博物馆特别以清代平埔原住民为主题，策划了《樸埔风情——曜动的先民身影》展览。展览以《康熙台湾舆图》《雍正台湾舆图》《乾隆台湾舆图》《乾隆中叶台湾番界图》四副古地图为核心展品，以镇馆之宝《康熙台湾舆图》为主体，运用数字化展示方式以 17 米《康熙台湾舆图》全幅动画描述平埔族群风俗故事，重现清初台湾平埔先民的生活形态，让今天的台湾民众特别是中小学生了解平铺族群的文化内涵。整个展览采用大量的图画、中英文字和互动体验形式，印象深刻。图画和文字浅显易懂，青少年群体都能读懂，叫人兴趣盎然。该展览以儿童为中心，提供符合儿童心理和认知规律、富有吸引力的内容，极大地调动儿童参与博物馆的积极性和主动性，并带动亲子人群的广泛参与，可谓一举多得。台湾博物馆通过一系列符合儿童心智和兴趣需求的教育举措，让儿童与博物馆发生更多有意义的联系，让博物馆成为儿童生命中不可或缺的一部分，他们将影响、带动更多人走进博物馆并爱上博物馆，他们也将成为未来博物馆最忠实的观众和支持者，这样博物馆的未来才会变得更有吸引力。我在想：如今的中小学课本中都有关于秦兵马俑的内容，如果我们结合历史课程，编写相关教育课本，并且有特别针对中小学生的展览，一定会在业界和社会上产生极大的反响。

同样，台湾博物馆的志工团队，让所有的研修人员赞叹不已。台湾博物馆的志工团队主要由文化程度在本科以上的退休人员组成，他们的身影在台湾的博物馆里随处可见。志工们承担大部分的讲解工作与教育活动的策划与组织，博物馆还为他们出版有《志工年报》。同时，他们参与博物馆的相关工作，和博物馆人一起探讨今天的博物馆应该关注弱势群体的文化需求等专业问题，提出他们的积极建议。在台湾历史博物馆，我们遇到当年"兵马俑特展"时的志工讲解负责人江淑燕女士。她深入浅出、条理清晰的讲解，深深地吸引了我们。通过交谈，我们得知这位退休中学教师为讲好兵马俑，曾专程来西安参观学习秦俑，而且在台湾历史博物馆志工会讯上发表文章《重论始皇》，阐述自己的观点。所以，她的讲解有理有据，博得一致赞誉。台湾博物馆的志工团队建设很完备，他们高度参与博物馆教育推广工作。通过听取台湾博物馆教育推广组专员陈信钧老师的讲座，让我们了解了台湾博物馆是如何运用社群网站Facebook、Youtube、Blog并透过平面、广播、电子媒介平台，促使知识的讯息传达到不同人群。

同时值得一提的还有台湾历史博物馆馆长、台湾博物馆学会理事长张誉腾先生的讲座。他在《新博物馆·新时代·新角色》课程中通过图片、漫画及言简意赅的文字讲述了观众的博物馆经验、什么是博物馆、博物馆角色的演化、新博物馆学与新博物馆、国际博物馆日宗旨、博物馆重要的事等六个方面的内容，并进一步阐述了博物馆人的使命与角色定位。张誉腾馆长提出博物馆应深挖馆藏文物的特色，研究博物馆所在地区的社会发展史，博物馆所在区域的地域文化以及自己博物馆的文物收藏。另外，在研究以本地区的文物为基础的展览时，需首先加强学术研究的积累；其次是搭建一个高效的、成长的学术平台，挖掘和整合资源，促进研究人员的学术交流和协作；第三是要研究博物馆陈列的方式；第四是将专业性、学术性与趣味性、观赏性结合起来。

在博物馆人的心目中，博物馆是集合了藏品征集、研究、展览、教育宣传、公众服务等五大功能的文化场所。而宝藏和古物、陈列和特展、神秘和疑惑、费用和性价比等则是公众更加关注的方面。如何将不为人知的秘密变成让大家叹为观止的奇迹，在当前信息技术日新月异的时代当中已经是不可以回避的课题。今天的博物馆应该通过藏品、展览、参与、交流、体验等五个部分，将博物馆人与公众结合在一起，使博物馆成为社会公众注目的、能理解的、必要的参观地。

作为一位多年从事博物馆教育的工作人员，此次研修学习使我对港台博物馆以人为本的博物馆策展方略和文物展览的设计有了切身的体会和认识。作为同一文化背景下的博物馆，港台地区博物馆教育与展览策划的理念与做法的确有许多值得我们借鉴之处。无论是身处何地的博物馆，作为一个开放的学习平台，在策划展览和教育活动时，博物馆除了严守学术水平之外，还要贴近时代脉搏，加入创新思维，打破传统框架和界限，让自身全面接触观众。今天的中国博物馆需要以创新思维、崭新科技和专业精神，推动博物馆事业的全面发展。

（责任编辑：陈昱洁　李　宇）

征 稿 启 事

本刊是由秦始皇帝陵博物院主办的专业学术性辑刊，每年出版一辑，面向国内外公开发行。《秦始皇帝陵博物院》秉承严谨求实精神，弘扬探索求真学风，以繁荣学术文化、开展学术交流、促进文化遗产事业的发展为宗旨。现面向国内外诚征稿件。截稿日期：2017 年 2 月底。

一、征稿内容

1. 有关先秦、秦汉时期的考古发掘调查报告、遗址考察报告以及相关遗址遗迹的研究。

2. 有关先秦、秦汉时期出土文物中蕴含的政治、经济、文化等多方面信息的研究。

3. 有关先秦、秦汉时期政治、经济、军事、文化、人物等方面的研究。

4. 有关先秦、秦汉时期的简牍、封泥、玺印及古文字等方面的研究。

5. 有关博物馆的陈列展览、宣传教育、运营管理、计算机网络应用等方面的研究。

6. 有关秦代遗址及出土文物的修复、保护技术和理论等方面的研究。

7. 有关文化遗产的保护、展示、开发、利用的研究。

8. 随笔、札记、人物评介等。

二、稿件要求

1. 文稿要求观点新颖鲜明，论据翔实，论述严谨，文字通达简练。

2. 文稿字数以 10000 字左右为宜，内容及其顺序依次为：题目、中文提要（500字以内）、关键词（3~5 个）、正文、参考文献与注释（尾注）。具体书写格式请参照本刊第一、二、三辑。

注释格式示例：

[1] 马非百：《秦集史》，中华书局，1982 年，第 10 页。

[2] 陈直：《略论云梦秦简》，《西北大学学报》（哲学社会科学版）1977年第 1 期。

[3]〔宋〕沈括：《梦溪笔谈》，文物出版社，1975 年，第 28 页。

[4]〔法〕色伽兰著、冯承钧译：《中国西部考古记》，商务印书馆，1930年，第74—76页。

3. 来稿请附作者姓名、单位、职称、通信地址、邮政编码、联系电话、电子邮箱。

来稿文责自负，请勿一稿多投。来稿恕不退还，编者可酌情删改。若有异议，请在来稿中注明。

凡来稿一经刊用，即致稿酬和样书两本。一般稿件的稿酬为100元/千字。国内外知名学者或有重大学术价值的稿件实行优稿优酬，优酬采用基本稿酬加奖励稿酬的办法：基本稿酬100元/千字，奖励稿酬1000元/篇。

来稿请寄：西安市临潼区秦始皇帝陵博物院研究室

联系人：陈　洪　　李　宇

邮政编码：710600

电　话：（029）81399068　　81399070

邮　箱：qshdlbwy@126.com

敬请学界同人惠赐佳作！

《秦始皇帝陵博物院》编辑部